Ruth Kaufmann-Hayoz
Christine Künzli
(Hrsg.)

«... man kann ja nicht einfach aussteigen.»

Kinder und Jugendliche zwischen Umweltangst und Konsumlust

Publikation der Akademischen Kommission
der Universität Bern

Publikation der Akademischen Kommission
der Universität Bern

«... man kann ja nicht einfach aussteigen.»

Kinder und Jugendliche zwischen Umweltangst und Konsumlust

Herausgegeben von
Ruth Kaufmann-Hayoz
Christine Künzli

Mit Beiträgen von
Françoise D. Alsaker, Andrea Amacher, Hansmartin Amrein, Dieter Baacke,
Heinz Bonfadelli, Christoph Brönimann, Roman Calzaferri, Denise Dauwalder,
Kurt Egger, Karin Fink, August Flammer, Alfred H. Geering, Alexandra Hagen,
Ramsy Hayek, Simon Hochuli, Marco Hüttenmoser, Thomas Jaun,
Ruth Kaufmann-Hayoz, Richard Kraemer, Christine Künzli, Elmar Lange,
Martin Lehmann, Rima Lemquadem, Gilles Leuenberger, Marie-Françoise Lücker-Babel,
Esther Marschall, Balz Marti, Joy Matter, Franziska Meyer, Sibylle Müller,
Jürgen Oelkers, Christian Palentien, Carmen Pirovano, Katja Rauch,
Horst-Eberhard Richter, Erika Schenker, Peter Schmid, Willi Stadelmann,
Simone Steffen, Reto Tanner, Ulrike Unterbruner, Marc Weidmann, Hedi Wyss

vdf
Hochschulverlag AG an der ETH Zürich

Symposium und Publikation wurden durch die Stiftung
"Universität und Gesellschaft" unterstützt.

Herausgegeben unter Mitarbeit von

Prof. Dr. Françoise D. Alsaker
Prof. Dr. Kurt Egger
Dr. Marco Hüttenmoser
Prof. Dr. Richard Kraemer
Prof. Dr. Beatrice Lanzrein
Ursula Mauch
Prof. Dr. Jürgen Oelkers
Leni Robert
Dr. Willi Stadelmann

Die Deutsche Bibliothek – CIP-Einheitsaufnahme

"... man kann ja nicht einfach aussteigen" : Kinder und Jugendliche zwischen
Umweltangst und Konsumlust / [Akademische Kommission der Universität Bern].
Hrsg. von Ruth Kaufmann-Hayoz; Christine Künzli. – Zürich : vdf, Hochsch.-Verl. an der ETH, 1999
(Publikation der Akademischen Kommission der Universität Bern)
ISBN 3-7281-2647-0

© 1999
vdf Hochschulverlag AG an der ETH Zürich
ISBN 3-7281-2647-0

Der vdf auf Internet: http://www.vdf.ethz.ch

Inhaltsverzeichnis

Autorinnen und Autoren

Arbeitsgruppe der Jugendlichen am Symposium

Mitglieder der Arbeitsgruppen des Seminars

Projektleitung

Grusswort des Politikers

PETER SCHMID

Sehr geehrte Damen und Herren

Ich freue mich, Sie hier, an der Universität, in der Stadt und im Kanton Bern begrüssen zu dürfen. Besonders freut mich, dass der Anlass hierfür ein Symposium ist, das sich dem so wesentlichen Thema des Verhältnisses der Jugend zur Umwelt widmet. Die Gegenüberstellung von Jugend und Umwelt im Symposiumstitel weist bereits auf eine mögliche Ambivalenz in dieser Beziehung hin. Und sie existiert auch tatsächlich: Bei den Jungen und Jüngsten finden wir nämlich meistens ein sehr grosses Interesse an ihrer natürlichen Umwelt, an Pflanzen und Tieren. Andererseits ist das Verhalten, das sie tagtäglich praktizieren, dann oft alles andere als ein ihrer Um- und Mitwelt gegenüber rücksichtsvolles. Diese Differenz zwischen äusserem Verhalten und innerer Haltung der Umwelt gegenüber ist sicher eine nähere, auch wissenschaftliche, Betrachtung wert. Ich denke, dass die Erkenntnisse exemplarischen Charakter haben werden und daher auch für andere Fälle aufschlussreich sein können, in denen wir es mit inkongruenten Verhaltensweisen – auch von Erwachsenen – zu tun haben. In diesem Sinne erwarte ich mit Spannung die Ergebnisse dieses Symposiums.

Die hohe Sensibilität von Kindern und Jugendlichen gegenüber der Problematik der Umweltverschmutzung wird von zahlreichen Studien belegt. Kinder und Jugendliche beschäftigen aber ebenso der Hunger und die Armut in der Welt, die Flüchtlings- und Drogenproblematik, die Arbeitslosigkeit – kurz: Kinder und Jugendliche sind in hohem Masse bereit, sich mit ganz zentralen Fragen unserer Gesellschaft auseinanderzusetzen. Und sie tun dies mit ihrer besonders stark ausgeprägten Fähigkeit zu Emotionalität und grosser Betroffenheit. Und schliesslich haben sie auch die Offenheit und den Mut, sich ungeschminkt darüber zu äussern.

«Ich finde es schön, wenn ich die frische Luft atmen kann und die grossen Wälder durchquere. – Doch der Schein trügt. Immer mehr Lungenkrankheiten treten ein, denn die Luft wird immer mehr von Abgasen, Chemikalien der Fabriken und Industriebetriebe, Verbrennungsstoffen und anderen Verschmutzungen bedroht. Auch

die Wälder sind in sehr schlechtem Zustand. Die Tiere bekommen immer mehr eklige Krankheiten und Viren. Und mit ihnen ist dann auch das Fleisch verseucht. Aber wir müssten nur etwas dagegen tun, um eine schönere Schweiz zu haben. Doch die Aussichten stehen ziemlich gut, wenn wir alle eingreifen.»

So lautet der Aufsatz des 12jährigen Philippe aus Graubünden. Es ist einer von rund 500 Aufsätzen, die von Jugendlichen zwischen 11 und 17 Jahren geschrieben und von der Erziehungs- und Kulturdirektion des Kantons Basel-Landschaft anlässlich der 700-Jahr-Feier der Schweiz publiziert wurden. Die Kinder und Jugendlichen beschreiben darin ihre Träume einer Schweiz von morgen. Das Buch ist eine Sammlung eindrücklicher Voten, die mit sehr viel Zuversicht zu mehr Solidarität, mehr Toleranz, mehr Achtung vor der Umwelt und mehr Gemeinschaftssinn aufrufen.

Den Kindern und Jugendlichen ist nicht nur eine hohe Sensibilität und Emotionalität eigen, sie verfügen heute auch in ihren jungen und jüngsten Jahren bereits über ein sehr grosses Wissen über die Welt und ihre Zusammenhänge. Sie kennen viele der Möglichkeiten, die der Mensch hat, um sich die Welt lebenswert zu erhalten, sie wissen aber auch von den Gefahren, mit denen der Mensch die Umwelt und sich selbst bedroht. Die Kluft zwischen einem differenzierten Wissen einerseits und dem kindlichen Unvermögen andererseits, dieses Wissen zu «bewältigen», lässt in vielen Kindern und Jugendlichen die Zuversicht Zukunftsängsten weichen.

Kinder und Jugendliche sind in ihrer Unreife leichter verletzbar als die Erwachsenen. Ihr Potential an Kreativität und Engagement wurzelt in dieser ihrer Unreife. Wir müssen deshalb die Träume und Ängste der Kinder und Jugendlichen ernst nehmen, wir müssen ihnen aufmerksam zuhören und ihnen mit grosser Behutsamkeit aufzeigen, wie sie ihre Zuversicht, ihre Lebensfreude und ihr Engagement einsetzen können, damit sie, ihre Mitmenschen und ihre Umwelt davon profitieren können. Insbesondere sollten wir sie auch davor bewahren, konstant von den Medien, aber auch von der Schule mit Wissen überhäuft zu werden, das sie emotional nicht verarbeiten können.

Wir Erwachsenen können uns besser schützen. Wir kennen wirksame Schutzmechanismen wie zum Beispiel den Verdrängungsmechanismus. Dieser funktioniert so gut, dass wir uns die wirklich wesentlichen Fragen des Lebens oft gar nicht mehr stellen. Statt dessen entwickeln wir einen trügerischen Allmachtsglauben in Technik und Wissenschaft. Wir machen uns vor, dass uns die Zukunft im wesentlichen dieselben Fragen stellen wird, mit denen wir uns heute schon auseinandersetzen müssen, und vertrauen darauf, dass uns die heute zur Verfügung stehenden Mittel – wie bis anhin auch – die notwendigen Lösungen bringen werden. Der zweite Mechanismus ist die Flucht in die Polarisierung: Er versucht nicht zu überzeugen, sondern missioniert – und das so nachhaltig, dass gleich starke Gegenkräfte geweckt werden und daraus Null-Lösungen entstehen.

Die hartnäckige kollektive Verdrängung der Fragen, welche die Zukunft unserer Welt betreffen, hat in den letzten Jahren doch merklich an Wirksamkeit verloren. Die Probleme, auch die ökologischen, sind nicht übersehbar, sind weltweite. Zur Lösung braucht es eine kritische Grundhaltung, es braucht wiederum Vertrauen – das Vertrauen in die Fähigkeit des Menschen, seine Umwelt verantwortungsbewusst und gezielt zu gestalten. Dieses Vertrauen ist die Triebfeder für jegliches soziale Engagement, für umweltverträgliches Verhalten im kleinen und Handeln im grossen. Ohne dieses Vertrauen haben wir wirklich wenig Grund zur Zuversicht.

Dieses Grundvertrauen braucht jeder Mensch, um auch an sich selbst glauben zu können. Vertrauen wird aufgebaut durch Lebenserfahrungen. Diese werden umgesetzt in Sachkompetenz, Sozialkompetenz und Selbstkompetenz, das heisst in umfassende Kompetenz. Umfassende persönliche Kompetenz ist der Weg, der vom individuellen Handeln zur gesamtgesellschaftlichen Um- oder Neugestaltung der Welt führt. Ein anderes Wort für umfassende Kompetenz ist «Bildung». Mit Bildung können wir das Vertrauen des Kindes und des Jugendlichen in die Gestaltungskraft des Menschen und in sich selbst stärken. Durch Bildung werden der Wille und die Fähigkeit gefördert, sich mit dieser Welt zu identifizieren und sich für sie zu engagieren. Die Antwort auf die brennenden Probleme unserer Zeit heisst also: Bildung, Bildung und nochmals Bildung.

Auf die Frage, was den Menschen denn überhaupt bilde, antwortet Hartmut von Hentig in seinem jüngsten Buch «Bildung» – ich zitiere: «Alles! – Alles, selbst wenn es langweilt oder gleichgültig lässt oder abschreckt. Dann ist dies die bildende Wirkung. Alles, weil der

Mensch ein wundersam und abscheulich plastisches Wesen ist: veränderbar, beeinflussbar, reduzierbar, steigerungsfähig auch gegen seinen Willen, gegen seine Einsicht, gegen seine Natur.» Auf die gleiche Frage antwortet Hartmut von Hentig «ebenfalls ohne zu zögern» und sogar «mit Erleichterung»: «Tatsächlich bildet, das heisst ‹veredelt› den Menschen jedoch nur weniges, fast nichts. Der Mensch bleibt mit geradezu blöder Beharrlichkeit der, der er immer schon war.» Mit andern Worten: Alles oder nichts bildet den Menschen.

Wie gehen wir mit einer solchen Antwort um, wie gehen Bildungsverantwortliche, Lehrerinnen und Lehrer damit um? Wie wählen sie die «richtigen», die wesentlichen Aspekte, Themen und Methoden in ihrer Unterrichtstätigkeit, damit sie in den Kindern nicht Wissen, sondern Bildung im Sinne Hartmut von Hentigs fördern? Denn es ist zweifellos diese Bildung, die es Kindern und Jugendlichen ermöglichen kann, die Brücke zu schlagen zwischen zuversichtlichen Haltungen und einem adäquaten realen persönlichen Verhalten.

Die Aufgabe ist nicht leicht. Eine Schlussfolgerung, die wir daraus ziehen müssen, ist aber sicher die, dass Kinder und Jugendliche in der Schule nicht nur auf das Leben vorbereitet werden dürfen, sondern dass sie sich – auch in der Schule – auch bereits auf das Leben mit allen Sinnen müssen einlassen können. Den Schülerinnen und Schülern sind möglichst viele elementare und bereichernde Begegnungen mit ihrer Umwelt zu ermöglichen. Sie sollen sich in verdaulichen Mengen ein Wissen über die Umwelt und über die Gefahren, die sie bedrohen, aufbauen, ohne an der Komplexität der Welt verzweifeln zu müssen. Sie sind in die Suche nach Problemlösungen einzubeziehen. Sie sollen Strategien mitentwickeln und umsetzen helfen, damit sie am eigenen Leib erfahren, dass ein konsequentes Verhalten auch die angestrebte Wirkung zeitigen kann. Erst dann sind sie in die Verantwortung mit einzubinden und schliesslich in ihre mündige Selbstverantwortung zu entlassen. Im Laufe dieses Prozesses bauen Kinder und Jugendliche auch Wertmassstäbe auf, mit Hilfe derer sie lernen, das Wesentliche vom Unwesentlichen zu unterscheiden.

Das Buch «Wir Kinder und der See» der Schule Moosaffoltern ist das beste mir bekannte Beispiel, wie das Thema «Jugend und Umwelt» in der Schule angegangen werden kann.

Bis die Kinder soweit sind, müssen wir ihnen in dieser Welt Raum lassen, um Kinder sein zu können. Ich bin davon überzeugt, dass in der Unbeschwertheit des Kindes ein wichtiger Zugang zur Identifikation mit der Welt liegt und damit zum Engagement für diese Welt. Wenn wir dem Kind erlauben und helfen, Kind zu sein, wird es vermutlich ein erwachsenerer Erwachsener werden.

Anstelle eines Vorworts: Worum es geht

Ruth Kaufmann-Hayoz, Alfred H. Geering

> *Du sollst Sorge tragen zur Natur, denn viele ihrer Kostbarkeiten sind von Zerstörung bedroht!*
> *Du sollst möglichst viele Güter kaufen und immerfort Neues begehren!*

Kinder in den Konsumgesellschaften des ausgehenden 20. Jahrhunderts wachsen mit dem fundamentalen Widerspruch zwischen diesen beiden «Geboten» auf. Sie werden von frühester Kindheit an mit dem beängstigenden Wissen um die Bedrohung der natürlichen Lebensgrundlagen konfrontiert und zu umweltschützendem Verhalten erzogen. Gleichzeitig erfahren sie die Wichtigkeit des Konsumgütermarktes und lernen dessen Spielregeln. Sie sind den Einflüssen der Werbung ausgesetzt, die ihnen die Vorzüge der materiellen Güter verführerisch vor Augen führt. Konsumgewohnheiten und Umweltprobleme sind aber eng miteinander verknüpft: Gesteigerter Konsum führt unter den derzeitigen Rahmenbedingungen der Wirtschaft unweigerlich zu Umweltproblemen. Das haben wir Erwachsene erkannt, die Erkenntnis aber nicht in konsequentes Handeln umgesetzt. Kinder sehen, was wir tun und lassen. Was wir sagen, hören sie zwar auch, aber an unserem Handeln werden sie sich orientieren.

Die im letzten Viertel unseres Jahrhunderts Geborenen sind die erste Generation, die in der heutigen Konsumgesellschaft gross geworden ist und die damit verbundenen umweltbelastenden Lebensgewohnheiten als Selbstverständlichkeit übernommen hat. Und in keiner früheren Generation haben Kinder so viele (naturwissenschaftliche) Kenntnisse über ökologische Zusammenhänge vermittelt erhalten. «Sie wissen, was ein Super-Gau ist und wie der Treibhauseffekt zustande kommt, sie wissen, dass Tomaten dank Gentechnik länger haltbar bleiben und dass die Ozongrenzwerte im Sommer oft überschritten werden, sie wissen, dass dem Fischotter hierzulande das Wasser zu schmutzig ist und dass in Südamerika der Regenwald abgeholzt wird. [...] Dieselben Kinder und Jugendlichen, die offenbar so sensibilisiert sind für Umweltanliegen und die sich so Sorgen machen um die Zukunft der Erde, pflegen gleichzeitig ein ausgeprägtes Konsumverhalten. [...] Sie essen in Hamburgerbuden, boarden auf Kunstschnee, frönen einem Markenkult; das schnelle, gezielte Konsumieren des richtigen Produkts zur richtigen Zeit ist Bestandteil der jugendlichen Alltagskultur.»[1]

Die Jungen lernen in der Tat beide Lektionen – sie leben mit Umweltangst und Konsumlust. Aber die beiden Orientierungen stehen in ihrem Bewusstsein unverbunden nebeneinander. Zwar treffen sie sehr früh ihre Konsumentscheidungen selber, ihr Verhalten ist aber auch geformt durch zahlreiche soziale und strukturelle Zwänge, die sie nicht durchschauen. Ihre Zweifel am Fortbestand der Natur als Voraussetzung einer lebenswerten Zukunft sind gepaart mit Gefühlen von Ohnmacht und Hilflosigkeit. Versäumen wir es etwa, die Heranwachsenden zu lehren, was die beiden Lektionen miteinander zu tun haben? Lassen wir sie mit den schwierigen Herausforderungen und Belastungen in beiden Bereichen allein und vergessen ihnen zu zeigen, wie sie diese bewältigen können? Hören wir zu wenig auf ihre Stimmen, die uns auffordern, in unserem Tun auch an ihre Zukunft zu denken, unser Handeln und unser Reden in Übereinstimmung zu bringen?

Immer wieder werden Möglichkeiten der Beteiligung von Kindern und Jugendlichen an politischen und gesellschaftlichen Entscheidungsprozessen gefordert. Dies würde es erlauben – so die mit der Forderung verbundene Hoffnung –, die Perspektiven und Interessen der Jugend in die Gestaltung der Zukunft einfliessen zu lassen und Gefühlen der Resignation vorzubeugen. Jugendpolitik ist indessen ein relativ schlecht ausgestatteter Bereich des staatlichen und parteipolitischen Handelns. Die Kreativität und die Interessen der Jugend interessieren zwar den Markt, finden aber wenig Aufnahme in den politischen Institutionen.

Die Akademische Kommission der Universität Bern hat es sich zur Aufgabe gemacht, aktuelle Probleme unserer Gesellschaft aufzunehmen, zu formulieren und einer wissenschaftlichen Bearbeitung zuzuführen. Die oben skizzierten Fragen stellen ein solches Problem dar. Es ist an der Zeit, dass wir Erwachsene uns zusammen mit unserem Nachwuchs die Fragen nach dem Zusammenhang von Umweltbewusstsein, Konsumverhalten und politischer Partizipation

---

[1] Vgl. den Artikel von Martin Lehmann: «Ökogeneration? Konsumkids? Oder beides?», Basler Zeitung Nr. 223 vom 25. September 1997 (Bericht über das Symposium «Jugend und Umwelt» vom 16./17. September 1997 in Bern).

von Kindern und Jugendlichen stellen. Im Projekt «Jugend und Umwelt» der Akademischen Kommission wurden deshalb unter Beteiligung von Personen aus Wissenschaft, Politik und Gesellschaft und auch von Jugendlichen selbst

- das Spannungsfeld von Umweltbewusstsein und Konsumorientierung bei Kindern und Jugendlichen genauer untersucht;
- Möglichkeiten aufgezeigt, wie die Interessen von Kindern und Jugendlichen Eingang in die gesellschaftlichen und politischen Entscheidungen finden und wie Kinder und Jugendliche aktiv an der Gestaltung der Zukunft beteiligt werden können;
- Empfehlungen für verschiedene Politikbereiche und für die Erziehung innerhalb und ausserhalb von Bildungsinstitutionen ausgearbeitet;
- Lücken in unserem Wissen über diese Zusammenhänge identifiziert und Fragen für künftige Forschungen abgeleitet.

Im Wintersemester 1997/98 fanden als Teile dieses Projekts die folgenden Veranstaltungen statt:

- das zweitägige Symposium «Jugend und Umwelt» am 15./16. September 1997 in Bern mit Beteiligung von Personen aus Wissenschaft, Politik, Bildungswesen, Umweltorganisationen und einer Gruppe von Jugendlichen;
- das interfakultäre Seminar «Jugend und Umwelt» für Studierende aller Fakultäten (unter der Leitung der Interfakultären Koordinationsstelle für Allgemeine Ökologie);
- die öffentliche Vortragsreihe unter dem Titel «Jugend und Umwelt: Konsumkids im Öko-Clinch» mit neun Referaten und einer Podiumsdiskussion (in Zusammenarbeit mit dem Forum für Allgemeine Ökologie).

Mit diesem Buch liegen die Ergebnisse des Projekts in schriftlicher Form vor. Die Fachbeiträge erlauben eine vertiefte Beschäftigung mit den drei Themen «Umweltbewusstsein», «Konsum» und «politische Partizipation» bei Kindern und Jugendlichen. Die Berichte der Arbeitsgruppen und der Jugendlichen sowie die Beiträge der Studierenden geben deren Auseinandersetzung mit den aufgeworfenen Problemen und Fragen wieder. Die eilige Leserin, der ruhelose Leser findet in den farbigen Seiten rasch die Quintessenz des ganzen Projekts. Diese Synthese führt schliesslich zur Formulierung von Empfehlungen und offenen Fragen (S. 65 ff.), die – so wagen wir zu hoffen – in Wissenschaft, Politik und Gesellschaft aufgenommen und weiterentwickelt werden.

Allen, die an den verschiedenen Projektanlässen und an der Entstehung dieses Buches mitgewirkt haben, danken wir herzlich für ihre wertvollen Beiträge. Namentlich erwähnen möchten wir Christine Künzli, die das wissenschaftliche Sekretariat des Projekts in hervorragender Weise geführt und die Redaktion des Buches betreut hat. Speziellen Dank verdienen auch die Jugendlichen für ihre Teilnahme und ihre engagierten Diskussionsbeiträge am Symposium sowie Karin Fink, Hansmartin Amrein und Esther Marschall, die sie geschickt vorbereitet und angeleitet haben. Last but not least sei der Stiftung «Universität und Gesellschaft» und der Universität Bern für die grosszügige Unterstützung des Projekts gedankt.

Bern, im Dezember 1998   Prof. Dr. Alfred H. Geering
                         Präsident der Akademischen Kommission

                         Prof. Dr. Ruth Kaufmann-Hayoz
                         Projektleiterin

Kinder und Jugendliche zwischen Umweltangst und Konsumlust: Zusammenfassung und Synthese

Ruth Kaufmann-Hayoz, Christine Künzli, Jürgen Oelkers, Willi Stadelmann[1]

Kinder suchen sich die Welt nicht aus,
in die sie hineingeboren werden.
Sie kommen mit jener zurecht, die sie vorfinden.
Wenn Ampeln darin häufiger auftauchen als Amseln,
sind Kinder die ersten, die es beklagen
und die letzten, die es ändern können.

Hanne Tügel (1996)

1. Neue gesellschaftliche Herausforderungen – neue Entwicklungsaufgaben für Kinder und Jugendliche

Die Kinder jeder menschlichen Gesellschaft werden in eine jeweils einzigartige historische Situation hineingeboren. Diese ist gekennzeichnet durch wirtschaftliche, politische und naturräumliche Gegebenheiten, durch aktuelle Probleme und Konflikte, aber auch durch den Stand der Technik, durch die demographische Zusammensetzung der Gesellschaft und durch vorherrschende Mentalitäten und Werte. Alle diese Faktoren verändern sich im Verlaufe der Generationen mehr oder weniger rasch. Deshalb stellen sich die Aufgaben, die Kinder und Jugendliche auf ihrem Weg zu erwachsenen, mündigen Mitgliedern der Gesellschaft zu meistern haben, jeder Generation etwas anders.

Entwicklungspsychologie und Pädagogik kennen das Konzept der «Entwicklungsaufgabe», das von Havighurst (1982) folgendermassen definiert wurde: «Eine Entwicklungsaufgabe ist eine Aufgabe, die sich in einer bestimmten Lebensperiode des Individuums stellt. Ihre erfolgreiche Bewältigung führt zu Glück und Erfolg, während Versagen das Individuum unglücklich macht, auf Ablehnung durch die Gesellschaft stösst und zu Schwierigkeiten bei der Bewältigung

[1] Für wertvolle Anregungen beim Erarbeiten dieser Synthese danken die Autorinnen und Autoren allen Mitgliedern der Kerngruppe (vgl. S. 359), für hilfreiche Kommentare zum Manuskript auch Dr. Ueli Haefeli und Antonietta Di Giulio sowie den Mitgliedern der Akademischen Kommission.

späterer Aufgaben führt» (S. 2, zit. nach Oerter, Montada 1995, S. 121). Entwicklungsaufgaben ergeben sich grundsätzlich aus drei Quellen:

1. körperliche Veränderungen, die zu Veränderungen der individuellen Leistungsfähigkeit führen (z.B. Kontrolle der Ausscheidungsorgane im 2. bis 4. Lebensjahr, Veränderungen im Zusammenhang mit der Geschlechtsreife, aber auch Abnahme der Körperkraft und der Fähigkeit, neue Bewegungskoordinationen zu erlernen, im höheren Alter);
2. soziokulturelle Entwicklungsnormen (z.B. die Erwartung, dass sich ein sechsjähriges Kind selbständig ankleiden kann oder eine Frau spätestens mit 20 Jahren verheiratet ist);
3. individuelle Zielsetzungen (z.B. eine Weinkennerin zu werden oder die Meisterprüfung im gelernten Beruf abzulegen).

Gesellschaftliche Erwartungen und Entwicklungsnormen sind nicht nur von Kultur zu Kultur verschieden, sondern verändern sich auch innerhalb einer Kultur, manchmal schnell, manchmal fast unmerklich über einige Jahrzehnte hinweg. Dies ist ganz offensichtlich bei Normen wie z.B. dem Erlangen wirtschaftlicher Unabhängigkeit oder der Heiratsfähigkeit. Aber selbst bei Entwicklungsschritten, die scheinbar ausschliesslich von biologischer Reifung abhängig sind, kann sich die Entwicklungsnorm verschieben.[2]

Der europäischen Jugend[3] am Ende des 20. Jahrhunderts stellen sich andere Aufgaben als beispielsweise der Jugend in der Mitte dieses Jahrhunderts. Die wirtschaftliche, technologische und gesell-

---

[2] Das Beispiel des Sauberwerdens von Kleinkindern illustriert dies besonders deutlich: In den ersten Normentabellen für den Kleinkinder-Entwicklungstest von Brunet, Lézine (1951) wird das Alter, in dem ca. zwei Drittel der Kinder tagsüber anzeigen, dass sie den Topf benötigen, mit 18 Monaten angegeben, und mit 30 Monaten würde die Mehrheit der Kinder tags und nachts keine Windeln mehr benötigen. Knapp dreissig Jahre später – nach dem Siegeszug der Wegwerfwindeln und folglich dem Wegfallen des mühsamen Windelwaschens – geben Largo u.a. (1978) an, dass 5% der Zweijährigen, 11% der Dreijährigen und 77 % der Vierjährigen beide Ausscheidungsfunktionen kontrollieren können. Die Altersnorm für ein windelfreies Dasein hat sich also um ca. eineinhalb Jahre verschoben.

[3] Mit «Jugend» bezeichnen wir in diesem Text den gesamten Lebensabschnitt von der Geburt bis zum Erreichen des Erwachsenenalters (d.h. bis 18 Jahre). «Kinder» nennen wir Menschen bis zum Alter von ca. 12 Jahren, «Jugendliche» oder «Adoleszente» Menschen im Alter von ca. 12 bis 18 Jahren.

schaftliche Entwicklung der letzten 50 Jahre hat einerseits zu einem noch nie dagewesenen Stellenwert des *Konsums* und andererseits zur Entstehung vielfältiger *Umweltprobleme* geführt.[4]

Diese Entwicklung der Industriegesellschaft zur Konsumgesellschaft ist unter der Bezeichnung «1950er Syndrom» treffend charakterisiert worden: «Von den frühen fünfziger Jahren an erfuhren der Energieverbrauch, das Bruttoinlandprodukt, der Flächenbedarf von Siedlungen, das Abfallvolumen und die Schadstoffbelastung von Luft, Wasser und Boden den für die heutige Situation entscheidenden Wachstumsschub. Die Gesamtheit der damit einhergehenden tiefgreifenden Veränderungen der Produktions- und Lebensweise wird als «1950er Syndrom› bezeichnet» (Pfister 1995, S. 23). Die Entwicklung ist exemplarisch in Abbildung 1 illustriert.

Abbildung 1: Das 1950er Syndrom in der Schweiz. Die abgebildeten Wirtschafts- bzw. Wohlstandsindikatoren zeigen eine für die fünfziger Jahre typische Wachstumsbeschleunigung, die weit über dem Zuwachs der Bevölkerung liegt (aus Pfister 1995, S. 58).

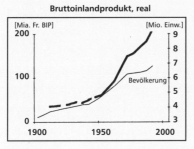

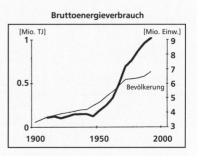

---

4 Selbstverständlich sind dies nur zwei – allerdings sehr markante – Veränderungen unserer Gesellschaft in diesem Zeitraum. Andere Aspekte (wie etwa veränderte Familienstrukturen oder das Aufkommen vielfältiger Telekommunikationsmittel) werden jedoch in diesem Buch nicht explizit thematisiert.

Umweltprobleme sind unerwünschte oder bedrohliche Veränderungen der Natur, die als Folgen menschlichen Handelns entstehen. Während es lokal begrenzte Umweltprobleme auch in früheren Zeiten gegeben hat (z.B. Bodendegradation infolge von Abholzungen oder Überweidung, Verschmutzung von Gewässern durch Fäkalien und gewerbliche Abfälle), ist die heutige Situation durch das weltweite Ausmass der Veränderungen und die Komplexität der Ursache-Wirkungs-Zusammenhänge gekennzeichnet. So sind z.B. die Ausdünnung der stratosphärischen Ozonschicht («Ozonloch») und die Zunahme des CO_2-Gehalts der Atmosphäre («Treibhauseffekt») globale Veränderungen, die zeitlich verzögerte und räumlich entfernte Folgen vieler lokaler Emissionsquellen sind. Aber auch lokale Veränderungen wie Gewässerverschmutzungen und Bodendegradation werden wegen ihres Auftretens an sehr vielen Stellen der Erde zu globalen Problemen (vgl. auch WBGU 1996).

Globalisierungsphänomene sind ebenfalls beim Konsum zu beobachten: Die sehr weitgehende Mobilität von Menschen, Gütern und Kapital in den modernen Wirtschaftssystemen und die extrem arbeitsteiligen Gesellschaften erzeugen für das Individuum eine ausgeprägte Unübersichtlichkeit bezüglich Herkunft und Produktionsbedingungen der Güter, die dem Konsumenten oder der Konsumentin zur Auswahl stehen. Die Unübersichtlichkeit ist so gross, dass ihre (schon nur teilweise) Erhellung durch Studien wie beispielsweise jene von Böge (1993) erschreckende Aha-Erlebnisse hervorrufen: Böge hat errechnet, wie viele Transportkilometer zurückgelegt werden, bevor ein Erdbeerjoghurt auf dem Tisch eines deutschen Kunden steht. Die Zutaten, die Materialien für Glas und Deckel und das fertige Produkt reisen insgesamt 3500 km weit; weitere 4500 km werden zuvor von den Grundstoffen zur Herstellung dieser Zutaten und Materialien zurückgelegt, die von den Zulieferern der einzelnen Bestandteile benötigt werden (s. Abbildung 2).

Abbildung 2: Die Transportwege eines durchschnittlichen, in Stuttgart hergestellten Erdbeerjoghurts (aus Böge 1993, S. 140).

Umweltprobleme und moderne Konsumgewohnheiten sind sehr eng miteinander verbunden: Gesteigerter Verbrauch von Konsumgütern führt – unter den herrschenden Rahmenbedingungen, die einen hohen Materialdurchsatz durch das Wirtschaftssystem zulassen – zwangsläufig zu Umweltproblemen (vgl. hierzu auch die

Ausführungen im Beitrag von LANGE[5]). Eine der zentralen gesellschaftlichen Herausforderungen, die sich angesichts der Umweltproblematik stellen, besteht deshalb darin, neue Arten der Güter-
produktion und -verteilung und neue Konsummuster zu
entwickeln, die langfristig umwelt- und sozialverträglich («nachhaltig») sind. Als Voraussetzung zur gesellschaftlichen Bewältigung
dieser Herausforderung ergeben sich für Individuen folgende Aufgaben, die man für Kinder und Jugendliche als – gegenüber früheren Zeiten – *neue Entwicklungsaufgaben* bezeichnen kann:

1. ein Umweltbewusstsein zu entwickeln, zu lernen, umweltverantwortlich zu handeln und trotz Umweltproblematik positive
   Zukunftsperspektiven aufzubauen;
2. sich über ihre Rolle als Konsumentinnen und Konsumenten klarzuwerden;
3. zu lernen, politische und gesellschaftliche Entscheidungsprozesse auch in den Bereichen Umwelt und Konsum verantwortlich
   mitzugestalten.

Die seit ungefähr Mitte der 1970er Jahre Geborenen sind die erste
Generation, die von frühester Kindheit an mit dem Wissen um die
Bedrohung der natürlichen Lebensgrundlagen konfrontiert worden
ist und die von klein auf ein Umweltbewusstsein entwickelt hat.
Vermutlich haben Kinder und Jugendliche in keiner früheren Generation so viele naturwissenschaftliche Kenntnisse über ihre natürliche Umwelt vermittelt erhalten – und so wenig direkte, unmittelbare Erfahrungen mit der Natur als Lebensgrundlage machen
können. Es ist auch eine Generation, die in der Konsumgesellschaft
gross geworden ist und die damit verbundenen umweltbelastenden
Lebensgewohnheiten als Selbstverständlichkeit übernommen hat.
Deshalb stellen sich die Fragen:

• Wie bewältigen Kinder und Jugendliche dieser Generation die
  oben genannten Entwicklungsaufgaben?
• Erfahren sie aus der Erwachsenenwelt angemessene Unterstützung?
• Worin bestehen diesbezüglich allenfalls Defizite und Unzuläng-
  lichkeiten?

---

[5] In Grossbuchstaben wird auf Beiträge in diesem Band verwiesen.

In den folgenden Kapiteln versuchen wir auf diese Fragen Antworten zu geben.

2. Umweltbewusstsein bei Kindern und Jugendlichen

Unter «Umweltbewusstsein» wird die «Einsicht in die Gefährdung der natürlichen Lebensgrundlagen des Menschen durch diesen selbst, verbunden mit der Bereitschaft zur Abhilfe» verstanden (Rat der Sachverständigen für Umweltfragen 1978). Als hauptsächliche Komponenten des Umweltbewusstseins gelten:

1. *Wissen* um ökologische Zusammenhänge und um umweltverantwortliche Handlungsmöglichkeiten;
2. allgemeine umweltbezogene *Werthaltungen* und subjektive *Betroffenheit;*
3. umweltverantwortliche *Handlungsbereitschaften* oder *Handlungsabsichten.*[6]

Was ist heute bekannt über das Umweltbewusstsein von Kindern und Jugendlichen? Unterbruner und Richter geben in ihren Beiträgen einen Überblick über die wichtigsten Studien (mehrheitlich aus dem deutschen Sprachraum) seit Mitte der 1980er Jahre. Die zusammengestellten Ergebnisse erlauben folgende Hauptaussagen: *Kinder und Jugendliche halten Umweltprobleme für sehr ernsthaft, sie sind durch sie emotional heftig betroffen, sie sind in bezug auf ihre Lösung pessimistisch, und sie erfahren von Erwachsenen eher unzureichende Unterstützung.* Diese Aussagen werden in den folgenden vier Abschnitten näher erläutert und begründet.

---

[6] In einer Vielzahl psychologischer und soziologischer Studien aus den letzten beiden Jahrzehnten wurde versucht, dieses mehrdimensionale Konstrukt «Umweltbewusstsein» genauer zu definieren und zuverlässige Mess-Skalen zu entwickeln. Leider haben sich aus dieser Forschung bis heute kein einheitliches, von der Forschergemeinde breit geteiltes Verständnis von Umweltbewusstsein und keine allgemein anerkannte Methodik für seine Messung herausgebildet (für eine kritische Diskussion und Zusammenstellung der einschlägigen Literatur vgl. Fuhrer, Wölfing 1997). Diese wissenschaftlich unbefriedigende Situation führt dazu, dass die Aussagen verschiedener Studien immer nur sehr beschränkt vergleichbar sind. Wenn deshalb Untersuchungen über «Umweltbewusstsein» zitiert und verglichen werden, ist immer sehr sorgfältig darauf zu achten, welche Konzepte von «Umweltbewusstsein» in den jeweiligen Studien verwendet und wie sie empirisch erfasst werden.

2.1 Umweltprobleme sind ernsthafte Probleme

In zahlreichen Untersuchungen ist die Einschätzung Jugendlicher[7] über die Wichtigkeit, Dringlichkeit oder Bedrohlichkeit verschiedener gesellschaftlicher Probleme erfasst worden. Seit Mitte der 1980er Jahre gehören die pessimistische Beurteilung des Zustandes der Umwelt und die Angst vor zunehmender Umweltzerstörung zu den vorrangigen Besorgnissen und gesellschaftlichen Problemen, die von Jugendlichen in entsprechenden Befragungen geäussert werden. Beispielsweise war das Thema «Waldsterben» in den späten 1980er Jahren für Schweizer Jugendliche ein wichtiges Thema; die Lösung dieses Problems war ihnen ein fast ebenso grosses Anliegen wie ein zukünftiger Arbeitsplatz oder Freundschaften und sogar wichtiger, als über viel Geld zu verfügen oder gut auszusehen (für Einzelheiten vgl. den Beitrag von FLAMMER).

Der Stellenwert von Umweltthemen im Bewusstsein von Jugendlichen ist heute nicht geringer als vor zehn Jahren. Dies zeigt z.B. die Shell-Studie aus den Jahren 1996/97 (Jugendwerk der Deutschen Shell 1997). Jugendliche halten die Umweltproblematik im Durchschnitt für ein grosses bis sehr grosses gesellschaftliches Problem, und sie stufen seine Wichtigkeit wie auch die Beeinträchtigung ihrer persönlichen Zukunft dadurch fast ebenso hoch ein wie diejenige der Arbeitslosigkeit (S. 293 ff.). Eine «gute Behandlung der Umwelt» wird in einer Reihe mit anderen wichtigen Werten – wie z.B. Menschlichkeit, Toleranz und Frieden – genannt (S. 65). Folgerichtig fordern Jugendliche von der Politik, «dass alle Menschen in Gesundheit und Frieden leben können, dass es weder Armut noch Elend noch Kriege und Hunger gibt, und dass die Umwelt geschont wird» (S. 66). Ähnliche Untersuchungsergebnisse berichtet LANGE.

Offensichtlich erreicht die in Schulen und Medien gegebene Information über Umweltprobleme die Kinder und Jugendlichen. Allerdings scheint ihr Wissen über ökologische Zusammenhänge (im Sinne von Faktenwissen und begrifflichem Wissen) nicht sehr präzise zu sein (vgl. z.B. Blum 1987; Fuhrer, Wölfing 1997) – vielleicht zur Enttäuschung mancher Lehrerinnen und Lehrer, die sich während Jahren für schulische Umwelterziehung engagiert haben. Die

---

[7] Untersuchungen mit Kindern sind sehr viel seltener als solche mit Jugendlichen. Deshalb beziehen sich die meisten Aussagen auf Jugendliche.

Jugendlichen kennen auch verschiedene «umweltfreundliche» Verhaltensregeln: Sie haben gelernt, wie man sich der Umwelt gegenüber verhalten soll (Fuhrer, Wölfing 1997). Sie äussern eine gewisse Bereitschaft zu Konsumverzicht zugunsten der Umwelt und setzen einiges auch um (z.B. Verzicht auf Fleischkonsum; vgl. Jugendwerk der Deutschen Shell 1997; vgl. auch den Beitrag von Lange), und sie haben grosse Sympathien für engagierte Tier- und Umweltschützer (Jugendwerk der Deutschen Shell 1997).

Gesundheit und Schönheit der Natur sind im Empfinden Jugendlicher sehr stark assoziiert mit der Beurteilung der Lebensqualität einer vorgestellten zukünftigen Welt: «Bei 90% der Jugendlichen, die optimistisch in die Zukunft schauten, war die Natur intakt, bei 91% der Pessimisten hingegen war sie gestört oder zerstört. [...] Natur ist wesentlich mehr als eine Kulisse, sie ist ein entscheidender Faktor für Lebensqualität» (Unterbruner 1991, S. 34; vgl. auch den Beitrag von Unterbruner).

Der seit den 1970er Jahren geführte öffentliche Diskurs über Umweltthemen findet sich also in der Wichtigkeit wieder, die dieser Thematik in der Einschätzung Jugendlicher zukommt. In ihrem Bewusstsein ist eine intakte Umwelt eine ebenso wichtige Voraussetzung guten Lebens wie Frieden, Gesundheit, Menschlichkeit und materielle Sicherheit. Die Vorstellung von zerstörter Natur beängstigt sie ebenso wie die Vorstellung von Krieg, Krankheit, Hunger oder Tod. Die Existenz von Umweltproblemen ist für sie gewissermassen zum «Normalzustand» geworden. Jugendliche halten die Umweltzerstörung für ein Faktum, das als hintergründige Bedrohung einfach zum Leben gehört. Diese «Normalität» der Umweltproblematik mag der Grund sein dafür, dass sie in manchen Untersuchungen kaum spontan erwähnt wird. Als die Jugendlichen in der 1997er Shell-Studie ganz allgemein gefragt wurden: «Welches sind denn nach Deiner Meinung die Hauptprobleme der Jugendlichen heute?», wurde die Umweltproblematik lediglich von 10% der Befragten spontan genannt – noch weniger aber nannten Krieg oder Armut als Problem (vgl. auch den Beitrag von Baacke). Als die Jugendlichen in derselben Untersuchung direkt auf die Bedeutung von Umweltproblemen angesprochen wurden, ergab sich dagegen die oben dargelegte pessimistische Einschätzung. In einer anderen

Untersuchung[8] beschrieben 12jährige Kinder, wie sie sich ihr Leben als Erwachsene vorstellten: Intakte Umwelt als wichtiges Anliegen erschien in den Aufsätzen ebenso wenig wie Gesundheit oder Frieden; auch hier wurden diese Dinge – wie eine Nachbefragung ergab – stillschweigend vorausgesetzt.

2.2 Sind Umweltprobleme überhaupt lösbar?

In bezug auf die Milderung, Lösung und zukünftige Vermeidung von Umweltproblemen nehmen Jugendliche mehrheitlich eine pessimistische Haltung ein. In der Shell-Studie 1997 meinten 63%, Technik und Chemie würden die Umwelt «wahrscheinlich» oder «bestimmt» zerstören, während lediglich 31% überzeugt waren, es werde «wahrscheinlich» oder «bestimmt» gelingen, die Umweltprobleme zu lösen (Jugendwerk der Deutschen Shell 1997, S. 295). Auch in der Untersuchung, über die UNTERBRUNER (S. 155) berichtet, malten mehr als die Hälfte der Jugendlichen eine düstere Zukunft (meistens – wie bereits erwähnt – mit zerstörter Natur als einem Hauptmerkmal). Viele Jugendliche schreiben sich selber in bezug auf die Umweltproblematik geringe oder gar keine Einflussmöglichkeit zu, etliche sind aber immerhin der Meinung «die Gesellschaft» oder das Kollektiv der «Gleichaltrigen» hätten eine gewisse Kontrolle über den Zustand der Umwelt (vgl. den Beitrag von FLAMMER). Die Shell-Studie 1997 gibt einen etwas differenzierteren Einblick, wem in der «Gesellschaft» Jugendliche denn am ehesten eine Veränderung zum Positiven zutrauen: Es sind Umweltorganisationen und engagierte Einzelpersonen (z.B. im Bereich des Tierschutzes), nicht aber etablierte PolitikerInnen und politische Parteien (Jugendwerk der Deutschen Shell 1997; vgl. auch den Beitrag von RICHTER). Die Mächtigen dieser Welt – führende Politiker und die Wirtschaft – sind in der Einschätzung vieler Jugendlicher bezüglich der wichtigen Probleme untätig oder machtlos (vgl. auch unten Ziffer 5.2).

2.3 Angst, Mitleid, Wut und Trauer

Mit welchen Gefühlen geht das Bewusstsein fortschreitender Umweltzerstörung, von der viele Jugendliche auch ihre persönliche Zukunft betroffen sehen, einher? Mehrere Untersuchungen zeigen

---

[8] Unveröffentlichte Gruppenarbeit von Studierenden im Rahmen des Seminars «Jugend und Umwelt» an der Universität Bern im Wintersemester 97/98.

deutlich, dass das Wissen um Umweltprobleme bei Kindern und Jugendlichen begleitet ist von Gefühlen der Angst und Trauer über zerstörte Natur, aber auch des Mitleids mit direkt betroffenen Menschen, Tieren und Pflanzen, der Wut auf Verantwortliche und Verursacher von Zerstörung und der Bewunderung für engagierte Umweltschützer (vgl. die Untersuchungen von Szagun u.a. 1994 sowie die Beiträge von Richter und Unterbruner). Freilich finden sich solche Gefühle meistens nicht an der Oberfläche, und die Zusammenhänge zwischen pessimistischen Zukunftseinschätzungen und emotionaler Befindlichkeit sind kompliziert. Richter spricht von einer «erheblichen Angstbereitschaft», die verdeckt vorhanden ist und erst bei geeigneten auslösenden Bedingungen durchbricht. Solche Bedingungen können eine konkret erlebte oder eine anschaulich vermittelte akute Bedrohung sein. Wenn deren Verursacher oder «Feind» erkennbar ist, kann sich die Angstbereitschaft auch in Empörung und Protest verwandeln. Beispiele dafür sind die Demonstrationen gegen die Atomversuche auf dem Mururoa-Atoll oder gegen die Versenkung der Ölplattform Brent Spar, an denen sehr viele Jugendliche teilnahmen.

Es gibt verschiedene Möglichkeiten, wie Menschen und insbesondere Jugendliche mit Umwelt- und Zukunftsangst umgehen. Welche Auswirkungen verschiedene Arten des Umgehens für das subjektive Wohlbefinden und die psychische und körperliche Gesundheit sowie die Bereitschaft zu konstruktivem Handeln haben, ist noch sehr wenig erforscht, und entsprechend vorläufig sind die bisher geäusserten Vermutungen. Wenn Kinder und Jugendliche keine negativen Emotionen im Zusammenhang mit Umweltproblemen zum Ausdruck bringen, muss das keineswegs heissen, dass sie nicht belastet sind. Es kann auch sein, dass sie die wahrgenommenen Probleme verleugnen. Diese Art der Bewältigung könnte sich aber eher negativ als positiv auf Gesundheit und Wohlbefinden auswirken. Meador und Macpherson (1987, zit. nach Unterbruner 1991) fanden bei 9- bis 12jährigen Kindern Hinweise auf solche negativen Auswirkungen, insbesondere bei jenen Kindern, die im persönlichen Bereich ausgeprägte Ängste haben. Auch Boehnke (1992) vermutet, dass weniger Beeinträchtigungen zu erwarten hat, wer über die Bedrohungen spricht und aktiv wird, als wer einen passiv-abwartenden Umgang pflegt. Diese Vermutung wird gestützt durch die Beobachtung, dass Gelegenheiten, Umweltzerstörung zeichnerisch darzustellen, von Kindern und Jugendlichen mit Eifer wahrgenommen werden und eher eine Hochstimmung als Niedergeschlagenheit erzeugen. Das Darstellen des oft nur heimlich Befürchteten scheint zu einer psychischen Entlastung zu führen (ein in psychotherapeutischen Kontexten bekannter Effekt). Möglicherweise ist das Zulassen der negativen Gefühle sogar eine Voraussetzung dafür, dass aktiv zum Schutz der Umwelt gehandelt werden kann. Dies jedenfalls vermuten Szagun u.a. (1994): Sie fanden positive Zusammenhänge zwischen geäusserter emotionaler Betroffenheit – die sie als «eine nach Aktivität drängende Art von Emotionalität» (S. 50) interpretieren – und persönlichem umweltverantwortlichem Handeln. Zu einem ähnlichen Schluss kommt UNTERBRUNER: «Offensichtlich bedarf es einer gewissen emotionalen Anteilnahme, die es auch zuzulassen und auszuhalten gilt, damit Wissen in Handeln umgesetzt werden kann» (S. 165).

2.4 Unterstützung durch Erwachsene?

Jugendliche nehmen offenbar sehr deutlich wahr, dass die ihnen durch die meisten Erwachsenen vorgelebte Lebensweise, die politischen Entscheidungen bzw. Nicht-Entscheidungen und die in Institutionen repräsentierten Werte nicht dazu geeignet sind, die Umweltsituation zu verbessern. Sie vermissen eindeutiges persönliches und politisches Handeln der Erwachsenen und äussern sich auch entsprechend kritisch darüber. Dies ist eine offene Reaktion auf die zwiespältigen Sozialisationseinflüsse, auf die wir weiter unten (Ziffer 4) zu sprechen kommen.

Wie unterstützen Erwachsene Kinder und Jugendliche bei der Aufgabe, ein Umweltbewusstsein zu entwickeln und umweltverantwortlich handeln zu lernen? Die Frage ist nicht eindeutig zu beantworten, da es so gut wie keine Untersuchungen darüber gibt. Was sich in der Literatur verbreitet findet, sind vielmehr Forderungen und Ratschläge, wie sich Erwachsene zu verhalten hätten – meistens eher dürftig gestützt durch Forschungsergebnisse. Im folgenden werden die in diesem Buch geäusserten Meinungen kurz zusammengefasst:

- RICHTER kritisiert die Reaktion vieler Erwachsener auf die pessimistischen Umwelt-Einschätzungen der Jugendlichen scharf: Diese würden Eltern, Lehrerinnen, Lehrern und Medien vorwerfen,

Kinder und Jugendliche mit Informationen zu belasten, die sie nicht verarbeiten könnten; und sie würden die Jungen beruhigend auffordern, sich doch nicht so viele Sorgen zu machen, sondern auf die Bereitschaft und Fähigkeit der Älteren zur Lösung der Probleme zu vertrauen. Beide Reaktionen hält RICHTER für nicht angemessen: «Als fürsorgliche Verantwortlichkeit wird eine Haltung ausgegeben, die in Wahrheit eher auf eine Abwehr eigener Ängste der Älteren hinausläuft. Die Verweigerung eines partnerschaftlichen Austauschs dient demnach weniger der Schonung der Kinder als der Selbstschonung der Älteren» (S. 182 f.).

- PALENTIEN stellt fest, dass die heutigen Kinder und Jugendlichen zwar mit allen grossen, ungelösten Problemen der heutigen Zeit belastet, aber von der echten Beteiligung an der Lösungsfindung ausgeschlossen würden. Er begründet damit seine Forderung nach neuen Möglichkeiten der politischen Partizipation für Jugendliche und fordert die Erwachsenen auf, einen Teil ihrer Macht und ihrer Entscheidungsbefugnisse an die Jugend abzutreten.

- UNTERBRUNER fordert für die Umweltbildung die vermehrte Berücksichtigung der Tatsache, dass Information über Umweltprobleme heftige Gefühle auslösen kann, und entsprechend neue Formen des pädagogischen Umgangs damit: «Ein konstruktiver Umgang mit Umweltängsten muss deshalb ein deklariertes Ziel der schulischen wie ausserschulischen Umweltbildung sein. Sorgen, Ängste und andere Gefühle wie Hilflosigkeit, Wut, Mitleid oder Schuldgefühle der Kinder und Jugendlichen sind ernst zu nehmen und nicht zu deren «Privatsache› zu degradieren. Es gilt zu fragen und gemeinsam zu beantworten: Was lösen Informationen über Umweltprobleme in jedem von uns aus? Welche Gefühle rufen sie hervor und wie gehen wir mit diesen Gefühlen, im speziellen mit diesen Ängsten um?» (S. 168).

- In mehreren Beiträgen (HÜTTENMOSER, UNTERBRUNER, FLAMMER) wird gefordert, dass Kinder genügend Gelegenheiten sinnlichen, spielerischen und lustvollen Kennenlernens der Natur haben sollten. Dies wird oft – obzwar wenig wissenschaftliche Belege für diese Überzeugung existieren – als motivationale Grundlage für umweltbezogene Handlungsbereitschaften angesehen. FLAMMER drückt dies so aus: «Nur wer seine Welt liebt, ist spontan bereit, im Rahmen seiner Möglichkeiten zu ihr Sorge zu tragen» (S. 96). Allerdings ist gerade diese spontane und spielerische Auseinandersetzung jüngerer Kinder mit Natur in ihren heutigen Wohnumwelten oft massiv eingeschränkt, hauptsächlich infolge der allgegenwärtigen Gefährdung durch den Strassenverkehr (vgl. den Beitrag von Hüttenmoser). «Naturerfahrung» muss dann gewissermassen künstlich in Schule und Kursen «vermittelt» werden, z.B. in der Form, wie sie auch von Unterbruner vorgeschlagen wird.

3. Konsum

Unter «Konsum» wird in der Wirtschaftstheorie der Verbrauch von Sachgütern und Dienstleistungen zur unmittelbaren Bedürfnisbefriedigung verstanden. Lange umschreibt Konsum noch etwas präziser als «die Befriedigung von Bedürfnissen (Ansprüchen, Wünschen) anhand von Geldmitteln (Einkommen, Ersparnissen, Krediten) durch Güter oder Dienstleistungen (unterschiedlicher Formen, Qualität und Quantität), die bestimmte Kosten (in Form von zu zahlenden Preisen oder Gebühren) verursachen» (S.189 f.).

Eine Marktwirtschaft ist auf kaufkräftige und kauffreudige Konsumentinnen und Konsumenten angewiesen. Wie sehr dies der Fall ist, wird mit schöner Regelmässigkeit auf den Wirtschaftsseiten von Zeitungen illustriert, wenn über stagnierende Konsumfreudigkeit der Konsumentinnen und Konsumenten geklagt bzw. über deren wiedererwachte Konsumfreudigkeit frohlockt wird. So schreibt z.B. die Journalistin Grüneis (1997, S. 8): «Angesichts der anhaltenden Stagnation im Lebensmitteleinzelhandel wird es für die Hersteller immer wichtiger, entscheidende Massnahmen zu treffen, um der Tendenz der Verbraucher, weniger Geld für ihren Konsum auszugeben, Einhalt zu gebieten. [...] Die schwierige Wirtschaftslage überschattet den Kaufrausch der Konsumenten.»

Kinder und Jugendliche, die in marktwirtschaftlich organisierten Gesellschaften aufwachsen, haben die Entwicklungsaufgabe, sich über ihre Rolle als Konsumentinnen und Konsumenten klarzuwerden. Insbesondere müssen sie lernen, sich auf Kosumgütermärkten als Nachfrager gegenüber verschiedenen Anbietern marktkonform bzw. rational zu verhalten. Dass dieser Lernprozess schon in den ersten Lebensjahren einsetzt, legen amerikanische Marktforschungs-Studien an Kindern nahe (vgl. Kasten).

So werden Kinder zu KonsumentInnen

McNeal (1992, zit. nach Tügel 1996, S. 44) beschreibt folgende Stadien, durch welche sich Kinder zu Konsumentinnen und Konsumenten entwickeln:

«Beobachtungen: Schon mit sechs Monaten kennen drei von vier Kindern das Erlebnis Einkauf im Supermarkt. Bis zum Alter von zwei Jahren begleiten Söhne und Töchter ihre Eltern passiv dorthin, bekommen aber ‹auf ihrem Beobachtungsposten hoch oben auf der Karre› einen guten Überblick. Und entdecken mit zwölf bis 15 Monaten erste Beziehungen zwischen Fernsehspots und Produkten im Regal.

Forderungen: Zweijährige fangen an, von ihrem Thron auf dem Wagen aus Forderungen nach Lebensmitteln und Spielzeug zu stellen. Sie untermauern ihren Besitzwunsch durch Zeigen, Grunzen, Weinen, Schreien, Gestikulieren. Zwei Drittel der Dreijährigen äussern dann schon verbale Wünsche.

Auswahl: Das Alter von drei und vier Jahren ist Exkursionen in den Gängen vorbehalten. Die Auswahl von Lieblingsprodukten unter Aufsicht ist gestattet. Die Beziehung zwischen Werbung und Verpackungen sowie interessanter Ware ist durchschaut.

Einkauf in Begleitung: Spätestens mit fünf ist die Rolle des Geldes erfasst: Noch schauen die Eltern in der Regel zu, wenn es ausgegeben wird.

Einkauf allein: Zwischen fünf und sieben beginnt die Epoche der Solokäufe [...] ‹mit derselben Begeisterung, mit der ein Pilot seinen ersten eigenen Flug absolviert›.»

Das «Einkaufen allein» wird Kindern auch in der Schweiz spätestens vom Schulalter an ermöglicht, indem sie Taschengeld erhalten, über das sie frei verfügen können und um dessen Herkunft sie sich in der Regel nicht sorgen müssen. Bei den 6- bis 8jährigen betrug das monatliche Taschengeld 1995 durchschnittlich ca. 5 Franken, bei den 16- bis 18jährigen ca. 75 Franken. Hinzu kommen wohl diverse «Göttibatzen» und Einkünfte aus – gelegentlichen oder regelmässigen – Arbeitsleistungen der Kinder. Jugendliche zwischen 12 und 20 Jahren sollen jährlich ca. 3 Milliarden Franken ausgeben (vgl. BONFADELLI, S. 229). Nach PALENTIEN (S. 247) haben in Deutschland über drei Viertel der 13jährigen Jugendlichen ein eigenes Bankkonto mit Karten-Verfügungsrecht.

3.1 Werbung

Das Interesse der Anbieter von Konsumgütern an möglichst vielen Käuferinnen und Käufern für ihre jeweiligen Produkte äussert sich u.a. in vielfältigsten Formen der Werbung. Durch Werbung wird versucht, Menschen – und damit auch Kinder und ihre Eltern – zur Befriedigung ihrer Bedürfnisse mittels käuflicher Güter zu animieren. Dies beginnt bereits im Säuglingsalter, wie ein Blick in die Kataloge für Baby-Artikel zeigt: Ohne eine spezielle Körperpflegelinie, ohne Fläschchen, Schnuller und Musikdose – für jedes Bedürfnis jederzeit das richtige Produkt – scheint die Betreuung eines Säuglings nicht möglich zu sein, und – so die suggerierte Botschaft – nur Rabeneltern können ihren Kindern alle diese Segnungen vorenthalten. Die Werbung ist in der Konsumgesellschaft ein mächtiger und unübersehbarer Sozialisationseinfluss. Die Beiträge von BONFADELLI und von BAACKE setzen sich mit den modernen Erscheinungsweisen und mit der Bedeutung von Werbung für Kinder und Jugendliche auseinander. Sie machen u. a. folgende Feststellungen:

- Werbung hat seit dem Ende der 1970er Jahre massiv zugenommen. Dies steht auch im Zusammenhang mit der zunehmenden Kommerzialisierung der Medien: Der Anteil der Werbung in den Medien, besonders im Fernsehen, ist seit der Einführung des Dualen Rundfunks (gemischtes Angebot von privaten und öffentlichen Sendern) in den 80er Jahren ständig gestiegen, insbesondere auch im Umfeld von Kinderprogrammen. Die Auswertung einer Zeitschrift für das Vorschulalter («Bussi Bär», vgl. den Beitrag von CALZAFERRI, MEYER, PIROVANO S. 329 ff.) illustriert diese allgemeine Entwicklung: In den 1970er Jahren enthielt die Zeitschrift noch keine Werbung, 1997 aber – je nach Erscheinungsmonat – zwischen 12,5% und 37,5%.
- Kinder und Jugendliche werden als bedeutende und wachsende Marktmacht angesehen und sind deshalb eine attraktive Zielgruppe der Werbung geworden. Sie interessieren in dreifacher Hinsicht: 1. als primärer Markt, für den spezielle Kinderprodukte hergestellt und zu einem Teil von den Kindern selber mit Geld, über das sie frei verfügen können, gekauft werden; 2. als Beeinflussungsmarkt, da Kinder die Kaufentscheidungen ihrer Eltern und anderer Erwachsener beeinflussen können, z. B. beim Kauf von Nahrungsmitteln und Unterhaltungselektronik, aber auch von Autos, Möbeln oder Ferien; 3. als Zukunftsmarkt, da die Kinder von heute die erwachsenen Käufer von morgen sind, weshalb z. B. frühe Markenbindungen angestrebt werden.

- Es sind Medien-Waren-Verbünde entstanden, indem Hersteller ihre Produkte mit attraktiven Medienfiguren zu verknüpfen versuchen. So werden z.B. Vernetzungen von TV-Programm-Anbietern, TV-Sendern und Industrieunternehmen aufgebaut, von denen alle Beteiligten zu profitieren hoffen. Ausserdem sind neben der klassischen Werbung neue, teilweise schwierig durchschaubare Werbeformen entstanden, wie z.B. Sponsoring, Product Placement und Merchandising.
- Produkte werden in der Werbung zunehmend als Repräsentanten für bestimmte Lebensstile positioniert. So versuchen z.B. die Hersteller von Markenartikeln, ihre Produkte mit spezifischen jugendkulturellen Stilen zu verknüpfen. Es werden beträchtliche Anstrengungen unternommen, neue Stile und Trends frühzeitig aufzuspüren und das Jugendmarketing entsprechend auszurichten. Dazu wird auch direkt mit Jugendlichen zusammengearbeitet, indem z.B. Werbefirmen ihre Produkte von Jugendlichen beurteilen lassen, bevor sie sie lancieren (vgl. WerbeWoche 1995).
- Versuche, moderne Werbe- und Marketingmethoden einzusetzen, um nach ökologischen Grundsätzen hergestellte Produkte attraktiv zu machen und entsprechende Kaufentscheide Jugendlicher zu begünstigen, sind erst sehr spärlich zu finden, und wenige scheinen an ihren Erfolg zu glauben. Ausnahmen sind z.B. das Marketingkonzept für «Ökomode» von Britta Steilmann (Steilmann 1995) und die Idee der «DollAir»-Rabattmarken von Urs Eberhardt (vgl. Facts 1997).

Welches sind die Wirkungen der Konsumgüterwerbung, der Kinder und Jugendliche auf Schritt und Tritt begegnen, auf ihre Persönlichkeitsentwicklung und auf ihr Konsumverhalten?

Verbreitet begegnet man kulturpessimistischen Pauschal-Verurteilungen: Durch Werbung würden – so die Befürchtungen vieler Eltern und anderer Erziehungspersonen – die leicht beeinflussbaren Kinder und Jugendlichen zu übermässigem Konsum verführt und zu genusssüchtigen Materialisten erzogen. Rufe nach Werbe-Verboten z.B. im Umfeld von TV-Kindersendungen ertönen. Tatsächlich weist Lange bei Jugendlichen, die zu kompensatorischem Konsum und Kaufsucht neigen, eine erhöhte Anfälligkeit gegenüber und eine unkritischere Wahrnehmung von Werbung nach als bei Jugendlichen mit rationalem Konsumverhalten, und er interpretiert diesen Befund auch kausal.

Es ist jedoch sehr schwierig, die Beziehungen zwischen Kindern, Werbung und Konsum eindeutig festzustellen. Denn Werbung kann sowohl direkte Effekte auf das Konsumverhalten der Kinder und Jugendlichen haben als auch ihre Vorstellungen über die soziale Realität und ihre sozio-kulturellen Verhaltensweisen beeinflussen und sich auf diese Weise indirekt auf ihr Konsumverhalten auswirken. Es erstaunt deshalb nicht, dass Untersuchungsbefunde teilweise widersprüchlich sind (vgl. die Beiträge von BONFADELLI und BAACKE).

Der grösste Teil der Studien zur Werbewirkung auf Kinder wird gar nicht veröffentlicht. Nach Müller (1997, S. 13) werden 90% der Studien von Industrieunternehmen in Auftrag gegeben. Diesen Auftraggebern geht es in erster Linie um die Erforschung der Wirkung ihrer eigenen Werbung auf die Zielgruppe, und nicht um allgemeine Erkenntnisse über die Werbewirkung. Häufig besteht kein Interesse an einer Veröffentlichung der Ergebnisse, sondern eher ein gegenteiliges Interesse an ihrer Geheimhaltung.[9]

Werbung, insbesondere im Fernsehen, wird in der Regel als unterhaltsam erlebt und scheint sich recht hoher Beliebtheit vor allem bei jungen Kindern zu erfreuen. In einer Untersuchung von Vollbrecht (1996) gaben 63% der 6jährigen Kinder an, dass ihnen Fernsehwerbung sehr gut oder gut gefalle. Bei den 12- bis 13jährigen waren es allerdings nur noch 23%; mit zunehmendem Alter schätzen es Kinder immer weniger, wenn Sendungen durch Werbung unterbrochen werden. Werbespots zeigen kurzfristige Wirkungen auf mehreren Ebenen: Eine *kognitive* Wirkung ist die Erzeugung eines Produktwissens; auf der *emotionalen* Ebene kann ein Produktwunsch entstehen oder Enttäuschung, wenn ein solcher Wunsch nicht erfüllt wird; eine Wirkung auf das *Verhalten* zeigt sich z.B. darin, dass Kinder Figuren aus der Fernsehwerbung nachahmen, bzw. sich zum Spiel mit den beworbenen Produkten anregen lassen; eine *physiologische* Wirkung schliesslich zeigt sich darin, dass

---

[9] Tügel (1996, S. 49) verurteilt diese Art «Industrie-Forschung» aufs schärfste: «Die Ausforschung von Kleinkindern aus Profitinteresse ist eine Form des psychischen Kindesmissbrauchs. Wenn das gläserne Kind nichtmaterielle Wünsche einklagt, steht kein Konzern bereit, sie zu befriedigen. Im Gegenteil – die Unzufriedenheit wird zum Hebel, um neue Ersatzbefriedigung anzupreisen.»

Spots mit schrillen Stimmen und lauten Geräuschen zu einer erhöhten Aktivierung führen (Wilhelm u.a. 1997, S. 24).

Für Eltern ist es nicht immer einfach, mit den Wünschen und Bedürfnissen, die bei Kindern durch Werbung geweckt werden, adäquat umzugehen. Die Verbindung von bestimmten Produkten und Marken mit jugendkulturellen Stilen kann auch einen erheblichen Druck auf Jugendliche auslösen, ihre Zugehörigkeit zu bestimmten Gruppen oder Stilen durch den Kauf eben dieser Produkte auszudrücken und zu sichern. Die scheinbar unendlich grosse Entscheidungsfreiheit beim Kauf von Gebrauchsgütern wird plötzlich illusorisch, und es kann sogar ein subjektiv empfundener Kaufzwang entstehen.

Auf der andern Seite zeigen aber auch verschiedene Untersuchungen, dass ältere Kinder und Jugendliche kompetent und kritisch mit Werbung als selbstverständlichem Element der heutigen Alltagskultur umgehen (vgl. den Beitrag von Baacke). Für Werbefachleute stellt diese kritische Haltung und Kompetenz der Jugendlichen offenbar eine besondere Herausforderung dar: «Es mag erstaunen, dass ausgerechnet die erste Generation, die im Konsumüberfluss gross geworden ist und mit mehr Werbung gefüttert wurde als jede Generation zuvor, für bestandene Marketer ein hartes Pflaster darstellt. Vom souveränen Konsum- und Kommunikationsverhalten zeugt nicht nur der respektlos-kreative Umgang der «Konsumkids» mit Markensymbolen und Logos, sondern auch der selbstbewusste Umgang mit Sponsoren» (WerbeWoche 1995, S. 7). Abbildung 3 illustriert diese Aussage: Im sogenannten «Bootlegging» werden – natürlich auch unter Ausnutzung der modernen Möglichkeiten der Computer-Graphik – klassische Werbefiguren und Anzeigemotive manipuliert und zu Kult-Botschaften der Szene gemacht. Sie erscheinen z.B. auf T-Shirts und Aufklebern, meist nur für kurze Zeit in kleinen Auflagen oder für einmalige Anlässe. Bonfadelli merkt allerdings an, dass werbekritische Haltungen Jugendlicher nicht unbedingt mit einer entsprechenden Zurückhaltung oder gar Abstinenz im Konsumbereich gekoppelt sein müssen.

Insgesamt müssen Werbung und ihre Wirkung auf Kinder und Jugendliche differenziert beurteilt werden. Es ist weder richtig, sie pauschal zu verurteilen, noch, sie als harmlose Form von Information und Unterhaltung darzustellen. Mit unerwünschten Auswirkungen ist vor allem bei kleinen Kindern zu rechnen; denn Vorschulkinder können zwischen Werbung und anderen Programmteilen noch schlecht unterscheiden. Werbung, Wirklichkeit und Programmfiktion fliessen für sie zusammen, und ihr Erlebnis von Freude und Abenteuer in Geschichten ist – von ihnen selbst unbemerkt – durchdrungen von Konsumwerbung. Baacke (1996, S. 72) fordert deshalb, dass Werbung immer deutlich als solche gekennzeichnet sein und in Programmen für kleinere Kinder gar nicht vorkommen sollte.

Abbildung 3: «Bootlegging»: Wie Jugendliche sich aus der Umgestaltung von Markenzeichen einen Spass machen (aus WerbeWoche 7. April 1995, S. 20).

3.2 Konsumverhalten

Zum Konsumverhalten Jugendlicher zwischen 15 und 20 Jahren, zu verschiedenen Konsumorientierungen und deren Bestimmungsfaktoren liefern hauptsächlich die neuen Untersuchungen von Lange in der Bundesrepublik Deutschland (Lange 1997 und Beitrag in diesem Band) differenzierte Erkenntnisse.

Für die heranwachsenden Mitglieder einer marktwirtschaftlich organisierten Gesellschaft stellt sich die Aufgabe, ein «rationales» bzw. «marktkonformes» Kosumverhalten zu erlernen. Sie müssen sich auf dem von Lange in Abbildung 1 (S. 190) modellhaft als «Magisches Viereck» von Bedürfnissen, Gütern, Mitteln und Kosten dargestellten Konsumgütermarkt zurechtfinden. Das Konsumverhalten gilt dann als rational bzw. marktkonform, wenn diejenigen Güter und Dienstleistungen nach Quantität und Qualität ausgewählt werden, die «ökonomische» Bedürfnisse optimal zu befriedigen versprechen, wobei die Geldmittel so eingesetzt werden, dass die Kosten minimiert werden. Als «ökonomische Bedürfnisse» gelten einerseits Grundbedürfnisse (z.B. die Bedürfnisse nach ausreichender Nahrung, Kleidung und Wohnung), andererseits Wahl- oder Luxusbedürfnisse nach materiellen Gütern, die in Qualität oder Quantität über die Grundbedürfnisse hinausgehen (z.B. nach exklusiven Kleidern, teurem Schmuck usw.). Diese Bedürfnisse können durch Erwerb bzw. Besitz materieller Güter befriedigt werden. Als «ausserökonomische Bedürfnisse» kann man Bedürfnisse nach sozialer Zuwendung und Anerkennung und nach persönlicher Entfaltung und Selbstverwirklichung bezeichnen. Es sind also Bedürfnisse, die letztlich nicht über den Besitz materieller Güter und die Inanspruchnahme von käuflichen Dienstleistungen zu befriedigen sind. Der fortgesetzte Versuch, diese Bedürfnisse trotzdem unmittelbar und ausschliesslich durch materielle Güter zu befriedigen, ist nach Lange insofern nicht rational, als die Leistungsfähigkeit materieller Güter zur Bedürfnisbefriedigung falsch eingeschätzt wird. Konkret ist dies der Fall bei kompensatorischem und demonstrativem Konsum und bei Kaufsucht.

Kompensatorischer Konsum, Kaufsucht und demonstrativer Konsum
Die Phänomene des kompensatorischen Konsums und der Kaufsucht wurden in den 1980er Jahren in Nordamerika studiert (vgl. z.B. Faber u.a. 1987) und in Deutschland v.a. von Scherhorn zum Thema gemacht (vgl. z.B. Scherhorn 1994). Von kompensatorischem Konsum wird gesprochen, wenn Menschen durch das Kaufen von Gütern über Gefühle innerer Leere, Frustrationen, Niederlagen oder Defizite hinwegzukommen versuchen: «Das Gut wird dann nicht (oder nicht in erster Linie) um seines Gebrauchswertes willen gekauft, sondern um der Befriedigung willen, die der Kaufakt selbst dem Käufer verschafft, und zugleich in der Erwartung, dass diese Befriedigung einen Ausgleich für Frustrationen bieten möge, die durch das unbewältigte Problem hervorgerufen wurden» (Scherhorn u.a. 1992, S. 4).

Wenn dieses Verhalten die typischen Merkmale eines Suchtverhaltens zeigt, wird das Verhalten als «Kaufsucht» bezeichnet. Vereinzelte kompensatorische Kaufakte gelten zwar in unserer Gesellschaft durchaus als normal. Das Verhalten ist aber dann problematisch, wenn das Kaufen zur dominanten Quelle des Selbstwertgefühls und der Selbstbestätigung eines Menschen wird.

Demonstrativer Konsum liegt vor, wenn Güter v.a. gekauft werden, um den eigenen Status aufzuwerten und dadurch Bedürfnisse nach sozialer Anerkennung zu befriedigen. Das Phänomen findet sich in allen Gesellschaften in einem gewissen Ausmass, erreicht aber in den modernen Konsumgesellschaften eine aussergewöhnlich grosse Verbreitung.

Die Ergebnisse von Langes Untersuchungen in Deutschland zeigen, dass die Mehrheit (zwei Drittel bis drei Viertel) der Jugendlichen zwischen 15 und 20 Jahren ein ökonomisch rationales Konsumverhalten haben. Kompensatorisches Konsumverhalten ist aber bei fast 20% (inklusive ca. 6% Kaufsüchtige) und demonstrativer Konsum bei 15% der Jugendlichen festzustellen. Auf der einen Seite kann man also feststellen, dass die Mehrheit der Jugendlichen die Aufgabe, sich auf dem Konsumgütermarkt zurechtzufinden und marktkonform zu verhalten, bewältigt. Auf der andern Seite sind um die 30% Jugendlicher, die stark dazu neigen, Bedürfnisse nach Anerkennung und persönlicher Entfaltung mittels Kauf materieller Güter zu befriedigen, doch ein erschreckend grosser Anteil. Und ein Anteil von 6% Kaufsüchtigen ist ebenfalls sehr hoch, sofern man dieses

Suchtverhalten ebenso negativ bewertet wie stoffgebundene Suchtformen (z.B. Alkohol, Nikotin) oder auch Spielsucht.

Langes Analyse zeigt des weitern, dass die wichtigste Ursache für kompensatorischen Konsum und Kaufsucht in der Selbstwertschwäche liegt, die ihrerseits vor allem auf einen überbehütenden Erziehungsstil zurückzuführen ist. Zu demonstrativem Konsum neigen Jugendliche mit ausgeprägter Karriere- und Markenorientierung, die einen – überbehütenden oder aber autoritären – Erziehungsstil mit starker Aussenorientierung (grosser Stellenwert materieller Güter und des Eindrucks gegen aussen) erfahren. Jugendliche mit kompensatorischem Konsumverhalten scheinen – wie oben bereits erwähnt – für Werbung anfälliger zu sein als rational konsumierende Jugendliche.

Aufgrund dieser Untersuchungen ist also zu vermuten, dass zwar die Mehrheit der Jugendlichen fähig ist, sich der angebotenen Konsumgüter in vernünftiger Weise zu bedienen und eine kritische Haltung gegenüber Werbung und einen souveränen Umgang damit zu entwickeln. Jugendliche mit geringem Selbstwertgefühl (aus welchen Gründen auch immer) scheinen aber dazu zu neigen, den Botschaften der Werbung – in denen ja die «irrationale» Verbindung des angepriesenen Gutes mit immateriellen Werten sehr bewusst und gezielt gestiftet wird – zu glauben und ein entsprechendes Kaufverhalten zu entwickeln. Nach den verfügbaren Untersuchungen herrscht eine solche Orientierung bei einem Viertel bis einem Drittel der heutigen Jugendlichen vor. Ob wir diese Situation für gut oder schlecht halten, ist weniger eine Frage der Wissenschaft, sondern eine Frage der moralischen Wertung. Tügel (1996, S. 49 f.) bringt eine extrem negative Wertung zum Ausdruck: «Wenn Sekten psychisch labile Menschen aus Macht- und Profitgier beeinflussen, verführen und missbrauchen, ist die Empörung zu Recht gross. Dass fast alle Wirtschaftsunternehmen inzwischen dasselbe mit Kindern versuchen, ist so selbstverständlich, dass keiner mehr die Parallelen wahrnimmt.»

4. Beziehungen zwischen Umweltbewusstsein und Konsumverhalten

Wie aus den beiden vorangegangenen Abschnitten hervorgeht, sind beide in diesem Buch thematisierten Sozialisationseinflüsse unserer Zeit sehr stark, die Kinder lernen beide «Lektionen»: Sie entwickeln ein ausgeprägtes Umweltbewusstsein und übernehmen gleichzeitig ihre Rolle als Konsumentinnen und Konsumenten. Aber lernen sie auch, was Umweltzerstörung und Konsum miteinander zu tun haben? Diese Frage muss wohl verneint werden. Es scheint vielmehr so zu sein, dass die beiden Orientierungen im Bewusstsein und im Verhalten von Kindern und Jugendlichen weitgehend unverbunden nebeneinanderstehen.

Nur eine Minderheit – nach Langes Untersuchungen 40% – der Jugendlichen äussert eine Bereitschaft zu teilweisem Konsumverzicht. Dies entspricht den Alltagsbeobachtungen und der Einschätzung des eigenen Verhaltens durch Jugendliche. Unterbruner (S. 159) gibt Beispiele für die Diskrepanz zwischen der negativen oder ambivalenten Einstellung gegenüber moderner Technik und Konsumgütern, die in den Zukunftsreisen zum Ausdruck kommt, und dem selbstverständlichen und lustvollen Gebrauch eben dieser Technik im persönlichen Alltag (vgl. zur Illustration dieser Diskrepanz auch Abbildung 4).

Abbildung 4: Comic aus Ott o. J. «Phantom der Superheld» (Veränderung durch die Autor-Innen).

Wie oben ausgeführt wurde, befinden sich die Umweltängste und umweltbezogenen Zukunftsängste nicht an der Oberfläche, sie kommen im alltäglichen Verhalten der Kinder und Jugendlichen kaum zum Ausdruck. Erst bei sorgfältigem methodischem Vorgehen werden sie sichtbar. Richter vermutet, dass eine «Abspaltung des Bedrohungsgefühls» (S. 179) stattfinden kann und die Zukunftsängste durch eine ausgeprägte «Spasskultur» überdeckt werden. Er spricht von «parzelliertem Denken» in dem Sinne, dass verschiedene Aspekte einer Sache oder einer Problemlage einer Person zwar bekannt sind, aber nicht miteinander in Beziehung gebracht werden (Richter 1984). Unterbruner (1991, S. 39) vermutet ebenfalls einen «Mangel an Vernetzung», wenn Jugendliche z.B. Industrien sehr ablehnend schildern, deren Produkte aber gleichzeitig als unentbehrlich für das alltägliche Leben betrachten. Sie geniessen das eine und fürchten das andere.

Das unverbundene Nebeneinanderstehen von Umweltbewusstsein und Konsumhaltung bzw. Lebensführung ist allerdings nicht erstaunlich, scheint doch die Vermittlung von Umweltbewusstsein einerseits und Konsumorientierung andererseits völlig unabhängig voneinander zu geschehen.

Beispielhaft für die parzellierte Art der Vermittlung sind die Ergebnisse der Analyse der Vorschulzeitschrift «Bussi-Bär» (vgl. Beitrag von CALZAFERRI, MEYER, PIROVANO). Auch die «Umrahmung» von Kinder-TV-Sendungen mit Werbespots (bzw. die Umrahmung der Werbespots mit Kindersendungen) zeigt die Unverbundenheit, wenn nicht den völligen Widerspruch zwischen den beiden Sozialisationseinflüssen auf. «*Du sollst Sorge tragen zu Natur und Umwelt – d.h. Du sollst dazu beitragen, dass der Materialdurchsatz durch unsere Wirtschaft verlangsamt und verringert wird!*» hören Kinder und Jugendliche in der Umwelterziehung, manchmal in Fernsehsendungen und in speziellen Umwelttips in Magazinen. «*Du musst, damit Du glücklich wirst, möglichst viele der Güter kaufen und geniessen, die wir Dir anbieten, und immerfort Neues begehren – d.h. Du musst zur Beschleunigung und Erhöhung des Materialdurchsatzes beitragen!*» hören und sehen sie auf Schritt und Tritt in der Werbung und im Verhalten der Erwachsenen. Den Kindern und Jugendlichen wird auf diese Weise sehr wirksam beigebracht, dass Umweltprobleme und Konsum nichts miteinander zu tun haben (sollen). Die Botschaft lautet: Umweltfreundliches Handeln ist ein schönes Anliegen, aber die wirkliche Welt ist die des uneingeschränkten Konsums.

Angesichts dieser Situation vermag auch schulische Umwelterziehung – lange Zeit relativ eng verstanden als Behandlung von Umweltthemen im Schulunterricht – die vor 20 Jahren in sie gesetzten

Internationale Konferenz in Thessaloniki 1997
«Umwelt und Gesellschaft: Bildung und öffentliches Bewusstsein für die Nachhaltigkeit»
Fünf Jahre nach Rio und 20 Jahre nach der Tiflis-Konferenz zur Umwelterziehung (1977) hat die UNESCO als Task Manager für die Umsetzung des Kapitels 36 der Agenda 21 im Dezember 1997 eine Konferenz in Thessaloniki (Griechenland) organisiert. Die Frage, welche diese Konferenz am meisten beschäftigte, war: «Education – a forgotten priority of Rio?»

Die Resultate der Konferenz waren ernüchternd: Die Experten waren sich einig, dass die fünf Jahre nach Rio für eine Verbesserung der Umweltbildung nicht genutzt werden konnten, dass eine umfassende Bildung, die sich in nachhaltigem Umweltverhalten der Menschen äussert, nicht erreicht werden konnte, auch nicht in Ländern mit anerkannt guten Bildungssystemen. Man sprach in Thessaloniki von «Rio minus five» nicht von «Rio plus five». Wohl ist das Wissen über den Zustand unserer Welt und über die Möglichkeiten einer Verbesserung der Umweltqualität so gross und so verbreitet wie noch nie zuvor bei Kindern, Jugendlichen und Erwachsenen. Das Umwelt-Verhalten hinkt jedoch dem Umwelt-Wissen weit hintennach. Das Wissen wird nicht verhaltenswirksam. Die Konferenz von Thessaloniki forderte eine «nachhaltige Bildung»; die anwesenden Experten waren aber auch nicht in der Lage, Strategien für eine nachhaltige Umweltbildung vorzustellen. Die Vorstellung über nachhaltige Bildung blieb bei allgemeinen Aussagen stehen wie:

- Förderung der Bereiche lebenslanges Lernen, interdisziplinäres Lernen, multikulturelle Bildung;
- Sicherstellen, dass Mädchen und Frauen den gleichen Zugang zur Bildung haben;
- Entwicklung von Lehrplänen und Programmen, die eine nachhaltige Entwicklung ermöglichen.

Erwartungen nicht zu erfüllen. An der internationalen Konferenz zur Umweltbildung in Thessaloniki im Jahre 1997 wurde in der Tat eine kritische Bilanz gezogen (vgl. Kasten). Es wurde kritisiert, dass Umwelterziehung in den letzten Jahren allzu einseitig auf Umwelt-Projekte an den Schulen ausgerichtet war, die wohl den Schülerinnen und Schülern Abwechslung vom Schulalltag und Einblicke in die Umweltproblematik ermöglichten, jedoch kaum etwas zu Verhaltensänderungen beitrugen. Umweltprojekte erhielten an sehr vielen Schulen den Anstrich einer unterhaltsamen Tätigkeit, die aber nicht wichtig ist (nicht zur Benotung und nicht zur Promotion usw. beiträgt) und für die Schülerinnen und Schüler materiell und emotionell unverbindlich bleibt.[10]

Es ist sicher gerechtfertigt, die bisher an Schulen praktizierte Umwelterziehung und Umweltbildung kritisch zu betrachten und nach Möglichkeiten der Verbesserung zu suchen. Allerdings müsste vor allem die implizite Annahme, dass durch solche Bemühungen das tägliche Verhalten der Kinder und Jugendlichen angesichts eines gesellschaftlichen Umfeldes, in dem gegenteilige Werthaltungen ihren Ausdruck finden, grundsätzlich hinterfragt werden.

5. Beteiligung an politischen und gesellschaftlichen Entscheidungen

5.1 Ausgangslage

Vieles von dem, was bisher über Kinder und Jugendliche gesagt wurde, ist nicht spezifisch für diese Altersgruppe. Ohnmachtsgefühle angesichts der Umweltprobleme, kompensatorisches und demonstratives Konsumverhalten, eine Lebensführung, die im Widerspruch steht zum Umweltbewusstsein, als «Zielgruppe» auf dem Markt umworben zu werden – das alles trifft für Erwachsene ebenfalls zu (für verschiedene Untersuchungen dazu vgl. z.B. Kaufmann-Hayoz, Di Giulio 1996; Kaufmann-Hayoz 1997). Kinder und Jugendliche werden mit denselben Belastungen und Anforderungen unserer Zeit konfrontiert wie Erwachsene, und sie reagieren darauf nicht völlig anders als Erwachsene.

Die Möglichkeiten aber, die Kindern und Jugendlichen zugestanden werden, um mit diesen Belastungen umzugehen oder um Veränderungen herbeizuführen, unterscheiden sich wesentlich von denen Erwachsener. Es wird zwar von ihnen erwartet, dass sie in dieser Welt zurechtkommen und sich mit vielen komplexen Themen und

---

[10] Auch De Haan (1997, S. 23) zieht eine kritische Bilanz des Standes der Umweltbildung an Schulen und Hochschulen, wenn er feststellt: «Insgesamt gesehen etabliert sich die Ökologiethematik im Bildungsbereich derzeit nur auf niedrigstem Niveau. Es dominieren Naturwissenschaften und Technik, es fehlt an sozial-wissenschaftlicher Durchdringung der Ökologie, es fehlt eine stabile Position und zudem ist der interdisziplinäre Charakter der Ökologie nicht hinreichend im Unterricht wie in der Hochschullehre berücksichtigt worden. Umweltbildung findet noch immer eher zu besonderen Anlässen oder nebenbei statt, sie hat noch keinen wesentlichen Einfluss auf den gesamten Alltag im Bildungssektor.»

Problemen auseinandersetzen. Geht es aber um Entscheidungen – sei es in Familie, Schule oder Politik –, so werden sie häufig als unselbständig betrachtet und nicht ernst genommen.

Die Kinder und Jugendlichen sind jene gesellschaftliche Gruppe, die aufgrund ihrer statistischen Lebenserwartung die langfristigsten Interessen vertritt. Sie sind es, die mit den heute beschlossenen Veränderungen auch in der Zukunft leben müssen. Zudem ist Jugend nicht nur als vorübergehende Phase im individuellen Lebenslauf zu verstehen, sondern ebenso als permanente gesellschaftliche Kategorie (vgl. Wintersberger 1994). Kinder und Jugendliche vertreten daher grundsätzlich ihre gegenwärtigen Interessen als Kinder und Jugendliche und ihre Interessen als zukünftige Erwachsene, zugleich aber auch die Interessen der zukünftigen Kinder und Jugendlichen. Ihre Interessen müssten daher – insbesondere im Rahmen einer Politik der Nachhaltigkeit – ein besonderes Gewicht erhalten.

Aufgrund solcher Überlegungen wird oft gefordert, die Meinung von Kindern und Jugendlichen müsse vermehrt in politische Entscheidfindungsprozesse einfliessen, und es müssten ihnen Mitentscheidungsrechte gewährt werden. Diese Forderung wirft einige wichtige Fragen auf, insbesondere wenn die vermehrte politische Partizipation auch bei so komplexen Themen, wie sie im Zusammenhang mit Umweltproblemen und nachhaltiger Entwicklung auftreten, angestrebt wird:

1. Sind Kinder und Jugendliche überhaupt fähig, ihre eigenen langfristigen Zukunftsinteressen und die Interessen der zukünftigen Jugend wahrzunehmen?
2. Sind sie tatsächlich eher als Erwachsene bereit, kurzfristige Konsumvorteile zugunsten langfristig wichtigerer Ziele preiszugeben?
3. Trägt die stärkere Beteiligung von Kindern und Jugendlichen an politischen und gesellschaftlichen Entscheidungen zur Vermeidung von Hoffnungslosigkeit und Zukunftspessimismus und somit zur Stärkung ihres Selbstvertrauens bei?
4. Welche Formen der Partizipation tragen den wachsenden Fähigkeiten der Kinder Rechnung und schützen sie vor Überforderung und Manipulation?

In den Beiträgen von Jaun, Lücker-Babel, Palentien und Richter wird versucht, auf einige dieser Fragen erste Antworten zu geben, und die Forderung nach vermehrter politischer Partizipation der Jugend wird aus unterschiedlichen Perspektiven begründet. Im folgenden wird das Thema ergänzend dargelegt und im Zusammenhang mit den Themen Umweltbewusstsein und Konsum diskutiert.

5.2 Ist die Jugend an politischen und gesellschaftlichen Fragen überhaupt interessiert?

Der heutigen Jugend wird oftmals eine apolitische Haltung zugeschrieben, und sie wird als «politikverdrossen» bezeichnet. Die Ergebnisse der «Studie Jugend '97» des Jugendwerks der Deutschen Shell (1997) legen jedoch nahe, dass man nicht pauschal von einer «Politikverdrossenheit» der heutigen Jugendlichen sprechen darf, im Gegenteil (vgl. Palentien; Palentien, Hurrelmann 1997). Es ist eher so, dass die Jugendlichen ihre Interessen durch die Politik der Erwachsenen nicht vertreten sehen. Viele Jugendliche begreifen sich in der Rolle, die Fehler und Unterlassungen der früheren Generationen ausbaden zu müssen (z.B. auch im ökologischen Bereich); sie haben das Gefühl, dass die Zukunft der jungen Generation in der Politik keine Rolle spielt und dass vor allem dort gespart wird, wo es um eben diese Zukunft geht. Dementsprechend zeigen die Jugendlichen eine grosse (bereits auch durch ältere Studien seit längerem festgestellte) Skepsis gegenüber politischen und gesellschaftlichen Institutionen und gegenüber Politikern (Jugendwerk der Deutschen Shell 1997; vgl. auch Tabelle 1 im Beitrag von Richter). «Das politische Geschäft scheint für Jugendliche daraus zu bestehen, dass Politiker tagaus tagein in Gremien sitzen und folgenlosen Reden zuhören. Politik hat nichts mit dem jugendlichen Leben zu tun; Politiker beschäftigen sich nicht mit den wirklichen Bedürfnissen und Ängsten der Jugendlichen und der Bevölkerung, kennen diese nicht einmal richtig, sondern sind vornehmlich damit befasst, ihren Besitzstand zu wahren und langfristig abzusichern» (Jugendwerk der Deutschen Shell 1997, S. 45).

Dass der Begriff «Politik» v.a. mit Partei- oder Machtpolitik assoziiert wird, zeigt auch das Beispiel der Schweizer Jugendlichen, die sich für den Verbleib ihrer bosnischen Schulkollegin in der Schweiz engagierten und durch dieses Engagement in den Medien plötzlich zum Thema geworden sind. Sie bezeichnen ihr Engagement nicht als Politik oder politisches Handeln, sondern als menschlichen Einsatz. Die direkte Betroffenheit hat sie aktiv werden lassen (vgl. Schnapp, Winteler 1998). Ausserdem scheint Politik den Jugendlichen auch häufig von den Interessen der Wirtschaft dominiert und somit kein eigenständiger, unabhängig funktionierender Bereich zu sein. Dies erklärt vielleicht auch, weshalb Jugendliche kaum eigene Einflussmöglichkeiten auf die Politik und die Politiker sehen.

Wie RICHTER in seinem Beitrag ausführt, ist das Misstrauen in die etablierten politischen Institutionen so gross wie nie zuvor. Am meisten Vertrauen bringen die Jugendlichen den bürgerschaftlichen Organisationen wie Umweltschutz- oder Menschenrechtsgruppen entgegen (vgl. Tabelle 1 im Beitrag von RICHTER). Solche Organisationen thematisieren in der Regel jene gesamtgesellschaftlichen Bereiche, die die Jugendlichen in der Politik nicht vertreten sehen. Der Einfluss, den man von diesen Organisationen aus ausüben kann, wird aber ebenfalls eher skeptisch beurteilt. Wichtige Werte, die von der Politik, aber auch im persönlichen Umgang miteinander eingehalten werden sollen, sind für die Jugendlichen z.B. Ehrlichkeit, Toleranz, Pluralität, gute Behandlung der Umwelt usw. (vgl. Tabelle 3 im Beitrag von BAACKE, S. 123). Diese als wichtig erachteten Werte erscheinen als Gegensatz zu den ihrer Meinung nach heute dominierenden Werten.

Die Ergebnisse der Studie «Jugend '97» zu den Motiven eines Engagements weisen in dieselbe Richtung. Die Jugendlichen machen ihr Engagement nicht von materiellen Dingen abhängig; im Vordergrund einer Teilnahme stehen vielmehr die Art der Tätigkeit, die Möglichkeit eines auch nur kurzfristigen Engagements, Mitbestimmungsmöglichkeiten, das Einbringen der eigenen Fähigkeiten sowie das Erreichen des Ziels (vgl. Jugendwerk der Deutschen Shell 1997). Diese Motive zeigen, dass die Jugendlichen nicht nur auf ihren eigenen Vorteil bedacht sind. Es sind aber auch Anliegen, die in der offiziellen Politik kaum verwirklichbar erscheinen.

Während also das globale Thema «Politik» bei den Jugendlichen eine Reihe von Negativassoziationen und kaum Interesse auslöst, beschäftigen sie einzelne politische Themen sehr (Jugendwerk der Deutschen Shell 1997; vgl. auch PALENTIEN). All diese aufgeführten Punkte führen gemäss der Studie «Jugend '97» zu einer generellen Entfremdung der Jugendlichen vom politischen System und zur Überzeugung, dass die Interessen der Jugendlichen nicht durchsetzbar sind und am Widerstand der Erwachsenen scheitern. «Als

Quintessenz bleibt die Überzeugung, dass man im Rahmen dieses Systems ohnehin nichts ausrichten kann, dass aber auch keine Alternativen in Sicht sind, etwas zu bewirken» (Jugendwerk der Deutschen Shell 1997, S. 18). Dies alles zeigt, dass die Distanz der Jugend zur Politik keineswegs inhaltlich begründet ist.

Leider existieren keine ähnlichen Daten über Kinder und Jugendliche in der Schweiz.[11] Es gibt aber Beispiele, die vermuten lassen, dass die Situation in der Schweiz ähnlich ist. Zwei Beispiele sollen illustrieren, dass gesamtgesellschaftliche Themen für Kinder und Jugendliche auch in der Schweiz übergeordnete Priorität besitzen und nicht die Befriedigung ihrer kurzfristigen Bedürfnisse:

In der Resolution des 2. Kindergipfels in Altdorf 1993 forderten die 10- bis 12jährigen Kinder, dass die Schweizer Politiker alles daran setzen sollten, «unsere Sorgen und Ängste über die Umwelt ernst zu nehmen. Das heisst konkret, es sollen in den Gemeinden Kinder-Gemeinderäte zugelassen werden. Diese unterbreiten den Behörden Meinungen und Vorschläge. Diese Vorschläge sollen bei der Entscheidfindung berücksichtigt werden. Als Voraussetzung dazu beantragen wir dem Schweizer Parlament, die Uno-Konvention über die Kinderrechte von 1989 zu unterschreiben» (Schelbert 1993, S. 2).

Es ist wenig erstaunlich, dass kurz nach dem Erdgipfel von Rio 1992 das Thema Umwelt ein grosses Anliegen der Kinder des Kindergipfels in Altdorf war und sie diesbezüglich Mitsprache verlangten. Aber auch fünf Jahre später, an der 6. Eidgenössischen Jugendsession 1997, betrafen die Begehren der Jugend schwergewichtig diese Thematik. Neben Forderungen im Bildungsbereich waren die im folgenden dargelegten Forderungen im Umweltbereich die einzigen inhaltlichen Anliegen der Jugendlichen:

- eine neue, breiter angelegte und allgemeinverständlichere Informationspolitik über die «Agenda 21» zu lancieren;[12]

---

[11] Die Eidgenössische Jugendkommission stellte bei der Arbeit zu ihrem Bericht von 1998 fest, dass für die Schweiz Daten und Materialien fehlen, um systematische und wissenschaftlich korrekte Forschung zu betreiben (vgl. «Neue Mittelland Zeitung» vom 11.11.1998).

[12] In der Erläuterung zu dieser Forderung erklären sich die beteiligten Jugendlichen bereit, sich persönlich für die Umsetzung der «Agenda 21» zu engagieren.

- eine Lenkungsabgabe auf nicht erneuerbare Energieträger zu erheben, um damit sowohl den Einsatz und die Erforschung von Alternativenergien als auch den öffentlichen Verkehr zu fördern;
- die Förderung und Unterstützung von erneuerbaren und umweltverträglichen Energien, indem öffentliche Gebäude damit betrieben werden (vgl. Jugendsession 1998).

5.3 Neue Formen der Jugendpolitik und politische Bildung?

Es stellt sich somit die Frage, auf welche Weise der Entfremdung der Kinder und Jugendlichen von der Politik und ihren Ohnmachtsgefühlen in bezug auf ihre Zukunft entgegengewirkt werden kann, wie also ihr Interesse an politischen Fragen auch in politisches Engagement überführt werden kann.

Kinder und Jugendliche müssen erkennen können,

- dass ihre Interessen und Meinungen in politische und gesellschaftliche Entscheidungsprozesse Eingang finden; das heisst, den Anliegen von Kindern und Jugendlichen z.B. in bezug auf ihre Zukunft muss in der Erwachsenenpolitik – und generell in der Gesellschaft – ein stärkeres Gewicht verliehen werden;
- dass ihre Lebensverhältnisse veränderbar sind, dass sich also ein aktives Engagement lohnt. Die beste Möglichkeit zur Beeinflussung der eigenen Kontrollüberzeugung ist die persönliche Erfahrung (vgl. FLAMMER). Dazu muss den Kindern und Jugendlichen aber Einblick in die politischen Strukturen gewährt werden, damit sie von der Komplexität der Abläufe nicht abgeschreckt und überfordert werden.

Gefordert ist somit eine Jugendpolitik, die mehr umfasst als Jugendhilfe und Jugendschutz, die die Interessen der Kinder und Jugendlichen in allen Politikbereichen berücksichtigt. Die Eidgenössische Kommission für Jugendfragen fordert im «Bieler Jugendmanifest '95»: Die «minimale und passive Jugendpolitik, konzipiert von Erwachsenen für die Jugendlichen, muss zu einer Politik der aktiven Partizipation und Integration werden, verwirklicht durch und mit den Jugendlichen» (EKJ, SAJV 1996, S. 4). Jugendpolitik muss also zu einer Politik für, mit und durch Kinder und Jugendliche werden (vgl. JAUN). Bei diesem Verständnis von Jugendpolitik geht es nicht um

eine möglichst problemlose Einpassung der Jugend in das bestehende politische System, sondern darum, dass eine grosse Bevölke-
rungsgruppe ihre gegenwärtigen und zukünftigen Interessen in Entscheidungen und Entscheidfindungsprozessen vertreten kann.

«Partizipation» heisst das Schlagwort im Bereich Jugendpolitik; dieser Begriff ist zur Zeit in aller Munde.[13] Was jedoch darunter genau
zu verstehen ist, darüber gehen die Ansichten auseinander. Ist die
blosse Anwesenheit von Kindern an Veranstaltungen bereits Partizipation, oder bedarf es deren Mitbestimmung?

Jaun definiert «Partizipation von Minderjährigen» als «verbindliche
Einflussnahme von Kindern und Jugendlichen auf Planungs- und
Entscheidungsprozesse, von denen sie betroffen sind, mittels ihnen
angepasster Formen und Methoden» (S. 266). «Verbindlich» ist die
Einflussnahme dann, wenn die Partizipation von Kindern und Ju-
gendlichen Konsequenzen hat, also über das rein Konsultative hin-
ausgeht, und Entscheidungen der Kinder und Jugendlichen von den
Erwachsenen nicht unbegründet missachtet werden dürfen.

Es herrscht weitgehend Konsens darüber, dass Kinder z.B. von der
Gestaltung ihrer Spielplätze direkt betroffen sind und deshalb an
deren Planung beteiligt werden sollten. Was aber über solche Fälle
hinaus unter «direkter Betroffenheit» alles zu verstehen ist, d.h. in
welchen Bereichen Kinder und Jugendliche direkt betroffen sind
und deshalb partizipieren sollten, darüber herrscht grosse Uneinig-
keit. Neben der Frage der Betroffenheit stellt sich auch die Frage
nach den Kompetenzen der Kinder und Jugendlichen zur Mitbestimmung, denn «die Beteiligung von Kindern und Jugendlichen
macht nur Sinn, wenn den Kindern die Fähigkeit zugetraut wird,
entsprechend ihrer Reife eigene Haltungen zu entwickeln und zu
vertreten» (vgl. Jaun S. 263).

In der Praxis werden verschiedenste Modelle eines stärkeren Einbezugs von Jugendlichen und ihrer Interessen durchgeführt und diskutiert. Dabei sind die Begriffsverwendungen nicht einheitlich.

---

[13] Interessant ist, dass das Thema «Partizipation» in wissenschaftlichen Kreisen wenig reflektiert wird, obwohl die Forderungen nach Partizipation aus der Praxis
kaum überhörbar sind, viele neue «Jugendparlamente» gegründet werden und
1998 gar ein «Beratungs- und Projektservice für Kinder- und Jugendpartizipation»
eingerichtet wurde, der Stadt- und Gemeindeverwaltungen, Schulen, Planungsbü-
ros usw. berät.

Tabelle 1 bietet einen Überblick über die unterschiedlichen Modelle und Bezeichnungen.

konkrete Modelle Beispiele	Begrifflichkeit nach Jaun	Begrifflichkeit nach Palentien	Art des Einbezugs
• Wahlrecht		Direkte Einflussnahme	Politik *durch* Kinder und Jugendliche
• Kinder- und Jugendparlamente • Kinder- und Jugendforen	Direkte Partizipation	Konsultative Einflussnahme	Politik *mit* Kindern und Jugendlichen
• Kinder- und Jugendbeauftragte • Kinder- und Jugendanwälte	Indirekte Partizipation	Advokative Einflussnahme	Politik *für* Kinder und Jugendliche

Tabelle 1: Begrifflichkeit zum Thema «Jugendpolitik».

Die folgenden Formen können unterschieden werden:

- Politik durch Kinder und Jugendliche: Formen der Politik von Kindern/Jugendlichen, die ohne Mithilfe und Anleitung Erwachsener stattfinden.
- Politik mit Kindern und Jugendlichen: Formen der Politik gemeinsam mit Kindern/Jugendlichen und Erwachsenen.
- Politik für Kinder und Jugendliche: Formen der Politik, bei denen sich Erwachsene für die Anliegen von Kindern einsetzen. Politik für Kinder und Jugendliche umfasst somit nicht nur Interessenvertretung, sondern auch Jugendhilfe und Jugendschutz.

Direkte Einflussnahme

Die Diskussion um die Herabsetzung des Wahlalters bzw. die Einführung eines Wahlrechts ohne Altersgrenze verbunden mit einer Wahlvertretung durch die Eltern auf kommunaler Ebene wird zur Zeit in Deutschland intensiv geführt (vgl. PALENTIEN; auch Palentien 1997; Merk 1997).[14] Durch Gewährung des Wahlrechts soll den Kin-

---

[14] Dass das Thema der Wahlaltersenkung auch in der Schweiz aktuell ist, zeigt die Überweisung eines Postulats des Berner Grossen Rats zur Einführung des aktiven und passiven Stimm- und Wahlrechts auf Gemeindeebene für Jugendliche ab 16 Jahren im November 1998.

dern und Jugendlichen ein Instrument in die Hand gegeben werden, um ihre Anliegen zum Thema zu machen und diese selber aktiv vertreten zu können.

Neben der Diskussion über die Senkung des Wahlalters müssen aber auch andere Formen der politischen Partizipation von Kindern und Jugendlichen auf verschiedenen Ebenen thematisiert werden (Hurrelmann 1997).

Konsultative Einflussnahme

Zur Zeit wird auf verschiedenen Ebenen der Politik eine Vielfalt von konsultativen Partizipationsformen und -modellen besprochen und angeboten (vgl. auch Jaun).

Hart (1997) hat verschiedene Stufen der Beteiligung von Kindern und Jugendlichen unterschieden.

8. Child-initiated, shared decisions with adults
7. Child-initiated and directed
6. Adult-initiated, shared decisions with children
5. Consulted and informed
4. Assigned but informed
3. Tokenism
2. Decoration
1. Manipulation

Tabelle 2: Die Stufen der Beteiligung (nach Hart 1997, S. 41).

Die ersten drei Stufen werden von Hart (1997) nicht als eigentliche Formen der Partizipation bezeichnet und sollten in der Praxis möglichst vermieden werden. Das Stufenmodell dient dazu, die Partizipationsmodelle einordnen zu können. Es soll nicht die Meinung implizieren, es sei anzustreben, die Kinder nun möglichst immer auf der höchsten Stufe zu beteiligen. Welche Form der Partizipation die geeignetste ist, hängt von einer Vielzahl von Faktoren ab: z.B. vom Alter der beteiligten Kinder und Jugendlichen, vom behandelten Thema. Aufgrund der oben erwähnten Motive der Jugendlichen für ein Engagement ist jedoch klar, dass Beteiligungsmodelle für Kinder und Jugendliche nicht einfach Strukturen der Erwachsenenpolitik nachahmen dürfen, sondern den spezifischen Bedürfnissen von Kindern und Jugendlichen entsprechen müssen. JAUN fasst in seinem Beitrag die Qualitätsmerkmale der Partizipation zusammen, anhand derer die verschiedenen Modelle beurteilt werden können.

Kindheit und Jugendalter stellen eine relativ kurze Zeitspanne im individuellen Lebenslauf dar, in der grosse Entwicklungen in verschiedenen Bereichen stattfinden. Deshalb ist es wichtig, flexible Partizipationsmodelle zu institutionalisieren, die über längere Zeit mit wechselnden Beteiligten eine gewisse Permanenz in der Einbringung von Kinder- und Jugendanliegen gewährleisten. Es ist aber ebenfalls wichtig, dass die beteiligten Kinder und Jugendlichen nicht nur für die nachfolgenden Generationen Ergebnisse erzielen, sondern auch selber von den Resultaten ihres Engagements profitieren können. Aus diesem Grund sollen die Anliegen von Kindern und Jugendlichen, wenn möglich, zeitlich prioritär bearbeitet werden (vgl. den Beitrag von JAUN).

Advokative Einflussnahme

Neben der direkten Beteiligung von Kindern und Jugendlichen ist es auch notwendig, dass ihre Interessen durch Erwachsene vertreten werden (z.B. durch Kinderbeauftragte der Kantone), u.a. auch um die Erwachsenen nicht aus der Verantwortung für die Situation der Kinder und Jugendlichen zu entlassen. Interessenvertreter und -vertreterinnen benötigen auf jeden Fall einen niederschwelligen Kontakt zu Kindern und Jugendlichen, damit sie deren Bedürfnisse auch richtig wahrnehmen und vertreten können (vgl. auch JAUN). Das Schlagwort hier heisst «Kinderfreundlichkeit» (vgl. Eichholz 1997). Es ist jedoch notwendig, dass dieser Begriff als politisch handhabbarer Begriff präzisiert wird. Es braucht Kriterien, um festlegen zu können, wann z.B. Massnahmen als kinderfreundlich zu bezeichnen sind. Die Konferenz der Kinderbeauftragten in Nordrhein-Westfalen hat Leitfragen entwickelt, die es erlauben, politische, gesellschaftliche, planerische und andere Entscheidungen schon in der Planungsphase auf Kinderfreundlichkeit hin überprüfen zu können (vgl. Eichholz 1997). Auch Herzka (1993) schlägt analog zu Umweltverträglichkeitsprüfungen sog. «Kinderverträglichkeitsprüfungen» vor, die mit der Zeit institutionalisiert werden sollten. Er versteht darunter «ein Verfahren, welches die Auswirkungen aller grösseren privaten und staatlichen Projekte und Pläne auf die Lebenswelt der Kinder und Jugendlichen abklärt» (S. 19). Dem mit der Durchführung der Kinderverträglichkeitsprüfung beauftragten interdisziplinären Gremium sollten u. a. auch Kinder und Jugendliche angehören. Die Kinderverträglichkeitsgutachten hätten die Interessen der heutigen Erwachsenen denjenigen der Kinder und Jugendlichen gegenüberzustellen, Zielkonflikte darzulegen und Entscheidungshilfen anzubieten.

Politische Bildung

Partizipation ist eine sehr allgemeine und in der vorliegenden Allgemeinheit auch zutreffende Forderung. Über die konkreten Bedingungen und vor allem über die Effekte derartiger Forderungen ist wenig bekannt. Die Gefahr ist gross, einfach nur das Alter zu verlagern und die Gruppen denkbarer Betroffener zu vergrössern.

Um am gesellschaftlichen und politischen Leben wirkungsvoll partizipieren zu können, ist politische Bildung unabdingbar.

Baacke weist in seinem Beitrag auf Ergebnisse der Studie «Jugend '97» (Jugendwerk der Deutschen Shell 1997) hin, die belegen, dass durch den staatsbürgerlichen Unterricht im herkömmlichen Sinne mit den klassischen Mitteln wie Vortrag, Ausflug ins Parlament usw. nur ein geringer Teil der Jugendlichen angesprochen wird. Vor allem die grosse Gruppe derjenigen Jugendlichen, die der traditionellen Politik kein Vertrauen entgegenbringt, steht den herkömmlichen Angeboten der politischen Bildung kritisch gegenüber.

Auch Claussen (1997b) betont neben der «Ermöglichung handfester, relevanter und ernsthafter Partizipationserfahrung bereits im Kindesalter» (S. 111) die Wichtigkeit politischer Bildung. Er grenzt politische Bildung jedoch ab von den «bis heute üblichen Formen der Institutionenkunde, Werte- oder Moralerziehung oder Einübung in politikfernes Sozialverhalten» (S. 111) und beschreibt politische Bildung als kategoriales, kommunikatives und selbstreflexives Lernen (vgl. auch Claussen 1997a). Was damit aber konkret gemeint ist, bedarf dringend weiterer Klärung. Politische *Bildung* entsteht nicht einfach aus Partizipationserfahrungen, aber «Partizipation» ist auch nicht bloss Lockmittel für Bildungsprozesse. Das Verhältnis von Beteiligung und Bildung droht zu zerfasern, wenn die Forderungen nicht konkret gemacht werden und eine Kasuistik vorliegt, die Möglichkeiten und Grenzen anschaulich zu machen versteht.

5.4 Was tut sich in der Schweiz?

Vorschläge der Eidgenössischen Kommission für Jugendfragen

Die Eidgenössische Kommission für Jugendfragen formulierte in ihrem Schlussbericht zur Bieler Jugendtagung 1996 sechs nicht abschliessend gedachte Grundsätze einer zukunftsorientierten Politik, die die schweizerische Jugendpolitik der nächsten Jahre prägen könnten:

«1. Die Gegenwart den Lebensbedürfnissen von Kindern und Jugendlichen anpassen.
2. Jeder heranwachsenden Generation eine Zukunft ermöglichen, die grundlegende Gestaltungsmöglichkeiten offenlässt und verhindert, dass Folgeprobleme aktueller Entscheidungen die nächsten Generationen belasten.
3. Die institutionelle Beteiligung von Kindern und Jugendlichen an politischen Entscheidungsprozessen garantieren.
4. Die Gesamtgesellschaft öffnen für Kinder und Jugendliche, ihre Infragestellungen von tradierten Werten und ihre unkonventionellen Wege der Problemlösung.
5. Bei der Diskussion von sogenannten «Jugendproblemen» immer auch die Erwachsenengesellschaft, ihre Strukturen und Mechanismen in mögliche Veränderungsprozesse einbeziehen.
6. Konsequent auch die ‹ausländischen› Jugendlichen an gesellschaftlichen und insbesondere politischen Entwicklungsprozessen beteiligen. Zukunft in der Schweiz ist auch ihre Zukunft» (Eidgenössische Kommission für Jugendfragen 1996, S. 9 ff.).

Die Forderungen sind anspruchsvoll und vage. Sehr oft überzeugen derartige Postulate auf der sehr abstrakten Ebene moralischer Zustimmung, ohne wirklich deduktiv bearbeitet werden zu können, wie folgende Überlegungen zu den einzelnen Forderungen zeigen:

zu 1: Sicher kann nicht die gesamte künftige Gegenwart den Bedürfnissen von Kindern und Jugendlichen «angepasst» werden;

zu 2: wie Zukunft gedacht werden kann, die «grundlegende Gestaltungsmöglichkeiten» offenlässt, ist gerade angesichts der unaufhebbaren Folgeprobleme eine ihrerseits offene Grösse.

zu 3 und 4: Es wäre ein grosser Schritt, wenn «institutionelle Beteiligung» auch nur in den Institutionen der Kinder und Jugendlichen selbst vorangebracht werden könnte, ohne *allen* Kindern und Jugendlichen «unkonventionelle Wege der Problemlösung» zutrauen zu müssen.

zu 5: Kinder und Jugendprobleme *sind* Probleme der Erwachsenengesellschaft, in die hinein sich Kinder und Jugendliche orientieren müssen, ob sie dies wollen oder nicht.

zu 6: Diese Initiation sollte in Zukunft *politischer* gestaltet werden, als dies gegenwärtig der Fall ist. Kinder und Jugendliche müssen gezielter und zugleich offener auf die Rolle als Bürgerin und Bürger vorbereitet werden, was auch für ausländische Kinder und Jugendliche zu gelten hat.

Grundlegend sind die demokratische Verfassung und ihr Auftrag, der eine kritische Öffentlichkeit ebenso verlangt wie politisches Engagement und so den Streit der Meinungen. Auf diese Aufgaben werden Kinder und Jugendliche sehr unzureichend vorbereitet, auch weil originelle Instrumente der Kinder- und Jugendpolitik, falls von ihr überhaupt gesprochen werden kann, nicht zur Verfügung stehen. Umwelt- und Konsumerziehung sind dann Teile der politischen Bildung, die Engagement und Kritik in den Mittelpunkt zu stellen versteht.

Rechtliche Grundlagen einer veränderten Jugendpolitik

Die Kinderrechtskonvention

Die Konvention der Vereinten Nationen über die Rechte des Kindes (Kinderrechtskonvention, KRK) vom 20. November 1989 wurde von der Schweiz als 190. Staat ratifiziert und ist somit seit dem 26. März

1997 Bestandteil des schweizerischen Rechts (vgl. den Beitrag von LÜCKER-BABEL). Sie stellt eine wichtige Grundlage der schweizerischen Kinder- und Jugendpolitik dar. Die besondere Bedeutung der Kinderrechtskonvention liegt darin, dass sie erstmals für die Vertragsparteien in einer verbindlichen Form zivile, wirtschaftliche, soziale und kulturelle Rechte für Minderjährige in einem internationalen Vertragswerk zusammenstellt. Gemäss Kälin[15] fordert die Konvention «nichts mehr und nichts weniger als die Respektierung des Selbstbestimmungsrechts des Kindes. Sie fordert uns zur Auseinandersetzung mit der Frage auf, wie die Schweiz von morgen kindgerechter gestaltet werden kann» (vgl. Hausammann 1991, S. II).

Die Kinderrechtskonvention betrachtet das Kind also nicht nur als Empfänger von Leistungen und Schutzmassnahmen, sondern auch als aktives Mitglied von Familie und Gesellschaft; das Kind wird von einem Rechtsobjekt zu einem Rechtssubjekt. Die Kinderrechtskonvention enthält dementsprechend neben Versorgungs-, Entwicklungs- und Schutzrechten auch Partizipationsrechte für Kinder. Partizipation ist in diesem Zusammenhang jedoch zu verstehen «als die aktive Teilnahme der Kinder an diesem [gesellschaftlichen] Leben und dessen Ereignissen» (vgl. LÜCKER-BABEL S. 277). Unter den Begriff «Partizipation» fallen also hier z.B. die Rechte auf freie Meinungsäusserung, auf Informationsfreiheit, auf Vereins- und Versammlungsfreiheit usw. Obwohl aus der Kinderrechtskonvention kein Anspruch auf ein Stimmrecht für Kinder[16] abgeleitet werden kann und sie auch keine spezifischen Folgen der Kinderpartizipation thematisiert – d.h. inwiefern auf die Ansichten und Vorschläge der Kinder eingegangen werden muss –, enthält sie viele Bestimmungen, die den Kindern eine Rolle in politischen Entscheidungsprozessen garantieren.

Eine zentrale Rolle für die Partizipation von Kindern an politischen und gesellschaftlichen Entscheidungsprozessen spielt Artikel 12 der Kinderrechtskonvention, aber auch in den Artikeln 13-15 und 17

---

[15] Kälin verfasste das Vorwort zu der 1991 im Auftrag von UNICEF herausgegebenen Studie «Die Konvention über die Rechte des Kindes und ihre Auswirkungen auf die schweizerische Rechtsordnung» von Christine Hausammann.

[16] Als Kinder gelten gemäss Kinderrechtskonvention alle Menschen bis zu ihrem 18. Lebensjahr, ausser wenn die nationale Gesetzgebung die Volljährigkeit früher ansetzt.

werden den Kindern für die Partizipation wichtige Grundrechte zugestanden. In Artikel 12 sichern die Vertragsstaaten dem Kind, das fähig ist, sich eine eigene Meinung zu bilden, das Recht zu, diese Meinung in allen Angelegenheiten, von denen es betroffen ist, zu äussern (vgl. KRK). In ihrer Studie hält Hausammann (1991) fest, dass Artikel 12 in seiner umfassenden Formulierung für die Schweiz neu ist. Die konkreten Folgen von Artikel 12 auf die Schweiz lassen sich aus dessen Formulierung nicht eindeutig ableiten. Er könnte jedoch Mitsprache auch bei Planungsmassnahmen des Staates, wie z.B. bei Schulplänen, Schliessungen von Klassen usw., erfordern (vgl. Hausammann 1991). Die zukünftige Rechtspraxis, aber auch die Rechtspraxis von Staaten, die die Konvention vor der Schweiz ratifiziert haben, werden zeigen, was unter den «das Kind berührenden Angelegenheiten» in Artikel 12 zu verstehen ist und was eine «angemessene und dem Alter und der Reife des Kindes entsprechende Berücksichtigung der Meinung» darstellt.

In den Artikeln 12-15 und 17 der Kinderrechtskonvention werden die Art und der Umfang der Partizipation der Kinder am gesellschaftlichen Leben festgeschrieben. Die Kinderrechtskonvention verpflichtet aber die Vertragsstaaten in Artikel 4 darüber hinaus dazu, alle geeigneten Massnahmen zu treffen, die die Verwirklichung dieser Rechte gewährleisten, sowie in Artikel 42, das Übereinkommen bei Kindern und Erwachsenen allgemein bekanntzumachen.

«Agenda 21»

Neben der Kinderrechtskonvention hat die Schweiz auch die am Erdgipfel von Rio 1992 verabschiedete «Agenda 21» unterzeichnet, in der ebenfalls eine Beteiligung von Kindern und Jugendlichen gefordert wird.

Die «Agenda 21» – ein Aktionsprogramm für das 21. Jahrhundert – stellt einen Konsens der Regierungen in den Bereichen Entwicklung und Umweltschutz dar, zu dem sich 179 Staaten, darunter auch die Schweiz, bekannt haben (vgl. auch Lücker-Babel).

In der Einleitung zu Kapitel 25 der «Agenda 21» wird der Jugend eine zentrale Bedeutung bei einer nachhaltigen Zukunftsentwicklung zugewiesen. «Annähernd 30 Prozent der Weltbevölkerung sind Jugendliche. Die Einbeziehung der heutigen Jugend in umwelt- und entwicklungspolitische Entscheidungsprozesse und ihre Beteiligung an der Umsetzung von Programmen ist mitentscheidend für den langfristigen Erfolg der Agenda 21» (Bundesministerium für Umwelt, Naturschutz und Reaktorsicherheit o. J., S. 222).

Die Rolle junger Menschen auf dem Weg zu einer nachhaltigen Entwicklung wird in zwei Programmbereichen behandelt. Der erste Programmbereich thematisiert die Rolle der Jugend, der zweite diejenige der Kinder.

Programmbereich I: Förderung der Rolle der Jugend und ihre aktive Einbeziehung in den Umweltschutz und in die Förderung der wirtschaftlichen und sozialen Entwicklung:

Als eine der Handlungsgrundlagen wird festgestellt, dass es zwingend erforderlich ist, «dass Jugendliche aus allen Teilen der Welt auf allen für sie relevanten Ebenen aktiv an den Entscheidungsprozessen beteiligt werden, weil dies ihr heutiges Leben beeinflusst und Auswirkungen auf ihre Zukunft hat. Zusätzlich zu ihrem intellektuellen Beitrag und ihrer Fähigkeit, unterstützende Kräfte zu mobilisieren, bringen sie einzigartige Ansichten ein, die in Betracht gezogen werden müssen» (Bundesministerium für Umwelt, Naturschutz und Reaktorsicherheit o. J., S. 222).

Aufgrund der Handlungsgrundlagen haben sich die Unterzeichnerstaaten u. a. folgende Ziele gesetzt:

- «Jedes Land soll in Absprache mit seiner Jugend und deren Organisationen einen Prozess in Gang bringen, der den Dialog zwischen der Jugend und der Regierung auf allen Ebenen fördert, und Mechanismen einsetzen, die der Jugend den Zugriff auf Informationen ermöglichen und ihr Gelegenheit geben, ihre Ansichten zu Regierungsentscheidungen – einschliesslich der Umsetzung der Agenda 21 – darzulegen. [...]
- Jedes Land und die Vereinten Nationen sollen die Förderung und Schaffung von Mechanismen unterstützen, um Vertreter der Jugend an allen Abläufen innerhalb der Vereinten Nationen zu beteiligen, damit sie auf diese Einfluss nehmen können» (Bundesministerium für Umwelt, Naturschutz und Reaktorsicherheit o. J., S. 222).

Programmbereich II: Kinder und nachhaltige Entwicklung:

Als Handlungsgrundlage wird folgendes vorausgesetzt: «Die Kinder erben nicht nur die Verantwortung für die Erde, sondern sie stellen in vielen Entwicklungsländern auch fast die Hälfte der Bevölkerung.

Ausserdem sind Kinder sowohl in den Entwicklungsländern als auch in den Industrieländern überaus anfällig für die Auswirkungen der Umweltverschlechterung. Darüber hinaus sind sie auch sehr bewusste Verfechter des Umweltgedankens. Die besonderen Interessen der Kinder müssen bei dem partizipativen Entscheidungsfindungsverfahren zu Umwelt- und Entwicklungsfragen voll berücksichtigt werden, damit die künftige Nachhaltigkeit aller zur Verbesserung der Umweltsituation ergriffenen Massnahmen sichergestellt ist» (Bundesministerium für Umwelt, Naturschutz und Reaktorsicherheit o. J., S. 223).

Als Ziel haben sich die Unterzeichnerstaaten gesetzt, Massnahmen zu ergreifen, um das Überleben, den Schutz und die Entwicklung der Kinder und die volle und ganze Berücksichtigung der Interessen der Kinder im Rahmen eines partizipativen Prozesses für eine nachhaltige Entwicklung und Verbesserung der Umweltbedingungen sicherzustellen.

Zu beiden Programmbereichen werden konkrete Massnahmen aufgezeigt, die von den Regierungen ergriffen werden sollen.

Obwohl in der «Agenda 21» die Wichtigkeit des Einbezuges aller gesellschaftlicher Gruppen – darunter auch der Jugend – in entwicklungs- und umweltpolitische Entscheidungen für den langfristigen Erfolg der «Agenda 21» betont wird, enthält das Strategiepapier des Bundesrates «Nachhaltige Entwicklung in der Schweiz» (1997) keinerlei Hinweise auf die Verwirklichung eines solchen Einbezugs oder auf die Umsetzung der geforderten Massnahmen.

5.5 Fazit

Die Forderung nach Interessenvertretung muss vor dem Hintergrund von Öffentlichkeit, Meinungsbildung und politischer Entscheidung verstanden werden. Dass Kinder und Jugendliche *ihre* Interessen vertreten lernen, ist an sich noch kein politischer Prozess. Beteiligung an Entscheidungen kann auch im privaten Bereich erfolgen und ist in vielen Familien auch längst üblich. Ausserdem haben die Ausführungen zum Konsumverhalten gezeigt, dass die Mitbeteiligung und das selbständige Entscheiden im Konsumbereich in sehr jungem Alter Tatsachen sind.

Von *politischer* Bildung lässt sich aber erst sprechen, wenn Kinder und Jugendliche lernen, sich in allen Fragen zu äussern, die sie und die grössere Öffentlichkeit betreffen, und wenn sie fähig sind zu sehen, dass ihre Interessen nicht lediglich «Bedürfnisse» sind, sondern sich in einem politischen Raum öffentlicher Auseinandersetzung konstituieren. Dafür müssen Kinder und Jugendliche besser vorbereitet werden. Es geht also nicht nur darum, sie zu lehren, eigene Anliegen zu präsentieren, sondern auch darum, sie mit Verfahren und Stilen des Aushandelns vertraut zu machen. Solche Lerngelegenheiten existieren allerdings in der heutigen Schule kaum. Schülerinnen und Schüler lernen nur sehr randhaft öffentliche Rede, die Darlegung der eigenen Meinung im Disput oder die Balance von Forderung und Kompromiss.

Die Vertretung unmittelbarer eigener Interessen ist notwendig, aber auch die Auseinandersetzung mit politischen Problemen *jenseits* dieser Interessen. Wenn die Partizipation wirklich politisch sein soll, dann müssen die Probleme mindestens auftauchen, die Politik ausmachen, also gesellschaftliche, ökonomische und soziale Fragen, die nicht anders als politisch behandelt werden können und dürfen. Dazu gehören natürlich Fragen der Umwelt, des Konsums und der nachhaltigen Entwicklung. Kinder und Jugendliche *in der Öffentlichkeit* sind so die Adressaten einer auf sie bezogenen, revidierten Politik. Dieser Zusatz ist massgebend, wenn ernsthaft das Interesse des demokratischen Staates, der nicht ohne Grund Eltern und Familien die Erziehungsverantwortung überträgt, getroffen und artikuliert werden soll.

Die Ratifizierung der Kinderrechtskonvention *allein* genügt nicht, sie muss auch umgesetzt werden. Ihre Umsetzung besteht indessen nicht lediglich in rechtlicher Anwendung, sondern auch in politischer Gestaltung. Dazu gehört, dass Kinder und Jugendliche die Chance der Partizipation erhalten und dazu aufgefordert werden, sie wahrzunehmen, dass sie gehört werden, dass ihre Beteiligung Folgen hat und dass sie ihre Rolle als Bürgerin und Bürger annehmen. Viele der vorliegenden psychologischen und pädagogischen Konzepte vernachlässigen diese Bedingungen und laufen dann Gefahr, die politische Bildung genau um das Politische zu verkürzen. Aber es geht nicht um Beteiligungsaktivismus, sondern um eine ernsthafte Aufgabe in der politischen Öffentlichkeit. Wesentlich ist, dass Kindern und Jugendlichen die Bearbeitung und Lösung von Problemen *zugetraut* und darauf verzichtet wird, ihre Entscheidun-

gen ständig zu überwachen. Es wird keine neue Kinder- und Jugendpolitik geben ohne die dafür notwendigen Freiräume und die dafür
ebenso notwendige Zuschreibung von Verantwortung.

6. Offene Fragen

Wie bewältigen Kinder und Jugendliche die Entwicklungsaufgaben,
die sich einerseits aus der Umweltproblematik, andererseits aus
dem hohen Stellenwert des Konsums in unserer Gesellschaft ergeben? Erfahren sie aus der Erwachsenenwelt angemessene Unterstützung? Worin bestehen diesbezüglich allenfalls Defizite und Un-
zulänglichkeiten?

Dies waren die zu Beginn dieses Kapitels gestellten Fragen. Einige
Antworten darauf konnten wir geben, viele davon sind aber noch
mit grossen Unsicherheiten behaftet. Der Grund dafür ist eine unbefriedigende Forschungssituation in einem sehr jungen Gebiet,
das zudem durch überzogene oder unrealistische Forderungen belastet wird. Allzu oft sind die Antworten, die wir in der Literatur finden, nur ungenügend auf Forschungsergebnissen abgestützt und
geben eher die Meinungen, Annahmen und Positionen der Autorinnen oder Autoren wieder. Die wichtigsten offenen Fragen sollen
nun formuliert werden – gleichsam als Aufforderung an die Wissenschaft, nach Antworten darauf zu suchen.

Die Frage, wie denn heutige Kinder und Jugendliche die Aufgabe,
ein *Umweltbewusstsein* zu entwickeln, bewältigen, ist keineswegs
befriedigend beantwortbar:

- Es existieren fast nur Studien zum Umweltbewusstsein von
  Jugendlichen ab ca. 12 Jahren. Aber auch Vorschul- und jüngere
  Schulkinder werden mit Informationen oder zumindest Infor-
  mationsfetzen über Umweltprobleme und über «richtiges»
  Umwelthandeln konfrontiert. Welche Gefühle lösen solche Informationen in ihnen aus? Wie beeinflussen sie ihr Weltbild und ihr
  Verständnis von Natur und Umwelt? Studien mit Kindern in diesem Alter fehlen weitgehend. Natürlich ergeben sich grosse
  methodische Herausforderungen, wenn man mehr über die Entstehung eines Umweltbewusstseins bei jüngeren Kindern erfahren will. Denn die bei Erwachsenen und Jugendlichen gebräuch-
  lichen Befragungsverfahren sind für jüngere Kinder meistens
  ungeeignet.

- Welches ist die Bedeutung des Spiels in der Natur, v.a. auch für jüngere Kinder? Wie entsteht überhaupt eine Beziehung zur Natur? Welche Bedeutung hat die «Bindung» an bestimmte «Naturdinge» (z.B. Landschaftselemente, Tiere, Pflanzen) für die Entwicklung eines Umweltbewusstseins? Ist die Auseinandersetzung mit Natur auch für die Entwicklung anderer Persönlichkeitsmerkmale (wie z.B. Selbstwertgefühl) und Kompetenzen (z.B. Sozialkompetenz) von Bedeutung?
- Welche Naturerfahrungen machen Kinder verschiedenen Alters heute tatsächlich, v.a. auch in Städten?
- Kann die Umweltproblematik als «gesellschaftlicher Makrostressor» bezeichnet werden? Wenn ja, welche Möglichkeiten seiner Bewältigung haben Kinder und Jugendliche? Gibt es ungünstige Bewältigungsformen, die zu gesundheitlichen Störungen und Beeinträchtigungen des Wohlbefindens führen? Welche Bewältigungsformen sind günstig, und wie sind diese zu unterstützen?
- Wie reagieren Erwachsene, wenn Kinder Umweltängste äussern? Wie, wenn sie eine Bereitschaft zu Konsumverzicht ausdrücken? Unterstützen sie die Kinder adäquat?

Auch im Zusammenhang mit *Konsum und Konsumverhalten* bleibt vieles offen:

- Welches sind die Auswirkungen der massiven Werbung auf jüngere Kinder (bis ca. 8-10 Jahre)? Sind für diesen Altersbereich besondere Schutzmassnahmen zu fordern? Wie können solche Forderungen begründet werden? Welche Massnahmen sind allenfalls geeignet, und wie sind sie umzusetzen?
- Wie sehr erliegen Eltern der «Verführung», nicht-materielle Bedürfnisse ihrer Säuglinge und Kleinkinder mittels Konsumgütern zu befriedigen? Gibt es diesbezüglich «Risikogruppen»? Welches sind die Folgen für kompensatorischen Konsum und Kaufsucht?
- Welche Bedürfnisse werden von Kindern und Jugendlichen durch «Überkonsum» kompensiert?
- Auf welche Weise können Kinder den kritischen Umgang mit Werbung am besten erlernen?

- Unter welchen Bedingungen sind Kinder und Jugendliche ansprechbar für umweltschonende Produkte und Konsummuster? Welche diesbezüglichen Marketing-Strategien sind verantwortbar und erfolgversprechend?

Schliesslich finden sich für das Thema der *politischen Partizipation* offene Fragen:

- Welche politischen Orientierungen haben Schweizer Jugendliche, welche politischen Themen finden ihr Interesse und unter welchen Voraussetzungen sind sie bereit, sich zu engagieren?
- Welches sind die Ergebnisse und die Auswirkungen auf politische Entscheidungen von praktizierten partizipativen Verfahren?
- Welche bereits praktizierten Formen der politischen Partizipation entsprechen den Bedürfnissen der Kinder und Jugendlichen? Wie kann verhindert werden, dass Kinder und Jugendliche durch Partizipation überfordert werden oder instrumentalisiert werden für die Vertretung von Interessen, die nicht ihre eigenen sind?
- Wird durch die Forcierung politischer Partizipation von Kindern und Jugendlichen in ungerechtfertigter Weise Verantwortung der Erwachsenen auf die Kinder und Jugendlichen abgewälzt?
- Kann politisches Engagement die Zukunftsängste von Kindern und Jugendlichen abbauen helfen, und unter welchen Bedingungen können Zukunftsängste politisches Engagement motivieren?
- Welcher Zusammenhang besteht zwischen der Partizipation von Kindern und Jugendlichen und nachhaltiger Entwicklung? Haben bei Kindern und Jugendlichen Umweltanliegen höhere Priorität als bei Erwachsenen? Können sie langfristige Interessen des Gemeinwesens besser vertreten als Erwachsene, da sie noch weniger in institutionelle und wirtschaftliche Sachzwänge eingebunden sind? Sind Kinder und Jugendliche wirklich eher bereit, ihre kurzfristigen zugunsten langfristiger Interessen zurückzustellen?
- In welchem Alter und in welchen Formen wurden Kinder in früheren Zeiten und in anderen Kulturen in politische Entscheidungsprozesse einbezogen?
- Welche Zeiträume können Kinder und Jugendliche welchen Alters im Hinblick auf politische Entscheidungen überblicken?

7. Empfehlungen

Die Liste der offenen Fragen ist lang, und sie könnte noch um etliches verlängert werden. Wenn wir im folgenden dennoch Empfehlungen aussprechen, dann aufgrund der Dringlichkeit des Anliegens, das inzwischen auch publizistisch bestätigt wird (vgl. z.B. «Die Weltwoche» Nr. 29 vom 16. Juli 1998/Extra S. 29). Unsere Empfehlungen auf dem heutigen Stand des Wissens richten sich an alle Beteiligten, also an Eltern und andere Erziehungspersonen, an die Bildungsinstitutionen, an Politik und Öffentlichkeit und an die Kinder und Jugendlichen selbst.

Empfehlungen an Eltern und andere Erziehungspersonen

1. Grundlegend ist die Förderung von *Selbständigkeit* und *Selbstbewusstsein.* Kinder und Jugendliche sollen den souveränen Umgang mit Konsumentscheidungen erlernen, aber sie sollen sich auch selbstbewusst den Umweltproblemen zuwenden. Panik ist dafür eine ebenso schlechte Voraussetzung wie Gleichgültigkeit.
2. Einstellungen zu Konsum und Natur werden von der frühen Kindheit an aufgebaut. Spielerisches Erkunden oder experimentelles Lernen kann dazu beitragen, starke Konsumbindungen zu verhindern und unechtes Erleben zu reduzieren. Eltern und Erziehungspersonen sind aufgefordert, Alternativen zur «Wegwerf-Kultur» aufzubauen. Echte Beziehungen zur Natur entstehen nicht im Medienalltag, und Gegenerfahrungen werden nicht durch die fortgesetzte Gewöhnung an Konsumgüter erzeugt.
3. Die Erziehungspersonen – und *nur* sie – können und müssen Grenzen setzen. Insbesondere bei jüngeren Kindern schadet unbegrenzter Medienkonsum der Entwicklung. Dies kann nur dann vermieden werden, wenn Kinder nicht selbst entscheiden, wieviel Zeit sie für Medienkonsum verwenden.
4. Die Ängste und Befürchtungen von Kindern müssen ernst genommen werden. Aussagen über die bedrohte Zukunft dürfen nicht verharmlost werden. Auf der andern Seite kommt es auch darauf an, Rationalisierungen zu finden, die Panikreaktionen vermeiden helfen. Die gemeinsame Verantwortung wäre Basis der Problembearbeitung.

5. Die Bereitschaft zum Konsumverzicht von Kindern und Jugendlichen sollte ebenfalls nicht belächelt, sondern wirkungsvoll unterstützt werden. Weil Kinder und Jugendliche zunehmend zu Objekten einer aggressiven Zielgruppenwerbung werden, verdienen offensive Alternativen alle Unterstützung.

6. Öffentliches Engagement von Kindern und Jugendlichen in den Bereichen Umwelt-, Entwicklungs- oder Konsumpolitik sollte gefördert und herausgefordert werden. Kinder und Jugendliche sind nicht die «Kids» der Konsumwerbung, sondern selbstbewusste und kritische Bürger *auf dem Wege*. Sie sollen und können lernen, sich in rasch ändernden Umwelten zurechtzufinden, ohne politische Grundwerte preiszugeben.

Empfehlungen an die Bildungsinstitutionen

1. Auf den obligatorischen Schulstufen sollten Fragen des Konsums, der Werbung und der Medien als künstliche Umwelten heutiger Kinder und Jugendlicher vermehrt und lehrplanrelevant behandelt werden. Hier bieten sich Fächer wie «Natur, Mensch, Mitwelt» an, weil sie eine integrale Themenbehandlung erlauben.

2. Reflexionen über die eigene Rolle als Konsument und Konsumentin können auf der Kindergartenstufe beginnen. Auch und gerade kleinere Kinder erleben Medienkonsum intensiv und sind «Experten» für bestimmte Botschaften, die spielerisch agiert und alterniert werden können.

3. Auf höheren Stufen sollten Konsum- und Umweltfragen vermehrt *in ihrem Zusammenhang* dargestellt und problematisiert werden. In der heutigen Schulwirklichkeit sind beide Themen getrennten Fächern oder Fachgruppen zugeordnet; es wäre eine didaktische Innovation, wenn vermehrt Projekte entwickelt würden, die die Kausalitäten zwischen Konsum und Umweltbelastung zum Thema hätten. Entsprechendes gilt für die Lehrmittel.

4. Schulen als Institutionen *öffentlicher Bildung* sind auch politische Räume. Als solche sollten sie vermehrt Gelegenheit zu echter Partizipation geben. Das bedeutet, dass Entscheidungskompetenz an demokratische Verfahren gebunden wird, an denen sich die Schülerinnen und Schüler beteiligen können. Eine demokratische Schule verlangt keine Alibi-Partizipation, sondern echte Chancen und damit auch echte Risiken.

5. Ausserhalb der Schule muss die Elternbildung – als eigenständiger Teil der Erwachsenenbildung – gefördert und auf Fragen des Konsums und der Umweltproblematik stärker als bislang eingestellt werden. Kinder müssen geschützt werden vor brutalen und schockierenden Medienerfahrungen, Eltern müssen lernen können, was wirksamer Schutz ist und wie er in der Familienerziehung praktiziert werden kann.

6. Generell müssen die Bildungsinstitutionen die *Dringlichkeit* des Themas anerkennen, was zugleich heisst, eine Priorität anzuerkennen. Alle Bildungsinstitutionen werden von Forderungen überschwemmt, was in der Regel nur den Konservativismus fördert. Wandel, zumal thematischer Wandel, verlangt Entscheidungen, die bisherige Prioritäten auch wirklich verändern. Andernfalls bleiben Konsum- und Umwelterziehung marginal.

Forderungen an Politik und Öffentlichkeit

1. Eine allgemeine Voraussetzung zeitgemässer Kinder- und Jugendpolitik ist, dass die neuen Realitäten der Familienerziehung zur Kenntnis genommen und *sämtliche* Formen von Elternschaft unterstützt werden. Es gibt für Kinder und Jugendliche zunehmend mehr Risikoumwelten, die nur dann zu bewältigen sind, wenn nicht nur von einem Modell der Familien- und Lebensform ausgegangen wird.

2. Die Standards der Wohlstandsgesellschaft – Medien, Marken, Mentalität – *sind* für Kinder und Jugendliche Risikoumwelten. Sie müssen sie testen und aushalten, ohne Schaden zu nehmen an Souveränität und Selbstbestimmung. Die Medien müssen mit Blick auf Kinder und Jugendliche verantwortliche Formen der Selbstkontrolle entwickeln, aber auch ein gewisses Mass an öffentlicher Aufsicht ist zu fordern – bis hin zum Verbot bestimmter Darstellungen und Aussagen.

3. Auf der anderen Seite muss mehr Partizipation gefordert werden, nicht nur solche «kindgemässer» Beteiligung, sondern auch solche der Gesamtverantwortung. Bestimmte gesellschaftliche «Makrostressoren» sind für alle Kinder und Jugendlichen relevant, weil *ihre* Zukunft davon betroffen ist. Besonders die Gemeinde- und Lokalpolitik ist aufgerufen, entsprechende Entwicklungen zu fördern oder sie herauszufordern. Auch hier kann Nachfrage *geschaffen* werden, soweit sie noch nicht vorhanden ist.

4. Sämtliche Medien der politischen Öffentlichkeit sind gehalten, das Bewusstsein über Zusammenhänge zwischen Konsum- und Umweltbelastungen, aber auch zwischen Entwicklungsaufgaben und Partizipationschancen zu stärken. Das verlangt eine interessierte Berichterstattung, die die Themen breit und nachhaltig zu plazieren versteht. Anders bleibt zum Beispiel Partizipation von Kindern eine mehr oder weniger belächelte Randerfahrung, die sich immer gegen den Verdacht der «Verfrühung» verteidigen muss.

5. Es sollte auch überlegt werden, wie politisches Engagement von Kindern und Jugendlichen gezielt angeregt werden kann. Entsprechende Leistungen könnten z.B. für Schulkarrieren und Schulabschlüsse oder in der Fort- und Weiterbildung angerechnet werden. Denn für eine nicht nur direkte, sondern zugleich lebendige Demokratie muss ein grosses Potential von bürgerlichem Engagement erzeugt werden.

6. Die rechtlichen Grundlagen müssen weiter ausgearbeitet werden. Artikel 12 der Kinderrechtskonvention ist weit auszulegen. Die Forderungen der «Agenda 21» bezüglich der Mitsprache der Jugend sind umzusetzen.

Forderungen an Kinder und Jugendliche

1. Kinder und Jugendliche beider Geschlechter sind die «Experten» ihres eigenen Konsumverhaltens und ihrer Beziehung zu Natur und Umwelt. Deshalb müssen sie – wenn sie Verantwortung für ihr Leben übernehmen wollen – auch daran interessiert sein, die *Risiken* von Konsum und Umwelt zu verstehen und soweit möglich zu minimieren.

2. Die Empfehlung geht nicht dahin, Konsum durch Askese zu ersetzen. Denn Konsumwelten sind bleibende Wirklichkeiten, und es geht nicht darum, sich aus ihnen hinauszubegeben, sondern sich möglichst verantwortungsvoll in ihnen zu bewegen. Die Grenze des Konsumgenusses liegt dort, wo die persönliche und die gesellschaftliche Verantwortung beginnt. Kinder und Jugendliche müssen lernen, diese Verantwortung wahrzunehmen.

3. Partizipation ist eine politische Ersterfahrung. Die demokratische Gesellschaft braucht mündige Bürgerinnen und Bürger, Kindern und Jugendlichen kann und muss also abverlangt werden, dass

sie sich den damit verbundenen Aufgaben unterziehen. Nur so machen Partizipationserfahrungen einen politischen Sinn.

4. Kinder und Jugendliche werden mit den hier vorgebrachten Empfehlungen sehr viel ernster genommen – in ihren eigenen Anliegen, aber auch in der Formung ihrer politischen Urteilskraft –, als dies in der bisherigen Praxis von Erziehung und Bildung je der Fall gewesen ist. Entsprechend gross ist die Erwartung, von den Jungen *Gegenleistungen* – wirkliches Engagement – zu erfahren. Das Konzept wird sich rasch verflüchtigen, wenn Gegenleistungen ausbleiben.

5. Die politischen Freiräume, aber auch die neuen didaktischen Themen und die Erfahrungsfelder «Konsum» und «Umwelt» müssen also ernst genommen werden, auch wenn nicht sofort Erfolge sichtbar werden. Bilanzen sollten allerdings regelmässig von den Kindern und Jugendlichen gezogen und nach Möglichkeit veröffentlicht werden. Weil Kinder und Jugendliche in diesen Feldern Teile der Öffentlichkeit sind, müssen sie auch lernen, ihre Anliegen dieser Öffentlichkeit zu präsentieren, gegebenenfalls Kritik herauszufordern und sich mit dieser Kritik auseinanderzusetzen.

6. Die Forderungen an Kinder und Jugendliche sind hoch. Sollen sie sich erfüllen, müssen dauerhafte Erfahrungen gesichert sein. Partizipation ist kein «Schnupperkurs»; sie gelingt nur dann, wenn freiwilliges, einsichtiges Engagement entwickelt wird.

Literatur

Baacke D. 1996: Kinder und Werbung. In: Haase F., Kutteroff A. (Hrsg.): Anschlüsse. Begleitbuch zur medienpädagogischen Fernsehreihe «Kinder und Medien». Baden-Baden: Nomos. S. 65-73.

Blum A. 1987: Student's knowledge and beliefs concerning environmental issues in four countries. Journal of environmental education. Bd. 18, Nr. 3. S. 7-13.

Boehnke K. 1992: Makrosozialer Stress und psychische Gesundheit. In: Mansel J. (Hrsg.): Reaktionen Jugendlicher auf gesellschaftliche Bedrohung. Untersuchungen zu ökologischen Krisen, internationalen Konflikten und politischen Umbrüchen als Stressoren. Weinheim, München: Juventa (Jugendforschung). S. 24-37.

Böge St. 1993: Erfassung und Bewertung von Transportvorgängen: Die produktbezogene Transportkettenanalyse. In: Läpple D. (Hrsg.): Güterverkehr, Logistik und Umwelt. Berlin: Edition Sigma. S. 131-160.

Brunet O., Lézine I. 1951: Le développement psychologique de la première enfance. Paris: PUF.

Bundesministerium für Umwelt, Naturschutz und Reaktorsicherheit (Hrsg.) o. J.: Umweltpolitik. Konferenz der Vereinten Nationen für Umwelt und Entwicklung im Juni 1992 in Rio de Janeiro – Dokumente. Agenda 21. Bonn: Bundesumweltministerium.

Claussen B. 1997a: Politische Bildung. Lernen für die ökologische Demokratie. Darmstadt: Primus-Verlag.

Claussen B. 1997b: Kommunikationswissenschaftliche Aspekte: Politisches Handeln Jugendlicher in der Informations- und Mediengesellschaft. In: Palentien Ch., Hurrelmann K. (Hrsg.): Jugend und Politik. Ein Handbuch für Forschung, Lehre und Praxis. Neuwied, Kriftel, Berlin: Luchterhand. S. 68-121.

De Haan G. 1997: Umweltbildung in Schule und Hochschule. Eine kritische Bilanz. In: Kaufmann-Hayoz R., Defila R., Flury M. (Hrsg.): Umweltbildung in Schule und Hochschule. Proceedings des Symposiums «Umweltverantwortliches Handeln», 4.-6./7.9.1996 in Bern. Allgemeine Ökologie zur Diskussion gestellt. Nr. 3/3. Universität Bern: IKAÖ. S. 15-34.

Eichholz R. 1997: Kinderfreundlichkeit. In: Kinderlobby Schweiz (Hrsg.): Kinderverträglichkeitsprüfung. Stichwort Kinderpolitik Nr. 3. Zürich: Kinderlobby Schweiz. S. 5-25.

Eidgenössische Kommission für Jugendfragen (EKJ), Schweizerische Arbeitsgemeinschaft der Jugendverbände (SAJV) (Hrsg.) 1996: Bieler Jugendmanifest '95. Bern: EKJ, SAJV.

Eidgenössische Kommission für Jugendfragen (Hrsg.) 1996: Jugendpolitik im Wandel – Perspektiven für die Schweiz? Schlussbericht der Bieler Jugendtagung. Bern: Eidgenössische Kommission für Jugendfragen.

Faber R. J., O'Guinn T. C., Krych R. 1987: Compulsive consumption. In: Wallendorf M., Anderson P. (Hrsg.): Advances in consumer research. Provo, UT. Association for Consumer Research. Bd. 14. S. 132-135.

Facts 1997: Der DollAir scheitert am Franken. Nr. 21. S. 31.

Flammer A. 1988: Entwicklungstheorien. Bern: Huber.

Fuhrer U., Wölfing S. 1997: Von den sozialen Grundlagen des Umweltbewusstseins zum verantwortlichen Umwelthandeln. Bern: Huber.

Grüneis K. 1997: Preiskampf als Strategie. In: IHA GFM News. Nr. 3. S. 8-9.

Hart R. A. 1997: Children's participation: The theory and practice of involving young citizens in community development and environmental care. New York: UNICEF.

Hausammann Ch. 1991: Die Konvention über die Rechte des Kindes und ihre Auswirkungen auf die schweizerische Rechtsordnung. Studie im Auftrag des schweizerischen Komitees für UNICEF. Bern.

Havighurst R. J. 1982: Developmental tasks and education. New York: Longman. (1st ed. 1948).

Herzka H. S. 1993: Die Kinderverträglichkeitsprüfung. In: Intra. Nr. 14. S. 16-20.

Hurrelmann K. 1997: Plädoyer für die Herabsetzung des Wahlalters. In: Palentien Ch., Hurrelmann K. (Hrsg.): Jugend und Politik. Ein Handbuch für Forschung, Lehre und Praxis. Neuwied, Kriftel, Berlin: Luchterhand. S. 280-289.

Jugendsession 1998: Petitionen und Appell der 6. Eidgenössischen Jugendsession.

Jugendwerk der Deutschen Shell (Hrsg.) 1997: Jugend '97: Zukunftsperspektiven, Gesellschaftliches Engagement, Politische Orientierungen. Opladen: Leske und Budrich.

Kaufmann-Hayoz R., Di Giulio A. (Hrsg.) 1996: Umweltproblem Mensch. Humanwissenschaftliche Zugänge zu umweltverantwortlichem Handeln. Bern, Stuttgart, Wien: Haupt.

Kaufmann-Hayoz R. (Hrsg.) 1997: Bedingungen umweltverantwortlichen Handelns von Individuen. Proceedings des Symposiums «Umweltverantwortliches Handeln», 4.-6./7.9.1996 in Bern. Allgemeine Ökologie zur Diskussion gestellt. Bd. 3/ 1. Bern: IKAÖ.

Lange E. 1997: Jugendkonsum im Wandel. Opladen: Leske und Budrich.

Largo R., Gianciaruso M., Prader A. 1978: Die Entwicklung der Darm- und Blasenkontrolle von der Geburt bis zum 18. Lebensjahr. In: Schweizerische medizinische Wochenschrift. Bd. 108. S. 155-160.

McNeal J. U. 1992: Kids as customers: A handbook of marketing to children. New York: Lexington.

Meador M., Macpherson M. J. 1987: Political Fear and Mental Health among West German Children and Youth. Vortrag auf der 10. Jahrestagung der International Society for Political Psychology. San Francisco (Juli 1987).

Merk P. 1997: Wahlrecht ohne Altersgrenze? In: Palentien Ch., Hurrelmann K. (Hrsg.): Jugend und Politik. Ein Handbuch für Forschung, Lehre und Praxis. Neuwied, Kriftel, Berlin: Luchterhand. S. 260-280.

Müller M. 1997: Die kleinen Könige der Warenwelt. Frankfurt: Campus.

Neue Mittelland Zeitung 11.11.1998: Gewalt ist kein «Jugendprivileg». Jugendliche sollen mehr Mitbestimmung und Gehör erhalten. S. 3.

Oerter R., Montada L. 1995: Entwicklungspsychologie. Ein Lehrbuch. München, Weinheim: Psychologie Verlags Union.

Palentien Ch. 1997: Pro- und Contra-Diskussion zu einer Veränderung des Wahlrechts. In: Palentien Ch., Hurrelmann K. (Hrsg.): Jugend und Politik. Ein Handbuch für Forschung, Lehre und Praxis. Neuwied, Kriftel, Berlin: Luchterhand. S. 290-299.

Palentien Ch., Hurrelmann K. 1997: Veränderte Jugend – veränderte Formen der Beteiligung Jugendlicher? In: Palentien Ch., Hurrelmann K. (Hrsg.): Jugend und Politik. Ein Handbuch für Forschung, Lehre und Praxis. Neuwied, Kriftel, Berlin: Luchterhand. S. 11-29.

Pfister Ch. (Hrsg.) 1995: Das 1950er Syndrom. Der Weg in die Konsumgesellschaft. Bern: Haupt.

Rat der Sachverständigen für Umweltfragen 1978: Umweltgutachten. Deutscher Bundestag. Drucksache Nr. 8.

Richter H. E. 1984: Zur Psychologie des Friedens. Reinbek bei Hamburg: Rowohlt Taschenbuch Verlag.

Schelbert L. 1993: Massnahmen gegen «die tägliche Vergiftung unserer Kinder». Kinderrechte, obwohl international akzeptiert, sollten dringend verbessert werden. In: Tages-Anzeiger vom Mittwoch, 11. August 1993. S. 2.

Scherhorn G. 1994: Konsum als Kompensation. In: Reinbold K.-J. (Hrsg.): Konsumrausch. Der heimliche Lehrplan des Passivismus. Freiburg i. Br.: AGJ-Verlag. S. 7-42.

Scherhorn G., Reisch L. A., Raab G. 1992: Kaufsucht. Arbeitspapier 50. Universität Hohenheim, Stuttgart: Lehrstuhl für Konsumtheorie und Verbraucherpolitik.

Schnapp D., Winteler Ch. 1998: Menschliches Engagement – keine Politik. In: Tages-Anzeiger vom Mittwoch, 20. Mai 1998. S. 89.

Steilmann B. 1995: Ökomode: hip für morgen. Wie man nachhaltig verträgliche Produkte attraktiv macht. In: Deese U., Hillenbach P. E., Michatsch C., Kaiser D. (Hrsg.): Jugendmarketing. Das wahre Leben in den Szenen der Neunziger. Düsseldorf: Metropolitan. S. 281-286.

Strategiepapier des Bundesrates 1997: «Nachhaltige Entwicklung in der Schweiz».

Szagun G., Mesenholl E., Jelen M. (1994): Umweltbewusstsein bei Jugendlichen. Emotionale, handlungsbezogene und ethische Aspekte. Frankfurt: Lang.

Tügel H. 1996: Kult ums Kind. Grosswerden in der Kaufrauschglitzergesellschaft. München: Beck.

Unterbruner U. 1991: Umweltangst – Umwelterziehung. Vorschläge zur Bewältigung der Ängste Jugendlicher vor Umweltzerstörung. Linz: Veritas.

Vollbrecht R. 1996: Wie Kinder mit Werbung umgehen. Ergebnisse eines DFG-Forschungsprojekts. In: Media Perspektiven. Nr. 6. S. 294-300.

WBGU 1996: Welt im Wandel. Herausforderung für die deutsche Wissenschaft. Jahresgutachten des Wissenschaftlichen Beirats der Bundesregierung Globale Umweltveränderung. Berlin, Heidelberg: Springer.

WerbeWoche 1995: Special Jugendmarketing, 7. April. Zürich: Media-Daten AG.

Wilhelm P., Myrtek M., Brügner G. 1997: Vorschulkinder vor dem Fernseher. Ein psychophysiologisches Feldexperiment. Bern: Huber.

Wintersberger H. 1994: Sind Kinder eine Minderheitsgruppe? Diskriminierungen von Kindern gegenüber Erwachsenen. In: Rauch-Kallat M., Pichler J. W. (Hrsg.): Entwicklung in den Rechten der Kinder im Hinblick auf das UN-Übereinkommen über die Rechte des Kindes. Wien, Köln, Weimar: Böhlau Verlag. S. 73-104.

Grundlagen

Jugendliche in ihrer Umwelt zwischen Anspruch und Hilflosigkeit[1]

AUGUST FLAMMER

«Wer die Jugend hat, hat die Zukunft.» Und: «Der Jugend gehört die Zukunft.» – Überlegungen zur Entwicklung unserer Umwelt mit Überlegungen zur Jugend zu verbinden ist mehr als eine akademische Reflexion; es geht um die Sicherung einer lebenswerten Zukunft. Die Zukunft baut auf der Gegenwart auf; wir sind bereits daran, die Zukunft zu gestalten.

Dieser Beitrag untersucht die Befindlichkeit der heutigen Jugend in ihrer Welt und stellt die Frage in den grösseren Kontext von Macht und Hilflosigkeit, bezogen auf die lebenslange Entwicklung des Menschen. Die drei vorausgehenden Unterkapitel enthalten grundsätzliche Aussagen zur Umwelt aus psychologischer Sicht, zur Jugendpsychologie und zur Psychologie der eigenen Kontrollwahrnehmung.

1. Umwelt

Die Umwelt ist nicht ein Gut, das man hat. Umwelt ist auch nicht in erster Linie etwas, das man konsumiert. Umwelt ist Bestandteil des Lebens; Leben vollzieht sich immer in einer Umwelt, «anhand» einer Umwelt. Leben ohne Umwelt gibt es nicht. Leben ist nämlich im wesentlichen Geben und Nehmen an die und von der Umwelt; Leben besteht aus den Transaktionen eines Organismus mit seiner Umwelt.

Die Transaktionsprozesse sind zum Teil Austauschprozesse, zum Teil Wirk- und Gestaltungsprozesse und zum Teil interpretatorische Prozesse. Austauschprozesse sind z.B. biologisch-materiell (geben, nehmen), oft aber informational (wahrnehmen, sich mitteilen). Auch die Wirkprozesse sind gegenseitig: Lebewesen stehen unter vielfältigen externen Einflüssen wie Wetter, verfügbare Nahrung, Naturkatastrophen und lösen ihrerseits Wirkungen aus, indem sie Spuren hinterlassen wie gefällte Bäume, gebaute Strassen, gestaute Seen. Interpretatorische Transaktionen sind vor allem für Menschen

---

[1] Ich verdanke wertvolle Hinweise zu einer früheren Version dieses Kapitels Ruth Kaufmann-Hayoz und Eveline Helfenfinger.

typisch, indem sie die Welt auf ihre Art verstehen (und entsprechend ihrem Verständnis gestalten) und indem sie sich der Welt in bestimmter Weise darstellen, zu erkennen geben.

So gesehen, ist Umwelt nur eine analytische Einheit, d.h. nur gedanklich von Lebewesen abtrennbar; in der Realität lassen sich Lebewesen und Umwelt nie trennen, ohne dass das Leben gleichzeitig zerstört würde. Auch analytisch ist die Trennung problematisch bzw. uninteressant. Wenn ich meinen Blick auf einzelne Entitäten fokussiere, z.B. einzelne Organismen ausgrenze, bleibt zwar tatsächlich die Umwelt übrig; es bleibt jedoch nur noch Welt, nicht mehr Umwelt. Ein einfaches Beispiel kann das demonstrieren: Ein Fischweiher ist kein Fischweiher, wenn er keine Fische enthält, nie enthielt und voraussichtlich keine enthalten wird; dann sieht er höchstens aus wie ein Fischweiher oder ist fälschlicherweise so bezeichnet. Noch mehr gilt das, wenn ich meinen Blick auf das Lebewesen fokussiere: Losgelöst von jeglicher Umwelt ist es nirgends daheim, hat es keine Geschichte, weiss es von niemandem und nichts etc.

Diese Auffassung steht in einem gewissen Widerspruch zur Tradition westlichen Denkens. Wir pflegen nämlich ein betont individualistisches Denken, d.h. wir konzentrieren uns auf individuelles Bewusstsein und individuelle, möglichst autonome Identität und stellen das Individuum radikal sowohl der sachlichen wie der kulturellen und der sozialen Umwelt gegenüber. Wir suchen und formulieren persönliche Verantwortung, bestrafen persönliche Schuld und loben für persönliche Verdienste.

Dieser Widerspruch ist aber nicht grundsätzlich, höchstens das Resultat einer Übertreibung. Wenn Leben in Transaktionen besteht, gibt es eben wenigstens zwei «Akteure», nämlich eine Aussenwelt und eine Innenwelt. Beide agieren bzw. transagieren. Grotesk wird die Unterscheidung erst, wenn die Vorstellung aufkommt, die beiden Akteure seien voneinander völlig unabhängig.

Eine Unterscheidung im Sinne der Akzentuierung ist vor allem sinnvoll bei Lebewesen, die über sich selbst nachdenken und solche Transaktionen in besonderer Weise gestalten können. Eine solche Unterscheidung bei aller Innigkeit der Zusammengehörigkeit finden wir schon – oder vor allem – bei Kleinkindern. Bereits Säuglinge unterscheiden den eigenen Körper von einem Teil der Welt, der sich mit ihm nicht immer synchron verhält (Stern 1985); zum Leben und

Erleben von Kleinkindern gehören aber unverzichtbar Mitmenschen, Schmusebärchen, Kissenzipfel zum Einschlafen, Schuhe, die mit ihnen unter der Nässe leiden, etc. Wer in dieses Leben einbricht und dem Kind «etwas» davon wegnimmt, macht vermutlich nicht nur seine Umwelt ärmer, sondern bedroht es selbst, macht sein Leben ärmer, reduziert sein Leben.

Natürlich müssen unsere Kinder in der von uns teilweise schon vorgestalteten und vorinterpretierten Welt zurechtkommen. Darum sozialisieren wir sie mit Recht in unser relativ individualistisches Leben hinein. Dass dieser Individualismus prinzipiell weniger ausgeprägt sein könnte, lehren uns Vergleiche mit anderen, besonders östlichen Kulturen (Hofstede 1983). Wir sind da aber nicht sehr frei: Anerkennung von mehr Interdependenz – sei sie sozial oder als Naturverbundenheit verstanden – könnte z.B. Verzichte gegenüber unseren technologischen Standards implizieren. Da liegt vermutlich ein grundsätzliches pädagogisches Dilemma vor: Entweder wir erziehen unsere Kinder in unsere geläufige Problemlage hinein und suchen mit ihnen Wege zur Milderung der Auswüchse, oder wir versuchen mit ihnen einen radikal alternativen Lebensstil.

Es muss Wege geben, mit dieser Spannung fruchtbar umzugehen. Unsere jungen Menschen kommen nicht darum herum, ihrerseits unsere Spaltung zwischen Individuum und Umwelt wahrnehmungsmässig und technologisch nachzuvollziehen bzw. mitzukonstruieren. Wenn sie aber gelernt haben werden, ihre Welt zu lieben und als ihnen zugehörig zu erleben, werden sie als Erwachsene voraussichtlich auch eher versuchen, Technologie weich und möglichst nur weiche Technologie anzuwenden.

Das mag etwas romantisch tönen. In prosaischerer Form gilt das aber für alle Menschen. Unsere Umwelt ist Teil unserer Identität. «Ich bin der, der in der Transaktion mit dieser Umwelt steht», oder einfacher: «Ich bin dieses Stück Welt». Konkreter: «Ich bin, der ich bin, indem ich an einem bestimmten Ort wohne, indem ich Beeren in meinem Garten pflege und Fleisch verabscheue, indem ich den Herbst zu meiner Lieblingsjahreszeit gemacht habe und zu Hause Photoalben besitze, in denen ich gerne blättere, usw.» (vgl. Fuhrer 1993). Man kann die sehr pauschale Frage stellen: Werden jene, die eine grosse und liebe eigene Welt haben, eher eine überdurchschnittliche Umweltbelastung sein oder eher nicht?

2. Adoleszenz

Als Adoleszenz bezeichnet man in der Psychologie den Entwicklungsabschnitt des zweiten Lebensjahrzehnts. Wenn hingegen ohne Spezifizierung von Jugend die Rede ist, ist damit der soziologische Begriff im Sinne der nachwachsenden Generation, der Jungen gemeint.

Früher meinte man, dass die Adoleszenz notwendigerweise durch Generationenkonflikte, Identitätsverwirrungen, Delinquenz, Drogenkonsum und Suizidneigung gekennzeichnet sei. Adoleszenz ist zwar insofern eine riskante Zeit, als im Vergleich zur Kindheit und zum Erwachsenenalter die Wahrscheinlichkeit solcher Probleme erhöht ist; aber diese Probleme betreffen immer noch nur eine Minderheit.

Adoleszenz ist wesentlich eine Übergangszeit, eine Zeit des Wechsels des sozialen Status. Jugendliche müssen sich in unserer Gesellschaft auf einen Beruf vorbereiten, sie müssen aus ihrer angestammten Familienumwelt heraustreten, sie müssen neue soziale Verhaltensweisen annehmen. Das ist aufregend, und das verunsichert gelegentlich auch. Viele bewältigen diese Unsicherheit durch stärkeren Anschluss bei Gleichaltrigen. Um sich auch «draussen» sicher und eingeordnet zu fühlen, übernehmen sie die Werte der je aktuellen Jugendkultur, genauer: der jeweiligen Jugendsubkultur. Das ist nicht ein Schwächezeichen, sondern eröffnet die Möglichkeit, neuartige Welterfahrungen zu machen, neue soziale Rollen zu erproben und neue Welt- und Selbstinterpretationen zu versuchen. Darum begeben sich die Jugendlichen auf Reisen, erproben neue Konsum- und Genussmittel, wagen den erotischen Umgang mit Gleichaltrigen, formulieren persönliche und gesellschaftliche Pläne und Kritik, gehen in aktive Opposition, werden auch mal straffällig etc. Wenn wir die Jugendlichen für nachhaltige Entwicklung gewinnen wollen, ist diesen Umständen Rechnung zu tragen. Gemeinschaft, Subkulturorientierung, Ausprobieren, Erleben, Identitätssuche und -pflege sind Stichworte.

Bei Erwachsenen ist das anders: Wenn diese sich zu mehr nachhaltiger Entwicklung entschliessen, ist darin etwas wie Umkehr und Korrektur, ja Anerkennung von Mitschuld enthalten. Die Jugendlichen haben aber die Entstehung des aktuellen Weltzustands nicht zu verantworten. Unter anderem darum fällt ihnen Kritik leichter; sie sind nicht als Mitverantwortliche kompromittiert. Dafür geht es den Jugendlichen um mehr, ganz einfach, weil sie ihr Leben, wie man so sagt, noch vor sich haben und ihnen die verfügbare Lebenszeit sehr lange, scheinbar unbegrenzt vorkommt. Sie versuchen darum, ihre Ansprüche auf eine bessere Welt kompromissloser anzumelden und durchzusetzen als die Erwachsenen.

Daraus könnte man naiv ableiten, dass die Jugendlichen auf jeden Fall für die Umwelt wollen, was wir für gut finden. Es ist aber auch ein Vorrecht der Jungen – das sie sich auch meistens ungeniert nehmen –, viele Facetten der Welt, ja auch viele Wertorientierungen zu erproben und unter Umständen wiederholt zu wechseln. Wer unsere Jugend ein für allemal auf ein bestimmtes Wertesystem einschwören will, baut nicht für eine Welt der Solidarität, der Gerechtigkeit und der Toleranz. Fanatismen sind Strohfeuer, die kurzfristig genau die gewünschte Wärme und Helle spenden, aber unter Umständen ganze Dörfer in Brand stecken, vielleicht aber auch bald erschöpft sind.

Die bisherige Skizze der Adoleszenz stellt eine Mischung von Idealvorstellung und Empirie dar, vor allem von schon etwas älterer Empirie. Wir erleben heute eine Jugend, die in ihrer Mehrheit scheinbar alles andere als idealistisch ist, die nicht kämpft, wohl aber konsumiert, die keine langfristigen festen Ziele hat, sondern Opportunismus pflegt. Einmal mehr: Die Jugendlichen sind nicht alle gleich, es gibt auch heute Idealisten und Kämpfer; aber es gibt heute im Vergleich zu vorausgehenden Jahrzehnten wahrscheinlich mehr Jugendliche ohne langfristige Ideale. Warum das? Sind denn keine grossen gesellschaftlichen Entwicklungsschritte mehr denkbar? Ausgerechnet heute, wo die Entwicklung in fast allen Bereichen menschlichen Handelns und Erlebens rascher vorangeht als je? Ich will keine umfassende Erklärung liefern, aber eine vermutlich zentrale Erklärungsdimension herausarbeiten, und komme damit zum dritten Teil.

3. Macht und Machtlosigkeit, Kontrolle und Hilflosigkeit

Eine Klasse unter den anfänglich genannten Transaktionsprozessen aller Lebewesen besteht aus efferenten Wirkprozessen, d.h. auch Wirkungen, die vom Lebewesen auf seine Umwelt ausgehen. Natürlich entstehen daraus sehr oft Rückwirkungen auf das Lebewesen. Diese Unterklasse von Wirkungen, die das Lebewesen zu seinen eigenen Gunsten erzielt, sind in der Humanpsychologie in den letzten

Jahrzehnten als ausserordentlich bedeutsam erkannt worden, und zwar nicht nur wegen der unmittelbaren Effekte, sondern auch als Elemente der subjektiven Reflexion.

Das lässt sich einfach anhand berühmt gewordener sog. Hilflosigkeitsexperimente demonstrieren. Wenn Menschen wichtige Ziele mit allen ihnen zur Verfügung stehenden Mitteln nicht erreichen können, sind sie in dieser Beziehung hilflos (Beispiel: Ein junger Mann bleibt erfolglos in seinen Versuchen, die Zuneigung einer jungen Frau für sich zu gewinnen). Wenn solche Erfahrungen sich häufen (wenn also in unserem Beispiel der junge Mann jahrelang trotz vielfältiger Anstrengungen keine Freundin findet), fangen die Menschen an, sich selbst als hilflose Menschen zu verstehen. Hilflosigkeit ist dann verheerend und konsequenzenreich, wenn sie subjektiv realisiert bzw. mental repräsentiert wird. Die Konsequenzen sind kognitive, emotionale und motivationale. Die kognitiven bestehen darin, dass man sich selbst als unfähig und seine Ziele als unerreichbar versteht. Die emotionalen Konsequenzen bestehen in Traurigkeit, Niedergeschlagenheit, Selbstabwertung, im schlimmsten Fall in Depression. Die motivationalen Konsequenzen zeigen sich darin, dass hilflos gewordene Menschen in den Bereichen ihrer Hilflosigkeit kaum noch Initiativen ergreifen und auf jeden Fall keine Ausdauer mehr zeigen (Flammer 1990). Offensichtlich ist Hilflosigkeit ein Zustand, der sich selbst leicht rechtfertigt, indem man sich dann erst recht so verhält, dass Erfolg nicht wahrscheinlich ist (sich selbst erfüllende Prophezeiung).

In Wirklichkeit hängen die Konsequenzen der Hilflosigkeit enorm davon ab, wie man sie sich selbst erklärt (kognitive Konsequenzen). Wer glaubt, langfristig oder für immer hilflos zu sein, der sieht die Zukunft schwärzer als wer sich nur vorübergehend für hilflos hält, etwa wegen einer schlechten Tagesverfassung oder weil er gewisse Lernprozesse noch nicht durchlaufen hat, die er sich aber zutraut. Wer sich nur in einzelnen Bereichen für hilflos hält, kann in den übrigen Bereichen dennoch ein Optimist sein. Weniger selbstwertbedrohlich, aber dennoch initiativehemmend sind Überzeugungen, wonach gewisse Zustände oder Ziele wenigstens durch wohlgesinnte andere kontrollierbar sind. Man kann dann Kontrolle delegieren (an den Arzt, an Politiker, an Priester etc.) und kommt irgendwie auch zu seinem Ziel. Und sonst sind eben andere zu kritisieren (s. Politik).

Das Gegenteil von Hilflosigkeit ist Kontrolle. Entsprechend geht es nicht nur um die tatsächliche Kontrolle, sondern auch um die einem selbst attribuierte Kontrolle, sodann um den Selbstwert, der sich daraus ableitet, die Bereitschaft zu Initiativen und den Durchhaltewillen.

Verschiedene Autoren (Bandura 1977; Flammer 1990; Skinner 1995) unterscheiden bei der Kontrolle die Mittel, die für die Kontrolle in Frage kommen, und die persönliche Verfügbarkeit über diese Mittel (vgl. Abbildung 1).

Abbildung 1: Kompetenz und Kontingenz als Bestandteile der Kontrolle.

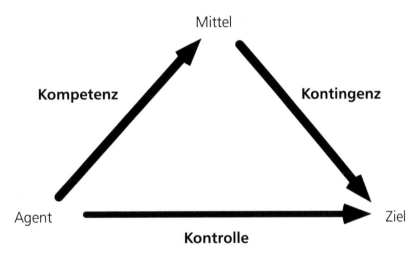

Wer handelnd ein Ziel erreichen will, muss etwas tun, was tatsächlich zu diesem Ziel führt. Das heisst, dass er oder sie wissen muss, welche Wege oder Mittel zum Ziel führen, bzw. zielkontingent sind (vgl. Abbildung 1). Und wer solche Kontingenzen kennt, muss auch noch die Fähigkeit oder Kompetenz haben, sie handelnd zu realisieren.

Diese Aufteilung bildet gut die Tatsache ab, dass Menschen oft glauben, sie wüssten zwar, welche Mittel zum Ziel führten (Kontingenzwissen), aber sie selbst würden darüber nicht verfügen (wissen oder meinen, dass die Kompetenzen nicht vorhanden sind). Genau das mag bei der oft gefühlten persönlichen Hilflosigkeit gegenüber Umweltproblemen der Fall sein. Manche glauben, sie wüssten, wie man der Umweltprobleme Herr würde, aber sie könnten das allein nicht bewerkstelligen: Wenn alle das oder jenes täten; wenn die Energie teurer wäre; wenn die Gesetze etc. Diese fatale, die Individuen lähmende Situation tritt vor allem ein, wenn Menschen sich auf Mittel konzentrieren, die gar nicht auf ihrer Handlungsstufe stehen, wenn sie also z. B. als Mittel nur das Handeln der Politiker sehen, selbst aber nicht Politiker sind (Hoff, Walter im Druck).

Es spricht einiges dafür, dass die Jugendlichen von heute von der Komplexität unserer Welt und vom Gewicht der Probleme, gerade im Umweltbereich, derart beeindruckt sind, dass sie sie entweder für überhaupt nicht kontrollierbar oder nur durch andere kontrollierbar halten, durch die sog. Gesellschaft, durch die Behörden, durch Fachleute. Im ersten Fall (Nichtkontrollierbarkeit überhaupt) stellt sich Resignation ein, im zweiten Fall möglicherweise die Erwartung, dass die Zuständigen zum Rechten sehen.

4. Wie Jugendliche ihre Möglichkeiten zur Beeinflussung der Umwelt wahrnehmen

Wir haben in Bern vor Jahren (1986, 1988 und 1990) Jugendliche zwischen 14 und 20 Jahren nach ihrer Kontrollwahrnehmung gefragt und dabei nach verschiedenen Lebensbereichen unterschieden. Erstaunlicherweise verstanden diese Jugendlichen sich in vielen, besonders den privaten Bereichen durchaus fähig, die Einflüsse auszuüben, die sie wollten, empfanden sich aber weitgehend hilflos in öffentlichen Bereichen (vgl. Abbildung 2).

Abbildung 2: Anzahl Jugendlicher in Prozent, die glauben, in den genannten Bereichen «keine» oder «eher keine» Kontrolle zu haben (nach Daten aus Grob, Flammer, Neuenschwander 1992).

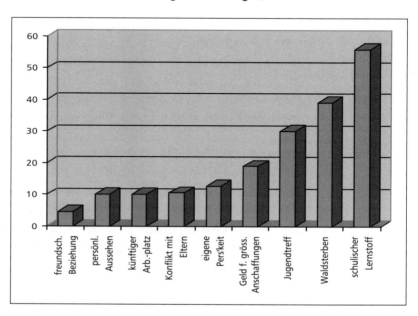

Zum Verständnis der Untersuchung ist anzufügen, dass wir die einzelnen Lebensbereiche durch konkrete Problemlagen verdeutlichten. Für den Lebensbereich «Beitrag zu nachhaltiger Entwicklung und Schonung bzw. Rettung der gefährdeten natürlichen Umwelt» wählten wir das damals besonders aktuelle Thema des Waldsterbens.

Am meisten Jugendliche fühlten sich gegenüber den Geschehnissen ihrer Schule (Wahl des Lernstoffes) hilflos, am zweitmeisten gegenüber der Umweltproblematik (Waldsterben). Nach diesen Zahlen überrascht es nicht, wenn die Mehrheit der Jugendlichen sich in Umweltbereichen nicht oder nur zögernd engagiert. Allerdings hat unsere Untersuchung auch gezeigt, dass der Anteil der Umwelthilflosen mit dem Alter leicht abnimmt (vgl. Abbildung 3). Auch im Vergleich über die Erhebungsjahre 1986, 1988 und 1990 hat der Anteil der Umwelthilflosen signifikant abgenommen. Zwar zeigten sich die Mädchen leicht weniger pessimistisch als die Jungen, aber dieser Effekt erreichte nicht statistische Signifikanz.

Abbildung 3:
Anteil der
«Umwelthilflo-
sen» in Prozent
der 14- bis
20jährigen
(nach Daten aus
Grob, Flammer,
Neuenschwan-
der 1992).

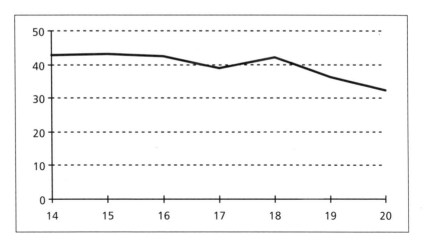

Vielleicht sind den Jugendlichen die Umweltprobleme gar nicht so wichtig, oder sie spielen deren Wichtigkeit herunter, um mit ihrer Hilflosigkeit zurechtzukommen. Wir haben auch danach gefragt und festgestellt, dass eine gesunde Umwelt ihnen durchaus ein hohes Anliegen ist, höher als das persönliche Aussehen oder der persönliche Einfluss auf das schulische Lernprogramm (vgl. Abbildung 4). Dabei zeigten die jungen Frauen signifikant höhere

Werte als die jungen Männer, nämlich 4.44 gegen 4.20 auf der Skala von 1 bis 5.

Abbildung 4: Wichtigkeit des Umweltanliegens im Vergleich zu anderen Anliegen (nach Daten aus Grob, Flammer, Neuenschwander 1992); Skala von 1 bis 5.

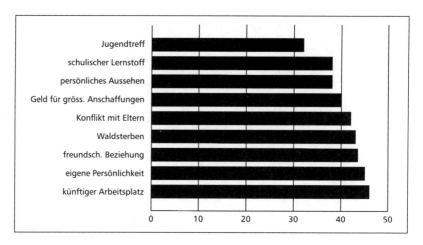

Vielleicht nahmen die Jugendlichen unserer Untersuchung das Waldsterben zwar für an sich wichtig, verstanden es aber nicht als ihre Aufgabe, sich für seine Bekämpfung einzusetzen. Dafür sprechen die grossen Unterschiede in der Bedeutungszumessung zum Phänomen und der Bedeutungszumessung zur eigenen Kontrolle darüber (vgl. Abbildung 5). Tatsächlich hielten die Jugendlichen Umweltfragen prinzipiell für sehr wichtig, nicht so wichtig aber den Umstand, selbst die Macht zu ihrer Bewältigung zu besitzen.

In unserer Untersuchung haben wir jene Jugendlichen, die für einen bestimmten Bereich keine persönliche Kontrolle zu haben glaubten, gefragt, ob nach ihrer Meinung denn überhaupt jemand Kontrolle über diesen Bereich hätte. Prompt war ausgerechnet im Umweltbereich die Überzeugung besonders hoch, er sei schon kontrollierbar, aber eben nicht durch sie selbst (vgl. Abbildung 6).

Man könnte natürlich annehmen, die Jugendlichen würden sich für später, wenn sie wirklich erwachsen sind, durchaus mehr Kontrolle über die Umwelt zumuten. Aber auch ihre Hoffnung auf die Zukunft ist im Fall des Waldsterbens am geringsten (Grob u.a. 1992). Schliesslich haben wir die Jugendlichen gefragt, wem sie denn vor allem Kontrolle über die gesunde Umwelt zutrauen. Ihre Antworten

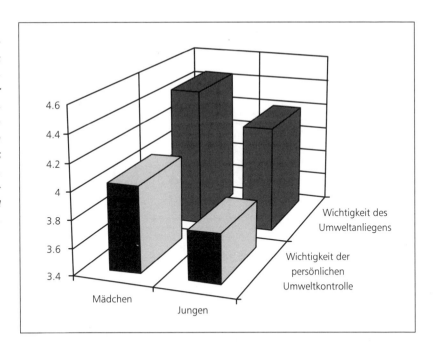

Abbildung 5: Subjektive Wichtigkeit des Umweltbe- reichs vs. der Bereichskon- trolle bei beiden Geschlechtern (nach Daten aus Grob, Flammer, Neuenschwan- der 1992); Skala von 1 bis 5.

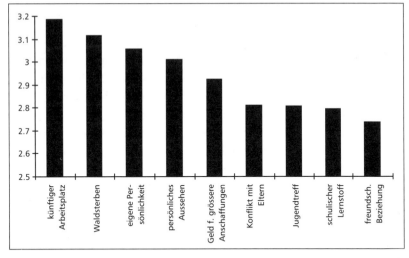

Abbildung 6: Kontrollierbar- keit; Aussagen jener Jugendli- chen, die keine persönliche Kontrolle zu haben glauben (nach Daten aus Grob, Flammer, Neuenschwan- der 1992); Skala von 1 bis 5.

zeigen, dass sie sich selbst wenig, der «Gesellschaft» aber am meisten Kontrolle zutrauen (vgl. Abbildung 7). Relativ viel Kontrolle kommt nach ihnen auch den Gleichaltrigen, das heisst vermutlich der Summe der vergleichbaren anderen, zu, etwas weniger, aber auch viel, den Behörden und dem Staat.

Abbildung 7: Rangieren der zugeordneten Kontrolle über das Waldsterben (nach Daten aus Grob, Flammer, Neuenschwander 1992); Skala von 1 bis 5.

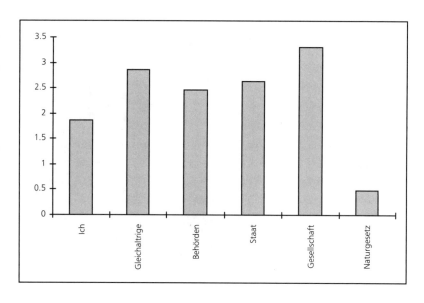

5. Zur Entwicklung des Kontrollbewusstseins

Es ist keine Frage: Am Punkt, an dem wir weltgeschichtlich stehen, müssen wir gezielt Wirkungen setzen, müssen wir alle unseren Kontrollanteil zugunsten einer nachhaltigeren Entwicklungssteuerung einsetzen. Darum ist ein Verständnis dessen, wie sich das Kontrollbewusstsein im Laufe der Individualentwicklung überhaupt aufbaut und verändert, wichtig. Präziser: Welches sind die Bedingungen, die ausmachen, dass erwachsene Menschen sich viel Kontrolle, hoffentlich zum Besseren, zumuten?

Kontrolle hat man nicht von Geburt an, strukturell baut sich das Kontrollbewusstsein über die unmittelbaren Lebensbereiche in den ersten drei bis vier Lebensjahren auf. Danach folgen Phasen der Differenzierung (Flammer 1995a; 1996; Tabelle 1).

Glücklicherweise kommen Säuglinge bereits mit einem gewissen Wirkrepertoire auf die Welt, sonst würden sie nicht einmal Nahrung aufnehmen oder bei Unwohlsein schreien. Schon ab dem dritten Tag kann aber festgestellt werden, dass sich die fertigen Verhaltensmuster an die Umgebung anpassen, etwa die Mundstellung beim Saugen an die Form der Brustwarze. Und schon zwei Monate alte Babies steigern gewisse Aktivitäten, wenn sie davon eine Wirkung wahrnehmen. Man hat beispielsweise mit aerodynamischen Vorrichtungen ermöglicht, dass das Lutschen über den Schnuller oder Kopfbewegungen über das Kissen ein Mobile innerhalb des Ge-

sichtsfelds bewegt (Watson 1966; 1967; 1979). Diese Wirkungser-
fahrung hält bei den meisten Säuglingen das Lutschen oder die
Kopfbewegungen über eine längere Zeit aufrecht. Solche Funkti-
onslust hält über das ganze Leben mehr oder weniger an und bildet
eine wichtige Basis für das Lernen und für die weitere Funktionser-
fahrung und dadurch für die Welterfahrung.

Phase I: Der strukturelle Aufbau der Kontrollmeinung und des Selbstkonzepts
Stufe 1: Funktionserfahrung
Stufe 2: Kausalerfahrung
Stufe 3: Intuitive internale Kausalattribution
Stufe 4: Erfahrung des persönlichen Erfolgs bzw. Misserfolgs
Stufe 5: Kontrollmeinung. Das globale Fähigkeitskonzept
Phase II: Differenzierung der Kontrollmeinung und des Selbstkonzepts
Stufe 6: Anstrengungskonzept
Stufe 7: Fähigkeits- und Schwierigkeitskonzept
Stufe 8: Kompensatorisches Verhältnis zwischen Anstrengung, Fähigkeit und Aufgabenschwierigkeit
Phase III: Mehr und immer noch mehr?
Thema IIIa (Stufe 9): Quantitativer Zuwachs
Thema IIIb (Stufe 10): Auswahl und Prioritäten
Phase IV: Umgang mit Kontrollabnahme
Thema IVa (Stufe 11): Kompensation von Kontrollschwund
Thema IVb (Stufe 12): Integrität trotz Kontrollschwund

Tabelle 1: Die Entwicklung des kompetenten Selbst (nach Flammer 1996).

Die ersten Wirkungserfahrungen stellen sich sozusagen zufällig ein.
Durch die aufmerksame Beobachtung von Ereignisfolgen stellt sich
bald eine elementare *Kausalerfahrung* ein. Ab etwa dem vierten Le-
bensmonat wird immer häufiger selbstinitiiertes und schon deutlich
zielorientiertes Wirkungsverhalten sichtbar. Für die weitere Entwick-

lung ist dabei ausserordentlich wichtig, dass das Kind selbst verläss-
lich Wirkungen wahrnehmen kann, dass z.B. die Eltern auf das
kindliche Verhalten kontingent, d.h. vorhersagbar reagieren (intui-
tive internale Kausalattribution). Auf diese Weise gelingt es dem
Kind, Ordnung wahrzunehmen, Ordnung zu stiften und Vertrauen
aufzubauen (Riksen-Walraven 1978).

Kinder im zweiten und dritten Lebensjahr sprechen von sich selbst
mit Vornamen, sie fangen an, «ich» zu sagen, wehren sich manchmal gegen Hilfen und rufen «selber» aus. Sie haben nicht nur Wirkungen und nehmen sie wahr, sie werden sich bewusst, dass sie
selbst Wirkzentren sind. Ungefähr im dritten Lebensjahr fangen sie
an, darauf sichtlich stolz zu sein. Sie schämen sich für Misserfolge
und brüsten sich mit Erfolgen (Heckhausen 1966). Erfolgserlebnisse
sind für das andauernde Selbstvertrauen sehr wichtig, aber auch
Misserfolge sind wichtig, wenn auch nicht mit gleicher Häufigkeit,
weil nur dadurch ein gewisser Realismus der Selbsteinschätzung
möglich wird.

Bis zum Schuleintritt ist im allgemeinen ein starkes, wenn auch sehr
globales Fähigkeitskonzept erreicht. Während der Schulzeit differenziert sich dieses aus. Vor allem was schulische Leistungen betrifft, wissen wir, dass sich zuerst die Wichtigkeit von Anstrengung
und Fleiss herausstellt, erst später werden Aufgabenschwierigkei-
ten beachtet, und schliesslich die kompensatorische Beziehung zwischen Fähigkeit, Anstrengung und Aufgabenschwierigkeit (Nicholls
1978; Skinner 1990).

Im Jugendalter ist das Kontrollbewusstsein meistens voll ausdifferenziert. In vielen Bereichen wächst dann auch das Ausmass tat-
sächlicher Kontrolle und damit der Verantwortung an. Spannungen
entstehen dann z.B. dadurch, dass den Jugendlichen in gewissen
Bereichen tatsächlich sehr viel und in anderen sehr lang sehr wenig
Kontrolle zugestanden wird. Konkret: Im Bereich Konsum, inkl. Konsum illegaler Drogen, aber auch im Bereich Sexualität, inkl. Risikose-
xualität, besteht ein hoher gesellschaftlicher Anspruch an die verantwortungsvolle Wahrnehmung von Kontrolle, im Bereich des
schulischen Lernens oder der Vorbereitung auf das Berufsleben ist
hingegen die externe Kontrolle sehr hoch.

Im allgemeinen nehmen Jugendliche ihre Kontrollmöglichkeiten
gerne wahr. Meistens erst im Erwachsenenalter erleben die Menschen, dass sie sich gelegentlich übernehmen bzw. zu viel vorneh-

men. Dann wird auch gezielter Verzicht zu einem zentralen Thema *(Auswahl und Prioritäten)*, bis schliesslich im höheren Alter auf immer mehr Kontrolle unfreiwillig *verzichtet* werden muss, ohne hoffentlich die *persönliche Integrität* der Verzweiflung zu opfern (Flammer 1995b).

Dies ist sozusagen die Entwicklungslinie, die bei allen Menschen, sofern sie lange genug leben, einigermassen vorzufinden ist. Beachtlich, aber in dieser Systematik nicht eingeschlossen, ist ein zusätzliches Entwicklungsphänomen, nämlich das der eigenen Überschätzung und ihres sukzessiven Abbaus. Vorschulkinder überschätzen sich im allgemeinen sehr stark. Sie gehen dadurch viele und manchmal gefährliche Risiken ein; dadurch aber wagen sie auch Erfahrungen, die ihnen bei behutsamerer Abschätzung ihrer Möglichkeiten nicht zugänglich wären. Interessanterweise wird diese Überschätzung vor allem nach dem Eintritt in die Schule abgebaut. Ungleich den Eltern, die den kindlichen Optimismus soweit wie möglich unterstützen, kommen Lehrpersonen nicht darum herum, immer wieder richtig und falsch, genügend und noch nicht genügend zu unterscheiden und zurückzumelden. Die Schule bietet Kindern auch mehr Möglichkeiten, sich mit anderen Kindern zu vergleichen. Da nehmen die meisten wahr, dass sie nicht die Besten, die Schnellsten, die Exaktesten etc. sind (Stipek, MacIver 1989).

Eine klassisch gewordene Untersuchung hat Schülerinnen und Schüler aus Ost- und Westberlin kurz vor der Angleichung der Schulsysteme verglichen. Dieser Vergleich interessierte vor allem, weil die DDR-Schulen grossen Wert darauf legten, den Kindern früh eine realistische Selbsteinschätzung beizubringen. Im Westen halten die Lehrpersonen zwar auch darauf, versuchen aber, den kindlichen Optimismus möglichst zu schonen oder zu unterstützen. Die Ergebnisse der Untersuchungen waren frappant: Die Kinder in Ostberlin hatten tiefere Kontrollmeinungen über sich selbst als die Kinder in Westberlin. Andererseits waren die Korrelationen zwischen den individuellen Kontrollmeinungen und den Schulnoten im Osten höher als im Westen. Das bedeutet, dass die Schule im Osten darin erfolgreich war, die Kinder früh realistisch zu machen (Oettingen u.a. 1992).

Eine Ausweitung der Untersuchung auf amerikanische Kinder (Los Angeles) zeigte, dass dort die Überschätzung noch länger hinhielt als in Westberlin und die Korrelationen zwischen Kontrollmeinung und Schulnoten noch geringer waren (Little u.a. 1995). Es ist bekannt, dass das amerikanische Schulsystem noch mehr als das europäische das Selbstvertrauen der Kinder zu stärken versucht. Eine eigene, noch nicht publizierte Untersuchung zeigt, dass die Verhältnisse bei Berner Kindern denen der amerikanischen gleichen, also noch weiter von den alten DDR-Bedingungen abweichen als die westberlinischen.

Es ist zu beachten, dass im Durchschnitt auch diese Heranführung an die Realität im allgemeinen dennoch Raum für Optimismus bzw. ein gewisses Mass an Selbstüberschätzung lässt. Das gilt erfreulicherweise auch für die Erwachsenen, wenigstens im Durchschnitt. Wenn man Erwachsene fragt, für wie gesund oder stark oder schön sie sich halten, wie alt sie zu werden glauben, dann geben sie im Durchschnitt sich selbst ganz klar bessere Werte, als was sie für die allgemeine Norm der Bevölkerung halten (Taylor 1989; Taylor, Brown 1994). Es ist sogar gezeigt worden, dass die realistische Selbsteinschätzung typisch ist für Menschen, die eine Neigung zu depressiver Verstimmtheit haben. Depressive Menschen unterschätzen sich, zu depressiven Stimmungen neigende Menschen schätzen sich realistisch ein, und gesunde Menschen zeigen eine leichte Tendenz zur Überschätzung (Alloy, Abramson 1988).

Daneben gibt es aber auch Entwicklungslinien, welche bei weitem nicht bei allen Menschen vorkommen oder doch nicht bis zu einem gleichen Niveau gehen. Ich nenne wegen des besonderen Bezugs zu diesem Buch die Linie des zunehmenden Verständnisses von Kontrolle und der tatsächlichen Kontrollwahrnehmung in komplexen Problemsituationen, die gleichzeitig kollektive Probleme sind.

6. Gemeinsame Kontrolle

Wenn wir als einzelne im Fall des Umgangs mit unserer Umwelt, z.B. in der Energienutzung, tatsächlich Kontrolle ausüben wollen, kann es niemals um vollständige Kontrolle des ganzen Problems durch eine Einzelperson unter uns gehen, aber auch nicht um Zufriedenheit mit einem kleinen Kontrollanteil. Das ist es ja, was viele Menschen mutlos werden lässt: Sie sehen ihren Anteil als derart verschwindend klein, dass sie ihm keine Bedeutung mehr zumessen können. Befriedigende und wirksame Kontrolle in diesem Fall impliziert einerseits die Sicherheit, dass die vielen anderen auf der gleichen Stufe sich gleich oder analog verhalten, und andererseits die erfolgreiche Mitwirkung daran, dass das ganze soziale System in seinen verschiedenen Hierarchiestufen die je angemessene Kontrolle mit gleicher Gesamtzielsetzung wahrnimmt. Diese Mitwirkung konkretisiert sich bei uns etwa in Abstimmungen und in Bürgerinitiativen.

Wenn es um die Förderung der entsprechenden Kontrolle und der Vorstellungen von entsprechender möglicher Kontrolle geht, wird man die Aufmerksamkeit darauf lenken müssen, dass alle Ereignisse auf mehr als eine Ursache zurückzuführen sind, dass es neben allen Wirkungen auch Nebenwirkungen gibt, dass Wirkungen oft gleich wieder Bedingungen bzw. Ursachen sind, mithin, dass viele Ursachen verkettet sind, des weiteren, dass Wirkungen rückgekoppelt sind und Kreise bilden, dass Kontrollhandlungen zu bestimmten Zeitpunkten und an bestimmten Orten zu vollziehen sind, dass mehrere oder sehr viele oder gar alle Menschen bestimmte Wirkungen erzielen oder aber unterlassen müssen, dass viele verschiedene Wirkungen interagieren, sich gegenseitig moderieren oder auch unterdrücken, dass Wirkungen oft zeitlich verschoben oder zunächst gar nicht sichtbar sind.

Als heuristischer Versuch, etwas Ordnung in diese grosse Agenda zu bringen, kann das Sechs-Stufen-System von Hoff und Walter (1996; im Druck) dienen, das diese Autoren in Interviews mit erwachsenen Werktätigen erprobt haben (vgl. Tabelle 2). Hoff und Walter stellten eine Aufbaulinie von keiner zu viel Kontrolle (und Verantwortung), aber auch eine Aufbaulinie von einer einfach-egozentrischen zu einer komplex interaktiven Sicht fest. Auf der höchsten Stufe übt man wirksam Kontrolle immer in Interaktion mit anderen aus und weiss gleichzeitig, dass man selbst vom Gesamtgeschehen auch immer betroffen ist. Man könnte in diesem System ein sukzessives subjektives Innewerden der komplexen Transaktionalität des Lebens überhaupt sehen, einer Transaktionalität, wie ich sie eingangs geschildert habe.

Stufe 1: Indifferent-fatalistisch	Man glaubt, keine Kontrolle zu haben.
Stufe 2: Indifferent-individualistisch	Man sieht nur individuelle Kontrolle; diese ist entsprechend wenig wirksam.
Stufe 3: Deterministisch-monokausal	Man weiss sich an der Seite anderer, die gleichermassen ihre persönliche Kon- trolle wahrnehmen.
Stufe 4: Deterministisch-multikausal	Man weiss, dass andere auf je ihrer Stufe ihre persönliche Kontrolle wahrnehmen.
Stufe 5: Einfach interaktionistisch	Man koordiniert seine Kontrolle mit der anderer.
Stufe 6: Komplex interaktionistisch	Man koordiniert seine Kontrolle mit der anderer und weiss, dass man selbst von diesen Kontrollanstrengungen auch immer wieder neu betroffen ist.

Tabelle 2: Niveaus umweltverträglichen Handelns (nach Hoff, Walter im Druck).

7. Die eigenen Möglichkeiten pflegen

Es ist offensichtlich, dass die einzelnen Menschen gegenüber Problemen globalen Ausmasses wenig eigene Kontrolle haben. Wenn aber alle ihren kleinen Kontrollanteil nicht wahrnehmen, dann haben wir wenig Chance, als ganze Gemeinschaft überhaupt Kontrolle zum Besseren zu erlangen.

Dieses Problem hat viele Facetten. Eine selbstverständliche, aber schwer zu realisierende ist die motivationale. Ich kann mich wiederholen: Nur wer seine Welt liebt, ist spontan bereit, im Rahmen seiner Möglichkeiten zu ihr Sorge zu tragen.

Eine weitere Facette ist eine adäquate Weltsicht. Auch da kann ich mich wiederholen:˙Nur wer eine realistische Sicht seines persönlichen Orts in einem hochkomplexen gesellschaftlichen und Naturgeschehen kennt, kann seinen bescheidenen Anteil würdigen und auch richtig einsetzen.

Eine dritte Facette ist ein adäquates Selbstbild. Ich habe schon von Überschätzung und Annäherung an die Realität gesprochen. Es wurde auch sichtbar, dass sich Jugendliche in Umweltfragen oft als sehr machtlos einschätzen. Die psychologische Forschung hat relativ verlässliche Wege zur Beeinflussung der eigenen Kontrollüberzeugung herausgearbeitet (Bandura 1977; Flammer 1990; Flammer, Grob 1994; Wicki, Reber, Flammer, Grob 1994):

1. Klar die wirkungsvollste Basis ist die eigene Erfahrung. So wie depressive Menschen oder wie chronische Schulversager wiederholt erleben müssen, dass sie im umgrenzten Bereich und mit vernünftigem Einsatz klar definierte Kontrollziele wirklich erreichen können, kriechen sie langsam aus dem Loch der Selbstzweifel und dadurch bedingten Passivität heraus. Ich denke, in unserem Fall geht es darum, mit einem adäquaten Verständnis der komplexen Realität und möglichst im differenzierten sozialen Verband präzise, wenn auch bescheidene Zielsetzungen zu erreichen und sich über dieses Erreichen auch zu freuen.

2. Ein zweiter, leichterer, wenn auch weniger effizienter Weg, den Glauben an sich anzubahnen oder zu verstärken, besteht im Erfahren, was andere erfolgreich gemacht haben. Sofern diese anderen mit einem vergleichbar sind, kann man dadurch ermutigt werden, sich selbst auch zuzumuten, was andere konnten.

3. Noch einfacher, dafür noch etwas weniger wirkungsvoll ist das Zureden von Umstehenden oder von Autoritätspersonen wie Lehrerinnen und Lehrer. Davon haben wir möglicherweise schon fast genug: Die Jugendlichen hören oft, was sie könnten und sollten, wenn sie nur würden.

4. Etwas spezieller ist die Basis der physiologischen und emotionalen Selbsterfahrung. Es hat sich in anderen Bereichen gezeigt, dass Menschen sich dann, wenn sie Angst verspüren, auch weniger zumuten. Nicht ganz zu Unrecht, aber nicht immer zu Recht, glauben sie ohne Nachdenken, ihre Angst oder Aufregung sei wohl nicht umsonst, d.h. sie zeige ihr eigenes Unvermögen an, eine bestimmte Situation zu meistern. Wenn wir daraus für unseren Kontext etwas lernen können, dann vielleicht dies, dass wir umweltgerechtes Verhalten dann längerfristig besser garantieren, wenn es uns gelingt, solche Erfahrungen lustvoll zu inszenieren.

5. Schliesslich hat die Literatur einen fünften Weg aufgezeigt, nämlich die Wirkung kollektiver Überzeugungen. Wenn eine ganze Bevölkerung bestimmte Dinge für möglich hält, dann übernimmt sie der einzelne manchmal fast automatisch. Das ist der Ort der öffentlichen Meinungsbildung und der Medien.

8. Konklusion: Der Umwelt eine Zukunft durch unsere Jugend?

Gibt es Wege, die nachhaltige globale Entwicklung durch Soziali-sation und Erziehung unserer Jugend zu garantieren?

Sicher keine einfachen. Aus meinen Ausführungen dürfte klarge-worden sein, dass allein schon der Glaube daran, dass man so eine grosse Aufgabe bewältigen kann, sehr fragil ist, zwar in der indivi-duellen Kindheit und Jugend Wurzeln hat, aber dennoch immer neu gepflegt werden muss. Selbstbild und Weltverständnis sind über den ganzen Lebenslauf vielen neuen Einflüssen und Risiken ausgesetzt, schmerzhafte Hilflosigkeitserfahrungen können sich im-mer wieder einstellen. Sie wirken auf die Sicht der Probleme, auf den Glauben an sich selbst und seine eigene Wirksamkeit, aber auch auf die Bereitschaft, sich für nachhaltige Entwicklung einzu-setzen.

Andererseits bleibt uns doch kein anderer Weg, als die (jungen) Menschen dafür zu gewinnen, dass sie nachhaltige globale Ent-wicklung wollen und auch daran glauben, dass sie einen Beitrag dazu leisten können, sowohl direkt als auch indirekt über die Koor-dination und den Zusammenschluss mit anderen. Bei aller Fragilität des Vertrauens in die eigenen Wirkungsmöglichkeiten gilt, dass man am wenigsten aufgibt, was man liebt. Es gilt also zunächst und immer wieder, die Liebe der jungen Menschen zu ihrer und un-serer Welt zu stärken.

Literatur

Alloy L. B., Abramson L. Y. 1988: Depressive realism: Four theoretical perspectives. In: Alloy L. B. (Hrsg.): Cognitive processes in depression: Treatment, research and theory. New York: Guilford. S. 223-265.

Bandura A. 1977: Self-efficacy: Toward a unifying theory of behavioral change. In: Psychological Review. Bd. 84. S. 191-215.

Flammer A. 1990: Erfahrung der eigenen Wirksamkeit. Einführung in die Psychologie der Kontrollmeinung. Bern: Huber.

Flammer A. 1995a: Developmental analysis of control beliefs. In: Bandura A. (Hrsg.): Self-efficacy in changing societies. New York: Cambridge University Press. S. 69-113.

Flammer A. 1995b: Possum, ergo sum – Nequeo, ergo sum qui sum. In: Oosterwegel A., Wicklund R. (Hrsg.): The self in European and North-American culture: De-velopment and processes. Amsterdam: Klüwer. S. 333-349.

Flammer A. 1996: Entwicklungstheorien. Bern: Huber (2. Auflage).

Flammer A., Grob A. 1994: Kontrollmeinungen, ihre Begründungen und Autobiogra-phie. In: Zeitschrift für Experimentelle und Angewandte Psychologie. Bd. 41. S. 17-38.

Fuhrer U. 1993: Living in our own footprints – and in those of others: Cultivation as transaction. In: Swiss Journal of Psychology. Bd. 52. S. 130-137.

Grob A., Flammer A., Neuenschwander M. 1992: Kontrollattributionen und Wohlbe-finden von Schweizer Jugendlichen III. Forschungsbericht Nr. 1992-4. Universität Bern: Institut für Psychologie.

Heckhausen H. 1966: Die Entwicklung des Erlebens von Erfolg und Misserfolg. In: Bild der Wissenschaft. Nr. 7. S. 547-553 (Nachdruck in: Graumann C. F, Heckhau-sen H. (Hrsg.) 1973: Pädagogische Psychologie 1. S. 95-105. Frankfurt: Fischer).

Hoff E. H., Walter J. im Druck: Wie wirksam ist das eigene Umwelthandeln? Ökologi-sche Kontrollvorstellungen zu individuellem und kollektivem Handeln. In: Heid H., Hoff E. H., Rodax K. (Hrsg.): Ökologische Kompetenz in Bildung und Arbeit. Jahr-buch Bildung und Arbeit. Opladen: Leske und Budrich.

Hoff E. H., Walter J. 1996: Ökologische Kontrollvorstellungen. Forschungsbericht Nr. 10. Berlin: FU (Bereich Arbeit und Entwicklung).

Hofstede G. 1983: Dimensions of national cultures in fifty countries and three regi-ons. In: Deregowski J. B., Dziurawiec S., Annis R. C. (Hrsg.): Expirations in cross-cultural psychology. Lisse: Swets und Zeitlinger. S. 335-355.

Little T. D., Oettingen G., Stetsenko A., Baltes P. B. 1995: Children's action-control be-liefs and school performance: How do American children compare with German and Russian children? In: Journal of Personality and Social Psychology. Bd. 69. S. 686-700.

Nicholls J. G. 1978: The development of the concepts of effort and ability, perception of academic attainment, and the understanding that difficult tasks require more ability. In: Child Development. Bd. 49. S. 800-814.

Oettingen G., Lindenberger U., Baltes P. B. 1992: Sind die schulleistungsbezogenen Überzeugungen Ostberliner Kinder entwicklungshemmend? In: Zeitschrift für Pädagogik. Jg. 38. S. 299-324.

Riksen-Walraven J. M. 1978: Effects of caregiver behavior on habituation rate and self-efficacy in infants. In: International Journal of Behavioral Development. Bd. 1. S. 105-130.

Skinner E. A. 1990: Age differences in the dimensions of perceived control during middle childhood: Implications for developmental conceptualizations and rese-arch. In: Child Development. Bd. 61. S. 1882-1890.

Skinner E. A. 1995: Perceived control, motivation, and coping. London: Sage.

Stern D. 1985: The interpersonal world of the infant. New York: Basic (dt. Die Le-benserfahrung des Säuglings. Stuttgart: Klett-Cotta, 1992).

Stipek D., MacIver D. 1989: Developmental change in children's assessment of intel-lectual competence. In: Child Development. Bd. 60. S. 521-538.

Taylor S. E. 1989: Positive illusions: Creative self-deception and the healthy mind. New York: Basic Books.

Taylor S. E., Brown J. D. 1994: Positive illusions and well-being revisited: Separating fact from fiction. In: Psychological Bulletin. Bd. 116. S. 21-27.

Watson J. S. 1966: The development and generalization of «contingency awareness» in early infancy: Some hypotheses. In: Merrill-Palmer Quarterly. Bd. 12. S. 123-135.

Watson J. S. 1967: Memory and «contingent analysis» in infant learning. In: Merrill-Palmer Quarterly. Bd. 13. S. 55-76.

Watson J. S. 1979: Perception of contingency as a determinant of social responsiven-ess. In: Thoman E. B. (Hrsg.): Origins of the infant's social responsiveness. Hills-dale, N.J: Erlbaum. S. 33-64.

Wicki W., Reber R., Flammer A., Grob A. 1994: Begründung der Kontrollmeinung bei Kindern und Jugendlichen. In: Zeitschrift für Entwicklungspsychologie und Päd-agogische Psychologie. Jg. 26. S. 241-262.

Kinder und Jugendliche: Zwischen Konsumwerbung und Selbstsozialisation.
Zu neuen Konstellationen der Beeinflussung und Meinungsbildung

DIETER BAACKE

1. Thesen

In meinem folgenden Beitrag möchte ich zwei Thesen plausibel machen, die ich in das Spannungsverhältnis von «Konsumwerbung» einerseits und «Selbstsozialisation» andererseits stellen möchte. In plakativer Verkürzung lauten die Thesen:

1. Konsumwerbung im Medienzeitalter wird meist als Raum der Unfreiheit verstanden. Sie erfolgt, wie jeder Medieneinfluss, ausserhalb pädagogischer Einrichtungen und könnte die Freiheitsspielräume gerade deshalb beeinträchtigen. Ich möchte zeigen, dass dies nur eingeschränkt gilt.
2. Kinder auf dem Weg in das Jugendalter durchlaufen einen Prozess, der zunehmend durch «Selbstsozialisation» bestimmt ist. Damit betone ich quasi die Kehrseite der Medaille und hebe hervor, dass Jugendliche heute ausserhalb pädagogischer Einrichtungen sehr wohl sich ein Stück weit selbst sozialisieren, und dies mit einigem Erfolg.

Wie Sie sehen, ist der Zusammenhang zwischen beiden Thesen eher positiv und optimistisch bestimmt. Am Ende möchte ich darauf hinweisen und ansatzweise deutlich machen, dass Jugendliche sehr wohl auch Manager ihres Selbst sein können und gerade die Gruppe der gleichaltrigen Peers eine zunehmende Rolle spielt. Ich werde nach den Suchbewegungen zu «Glück» und «Wohlbefinden» fragen, weil ich hier am ehesten die Chance sehe, nicht in Gesellschafts- und Kulturkritik steckenzubleiben, sondern im Vertrauen auf positive Potentiale von neuen Formen ökologischer und partizipatorischer Autonomie einen Weg zu besseren Lebensverhältnissen zu suchen.

2. Kinder und Konsumwerbung

1. Stichwort: Konsumwerbung ist Medien- und Alltagskultur

Wer als Kind und später Jugendlicher heute heranwächst, lebt in komplexen «Medienwelten» (Baacke, Sander, Vollbrecht 1991). Der Ausdruck «Medienwelten» konzentriert begrifflich den Tatbestand, dass «Medien heute nicht mehr nur als technische Installation in wenigen Räumen zur Verfügung stehen, sondern die Alltagswelt in Familie, Schule und Freizeit durchdringen – in unterschiedlicher Bündelung und differenten Angeboten» (ebd., S. 12). Eine solche ganzheitliche Betrachtung bleibt nicht bei Angaben zu Medienbesitz und Mediennutzung stehen, sondern bezieht Fragen nach Medienwirkungen, nach dem aktiven Umgang mit den Medien, nach sozialen Kontexten, lebensweltlichen Bindungen, unterschiedlichen Medienorten, differenten Milieus mit ein. Diese Tatsache bezeichnet auch der (etwas ungefähre) Begriff «Informationszeitalter». Bemerkenswert ist nicht nur, dass Medien aller Art in den Alltag eingebunden sind, sondern auch, dass diese heute das Aufwachsen schon von Kleinkindern begleiten. Für moderne Gesellschaften gilt zwar generell, dass sozialer Wandel für sie bestimmend ist; dennoch treten gerade im Bereich öffentlicher und privater Kommunikation beschleunigte Veränderungen auf. Verursacher sind die neuen Kommunikations- und Informationstechniken, die sowohl die Berufswelt, den Alltag als auch die Freizeit verändern und den Lebenszyklus des Heranwachsenden in allen Stationen begleiten als symbolisch über Zeichen und Zeichensysteme allgegenwärtige Sozialisationsagenturen.

Das Konzept der «Massenmedien» als einseitig an ein disperses Publikum Informationen aller Art weitergebende Kommunikationsinstitutionen (Radio, Fernsehen, Printmedien) musste nach der Differenzierung des Angebotes (Video und Kassettenrecorder, CD-Player, Walkman, Camcorder und alle möglichen Aufnahmegeräte, auch Fotoapparat, Diaprojektor, Videoprojektor) als schon historisch überholt aufgegeben werden. Der Computer als Informationszentrum in beruflichen und zunehmend auch privaten Anwendungsfeldern ist Rezeptions- und Disseminationsinstrument zugleich. Die Vervielfältigung der Übertragungskanäle (Satelliten, Verkabelung, terrestrische Frequenzen) hat zudem zu einer Vielzahl von Fernseh- und Radioprogrammen geführt, die sich an ganz unterschiedliche

Zielpublika richten. «Formatradios» senden klassische Musik, bestimmte Richtungen der Pop- und Rockmusik oder nur Informationen rund um die Uhr. Für Kinder gibt es inzwischen eigene Fernsehprogramme (bekanntestes Beispiel «Nikelodeon» in den USA, jetzt auch in die Bundesrepublik transferiert), und für die Jugendlichen bieten die Clip-Kanäle MTV und VIVA (deutschsprachige Moderation) ein Spezialprogramm, das jugendkulturelle Ausdrucksformen weiterträgt, widerspiegelt und ausdifferenziert.

Die Ausweitung und die Vervielfältigung der Programmangebote insbesondere waren nur möglich, weil die privaten Anbieter über Werbung finanziert werden. Damit ist dieses spezielle Genre mehr als nur ein Programmangebot; es stellt vielmehr, betriebswirtschaftlich betrachtet, die Existenz der privaten Anbieter sicher und gibt damit auch unserem «dualen Rundfunksystem» (gemeint ist damit, dass neben öffentlich-rechtlichen nun private Anbieter stehen) verlässliche Konturen. Wer Programmnutzer ist, muss also mit der Werbung leben, will er nicht unser Rundfunksystem verändern. Gerade weil sie derart unverzichtbar ist, gerät sie natürlich mit vollem Recht auch ins kritische Visier nicht nur des Jugendschutzes. Die zentrale Frage ist: Kinder, die Programme zugleich immer wieder als Warenangebot erleben, müssen andere Erfahrungen machen als Generationen vor ihnen, die nicht derart permanent mit Werbung konfrontiert wurden. Dass die Fernsehwerbung eine ausdrückliche Ausnahmestellung einnimmt, belegt ein Projekt zu «Kinder und Werbung», das von der Deutschen Forschungsgemeinschaft finanziert wurde (1995-1997): Kinder zwischen 4 und 13 Jahren, nach der Werbung in Comic-Heften, Zeitschriften, im Radioprogramm und im Fernsehen befragt, sprechen der letztgenannten die entschieden grösste Bedeutung zu. Kinder beachten Werbung stark, sie ist Bestandteil ihrer Alltagskultur, täglich verfügbar und auch täglich genutzt.

2. Stichwort: Werbung im Streit der Meinungen

Die Diskussion um das Thema «Kinder und Werbung» leidet unter Engführungen. Soweit es die Werbewirtschaft angeht, dienen die von ihr initiierten Untersuchungen von jeher dazu, Werbemittel in Hinsicht auf verbesserten Absatz zu optimieren. Dieses Interesse verfolgen Pädagogen nicht. Ihnen geht es vielmehr darum, mit den

Mitteln sozialwissenschaftlicher Forschung herauszufinden, ob Werbung soziale, kulturelle und gesamtgesellschaftliche Vorstellungsbilder von der Wirklichkeit beeinflusst, und dies besonders bei Jugendlichen und Kindern. Die Reaktion auf die wenigen vorliegenden Untersuchungen (ich erwähne nur die Expertise «Kinder und Werbung» meiner Kollegen Uwe Sander, Ralf Vollbrecht und mir, die in der «Schriftenreihe des Bundesministeriums für Frauen und Jugend» im Jahr 1993 erschienen ist, sowie die in der Schriftenreihe «Medienforschung» der Landesanstalt für Rundfunk Nordrhein-Westfalen erschienene zweibändige Studie «Fernsehwerbung und Kinder» von Michael Charlton, Klaus Neumann-Braun, Stefan Aufenanger, Wolfgang Hoffmann-Riem u.a.) zeigt, dass nicht nur gegenüber der Werbung selbst, sondern auch in der Rezeption von Forschung zur Werbung Weitblick und pädagogische Souveränität fehlen. Die Mehrheit in der pädagogischen Welt hängt der «Verführungstheorie» an und hält Werbung, in eine Reihe gestellt mit Gewalt oder Pornographie, vorab für gefährlich und Jugendlichen wie Kindern abträglich – ohne etwa zu beachten, dass Gewalt und Pornographie verboten sind, Werbung jedoch ein zentrales betriebswirtschaftliches Element auch unserer Kommunikationsmedien darstellt (bei den Printmedien seit je!). Eine diffuse, den Blick dennoch einengende Werbeangst geht um.

Um Konsumwerbung angemessen zu verstehen, wird ein (auch von mir entwickelter und vertretener) kulturtheoretischer Interpretationszugang aufgegriffen. Er besagt, dass Werbung, ohnehin unvermeidlich, inzwischen in die Alltagskulturen von Kindern und Jugendlichen eingedrungen ist und von ihnen als selbstverständlicher Bestandteil von Sozialisation erfahren wird. Mehr als zwei Drittel der befragten Kinder haben eine positive Grundeinstellung zur Werbung; allerdings halten nur die Kinder unter sieben Jahren, und damit ein geringer Prozentsatz, die Werbung für glaubwürdig. Diese Schere zwischen Akzeptanz trotz mangelnder Glaubwürdigkeit (eine Möglichkeit übrigens, das Genre «Werbung» von anderen Genres zu unterscheiden) kann damit erklärt werden, dass auch Werbung durchaus unterhaltsam, sein kann – und auf dieser Basis akzeptiert –, obwohl sie in Hinsicht auf Welterklärung oder Handlungsmotivation nicht viel wert ist. Stimmte dies, könnten wir zur Tagesordnung übergehen und allenfalls für jüngere Kinder, etwa bis ins mittlere Grundschulalter, einige Bedenken hegen. So schätzenswert und weit der kulturtheoretische Ansatz ist, führt aber auch er zu einer Engführung, wenn er nur in Hinsicht auf Werbung herangezogen wird. Wir blenden dann nämlich ab, dass die Angebotsstruktur der Medien selbst sich ständig verändert – bis zu Mustern von Interaktivität, die aus «Rezipienten» dann «Nutzer» macht. Damit werden die Wahrnehmungsmodalitäten von Kindern und Jugendlichen beeinflusst, und auf diese Weise steht die gesellschaftliche Konstruktion der Wirklichkeit selbst mit ihren Veränderungen und möglichen Einwirkungen zur Debatte. Werbung als modernes Genre hätte aus dieser Sicht schon deshalb einen zentralen Stellenwert der Betrachtung, weil sich an ihr Produkt- und Rezeptionsveränderungen am ehesten nachweisen lassen.

3. Stichwort: Veränderung der Wahrnehmungswelten

Die Veränderung von Wahrnehmungsangeboten verändert oder beeinflusst auch die Wahrnehmungsweisen von Kindern und Jugendlichen. Dies soll in einigen Punkten skizziert werden:

1. Wir leben in einem Zeitalter, in dem alles, aber auch alles verbildlicht wird – bis zur Überverbildlichung. So liegt das Zauberreich der Phantasie längst nicht mehr in der Imagination. Das Fernsehen macht ja alles sichtbar, und dies zu allen Stunden: Hexen, Zauberer, Wesen aus anderen Galaxien, beseelte Roboter, Phantasie und Science-fiction sind zu Elementen des Alltags geworden. Die Medien haben das möglich gemacht. Sie haben uns nicht nur neu Sehen gelehrt – grosse Hände auf der Leinwand deuten wir nicht als Hände eines Riesen, sondern als «bedeutsam» wegen der Ausschnittvergrösserung –, sondern wir können uns auch fast nichts vorstellen, was nicht schon gezeigt wurde. Fremde Länder und Sitten werden uns ebenso vorgeführt wie die intimen Geheimnisse eines Schlafzimmers. Schwierige Operationen, das Morden sind uns ebenso zugänglich wie jedes wichtige oder unwichtige Fussball- oder Tennisspiel oder die Dokumenta. Was sich nicht mit Menschen oder Dingen arrangieren lässt, zeigen uns Comicfiguren und Trickzeichnungen. Es ist richtig: Es gibt nichts, das nicht schon gesagt worden ist. Aber: Es ist eigentlich inzwischen schon alles verbildlicht worden, was verbildlicht werden kann!

Diese Totalität der Verbildlichung alles dessen, was ist oder vorstellbar ist, schlägt um in eine Überverbildlichung. Es gibt keine Zentralität der Einstellung oder der Perspektive mehr. Das Übermass von Bildern macht nicht nur satt, so dass die Bilder sich immer schneller, lauter und lauter kolportieren müssen, um unseren Appetit zu reizen; indem wir die Utopien der Lust und des Schreckens überverbildlichen, erleben wir möglicherweise auch «die Realisierung der Utopie schlechthin, d.h. deren Einsturz ins Reale» (so Baudrillard).

2. Die Bilderflut führt zu Distanzüberschreitung und Multisensualität. Ästhetische Wahrnehmung fand schon immer ihre Lust im Überrumpelt- und Beeindrucktwerden. Aber erst heute erleben wir eine Promiskuität der Sinne durch die Aufgabe des Pathos der Distanz. An die Stelle behaglichen Schauens ist die Überwältigung der Perfektion durch den Trick getreten, der die staunende Faszination an die Stelle der Illusion setzt. Nicht mehr die Story ist wichtig, der Plot, sondern berichtet wird von Kindern und Jugendlichen über die besonders beeindruckenden «Stellen» des Films: optische Gags und geballte Höhepunkte. Dabei wird nicht nur das Auge trunken gemacht; auch das Ohr, ungeschützter als das Auge, weil es sich schwerer verschliessen kann, wird beansprucht:
Die Filme dröhnen ihre überdrehten Botschaften auf uns zu, im Sound des Rockkonzerts können wir sozusagen eintauchen und emotional ertrinken. Während die Bilder eher immer kleiner werden, wird die Hörintensität noch gesteigert: von High-Fidelity über Hometuner bis zu den Verstärkeraufbauten in Popkonzerten und zum Surround-Sound, der uns von allen Seiten umfängt. Der Erfolg der Videoclips besteht darin, dass sie beides verbinden: rasante Bildfolgen als surreale Montagen mit den Steigerungsangeboten der Popnummer. Auch die Werbung profitiert von diesen neuen Gestaltungselementen.

3. Stichworte «Bricolagen» und «Oberflächen»: Wir sind heute den schnellen Wechsel von Bild- und Sinnwelten gewohnt; Kinder wachsen damit auf. Der Slalomseher oder Teleflaneur schaltet von einem Programm aufs andere und mischt sich so seine persönliche Sehspeise. Die Optionenvielfalt der Bilderangebote verstärkt diese Tendenz zum schnellen Wechsel, der nicht aufs

Ganze aus ist, sondern wirkungsvolle Bruchstücke anzielt. Bild-welten werden zu Bricolagen. Wörtlich «basteln», meint Brico-lage «die Neuordnung und Rekontextualisierung von Objekten, um neue Bedeutungen zu kommunizieren, und zwar innerhalb eines Gesamtsystems von Bedeutungen, das bereits vorrangige sedimentierte, den gebrauchten Objekten anhaftende Bedeu-tung enthält» (Clarke u.a. 1979). Wichtig ist, dass die Verwen-dung eines Gegenstandes, eines Stils oder einer Mode in einem anderen Kontext als dem ursprünglichen auf diese Weise gesti-schen, demonstrativen Charakter gewinnt. Ein Beispiel ist die Nachahmung des Oberklassenstils durch die Teddy-Boys der 50er Jahre, die Verbindung von Nazi- und Jesuskreuz in den schwar-zen Kostümierungen der Punks etc. Die Bricolage-Techniken der Jugendlichen beziehen sich vor allem auf ihre Kleidung. Diese Versessenheit aufs Outfit hat insofern einen identitätsphiloso-phischen Sinn, als Kleidung sich am leichtesten manipulieren, umändern und auswechseln lässt. Sie ist immer ganz da, kennt aber keine auf Dauer gestellten Verbindlichkeiten, denn die Mode hisst immer neue Flaggensignale der Zukunft. So kommt es nicht mehr auf ein reichentfaltetes Innenleben an, das uns in Bildern gezeigt wird: Die Oberflächen der Bilder selber bedeuten sich selbst und nur dies.

4. Damit entwickeln sich neue Formen des Verstehens: Signalent-ziffern ersetzt häufig die Tiefendeutung. Unsere europäische Tradition der Hermeneutik hat uns gelehrt, dass alles, was uns ästhetisch präsentiert wird, auch etwas ist mit «Bedeutung». Was uns gezeigt wird, rückt in der Regel in übergreifende Sinn-kontexte. Der samtige Pfirsich in einer Reklame neben das Gesicht einer Frau gerückt, «bedeutet»: Natürlichkeit, Gesund-heit, Zartheit, Frische. Die zwölf versammelten Herren stellen die biblische Szene des Abendmahls dar. Dieser Sinn für Bedeutun-gen ist abhängig von Kenntnissen, Erfahrungen und der Inter-pretationsfähigkeit des Zuschauenden. Unsere Alltagsräume sind heute mit einer Vielzahl von Zeichen durchsetzt – von den Verkehrssignalen über die Werbung bis zur Anordnung und Gestaltung von Strassen und Plätzen. Diese nicht mehr einzu-grenzende Optionenvielfalt von Zeichen und ihren Sinndeutun-gen ermöglicht nicht mehr, sich bestimmte Deutungsobjekte in

Ruhe auszuwählen. Die Trickschnelligkeit verhindert darüber hinaus Deutungszwischenräume; der offene Deutungshorizont, von dem jede hermeneutische Lehre ausgegangen ist, ist verstellt durch die Bilder, hinter denen nicht unbedingt mehr Tiefe vermutet werden muss. Gezeigte Realität wird zum surrealistischen Vexierspiel. An die Stelle von Tiefendeutung ist häufig das Signalentziffern getreten. Signale vermengen sich in Bricolagen, im Outfit, in den Strassenzeichen der Metropolen, in Fernsehserien, Actionfilmen etc.

5. Schliesslich: Diese sich selbst überstürzende Bilderflut ist dennoch nicht strukturlos. Im audiovisuellen Bereich der Jugendszenen hat sich eine Welt von Verweisungen konstituiert, die nur Kennern zugänglich ist. Der Film «Waynes World» erscheint vielen Erwachsenen langweilig oder einfach nur geschmacklos; verständlich wird er nur dem, der die Vielzahl von alltagsweltlichen Anspielungen, die Sprach- und Spruchkürzel als Persiflage ihrer Herkünfte versteht und damit richtig deutet. Jugendliche leben heute mit Bildern und Tönen, denen Erwachsene schon deshalb fremd gegenüberstehen, weil sie die Herkunftskontexte vieler Bricolagen gar nicht genau kennen oder deuten können. Es entsteht sozusagen eine eigene audiovisuelle Bildungswelt jugendästhetischen Eingeweihtseins, die oft beeindruckende Kenntnisse voraussetzt. Die Werbung ist in dieser Hinsicht ein herausragender Lieferant von Songs, Melodiefragmenten, kernigen Sprüchen und pointierten Dialogen.

4. Stichwort: Konsumwerbung und Beeinflussung

Werbung gehört in den eben skizzierten Wahrnehmungswandel hinein, sie bestimmt ihn mit und gibt ihm sein Gewicht. Sie ist für Kinder deshalb so selbstverständlich, dass sie Werbung zwar mehrheitlich nicht für glaubwürdig halten (hier deutet sich, vor allem bei älteren Kindern, deutlich eine kritische Distanz an), aber quasi im Widerspruch dazu Werbung insgesamt doch gern akzeptieren. Dies lässt sich nur daraus erklären, dass sie Werbung nicht nur als Programmbestandteil akzeptiert haben, sondern auch von den darin für Kinder enthaltenen kulturellen Anspielungsmustern profitieren. Sie übernehmen Jingles und Songs und «wissen Bescheid» untereinander; sie amüsieren sich aber auch über tolpatschige Tiere, sie geniessen witzige Dialoge und fetzige Musik. Wer die Clip-Kanäle MTV oder VIVA ansieht, wird schnell merken, dass hier die Ästhetik des Videoclips und die Ästhetik der Werbung kaum noch zu unterscheiden sind.

Dies alles gibt vielen Besorgnissen kritischer Eltern und Pädagogen neuen Auftrieb. Werden Kinder nicht zu hemmungslosem Konsum verführt, nehmen auf diese Weise nicht die Veroberflächlichung und Egozentrik unseres Lebens von früher Kindheit an noch erheblich zu? In Fernsehen und Radio, in Printmedien und im Kino ebenso wie in den reklameübersäten Strassen unserer Innenstädte, selbst auf Mode- und Spielzeugartikeln begegnen wir einer schier erdrückenden Fülle von Werbeangeboten. Wir scheinen sie allerdings immer weniger wahrzunehmen. Die Zuschauer unterhalten sich beim Fernsehen, stehen auf, essen etwas, lesen nebenbei oder beschäftigen sich sonstwie; jeder kann dies beobachten. Kein Wunder, dass dabei nichts gelernt wird! Die Nation passt abends in der Schule der Werbung nicht mehr auf. Gerade einmal 2,8% der Markennamen von Waschmitteln, Säften, Kaffeesorten etc. werden heute nach einer halben Stunde aus den gesendeten Werbebotschaften noch erinnert. 1979 war das anders. Damals behielt man immerhin noch 14% der Namen. Forscher machen für diesen Umstand den mittlerweile stark angestiegenen «Werbedruck» verantwortlich. Werbung umgibt uns heute überall, die Botschaften stehen gross auf Plakatwänden, sie flimmern über den Fernsehschirm, tönen aus dem Radio, füllen Zeitschriften und Illustrierte. Das stumpft mit der Zeit ab.

Gute Werbeschüler sind allerdings noch die Kinder. Sie kennen sich in der Werbewelt schon exzellent aus, obgleich sie die meisten Produkte noch nicht konsumieren können oder dürfen. Man gebe ihnen einen Textanfang eines Werbespots vor, und sie können die Sprüche und Verse souverän fortführen. Ähnlich ist es bei den Erkennungsmelodien, den Jingles. Für Kinder ist Werbung nichts Fremdes, Äusserliches. Sie gehört irgendwie selbstverständlich zum Alltag dazu.

Werbung ist also für Kinder bereits so selbstverständlich wie Vater und Mutter und das familieneigene Farbfernsehgerät. Zwar gibt es (noch) Einschränkungen in der Werbung, jedenfalls in den öffentlich-rechtlichen Fernsehprogrammen, auf bestimmte Zeiten und

Werbekontingente, aber ein kurzer Blick in die USA zeigt, welche Zukunft uns bevorsteht angesichts vermehrter kommerzieller Fernsehprogramme, die sich, wie gesagt, fast ausschliesslich durch Werbung finanzieren. Besonders bemerkenswert sind dabei die inzwischen auch bei uns bekannten «Program Length Commercials». Es handelt sich hier meist um Serien, häufig Cartoons, deren Hauptfiguren als Spielzeug oder Puppen zusätzlich kommerziell vermarktet werden (etwa «He-Man», «Batman», «Masters of the Universe», «Biker», «Mice from Mars», «X-Man», «Power Rangers» etc.). Die im flimmernden Fernsehkasten präsentierten Figuren materialisieren sich im Spielalltag der Kinder, dringen in ihre Wohn- und Schlafzimmer ein und werden so zum Bestandteil ihrer alltäglichen Lebenswelt. Kindheit ist heute also Medien- und Werbekindheit, und beide sind untrennbar.

Wie ist nun aber die Wirkung des Werbefernsehens auf Kinder und Jugendliche zu beurteilen? Bei Eltern und Erziehern überwiegt in Zusammenhang mit dieser zentralen Frage zumeist das Bild des «unfertigen», «bildbaren» und «beeinflussbaren» Kindes.

Heute entwickeln wir, gerade über die Erfahrungen mit Medien, Konsum und Werbung, allmählich ein etwas anderes Menschenbild: Wir sprechen von «Kompetenz» und meinen damit, dass Kinder – werden sie durch Eltern und Schule unterstützt (dies sei vorausgesetzt!) – sehr wohl in der Weise «Werbekompetenz» besitzen, als sie die Werbung mit ihren ausser ihr liegenden Zwecken (nämlich, etwas zu verkaufen) und damit ihre Glaubwürdigkeit kritisch einschätzen, obwohl sie sie sonst «benutzen». Gerade die Medienwelt ist ja diejenige, in der neben Eltern und anderen Erziehern sozusagen ein «dritter Elternteil» oder später eine eigene Sozialisationsinstanz uns entgegentritt, die nicht ohne Wirkung ist und die Wahrnehmungswelten (wie kurz skizziert) erheblich verändert. Ob diese Veränderungen problematisch oder bedenklich stimmen, lässt sich so polar in einem Entweder-Oder nicht beantworten. Folgen wir freilich der Linie, dass Kinder, je älter sie werden, immer stärker selbstsozialisatorische Leistungen erbringen, dann ist ein Zuwachs von Kompetenz zu verzeichnen, der das Bild einer unselbständigen, von Ausseneinflüssen besetzten Kindheit in die Schranken weist.

3. Peer-Kompetenz durch Selbstsozialisation

1. Stichwort: Die Kultur der Gleichaltrigen

Um sich im sozialen Wandel zu orientieren, zu behaupten, brauchen Kinder zunächst vor allem die Eltern und eine verlässlich-solidarische Familienatmosphäre. Mit dem Aufwachsen spätestens ab ca. 10 Jahren werden sie dann ausserdem in pädagogischen Institutionen aufwachsen und begleitet (vor allem: Schule); zusätzlich gibt es Vereine und Organisationen aller Art im ausserschulischen Raum, nicht zuletzt die Cliquen und Freundschaftskontakte: Die soziale Welt ist für heutige Jugendliche vielfältig vernetzt und in dem Sinne «unübersichtlich», als sie keine geschlossenen Lebensmilieus und von allen geteilte Ansichten anbietet. Am bemerkenswertesten ist dabei, dass neben Elternhaus und Schule als einflussreiche Sozialisationsinstanzen die Gruppe der Altersgleichen (Peers) getreten ist. Besonders die Zugehörigkeit zu informellen Gruppen (Cliquen, losen Freundschaftsbünden, jugendkulturellen Gesellungsformen) hat im Zeitvergleich von 1962 und 1983 bereits bemerkenswert zugenommen: Während 1962 nur 16,2% der befragten 16- bis 18jährigen zu einer Clique gehörten, dagegen 80,8% «nein» sagten, waren es 1983 über die Hälfte, nämlich 56,9%, die eine Cliquenzugehörigkeit deklarierten, während nur noch 33,4% «nein» sagten. Eine kleine Gruppe von 3% im Jahr 1963 und 9,3% im Jahr 1983 erklärten, dass sie «früher» einer Clique angehört hätten, aber jetzt nicht mehr (Allerbeck, Hoag 1985, S. 40). Abbildung 1, die unterschiedliche Untersuchungen zusammenfasst, zeigt, dass von 1964 bis 1991 die Peer-Integration weiter ansteigend ist; dabei haben die Jungen gleichläufig über den erfragten und untersuchten Zeitraum einen noch etwas höheren Anteil an Mitgliedschaften in Cliquen.

Männliche, jüngere und Jugendliche der höheren sozialen Gruppen sind etwas stärker in Cliquen integriert, während weibliche und ältere Jugendliche oft stärker angeben, nur mit einem Freund und einer Freundin zusammen oder auch allein zu sein. Neben Peer-Beziehungen bestehen also, vor allem bei den älteren Jugendlichen ab 20 Jahren, zunehmend auch «Zweierbeziehungen». Wenn Jugendliche der unteren sozialen Schichten nicht so stark in Peer-Gruppen integriert sind, lässt sich dies durch die längere oder kürzere Ver-

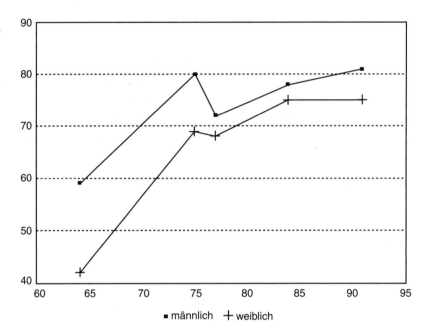

Abbildung 1:
Männliche und
weibliche Peer-
Integration
1964 bis 1991
(Angaben in
Prozent)
(Quelle: Schrö-
der 1995, S.
117).

■ männlich + weiblich

weildauer im Bildungssystem begründen. Jugendliche mit höherer sozialer Herkunft besuchen länger weiterführende Schulen, und ganz offenbar ist die Schule als Institution auch für die Entstehung und Entwicklung von Gleichaltrigengruppen immer bedeutender geworden: «Erstens hat sich für alle Jugendlichen aufgrund der Einführung des 9. und 10. Pflichtschuljahres die in der Schule verbrachte Lebenszeit ausgeweitet und damit das Ende der (Pflicht-)Schulzeit biographisch weiter in die Jugendphase hinein verlängert. Zweitens hat sich durch den Ausbau des höheren Bildungswesens im Zuge der Bildungsreform der 70er Jahre für sehr viele Jugendliche die Schulzeit insgesamt ausgeweitet, und schliesslich hat sich drittens parallel dazu die Integration in die Gruppe der Gleichaltrigen deutlich verstärkt, dies insbesondere auch bei den Jüngeren, den 15- bis 17jährigen, die in der Mehrzahl noch Schüler sind» (Schröder 1995, S. 121).

Bemerkenswert ist eine zweite Entwicklung: Besonders in der Phase der Adoleszenz, wenn der Aufbau einer eigenen Ich-Identität im Mittelpunkt der psychischen Selbstkonstruktion steht, kommt es zunehmend zu einem Spannungsverhältnis zwischen den durch die Eltern vertretenen Orientierungen und Lebensstilen einerseits und dem Wunsch, das eigene Ich ohne Anleitung zu akzentuieren, also die Ich-Präsentation zu verstärken. Das nenne ich Selbstsozialisation. Damit verlagert sich die Bindungsenergie von den Eltern allmählich weg (Ablösungsprozess vom Elternhaus), und zwar hin zu den Gleichaltrigen. Diese können eine Verstärkung der Ich-Akzentuierung leisten, weil sie aufgrund der gemeinsamen sozialen Lage helfen, die von der ungeklärten Rolle des Heranwachsenden herrührende Rollenunsicherheit zwischen Kind und Erwachsenem zu überwinden (Allerbeck, Rosenmayer 1971). Dies bedeutet jedoch keineswegs, wie vielfach angenommen wird, dass Jugendliche sich nicht mehr an ihren Eltern orientieren – im Gegenteil. Die Eltern bleiben neben den Peers die wichtigste Orientierungsinstanz, vor allem dann, wenn es um problematische Lebenssituationen geht. Betrachtet man Eltern, Verwandte, Peers und andere (Schullehrer, die Kirche, Vereinsvertreter etc.) insgesamt als ein Netzwerk, innerhalb dessen sich Jugendliche orientieren können, dann zeigt sich, dass für bestimmte Probleme die Eltern, für andere Problemgruppen die Peers wichtig sind; sehr stark fallen alle anderen Netzwerk-Instanzen ab (wobei die Verwandten noch eine erstaunlich grosse Berücksichtigung finden).

Abbildung 2 zeigt, dass die Eltern der erste und wichtigste Ansprechpartner sind bei finanziellen Problemen (2), bei Ausbildungs- sowie bei Schul- und Berufsproblemen (1), also dann, wenn es um materielle Absicherung und Qualifikation geht. Nicht unwichtig sind sie weiterhin dann, wenn starke psychische/seelische Konflikte anstehen (7) und Probleme in der Beziehung zu Freunden/anderen Menschen zu finden sind (5). Die Peers hingegen sind vor allem wichtig für Fragen, die mit physischen, emotionalen und sozialen Entwicklungen zusammenhängen: Im Kreise der Gleichaltrigen spricht man über Sexualität, Beziehungsprobleme mit dem Partner und der Partnerin oder Konflikte mit anderen Personen. Entsprechend wichtig sind die Peers in den Problembereichen (5), (6), (7), aber auch (3). Wie die Eltern in allen Problemdimensionen wichtige Ansprechpartner sind, so sind auch die Peers in allen Problembereichen Ansprechpartner, wenn auch mit verschiedener Gewichtung. Die zwar geringe, aber vergleichsweise doch auffällig hohe Besetzung bei Item (1) erklärt sich daraus, dass hier Personen aus Ausbil-

dungs- und Arbeitszusammenhängen gemeint sind, während beispielsweise bei (7) vorwiegend Sozialarbeiter, Pfarrer und ähnliche
Personen genannt sind.

Abbildung 2:
Problematische
Lebenssituatio-
nen und Netz-
werke
Jugendlicher
(Angaben in
Prozent)
(Quelle: Schrö-
der 1995, S.
132).

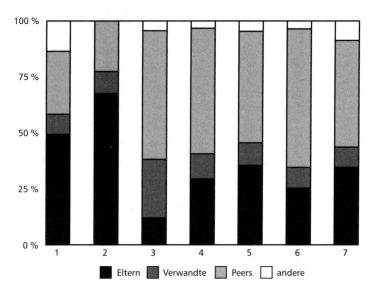

1 Ausbildungs-/Schul-/Berufsprobleme
2 Finanzielle Probleme
3 Probleme mit den Eltern
4 Beziehungsprobleme mit dem Partner/der Partnerin
5 Probleme in der Beziehung zu Freunden/anderen Menschen
6 Fragen/Probleme im Bereich von Sexualität/Liebe
7 starke psychische/seelische Konflikte

2. Stichwort: Gesundheit, Wohlbefinden und Glück

Betrachten wir die meist von der Jugendforschung erfragten Indikatoren, die angeben lassen sollen, warum und in welchem Ausmass
und zu welchen Fragen sich Jugendliche an Eltern, Peers oder anderen Personengruppen orientieren, gehen wir in der Regel von einem
Problemansatz aus. Dies ist sicherlich wichtig, denn Jugendliche befinden sich tatsächlich in vielen subjektiven wie objektiven Problemlagen. Objektive Probleme wie Schwierigkeiten beim Lernen und
Misserfolg in der Schule, Unsicherheit der Berufsperspektiven und
eine relative Offenheit der gesamten Lebensplanung und -zukunft
überhaupt spiegeln sich in den subjektiv empfundenen Problemlagen wider, die viele Jugendliche haben (s. Tabelle 1).

Jahrgangstufe	7	8	9
Schulleistungen	19,1	17,3	17,4
Freund/Freundin finden	10,8	11,6	11,3
Geld	9,6	9,9	9,8
Arbeitslosigkeit	./.	9,1	9,0
Spannungen mit Eltern	7,1	7,0	9,0
Im Leben einen Sinn sehen	5,5	6,2	5,5
Freizeitgestaltung	5,4	5,7	4,9
Gesundheit	4,4	4,1	2,7
Alkohol*	2,3	2,1	2,5
Drogen	./.	3,3	1,6

* «Alkohol/Drogen» bei Erstbefragung (im 7. Schuljahrgang); ./. nicht gefragt
Prozentuierungsbasis (jeweils): N=491 abzgl. (durchschnittlich 9) fehlender Werte

Tabelle 1: Bereiche der Probleme, die Jugendliche haben.
(Quelle: Engel, Hurrelmann 1989, S. 61)

Auch wenn wir von Unterschieden absehen (beispielsweise haben Mädchen mit ihrem Aussehen, aber auch mit Spannungen zwischen ihnen und den Eltern wegen der Schulleistungen mehr zu tun als Jungen), zeigt sich doch deutlich, dass für die hier befragten Jugendlichen der siebten bis neunten Jahrgangsklassen an erster Stelle Schulleistungen Schwierigkeiten machen (schulischer Sektor), an zweiter Stelle aber auch das Finden eines Freundes/einer Freundin offenbar oft nicht einfach ist. Erstaunlich ist auch, dass nach der für Jugendliche chronischen Geldknappheit (in der Regel verfügen sie ja nicht über eigene materielle Ressourcen) auch die Spannungen mit den Eltern noch eine erheblich grosse Rolle spielen. Immerhin, auch Fragen der Gesundheit, der Umgang mit Alkohol und Drogenprobleme machen Schwierigkeiten. Auch wenn sich die hier angegebenen Werte immer verschieben werden, gibt die Liste doch deutlich an, dass Jugendliche tatsächlich nicht nur einer Vielfalt von objektiven Problemlagen gegenüberstehen, die sie auch subjektiv so empfinden und zu verarbeiten haben, sondern dass auch die Instanzen Elternhaus, Peers und Schule (neben anderen) hier gefordert sind.

Nachdem wir dies noch einmal bekräftigt haben, um deutlich zu machen, dass die Rede von der «goldenen Jugendzeit» eine Verkürzung darstellt, ist dennoch zu fragen: Sollte man Jugendliche nur als «Problemgruppen» sehen oder als «Menschen mit Problemen», gibt es nicht andere Perspektiven?

Diese andere Perspektive böte sich, wenn man nach Gesundheit, Glück und Wohlbefinden fragen würde, nach Dimensionen also, die für uns Alte sehr wichtig sind. Dies gilt selbstverständlich auch für Kinder und Jugendliche.

Während «Gesundheit» auch heute meist noch auf physische Bereiche eingegrenzt ist (Körper, die medizinisch bearbeitet werden), erlaubt der Begriff «Wohlbefinden», in einem weiteren Sinne, auch sozial-emotionale Befindlichkeiten einzuschliessen. Wenn ich mich «wohl befinde», dann bin ich nicht nur in einem körperlichen Sinne «gesund» (hier kann es vielleicht sogar leichte Beeinträchtigungen geben, mit denen ich mich aber positiv arrangiert habe), sondern ganz offenbar gehört hier auch ein psychisches Gleichgewicht dazu, das anzustreben ist.

Und nun zum Leitbegriff «Glück»: Zum einen ist «Glück» immer auf die Befriedigung von Interessen, Bedürfnissen gerichtet, von der Stillung des Hungers bis zu Lob und Anerkennung und zum Finden eines umgreifenden Sinnhorizonts, der Geborgenheit und Sicherheit gibt. Zum anderen betrachten wir «Glück» heute als ein Anrecht von Menschen in modernen Gesellschaften, das ihnen nicht streitig gemacht werden sollte. «Glück» ist nicht nur ein irdischer Wert geworden, sondern auch ein Zielwert unseres Lebens. Wir hatten eben gesehen, dass Jugendliche beim Ablösen vom Elternhaus ihre Selbstaktualisierungs-Tendenzen verstärken, also die Verwirklichung ihres «Selbst» in den Mittelpunkt ihrer Bestrebungen stellen. Nach einer Phase der satellitenhaften Abhängigkeit von den Eltern streben sie nun nach einer auch den eigenen Vorstellungen und Kräften angemessenen Entfaltung ihrer Anlagen (Fähigkeiten, Neigungen, Temperamentseigenschaften) und nach Weiterentwicklung ihrer Persönlichkeit. Jetzt geht es nicht nur darum, homöostatische Zustände zu erreichen, also einen Zustand der Ausgeglichenheit und seelischen Unberührbarkeit (wie es Epikur für das «Glück» vorschrieb). Im Gegenteil: Spannungs- und Erregungszustände (heterostatische Prozesse) sind gerade im Jugendalter ebenso wichtig. Jugendliche haben eine aktive Grundhaltung, sie suchen «thrill», «action» und leben stets in einem aufgeladenen Zustand voller Lebenskonzentration, Erwartung, manchmal Enttäuschung. Die Aufnahme von Freundschaften wird ebenso zum Lebensereignis wie (immer wieder erlebte) Trennungen. Selbstaktualisierung und Intensitätsverlangen sind also Jugendlichen heute zuzuschreibende Grundorientierungen. Ein Drittes kommt hinzu: Es gibt ganz offenbar ein Streben des Menschen nach Sinn (vgl. Frankl 1976). Sinn ist nicht mit Glück identisch, steht vielmehr in einem spannungsvollen Verhältnis zum Glück. Sinn lässt sich mindestens auf drei Wegen erlangen: im Schöpferischsein, in der Hinwendung zu Menschen und im Ertragen von Schicksalsschlägen, das anderen Menschen Mut machen kann. Hier ist wieder ein Element epikureischen Denkens zu finden, weil Glück mit einer Art Lebenskunst in Verbindung gebracht wird; danach ist die Hingabe an sinnvolle Aufgaben zwar selbst nicht identisch mit Glück, aber doch Bedingung für ein Leben, auf das jemand später befriedigt zurückschauen kann. Dabei stellt sich dann Glück quasi als Nebenprodukt ein, indem die Erfüllung selbstgestellter Aufgaben in Hingabe an Zwecke, die ausser dem eigenen Selbst liegen, zu einem Massstab wird, der dann auch eine übergreifende Befriedigung, also gleichsam ein über psychisch-physisches Wohlbehagen hinausreichendes Sich-und-die-Welt-in-Ordnung-Finden einschliesst. Dieses dritte Kriterium einer Sinnfindung, die nicht in der selbstbezogenen Rechtfertigung der eigenen Existenz aufhört, zeigt denn auch, dass die Selbstaktualisierung von Jugendlichen sowie ihr Intensitätsverlangen nicht abgespiesen werden kann als unreif-narzisstische Überhöhung des Ich oder als hedonistischer Eigennutz, der sich der Öffnung auf umgreifende Probleme und Lösungsmöglichkeiten versagt.

«Gesundheit» ist erst dann richtig verstanden, wenn sie entsprechend gesehen wird als umfassendes leib-seelisches «Wohlbefinden», und dieses lässt sich wiederum auffangen in einem umgreifenden Konzept von «Glück», das je nach kultureller Seinslage unterschiedlich verstanden und interpretiert werden kann, heute aber besteht (1) in der Selbstaktualisierung, (2) im Verlangen nach Intensität und (3) im Suchen nach Sinn, der die eigene Existenz über sich selbst hinaus rechtfertigt.

Kehren wir zu den Jugendlichen zurück, können wir vorschauend bereits zusammenfassen und so formulieren: Jugendliche sind nicht nur eine «Problemgruppe», sondern sie sind auch diejenigen, für die Selbstaktualisierung, Intensitätsverlangen und Sinnfindung eine zentrale Rolle spielen, weil sie über diese drei Wege das erlangen, was wir mit «Ich-Identität» umschreiben und damit meinen, dass ein Mensch seine Entwicklungsaufgaben gelöst hat: in der Weise, dass er sich selbst annimmt dadurch, dass er auch andere und anderes annimmt, also Selbst- und Fremdbezug jeweils in Richtung auf den Gegenpol (Ich-Du, ego-alter) ergänzt und damit Lebenskompetenz erlangt.

3. Stichwort: Lebenskompetenz in Peer-Gesellungen

Jugendliche wollen kompetent sein. Dies bedeutet freilich mehr, als nur eine Sache zu können (etwa ein Auto steuern zu können und den Führerschein zu erwerben). Vielmehr meint «Kompetenz», dass jeder Mensch darauf angelegt ist, seine Fähigkeiten und Fertigkeiten in bezug auf Objekte und Sachen, in der Kommunikation mit anderen und nicht zuletzt in der Auseinandersetzung mit sich selbst so auszuarbeiten, dass er externe Anforderungen, die die Gesellschaft an ihn stellt, ebenso erfüllen kann, wie interne Vorstellungen zu realisieren in der Lage ist. Wer «kompetent» ist, verfügt über ein gesichertes Selbstwertgefühl, während Hilflosigkeit, Angst und Depressivität unter Kontrolle sind. Freilich muss man ein aktuelles Wohlbefinden von einem habituellen unterscheiden. Letzteres ist quasi auf Dauer gestellt und ist noch dann gesichert, wenn momentane Anspannungen bzw. die Fähigkeiten möglicherweise überfordernde Aufgaben bevorstehen, deren Bewältigung jedoch mit Zuversicht angegangen wird. Das aktuelle Wohlbefinden ist dagegen zunächst ein eher momentaner Zustand; dabei könnte man pointiert formulieren, dass ein die Punktualität aktuellen Wohlbefindens ansammelndes Leben allmählich die Punkte für ein Zertifikat allgemeinen, überdauernden Wohlbefindens einsammelt. Jugendliche sind im geistig-seelischen Wachstum begriffen, verfügen also noch nicht über ein abgesichertes, «reifes» Wohlbefinden, das aus der langjährigen Erprobung eigener Möglichkeiten und Grenzen besteht. Bei ihnen ist das Intensitätsverlangen überdurchschnittlich stark besetzt, und entsprechend geht es ihnen keineswegs ausschliesslich, aber doch auch um aktuelles Wohlbefinden. Hier liegt der besondere Akzent eines gesundheitsfördernden bzw. -sichernden Glückszustandes für Jugendliche, die sich hier in struktureller Hinsicht von den Komponenten des Wohlbefindens älterer Menschen unterscheiden.

Wo finden diese Erlebnisse statt, wo stellen sie sich am ehesten ein? Ganz offensichtlich ist es so, dass Selbstaktualisierung, Intensitätsverlangen, Sinnfindung und ein Gefühl von Kompetenz nur eingeschränkt in der Schule oder auch in der Familie (die vor allem das Alltagsleben reguliert) empfunden werden, sondern eher in den Peer-Gesellungen. Sie sind ganz offensichtlich der Ort, an dem Jugendliche heute ein Stück Wohlbefinden, ja Glück suchen, und insofern sind es Inseln der Gesundheit inmitten einer sonst abgenutzten und abnutzenden Welt.

Diese Feststellung mag auf den ersten Blick überraschen, denn mit «Jugendmilieus», «Jugendszenen» oder «Jugendkulturen» verbindet man gemeinhin eher: Drogen- und Alkoholkonsum, sexuelle Freizügigkeiten, nächtliche Discopartys mit wenig Schlaf und problematisch-ekstatischem Aussersichsein etc. Aber das sind Klischees. Schauen wir uns die Szenerie genauer an, entdecken wir ein mannigfach variierbares, in keiner Weise leicht zu überblickendes Feld von Jugendaktivitäten und -engagements, das in vielfältiger Hinsicht das Jugendleben in der Moderne mitzeichnet und ihm Kontur, Nachdruck und Stärke gibt. Schauen wir etwas genauer hin:

4. Stichwort: Plurale Peer-Gesellungen und identische Strukturzüge

So unterschiedlich diese jugendkulturellen Szenen-Gruppierungen sind (hedonistische Vergnügungskultur, engagierte Bewegungen von Jugendlichen, Actionszenen), so gemeinsam sind ihnen doch strukturelle Grundzüge: Es geht in jedem Fall um Intensität, Anderssein, Auffallen – genau um das, was wir oben «Selbstaktualisierung», Intensitätsverlangen genannt haben; und die «Sinnfindung» kommt hier ebenfalls nicht zu kurz: In den Peer-Gruppen wird über zukünftige Lebensbilder und Lebensstile ebenso gesprochen wie über persönliche Beziehungen und Beziehungsprobleme und schliesslich auch Vorstellungen eines Lebens in einer akzeptablen oder sogar glücklich machenden Gesellschaft. Während Jugendliche in Familie und Schule immer als «Heranwachsende» zählen, die, abgestellt in ein «psychosoziales Moratorium», quasi in einer Wartehalle auf ihre Verantwortlichkeiten verharren müssen, entsteht nun ein Bild vom

kompetenten Kind und Jugendlichen, die in ihren eigenen und selbst-
geschaffenen Szenen in der Lage sind, ihr Leben ein Stück weit in die
Hand zu nehmen und ihr Leben zu organisieren.

Dass die Medien, dass Pop- und Rockmusik, von Rock 'n' Roll über
Hardrock, Heavy Metal bis zu (heute) Rave und Techno, jeweils eine
zentrale Rolle spielen, ist leicht zu verstehen: Diese Musik «geht in
die Glieder», sie «must be played loud», sie ist mit Tanzen und
freien Körperbewegungen verbunden und bietet so Orte intensiven
Selbsterlebens.

Blicken wir uns heute um, spielen solche subkulturellen Jugendstile
Jugendlicher in der Freizeit weiterhin eine Rolle. Jedoch gilt: «Jugendkulturelle Stile verlieren zunehmend ihre Bedeutung als sub-
kulturelle Visionen und Formen einer ‹besseren› und jugendgemäs-
seren Gesellschaft. Sie sind nicht ‹ganzheitlich› im Sinne einer
konkreten Form jugendlichen Lebens» (Jugendwerk der Deutschen
Shell 1997, S. 20). Während die Punkszene (ebenso wie die rivalisie-
renden Skinheads) noch eine jugendkulturelle Organisationsform
fand, die sich als entschiedener Gegenentwurf zur «normalen» Gesellschaft verstand – wer «Punk» ist, verändert nicht nur sein «Outfit», sondern damit auch seine Grundhaltungen; er grenzt sich aus,
verneint jede Einvernahme und alles «Gutgemeinte» und lebt in
selbstgewählter Radikalität und Armut –, sind die heute gewählten
Gruppenstile nicht mehr derart streng abgrenzend. Und vor allem:
Die jungen Leute bevorzugen Gruppenstile, die Spass machen, die
Zerstreuung und Unterhaltung bieten, die unkomplizierten Umgang mit Gleichgesinnten ermöglichen, ohne dass man dabei län-
gerfristige Verpflichtungen eingehen muss. Insofern haben sie nach
wie vor den Charakter einer «Gegenwelt». «Gegenwelt» bedeutet
allerdings nicht mehr einen geschlossenen Gegenentwurf gegen die
Gesellschaft, sondern ein Gegengewicht gegen die schwieriger gewordene Situation im Leistungs- und Anforderungsbereich, z.B. in
der Schule, im Studium oder im Betrieb, und gegen die wahrge-
nommene Unsicherheit der gesellschaftlichen und biographischen
Zukunftsperspektive. Insofern hat der Begriff «Gegenwelt» an poli-
tischem Gehalt verloren und muss stärker im Zusammenhang mit
alltäglicher Lebensbewältigung verstanden werden.

Besonders auffällig ist, dass sich die Formen und Bedingungen der
Teilnahme bzw. Identifikation und der Nichtteilnahme bzw. Ablehnung von Gruppenstilen verändert haben. Im Vergleich mit der 9.

Jugendstudie (1981) zeigt sich, dass sich weniger Jugendliche mit keinem oder nur mit einem Stil identifizieren und dass sich immer mehr Jugendliche mit mehreren konkreten Stilen gleichzeitig anfreunden. Aufs Ganze gesehen freilich ist die Bereitschaft, sich mit jugendkulturellen Stilen zu identifizieren oder gar dabei mitzumachen, leicht rückläufig. Rückläufige Identifikation ist ein Phänomen, das vor allem die politisch subkulturellen und sozialen Protestbewegungen betrifft, nicht jedoch kommerzialisierte, lebensstilorientierte Gruppenstile. Rückläufige Werte im Identifikationsbereich gehen aber nicht automatisch auch mit rückläufigen Sympathiewerten einher. Beispielsweise zeigt sich bei der Umweltbewegung deutlich eine Verlagerung vom Identifikations- in den Sympathiebereich. «Charakteristisch für die heutige Jugend scheint weniger die Haltung des überzeugten Mitglieds und Akteurs zu sein, der voll in der jeweiligen Subkultur lebt und aufgeht, sondern vielmehr die Position des Zuschauers und begrenzten Nutzers, also die Haltung des Ausprobierens und Experimentierens. Ob sich dahinter rapide wachsende Orientierungsprobleme und Suchprozesse verbergen, erscheint allerdings fraglich. Unsere Befunde deuten darauf hin, dass es dabei eher um ‹Frustprophylaxe›, um die Suche nach Spass, Zerstreuung und Entspannung oder Anregung und Kick geht. ‹Schluss mit frustig› scheint die Parole zu lauten und nicht ‹Orientierungssuche in der Unübersichtlichkeit› . Orientierung muss indes auf immer schnellebigere Impulse der modernen Gesellschaft reagieren» (Jugendwerk der Deutschen Shell 1997, S. 21).

Folgen wir dieser Diagnose, lässt sich eine Transformation von jugendkulturellen Stilen hin zu offenen Jugendmilieus konstatieren. «Offene Jugendmilieus» meint dabei, dass heute die Zugehörigkeit zu verschiedenen Gruppierungen durchaus denkbar ist und die Bindekraft nicht nur der Vereine, sondern auch der cliquenorientierten Jugendgruppen abnimmt. Pointiert: Jugendliche suchen heute über ihre ganz persönliche Biographiekonstruktion, an der sie vor allem Peers beteiligen, eine persönliche Kontur und ein Leben, das ihnen Zukunftsperspektiven verheisst.

5. Stichwort: Probleme und Wertsuche

Dabei zeigt die 12. Shell-Jugendstudie «Jugend '97» sehr deutlich, dass Jugendliche sich – bei aller Betonung von Individualität und Unterschiedenheit – vor allem folgenden Problemen in relativ gleicher Akzentuierung gegenüber sehen (Tabelle 2):

Rang	Problem	Prozent der Befragten
1.	Arbeitslosigkeit	45,3
2.	Drogenprobleme	36,4
3.	Probleme mit Personen im Nahbereich	32,1
4.	Lehrstellenmangel	27,5
5.	Schul- und Ausbildungsprobleme	27,1
6.	Zukunftsangst/Perspektivlosigkeit	20,9
7.	Gewalt/Banden/Kriminalität	19,8
8.	Geldprobleme	18,9
9.	Gesundheitsprobleme	18,9
10.	mangelnde Freizeitgelegenheiten	16,6
11.	Umweltprobleme	10,8
12.	generelle Unzufriedenheit/Lustlosigkeit	9,3
13.	Fehler der Politik	8,8
14.	Probleme mit dem Erwachsenwerden	7,3
15.	überzogenes Konsumdenken	6,9
16.	sonstige Einzelprobleme	21,1
17.	weiss nicht/keine Angabe	1,0

Tabelle 2: Probleme, denen sich Jugendliche gegenüber sehen, in einer Rangfolge und mit Angabe der Prozente, die das Problem benennen (Quelle: Jugendwerk der Deutschen Shell 1997, S. 279).

Arbeitslosigkeit, Drogenprobleme und Probleme mit Personen im Nahbereich (also persönliche Konflikte mit Eltern und Freunden) stehen an der Spitze der Liste; es folgen Belastungen durch die Schule und am Ausbildungsplatz, verbunden mit Zukunftsangst und Perspektivlosigkeit; aber auch Gesundheitsprobleme (18,9%), verbunden mit mangelnden Freizeitgelegenheiten (16,6%), und generelle Unzufriedenheit und Lustlosigkeit (immerhin noch 9,3%) machen vielen Jugendlichen zu schaffen.

Betrachten wir, welche Gegenentwürfe Jugendliche gegenüber solchen Problembelastungen haben, dann ist insbesondere bei besser ausgebildeten/gebildeten Jugendlichen eine eher pessimistische Zukunftssicht zu diagnostizieren. Vor allem Egoismus und Gewinnsucht werden angeprangert. Dagegen steht die Liste mit *emotional hoch besetzten Werten* und *wünschenswerten Zielen*, von der Politik und dem politischen System bis zum alltäglichen Umgang (Tabelle 3).

- Ehrlichkeit
- Toleranz
- Authentizität
- Integrität
- Offenheit
- Glaubwürdigkeit
- Spontaneität
- Aufrichtigkeit
- Aufeinandereingehen
- Experimentierfreude
- Gewaltfreiheit
- Dialogfähigkeit
- Zuverlässigkeit
- Gleichbehandlung
- Der Mensch soll im Mittelpunkt stehen
- Kein Dogmatismus/keine Extremansichten
- Pluralität
- Frieden
- Deeskalation(spolitik)
- Minderheitenschutz/-berücksichtigung
- Keine Privilegien für einzelne/Gruppen
- Keine Armut
- Keine Kriege
- Kein Elend
- Gute Behandlung der Umwelt/Ökologie
- Kein Hunger in der Welt

Tabelle 3: Von Jugendlichen als positiv erachtete Werte im politischen System, aber auch im alltäglichen Leben. Die Werte stehen nicht in einer Rangreihe (Quelle: Jugendwerk der Deutschen Shell 1997, S. 65).

Es liegt auf der Hand, dass die Jugendmilieus für solche Werte stehen. Es handelt sich um überschaubare Freundschaftsgruppen und Cliquen, die sich auch in grösser angelegten Umgebungen bewegen (etwa, wenn eine Clique eine Grossdisco besucht). Ehrlichkeit, Toleranz, Authentizität, Integrität, Offenheit, Glaubwürdigkeit, nicht zuletzt aber auch Spontaneität, Aufrichtigkeit, ein Aufeinandereingehen, Experimentierfreude: Die ersten zehn Punkte dieser Werte-Charts haben ohne Zweifel im Jugendmilieu hohe Geltung, wir können sogar sagen: Sie konstituieren die Attraktivität der Jugendszenen. Dass Gewalt und extremer Fundamentalismus abgelehnt werden, später auch Armut, Kriege, Elend, Hunger, macht deutlich, dass die Jugendlichen von heute mehrheitlich wohl nicht als moralisch oder gar politisch gefährdet oder gefährdend eingestuft werden können, im Gegenteil.

6. Stichwort: «Jung – aber ansonsten doch verschieden»

Unter der Überschrift «Jung – aber ansonsten doch verschieden» hat die Studie «Jugend '97» eine Typologie vorgelegt, die fünf verschiedene jugendtypische Grundorientierungen übersichtlich zusammenfasst:

1. Kids: Sie sind in der Jugendphase zwischen 14 bis 17, relativ wenig festgelegt, noch unkritisch-offen, politisch unentschieden oder uninteressiert.
2. Gesellschaftskritisch-Loyale: Sie sind älter (Durchschnittsalter: 20,2 Jahre), gesellschaftlichen Verhältnissen gegenüber kritischer, ohne sich überdurchschnittlich auffälliger zu engagieren; Mädchen und junge Frauen sind hier häufiger anzutreffen; Reformideen und Sympathien für Jugendkulturen werden vertreten, aber das Verhalten gegenüber der Gesamtgesellschaft ist loyal. Diese Gruppe vertritt am deutlichsten postmaterielle Werte und steht tendenziell eher den Grünen nahe.
3. Traditionelle: Auch hier ist das Durchschnittsalter höher (20,1 Jahre), aber diese Gruppe blickt weniger pessimistisch in die Zukunft, akzeptiert Politik, wie sie derzeit ist, erlebt den Gegensatz der Generationen nicht sehr stark und akzeptiert die vorhandene Demokratie, wobei die traditionellen Mittel und Formen des politischen Engagements bevorzugt werden.

4. Konventionelle: Diese Gruppe hat einen eher geringen Bildungs-
   stand, ist mehrheitlich berufstätig und weist die grösste Politik-
   distanz auf.

5. (Noch-)Nicht-Integrierte: Diese Gruppe steht meist kurz vor dem
   Volljährigkeitsalter (Durchschnitt 16,8 Jahre), es handelt sich
   mehrheitlich um Schüler oder Azubis, die den naiven Optimismus der Kids nicht mehr teilen; der Gegensatz der Generationen
   und politische Entfremdung werden von ihnen intensiv erlebt,
   und sie sind deshalb im Gegensatz zu den Traditionellen, aber
   auch Konventionellen am wenigsten integriert. Da sie sich aber
   noch in einem vergleichsweise niedrigen Lebensalter befinden,
   liegt in der Bezeichnung dieser Gruppe auch eine Prognose:
   Diese Jugendlichen sind zwar «noch-nicht-integriert», aber sie
   könnten es durchaus noch werden, wenn sie die Krisenphasen
   der Berufsfindung, Berufsausbildung und Berufseinmündung
   positiv hinter sich gelassen haben (vgl. Jugendwerk der Deutschen Shell 1997, S. 22f.).

In der Shell-Studie wird bei jeder Gruppe erwogen, inwieweit sie für
die «politische Bildung» ansprechbar ist und deren klassische Mittel
(Seminar, Vortrag, Exkursion ins Parlament etc.) ausreichen. Die Kids
erscheinen hier als schwer ansprechbar; die Gesellschaftskritisch-
Loyalen halten die traditionelle Politik für wenig wirksam und werden darum politischer Bildung kritisch gegenüberstehen; dies gilt
ebenso für die Konventionellen und die noch nicht Integrierten. Die
einzige Gruppe, die mit den politischen Bildungsangeboten etwas
anfangen könnte, ist die der Traditionellen, obwohl diese politische
Bildung vielleicht am wenigsten brauchen, da sie einen relativ hohen Informiertheitsgrad aufweisen und (wenn auch begrenzt)
durchaus auch politisches Engagement zeigen.

4. Abschliessende Überlegungen

1. Jungsein scheint heute nicht einfacher geworden zu sein. Aber
   ebenso sind geblieben zum einen der starke Anspruch von
   Jugendlichen an die Gesellschaft und sich selbst, zum anderen
   ein Streben nach Glück und Wohlbefinden, durch alle Beeinträchtigungen und alltäglichen Belastungen hindurch.

2. Offenbar sind pädagogische Einrichtungen nur begrenzt in der Lage, Jugendlichen hier zu helfen. Wir können zwar für eine «humane Schule» plädieren, aber die Leistungsorientierung innerhalb der Schule und deren Selektionsfunktion für den Erfolg im späteren Leben können wir schwer ausschalten. Auch die Familie hat ihre Bedeutung, aber offenbar gerade eher gegenüber den «ernsten Themen» des Lebens, nicht aber dort, wo es um die eigene Körperlichkeit und die Suche nach dem anderen (Freund, Geliebte, Vertrauensperson) geht. Der ausserschulisch-pädagogische Bereich scheint an dieser Stelle eine besondere Bedeutung zu haben. Dies beginnt bei den Vereinen, die (vor allem im Bereich des Sports) Jugendlichen positive Erfahrungen mit sich selbst und ihrem Körper vermitteln und über Werte wie «Kameradschaft», «Freundschaft» oder «Gemeinschaft» positiv besetzte Gesellungsformen anbieten (auch wenn die Formulierung dieser Werte manchmal etwas altbacken klingen mag). Vor allem aber ist es der informelle Gruppenbereich, von den eher kulturell-eigenständigen und konturierten Jugendkulturen bis zu den neuen Jugendmilieus, die sich eher als Mischformen unterschiedlicher Angebote und Erlebnisbereiche darstellen und von den Jugendlichen auch so benutzt werden. Dabei spielt es für sie keine Rolle, ob das Angebot pädagogisch, institutionell, moralisch oder ähnlich inspiriert oder kommerziell ausgerichtet ist. Denn das Bedürfnis nach Wohlbefinden und Glück, und das meint auch: nach seelischer, geistiger und körperlicher Gesundheit, bindet sich nicht an Ideen und institutionelle Überbauten von aussen angelegten Zwecken; Glück transzendiert alle diese Bedingungsfaktoren, weil es sich als Erlebnis nicht an die einschränkenden Rahmenbedingungen halten will und kann.

3. Die Diskriminierung von Jugendlichen als «hedonistisch» orientiert, als «narzisstisch besetzt» greift aus zwei Gründen zu kurz. Zum einen handelt es sich um ein Urteil, das «ausserhalb» der Jugendzonen gesprochen wird, von Erwachsenen also, die aus ihrer Sicht die jugendlichen Bedürfnisse und Strebungen beurteilen. Allzu grosse Distanz, allzu engagierte pädagogische Absichten, aber auch biographisch erfolgte Festlegungen erschweren hier eine unbefangene Sicht auf jugendliches Wünschen und

Wollen. Zum anderen scheint sich in einer das Glücksverlangen negativ klassifizierenden Haltung (neben Neid und Missgunst der Erwachsenen) auch die institutionell-pädagogische Missbilligung auszudrücken, dass «Glück» ausserhalb pädagogischer Institutionen gesucht und erlangt wird. Wir nennen dies Selbstsozialisation und meinen damit, dass Kinder und Jugendliche ein grosses Stück Kompetenz besitzen und ausarbeiten, diejenigen Bedürfnisse an Überleben, Befriedigung und Akzeptiertsein, die ihnen Institutionen und Einrichtungen vorenthalten, sich dort besorgen, wo sie selbst über die Arrangements, jedenfalls ein Stück weit, verfügen können: eben in den Jugendmilieus.

4. Pädagogisch heisst das: Fragen der Gesundheit und des Wohlbefindens sind für Jugendliche dann optisch-auditiv ansprechbar und interessant sowie sehr attraktiv, wenn sie das jugendliche Glücksverlangen akzeptieren und Authentizität zeigen sowie jene Werte, die wir oben genannt haben. Moralkampagnen, ernste Ermahnungen, der «gehobene Zeigefinger» sind wenig dienlich, Jugendliche auf ihrem Weg in die autonome Bestimmung ihres Selbst zu begleiten. Je offener, aber auch intensiver die Anregungspotentiale sind, je freier die Auseinandersetzung mit ihnen, desto wirksamer werden Angebote sein, die Jugendliche dort abholen, wo sie sind. Dies gilt auch für Medien.

Kinder und Jugendliche durchleben eine von Krisen dichtbesetzte lebenszyklische Periode, die sie aber dennoch gesund und erfolgreich zu überstehen trachten. Die Freude an sich selbst, das Zufriedensein mit sich selbst, all dies sind Voraussetzungen auch für soziales, ja politisches Interesse und Verhalten. Jugendliche zwischen 14 und 15 Jahren wurden einst befragt, was sie täten, wenn sie glücklich sind. Ein unglücklicher Junge sagte: «Wenn ich glücklich bin, dann besaufe ich mich». Ein eingeschüchterter, sonst erfolgreicher, sehr angepasster Jugendlicher äusserte: «Wenn ich glücklich bin, dann habe ich vorübergehend keine Angst mehr». Die dritte Antwort eines Jugendlichen, der offenbar sein Selbst bereits gefunden hatte, gab eine Antwort, die in nuce diesen Beitrag noch einmal zusammenfasst: «Wenn ich glücklich bin, bin ich grosszügig zu mir und anderen». In diesem Satz scheint der Zusammenhang von

Humanität, Gesundheit und Wohlbefinden deutlich auf, als Leistung einer Selbstsozialisation, die einer «Beeinflussung» fragwürdiger Welten durchaus zu widerstehen vermag.

Literatur

Allerbeck K. R., Rosenmayer, L. 1971: Aufstand der Jugend? Neue Aspekte der Jugendsoziologie. München: Juventa.

Allerbeck K., Hoag W. J. 1985: Jugend ohne Zukunft? Einstellungen, Umwelt, Lebensperspektiven. München, Zürich: Piper.

Baacke D., Sander U., Vollbrecht R. 1991: Medienwelten Jugendlicher. Opladen: Leske und Budrich.

Baacke D., Sander U., Vollbrecht R. 1993: Kinder und Werbung. Bd. 12. Stuttgart: Schriftenreihe des Bundesministeriums für Frauen und Jugend.

Charlton M., Neumann-Braun K., Aufenanger St., Hoffmann-Riem W. u.a. 1995: Fernsehwerbung und Kinder. Bd. 1: Das Werbeangebot für Kinder im Fernsehen. Bd. 2: Rezeptionsanalyse und rechtliche Rahmenbedingungen. Opladen: Leske und Budrich.

Clarke J. u.a. 1979: Jugendkultur als Widerstand. Frankfurt a. M.: Syndikat.

Engel U., Hurrelmann K. 1989: Psychosoziale Belastung im Jugendalter. Empirische Befunde zum Einfluss von Familie, Schule und Gleichaltrigengruppe. Berlin, New York: W. de Gruyter.

Frankl V. E. 1976: Paradoxien des Glücks. In: Hommes U. (Hrsg.): Was ist Glück? Ein Symposium. München: Deutscher Taschenbuch Verlag. S. 108-126.

Jugendwerk der Deutschen Shell (Hrsg.) 1997: Jugend '97. Zukunftsperspektiven, gesellschaftliches Engagement, politische Orientierung. 12. Shell-Jugendstudie. Opladen: Leske und Budrich.

Schröder H. 1995: Jugend und Modernisierung. Strukturwandel der Jugendphase und Statuspassagen auf dem Weg zum Erwachsensein. Weinheim, München: Juventa.

Umweltbewusstsein und Umweltangst

Ich, du und es: Die Beziehung des Menschen zu Natur und Umwelt und neue Möglichkeiten der Umwelterziehung unter besonderer Berücksichtigung jüngerer Kinder

MARCO HÜTTENMOSER

Am Anfang der Ausführungen steht eine Skizze der vielfältigen Auswirkungen der heutigen Umweltsituation auf den Alltag und die Entwicklung jüngerer Kinder. In der Folge werden einige zentrale historische, anthropologische und psychologische Voraussetzungen der Mensch-Umwelt-Beziehung in Erinnerung gerufen, wobei eine Einstellung, die als rezeptive Aktivität bezeichnet wird, besondere Bedeutung erhält. Unter dem Stichwort «Mitwelterziehung» wird abschliessend ein neuer Ansatz für umwelterzieherische Arbeit in Familie und Kindergarten beschrieben.

1. Kindheit heute: Dissonanz und Verinselung

Die gegenwärtige Situation der Kinder kann – unter dem Aspekt der menschlichen Beziehung zu Natur und Umwelt betrachtet – durch die Stichworte «Dissonanz» und «Verinselung» gekennzeichnet werden.

1.1 Kinderwunsch und Empfängnis

Die Reproduktionskultur unserer Gesellschaft, das heisst die Sitten und Gebräuche, die darüber entscheiden, ob und wie ein Kind zur Welt kommt, ist zutiefst durch den Konflikt zwischen Natur und Technik gekennzeichnet. Frau und Mann haben heute die Möglichkeit, ja müssen sich entscheiden, ob sie die «Natur» walten lassen oder die Empfängnis durch künstliche Eingriffe steuern wollen.

Die neuen und ständig erweiterten Möglichkeiten der Schwangerschaftsverhütung zwingen die Eltern, sich für oder gegen ein Kind zu entscheiden. Das bedeutet allerdings noch lange nicht, dass nicht trotzdem viele junge Paare – von Unsicherheit hin- und hergerissen – sich letztlich nicht entscheiden können und ein gewollt-ungewolltes Kind zur Welt bringen. Beim Entscheid für oder gegen ein Kind spielen Konsumbedürfnisse eine wichtige Rolle: Mit der Geburt des Kindes schwindet die Kaufkraft der jungen Familie stark, und die Konsumbedürfnisse müssen eingeschränkt werden (Bauer 1998). Es überrascht deshalb nicht, dass immer mehr junge Ehepaare es vorziehen, ein oder zwei Autos zu erwerben und mit der Geburt eines Kindes zuzuwarten oder ganz darauf zu verzichten (Hüttenmoser 1995).

Wie stark der Konflikt zwischen Natur und Technik einerseits und der Wunsch nach einem Kind andererseits ineinandergreifen, zeigt sich dort, wo ein junges Paar unfruchtbar bleibt. Zwar haben die Menschen schon immer unter Unfruchtbarkeit gelitten, heute jedoch schaukeln sich Kinderwunsch, neue Reproduktionstechniken und das damit verbundene Streben nach Profit gegenseitig hoch. Neuen Problemen der Unfruchtbarkeit folgen neue Techniken der künstlichen Befruchtung auf dem Fuss. Kein Preis scheint mehr zu hoch, um doch noch zu einem Kind zu kommen (Und Kinder 1987/ 88).

Noch bevor ein Kind gezeugt wird, werden zwischen Natur und Technik schwerwiegende Entscheide ausgetragen. Sie bestimmen wesentlich mit, in welche Situation und welche Stimmung hinein ein Kind gezeugt wird. Eine radikale Hinwendung zur «Natur» in Verbindung mit der Ablehnung einer künstlichen Verhütung von Schwangerschaften und dem Verbot von Schwangerschaftsabbrüchen bietet umgekehrt in einer Welt, der die grösste Umweltkatastrophe durch Überbevölkerung droht, keine Lösung.

1.2 Schwangerschaft

Während der Schwangerschaft folgen weitere schwerwiegende Entscheide. Begnügte man sich früher damit, die Entwicklung und Gesundheit des Embryos durch ein Abtasten des Bauches der Schwangeren einzuschätzen, so sind heute die Möglichkeiten, Entwicklungsstand, Krankheiten, Schädigungen und Behinderungen beim Embryo früh zu erkennen, beträchtlich, und ständig kommen neue Errungenschaften hinzu. Viele Tests gehören heute zu den Routineuntersuchungen, andere werden unter bestimmten Bedingungen dringend empfohlen. Werden sie von den Eltern mit dem Argument, die Natur walten zu lassen, abgelehnt, so werden bei ihnen oft Schuldgefühle geweckt und Ängste verstärkt.

Neuere Untersuchen zeigen auch, dass die umweltliche Situation und die dadurch ausgelösten Gefühle und Ängste der Eltern bedeutsame Auswirkungen auf die Entwicklung des Kindes im Leib der Mutter haben (Hollenweger 1989; Und Kinder 1988; Und Kinder 1990b).

1.3 Geburt und erste Lebensmonate

Umwelt und Natur bleiben auch bei der Geburt und in den ersten Lebensmonaten ein zentrales Thema.

Der Entscheid, für die Geburt eines Kindes die hochtechnisierte Abteilung eines Spitales aufzusuchen oder ein Milieu, das für Mutter, Vater und die älteren Kinder eine geeignete Atmosphäre bietet, wird für viele Eltern zum Problem (Fedor-Freybergh 1983; Hurst 1995). Verfeinerte Prognose-Techniken intervenieren auch kurz vor der Geburt. Es werden an die Eltern «Empfehlungen» abgegeben, die festhalten, unter welchen Bedingungen eine Geburt ohne «selbstverschuldete» Risiken unabhängig von einem Spital erfolgen darf.

Im Anschluss an die Geburt drängt sich eine Fülle weiterer Fragen auf. Darf ich im Spital das Kind selber betreuen? Soll ich es stillen oder künstliche Ernährungsmittel verwenden? Und wie werden die Nahrungsmittel hergestellt? Sind die zahlreichen Vorsorgeuntersuchungen wirklich nötig? Soll das Kind geimpft werden? etc. etc.

Gewiss, für manche Eltern sind die hier diskutierten Konflikte zwischen Natur und Technik kein Problem. Doch die Zahl derer wird immer grösser, die eine totale Kontrolle des kindlichen Lebens von der Empfängnis an, während der Schwangerschaft, Geburt und in der ersten Lebenszeit durch fortgeschrittene Medizinaltechniken ablehnen und sich sanftere, natürlichere Umstände für das Aufwachsen des Kindes wünschen. Umgekehrt fehlt es an Beratung durch Ärztinnen und Ärzte, die die Eltern auch auf einem «sanften Weg» fachkundig begleiten würden (Huwiler 1995).

Wieviel «Technik» braucht es, inwieweit können wir die Natur walten lassen? Diese Fragen durchdringen indirekt und direkt das Leben eines Kindes, vom Zeitpunkt an, an dem es geplant und gezeugt wird, bis hinein in die ersten Lebensjahre.

Für die hier aufgeworfenen Fragen nach dem Verhältnis des Menschen zu Natur und Technik in dieser Zeit lassen sich folgende Thesen formulieren:

- Frauen bzw. junge Paare, die sich überlegen, ob sie ein Kind möchten oder nicht, verfolgen die Umweltbedingungen, in die ein Kind hineingeboren wird, mit besonderer Aufmerksamkeit. Als Motive für diese Aufmerksamkeit können die grosse Sorge um das Leben des künftigen Kindes und die Frage nach dem tieferen Sinn neuen Lebens in einer Zeit wachsender Umweltzerstörung angenommen werden.

- Schwangerschaft führt zu einer verstärkten Empfindlichkeit auf umweltliche Ereignisse (Wetter, Umweltkatastrophen etc.). Die Befindlichkeit des eigenen Leibes rückt stärker ins Zentrum. Da der eigene Körper darauf hinweist, dass auch der Mensch Teil der Natur ist, kann in dieser Zeit von einer verstärkten Neigung gesprochen werden, natürliche Prozesse zu beachten und technische Eingriffe abzulehnen.

- Inwieweit sich die frühen Auseinandersetzungen der Eltern auch auf das Verhältnis des Kindes zu Natur und Umwelt auswirken und dessen Befindlichkeit in dieser Welt mitbestimmen, muss als eine offene, von der Forschung bis anhin nicht beachtete Frage betrachtet werden.

1.4 Verinselung in den ersten Lebensjahren

Ein Kind bewegt sich. Bereits im Mutterleib erkundet es, sich bewegend, die fötale Umwelt. Später sucht es Nahrung an der Brust der Mutter und beginnt, die nähere Umwelt zu erkunden. Gleichzeitig mit seinen Bewegungen in der Umwelt entwickelt sich das Kind. Es macht wichtige Erfahrungen und Lernprozesse. Die fortschreitende Entwicklung des Kindes wirkt auf die zunehmende Differenzierung der Bewegungen zurück: Bewegung, Entwicklung und Umwelt gehören untrennbar zusammen.

Als Bewegungsraum steht dem Säugling zunächst der Körper der Mutter, des Vaters oder anderer Bezugspersonen, das Bettchen, die Wickelkommode, der Wohnzimmerboden etc. zur Verfügung. Stühle, Tische, das Sofa dienen dem Kind dazu, sich hochzuliften und nach vielen Versuchen allmählich aufrecht gehen zu lernen. In dieser Zeit sind die vielen Dinge wichtig, die das Kind umgeben. Sich bewegend, ergreift und betastet das Kind seine Umwelt und lernt so, sie allmählich zu be-greifen.

Die Räume, derer das Kind in der ersten Lebenszeit bedarf, sind relativ klein, und es besteht normalerweise kein Mangel. Die Wohnung, ergänzt durch Spaziergänge an der Hand der Eltern, erste Begegnungen mit andern Kindern und Erwachsenen und frühe Kontakte zur Natur erlauben es, die Bedürfnisse eines Kleinkindes zu befriedigen und eine gesunde Entwicklung zu gewährleisten.

Wichtig ist in dieser Zeit die Toleranz der Eltern und der andern Betreuungspersonen. Sie müssen dem Kind innerhalb der kleinen Räume genügend Freiheiten gewähren, damit erste selbständige Erfahrungen mit den Dingen möglich werden. Das heisst, man hat es – sieht man von Einwirkungen schlechter Luft und andern Umweltvergiftungen ab – als Mutter, Vater oder Betreuungsperson weitgehend «in der Hand», dem kleinen Kind jene Lebensräume zu vermitteln, die es für eine gesunde Entwicklung braucht.

Das ändert jedoch rasch. Beherrscht das Kind einmal seinen Bewegungsapparat, so strebt es, eigenwillig und neugierig, wie es sein muss, von den betreuenden Personen weg und will die weitere Umwelt erkunden. Auch dies ist anfänglich, unter gewissen Sicherheitsvorkehrungen innerhalb der Wohnung und – sofern vorhanden – im Garten oder auf einem Spielplatz, durchaus möglich.

Überall jedoch, wo geeignete Aussenräume fehlen, kommt es mit den zunehmenden motorischen Fähigkeiten des Kindes zu wachsenden Einschränkungen. Öffentliche Spielplätze sind fast immer zu weit entfernt und können von den Kindern nicht selbständig erreicht werden. Besuche von Spielkameraden in der Nachbarschaft sind sehr oft ebenfalls nur in Begleitung möglich. Das heisst, die faktischen Fähigkeiten eines Kindes wachsen weit über die tatsächlichen Möglichkeiten hinaus, die ihm die Umwelt bietet. Das Kind muss, seinen Fähigkeiten entgegen, ständig eingeschränkt und an die Hand genommen werden, sobald es die Wohnung und den engeren Lebensraum verlässt.

So ist es heute einem beträchtlichen Teil der Kinder – bei den fünfjährigen Kindern ist dies in der Stadt wie auf dem Land nahezu ein Drittel (Hüttenmoser 1996a) – verwehrt, die nähere Wohnumgebung und die dort vorhandene Restnatur selbständig kennenzulernen. Wichtigste Ursache dieses Konfliktes zwischen wichtigen Bedürfnissen des Kindes und der Umwelt bildet der motorisierte Strassenverkehr. Letzterer hat sich im Laufe der letzten 80 bis 90 Jahre bis in die letzten Poren aller Wohngebiete ausgebreitet. Die Technik, die es erwachsenen Menschen erlaubt, an fast beliebigen Orten eine Tätigkeit aufzunehmen, überall Freunde und Bekannte zu besuchen und in der halben Welt herumzureisen, das heisst ihre Bedürfnisse nach freier Mobilität bis zum Exzess auszukosten, verhindert beim jüngeren Kind die Befriedigung elementarster Bedürfnisse (Hüttenmoser 1995).

Die aus dieser Entwicklung entstandene Situation wird als «Verinselung» bezeichnet. Zu diesem Phänomen gehört die Auslagerung von Arbeitsplätzen, die Konzentration von Einkaufs- und Dienstleistungsbetrieben genauso wie die Entstehung von Schlafstädten und Einfamilienhaussiedlungen ausserhalb grosser Zentren, desgleichen die Stadtflucht von Familien mit Kindern (Schindler 1995). Die Verinselung generiert ihrerseits in grossem Ausmass Verkehr: Was vor Ort fehlt – Freunde und Bekannte, Vergnügungen, Ruhe in der Natur etc. –, wird mit dem Auto und nur im Ausnahmefall mit öffentlichen Verkehrsmitteln aufgesucht.

Die Folgen der Verinselung werden, was Kinder betrifft, kontrovers diskutiert. Zeiher und Zeiher (1994) sehen zwar gewisse Nachteile für die Kinder, heben insgesamt jedoch die Vorteile der Verinselung hervor. Kinder würden – um bestimmte Ziele zu erreichen, Freunde zu besuchen, das Tennisspiel, Ballett etc. zu erlernen – gezwungen, «von Insel zu Insel zu hüpfen». Die Fähigkeit, langfristig zu planen, werde ebenso gefördert wie die Benutzung technischer Hilfsmittel, etwa der öffentlichen Verkehrsmittel. Die Kinder müssten sich organisieren, ihren Freunden telefonieren und zeitlich feste Abmachungen treffen.

Die Untersuchung von Zeiher und Zeiher beschäftigt sich mit dem Alltag zehnjähriger Kinder. Übersehen werden die Nachteile, welche die Verinselung für jüngere Kinder mit sich bringt. Diese nämlich haben die Möglichkeit, mit Hilfe öffentlicher Verkehrsmittel oder dem Fahrrad «von Insel zu Insel zu hüpfen» noch nicht. Sie müssen überall hingebracht bzw. hingefahren werden, was ihre Abhängigkeit von den Eltern verstärkt und wichtige Prozesse der Loslösung verhindert. Grundsätzlich führt die Verinselung jüngere Kinder und deren Eltern in eine starke Isolation. Die Kinder haben weniger Freunde und Spielkameraden, die Eltern kaum Kontakte in der Nachbarschaft. Nur wenige Orte der näheren und weiteren Umgebung können von kleinen Kindern selbständig erreicht werden. Kinder, die auf solchen «Inseln» aufwachsen, weisen im Alter von fünf Jahren bedeutende Rückstände in der Entwicklung auf. Insbesondere die Motorik, das Sozialverhalten und die Selbständigkeit werden durch die Verinselung beeinträchtigt (Hüttenmoser, Degen-Zimmermann 1995). Das heisst: Ein gutes Wohnumfeld, das genügend Bewegungs- und Spielraum sowie Möglichkeiten der Naturbegegnung aufweist, muss als unabdingbare Voraussetzung nicht nur für eine gesunde Entwicklung, sondern auch für die Entfaltung einer Beziehung zu Natur und Umwelt bezeichnet werden.

1.5 Innenräume statt Aussenräume: Natur am Fernsehen

Parallel zur Verarmung und Verinselung der Wohnumwelt sind ein Ausbau und eine Bereicherung des Wohninnenraumes feststellbar. Grösse und Infrastruktur der Wohnungen wurden in den letzten 100 Jahren generell verbessert. Immer mehr Wohnungen wurden mit Kinderzimmern versehen, und die hygienischen Einrichtungen wurden perfektioniert. Diese Verbesserungen ermöglichten es den Eltern, die Kinder vom Strassenraum zu entfernen und sie somit dem gefährlichen Strassenverkehr zu entziehen. Die im Wohnumfeld fehlenden Spielmöglichkeiten versuchte man auf fragwürdige Weise durch die Errichtung öffentlicher Spielplätze zu kompensieren (Und Kinder 1994).

Die skizzierte Entwicklung führte zu einem gewaltigen Aufschwung der Spielzeugindustrie. Die Kinderzimmer wurden mit einer Fülle neuer Spielzeuge und in der Folge mit den neuen Medien, Fernsehen, Video und Computerspielen bestückt. Heute verfügen 31 Prozent der Familien mit Kindern zwischen 5 und 14 Jahren über mehr als ein Fernsehgerät (Begert, Steinmann 1997).

An die Stelle des Spielens mit andern Kindern im Freien trat immer mehr das Fernsehen. Dieses wurde im Verlauf der letzten 20 Jahre zum wichtigsten und beliebtesten Freizeitvergnügen. Nach Begert und Steinmann (1997) nannten 1979 noch 13 Prozent der 4- bis 14jährigen Kinder das Fernsehen an erster oder zweiter Stelle, wenn sie nach ihrer liebsten Freizeittätigkeit gefragt wurden, 1987 waren es 40 Prozent und 1995 mehr als 52 Prozent. Das Spiel mit andern Kindern erfuhr im gleichen Zeitraum einen Rückgang an Nennungen um fast die Hälfte. Dass der ständig zunehmende Fernsehkonsum mit der Gefährdung des Wohnumfeldes durch den motorisierten Strassenverkehr und dem dort fehlenden Spielraum zusam-menhängt, bestätigen neuere Untersuchungen (Blinkert 1993; Hüttenmoser 1996a). Heute beträgt die von 5- bis 7jährigen Kindern vor dem Fernsehen verbrachte Zeit, sofern sie überhaupt fernsehen, während der Woche durchschnittlich 1 ¾ Stunden, an Wochenenden deutlich mehr als 2 Stunden (Begert, Steinmann 1997).

Welche Bedeutung hat die hervorragende Rolle des Fernsehens im Leben jüngerer Kinder für unsere Fragestellung? Dazu folgende Bemerkungen:

- Natur- und Umweltbegegnungen erfolgen heute für viele Kinder nicht nur unselbständig «an der Hand der Eltern», sondern zudem bloss aus zweiter Hand. Die Kinder haben ein grosses Wissen über viele wilde Tiere im Dschungel, umgekehrt haben viele von ihnen noch nie eine Katze gestreichelt. Nur am Bildschirm gesehene Dinge bleiben unvollständig. Kinder brauchen den eigenaktiven, motorisch-taktilen Umgang mit den Dingen und der Umwelt. Nur aufgrund umfassender Erfahrungen wird ein Kind fähig, sich auch eine richtige Vorstellung von den Dingen und Lebewesen dieser Welt zu machen.
- Kinder werden im Fernsehen früh und oft mit sensationell aufgemachten Nachrichten, zum Beispiel über Umweltkatastrophen, konfrontiert, die sie nicht verstehen können. Dies löst Ängste aus, denen oft genug auch die Eltern hilflos gegenüberstehen.
- Es gibt am Fernsehen auch gute und informative Sendungen über Umweltprobleme, in denen versucht wird, an den Erfahrungen der Kinder anzuknüpfen. Sie können zu einem besseren Verständnis der Umweltsituation führen und die Kinder für Umweltprobleme sensibilisieren. Doch im Anschluss an informative und umweltbewusste Sendungen folgen fast immer Werbespots. Das heisst: Der Aufforderung zum sparsamen und bewussten Umgang mit natürlichen Ressourcen folgt die, direkte oder indirekte, aufdringliche und attraktiv aufgemachte Aufforderung zum Verschleiss und zur hemmungslosen Ausnutzung von Natur und Umwelt.
- Die starke Konsumorientiertheit des Fernsehens und der Fernsehwerbung im besonderen fördert die Ausrichtung der Kinder auf bestimmte Werte: «Wer etwas gelten will unter Gleichaltrigen und in unserer Gesellschaft, muss möglichst viel besitzen und konsumieren.» Das Fernsehen – nicht nur das private, sondern auch das staatliche – fördert somit genau jene Einstellung, die das zentrale Problem in unserer Beziehung zur Umwelt bildet.

- Kinder sind für die Werbung und die dahinterstehende Wirtschaft von grösster Bedeutung. Hier lässt sich nicht nur langfristig eine Kundenbindung an bestimmte Marken aufbauen, sondern auch generell eine grosse Konsumbereitschaft heranzüchten. Ganz in diesem Trend liegen die neuesten Bemühungen des Fernsehens DRS mit dem Programm SF2: Um Kinder und Jugendliche – und damit auch die Werbetreibenden – stärker an den Sender zu binden, wird das Angebot für diese Altersgruppe auf fast 25 Stunden pro Woche verdoppelt («Tages-Anzeiger» vom 14.5.1997; Und Kinder 1990a).
- Wenn das Problem der Gleichzeitigkeit eines relativ grossen Umweltbewusstseins und einer ausgeprägten Konsumbereitschaft diskutiert wird, so muss darauf hingewiesen werden, dass im Fernsehen den Kindern genau diese Gleichzeitigkeit täglich vorgelebt wird. Es kann deshalb nicht verwundern, wenn vor dem Fernsehen aufgewachsene Generationen genau diese «Schizophrenie» im alltäglichen Verhalten zeigen. (Beizufügen ist, dass andere Sender, zum Beispiel die ARD in Deutschland, mit einem werbefreien Kinderfernsehen neue Wege beschreiten.)

2. Geschichte und Phänomenologie der Mensch-Umwelt-Beziehung

Bereits die nur skizzenhafte Analyse der Situation jüngerer Kinder in unserer Gesellschaft genügt, um deutlich zu machen, dass es Massnahmen braucht, damit Kinder eine Chance erhalten, eigenständige Beziehungen zu Natur und Umwelt aufzubauen. Um die Richtung der Massnahmen zu bestimmen, braucht es eine überzeugende Theorie, eine Art Schau von der Welt und unserer Beziehung zu ihr. Diese Theorie ergibt sich einerseits aus der Geschichte der Mensch-Umwelt-Beziehung, andererseits aus Erkenntnissen der Anthropologie und der Psychologie.

Die Geschichte der Mensch-Umwelt-Beziehung, auf die wir hier nicht näher eingehen können (vgl. Hüttenmoser 1997), veranschaulicht, dass der Mensch seit über 2000 Jahren bestrebt ist, aus Natur und Umwelt, ohne auf sie Rücksicht zu nehmen, möglichst viel Nutzen und Gewinn zu ziehen. Nur unter bestimmten gesellschaftlichen Bedingungen – erwähnt sei etwa die Lebensweise der Sammler und Jäger – oder unter ständiger Bedrohung von Naturkatastrophen fand der Mensch jeweils zu kooperativeren Umgangsformen mit der Natur und zu einem schonenderen Umgang mit natürlichen Ressourcen (Immler 1985; Markl 1986; Fritsch 1993).

Aus der Sicht der Anthropologie und der Psychologie ergeben sich wichtige Parallelen zur Geschichte der Mensch-Umwelt-Beziehung. Der Mensch wird in der Anthropologie wie in verschiedenen Zweigen der Psychologie übereinstimmend als ein im wesentlichen bedürfnis- und zielorientiertes Wesen beschrieben. Wahrnehmen und Handeln richten sich auf die im individuellen wie kulturellen Kontext aktuellen Bedürfnisse und Ziele aus. Der Schwerpunkt der psychologischen Erforschung menschlicher Verhaltensweisen der letzten Jahrzehnte liegt eindeutig in der Analyse zielgerichteter Systeme innerhalb der Mensch-Umwelt-Beziehung.

Zielgerichtetes Handeln und bedürfnisorientierte Verhaltensweisen gegenüber Natur und Umwelt sind zwar nicht dasselbe, aber sie bedingen sich gegenseitig. Sie sind in ihrer Genese nicht unabhängig voneinander zu verstehen und verstärken sich gegenseitig im alltäglichen Verhalten. Daraus ergibt sich die These, dass das, was in der Geschichte der Mensch-Umwelt-Beziehung immer wieder in den Vordergrund tritt, nämlich die starke Zweck- und Bedürfnisorientierung der Menschen, nicht als zeitbedingt, sondern als ein in unserem Kulturkreis zentrales Merkmal menschlichen Verhaltens bezeichnet werden muss. Dies wiederum wirft die Frage auf, ob denn der auf derartiges Verhalten fixierte Mensch nicht eine ständige Gefahr für das Weiterbestehen von Natur und Umwelt – und somit für sich selbst – darstellt. Ich meine, dass dies tatsächlich der Fall ist.

Selbstverständlich verfügt der Mensch noch über andere Möglichkeiten der Umweltbegegnung. Zu denken ist etwa an die Neugier und insbesondere an die Möglichkeit, das eigene Verhalten kritisch zu reflektieren und auf diesem Weg zu versuchen, sein Handeln auf Werte auszurichten, die über eine bloss egozentrische Bedürfnisbefriedigung hinausgehen.

2.1 Rezeptive Aktivität

An dieser Stelle soll etwas ausführlicher auf Erörterungen des Basler Psychologen Hans Kunz (1904 – 1982) eingegangen werden. Sie sind bis anhin unbeachtet geblieben und bilden meiner Meinung nach einen wichtigen Beitrag für die Frage nach neuen Impulsen für die Mensch-Umwelt-Beziehung.

Von der Phänomenologie (Merleau-Ponty 1966) ausgehend, hat Kunz zögernd und vorsichtig in immer neuen Anläufen versucht, sich dem Thema der alltäglichen Wahrnehmung zu nähern. Dabei war es nicht zuletzt die persönliche intensive Auseinandersetzung mit der Pflanzen- und Tierwelt – Kunz galt als einer der besten Pflanzenkenner Mitteleuropas (Pongratz u.a. 1972) –, die ihm die menschliche Wahrnehmung zu einem besonderen Anliegen gemacht hat. Die diesbezüglichen Überlegungen wurden von Kunz selbst nicht veröffentlicht. Die folgenden Bemerkungen stützen sich auf Vorlesungsnotizen, die in einem Nachruf zu Hans Kunz veröffentlicht wurden (Hüttenmoser 1982).

Kunz wendet sich gegen die Überbetonung des gedanklichen Anteils an der Wahrnehmung, wie dies in der Geistesgeschichte seit den Griechen der Fall ist. Mit dem eigenen Ansatz wollte er erkunden, «was an Wahrnehmbarem beobachtbar und erlebbar ist, sowohl im Hinblick auf das eigene wie auf das fremde Verhalten» (ebd. S. 311). Hinter diesem Verständnis von Wahrnehmung steht «ein naiver Bezug zu den Dingen: im Wahrnehmungsvollzug selbst, der das Begegnende erscheinen lässt, ist die Meinung impliziert, dass das Erscheinende, so wie es erscheint, auch ist» (ebd. S. 311).

Für unsere Fragestellung entscheidend ist die Unterscheidung unterschiedlicher Ausrichtungen innerhalb der menschlichen Wahrnehmung. So sind gemäss phänomenologischer Tradition in Wahrnehmungen praktisch immer auch Bedeutungen enthalten, die idealer, vitaler oder expressiver Art sind. Wir bringen Wahrnehmungen mit bestimmten Inhalten, zum Beispiel sprachlich-idealer Art («Rabe», «Möwe»), vitaler («essbar») oder gefühlsmässiger Art («Angst») in Verbindung. Am Grund dieser auf Bedeutungsgehalte ausgerichteten Wahrnehmungen lässt sich nun nach Kunz ein rezeptiver, das heisst auf das Ding selbst ausgerichteter «Kern» feststellen. Im alltäglichen Wahrnehmungsfluss sind jedoch die verschiedenen Ausrichtungen miteinander engstens verflochten und lassen sich kaum auseinanderhalten.

Die Geistesgeschichte hat nun immer jenen Aspekt der Wahrnehmung hervorgehoben, der im produktiven Sinne den Dingen Bedeutungen und Begriffe zumisst. Die Fähigkeiten des Menschen zur Rezeption der Dinge, d.h. zur Betrachtung der Dinge, ohne ihnen bereits bestimmte Inhalte, Zwecke, Begriffe zuzuschreiben, wurde zumeist übersehen oder als bloss passives Hinnehmen abgewertet. Dagegen wehrt sich Kunz. Immer wieder hebt er hervor, dass richtig verstandene Rezeptivität eine besondere Leistung beinhalte. Kunz spricht deshalb von «rezeptiver Aktivität» (ebd. S. 314 ff.). In zahllosen Formulierungen umschreibt er, dass es sehr einfach sei, Objekte, die einem begegnen, gleich in einen vertrauten geistigen oder vitalen Kontext einzuordnen und alles andere zu übersehen: «Vom Denkzwang genötigt, schreiben wir auch noch schlecht erkennbaren Gegenständen (z. B. in der Dämmerung) eine Bedeutung zu» (ebd. S. 312), oder: «Die idealen Bedeutungsgehalte errichten einen Schleier, eine Wand zwischen uns und den Gegenständen» (ebd. S. 312).

Die Analyse der alltäglichen Prozesse der Wahrnehmung, wie sie Hans Kunz beschrieben hat, gibt uns wichtige Hinweise für unsere Frage, wie zweckorientiertes Verhalten und Handeln im Alltag verankert ist.

Wir nehmen im Alltag vieles wahr, und rezeptive Aktivität ist zumindest ansatzweise immer auch am Werk. Aber wir schweben zumeist über die Dinge hinweg und greifen aus der grossen Fülle all dessen, was uns umgibt, jene Dinge und von diesen wiederum nur jene Aspekte heraus, die für das momentane Tun, den aktuellen Handlungsablauf und die mit ihm verbundenen Ziele von Bedeutung sind. (Wenn ich bei der Essensvorbereitung Kartoffeln schäle, interessiert mich die Farbe der Kartoffeln kaum, hingegen die schwarzen Punkte in der Schale schon, weil ich sie mit der Spitze des Rüstmessers herausheben muss.)

Auf unsere Fragestellung bezogen heisst dies: Die immer wieder festgestellte Zweck- und Bedürfnisorientierung menschlichen Verhaltens, die ein zentrales Problem unserer eigennützigen und zerstörerischen Beziehung zur Umwelt darstellt, ist zutiefst in unserer Wahrnehmung verankert und prägt den Prozess der alltäglichen Wahrnehmung wesentlich. Dies ist eine Feststellung, keine Wertung, denn für vieles, was wir im Alltag tun – und sei es nur Kartoffelschälen – sind «über die Dinge hinweggleitende» Prozesse der Wahrnehmung unabdingbar. Geht es hingegen darum, der Umwelt, den Dingen, Pflanzen und Tieren in der Natur mehr Aufmerksamkeit zu schenken, sich ihnen umfassender zuzuwenden und ihnen somit auch einen anderen Stellenwert zu geben, so erhält das, was Kunz als *rezeptive Aktivität* bezeichnet hat, eine grundlegende Bedeutung.

2.2 Rezeptive Aktivität und menschliche Entwicklung

Was Kunz unter *rezeptiver Aktivität* versteht, möchte ich im folgenden an einem Beispiel erläutern und zugleich durch eine entwicklungsmässige Dimension ergänzen.

> *Eva (8 Monate) wird dabei beobachtet, wie sie einen gelb-rot gestrichelten Apfel (Gravensteiner) ergreift. Sie öffnet die Hand und macht eine Greifbewegung Richtung Apfel. Sie betastet ihn, fährt den rot-gelben Streifen nach, hält ihn mit beiden Händen fest und führt ihren Mund an ihn heran. Die Lippenstellung weist darauf hin, dass es nicht darum geht, in den Apfel hineinzubeissen, sondern ihn mit den Lippen abzutasten. Ob Eva hineinbeissen wird oder nicht, bleibt offen ...*

Vergegenwärtigt man sich eine vergleichbare Situation mit grösseren Kindern oder Erwachsenen, so steht für diese ein Apfel normalerweise in einem bestimmten zweckorientierten Kontext. Mit den Augen und möglicherweise durch ein leichtes Antippen mit den Fingerspitzen wird geprüft, ob der Apfel die richtige Reife erreicht hat, um dann, je nach Ergebnis der Prüfung und der Stärke des momentanen Bedürfnisses, hineinzubeissen oder den Apfel wieder hinzulegen.

Das Beispiel zeigt, dass die Art und Weise, wie ein kleines Kind einem Apfel begegnet, noch offen ist. Das Kind lässt sich von den Gegebenheiten anregen, die es wahrnimmt: Es fährt den rot-gelben Strichen nach, rollt den runden Apfel weg etc. Die gleiche Art offener Verhaltensweisen finden wir bei Kindern, wenn sie die Eigenschaften bestimmter Objekte der üblichen Funktionszuordnung entgegen spielerisch nutzen (Langeveld 1968). Demgegenüber ist das zweckorientierte, zielstrebige Verhalten der grösseren Kinder oder der Erwachsenen gegenüber den Dingen zumeist geschlossen und vielfach blind gegenüber Merkmalen und Erkenntnissen, die über den zweckorientierten Kontext hinausweisen.

Es ist für grössere Kinder oder Erwachsene allerdings kein Problem, sich in die Art und Weise der Umweltbegegnung, wie sie die kleine Eva zeigt und wie sie allen kleinen Kindern eigen ist, einzufühlen. Als Erwachsene tun wir das auch spontan, wenn wir uns mit kleinen Kindern beschäftigen und dabei merken, dass sie sich die zweckorientierte Sicht der Erwachsenen noch nicht zu eigen gemacht haben.

2.3 Rezeptive Aktivität und kreative Partnerschaft

Ein weiterer, von Kunz ebenfalls erwähnter «Nebeneffekt» der rezeptiven Aktivität soll hier kurz erwähnt werden: die Kreativität.
«Durch unser Vertraut-Sein mit der Welt», vermerkte Kunz in seinen
Vorlesungen, «kommen wir kaum mehr zu Entdeckungen, weil wir
uns mit oberflächlichen Begriffen zufrieden geben» (Hüttenmoser
1982, S. 312).

Die offene Begegnung der kleinen Eva mit dem Apfel kann unge-
ahnte – aus der Sicht der Eltern erwünschte und unerwünschte –
Folgen haben. Eva könnte zum Beispiel am Schluss alle erreichbaren
Äpfel anbeissen, oder mit ihnen eine Art Bocciaspiel veranstalten
etc. Auf jeden Fall sind die Aktivitäten, die sie mit den Äpfeln ergreift, im Vergleich zu uns Erwachsenen anders. Kleine Kinder sind
kreativ, Erwachsene im Alltag hingegen zumeist nur zielstrebig und
vergleichsweise phantasielos.

Dass auch Erwachsene durchaus zu Aktivitäten, die wesentlich auf
der erwähnten Rezeptivität aufbauen, fähig sind, lässt sich im Bereich der Kultur vielfältig belegen.

Wenn ein Maler einen Apfel sieht, der ihn anspricht, so löst dies bei
ihm berufsspezifische, zweckorientierte Verhaltensweisen aus. Er
greift zum Bleistift, zu Pinsel und Palette und beginnt, je nachdem,
wie er es gelernt und geübt hat, zu zeichnen und zu malen. Zu verschiedenen Zeiten gab es für den handwerklichen Prozess der Bild-
herstellung unterschiedliche Konventionen. In der Renaissance zum
Beispiel war es die spiegelglatte Oberfläche des Tafelbildes, erreicht
durch verschiedene lasierend aufgetragene Farbschichten, die die
Farbigkeit der dargestellten Objekte voll durchscheinen lassen und
bestrebt ist, die Ölfarbe als konsistente Masse zu überspielen. Auch
für diese Art konventioneller Arbeitsprozesse gilt, dass sie, ähnlich
wie das Alltagsverhalten des Menschen, nicht wirklich auf die Objekte eingehen bzw. nur insoweit, als dies die konventionelle Hand-
lungsweise vorsieht.

Wenn heute ein Maler bzw. Bildgestalter ein Bild herstellt, so fehlen
derartige Konventionen weitgehend. Was ist geschehen? Prozesse,
die wir zuvor als rezeptive Aktivität bezeichneten, haben im Laufe
der Zeit die auf bestimmte Konventionen hin ausgerichteten Arbeitsprozesse zersetzt. Statt mit der Malweise etwa eine spiegelglatte Bildoberfläche anzustreben, öffneten sich bestimmte Maler

bei der Arbeit den Besonderheiten der Farben, so wie sie als konsistente Massen auf der Palette liegen. Sie bemerkten und spürten die besonderen Qualitäten der Farbmassen. Sie realisierten dabei, wie gut die beim Tun geweckten Gefühle in Form energischer oder sehr feiner Pinselstriche im Bild zum Ausdruck gebracht werden können. So geschehen bereits bei Tizian, Tintoretto, später bei Delacroix sowie vielen jüngeren Meistern der Malerei (Hüttenmoser 1974; 1980).

Ähnliche Prozesse lassen sich auch in der Musik feststellen, etwa bei der Entstehung der Instrumentalmusik, wo einzelne Klänge oder Tonschritte und die Besonderheiten der verschiedenen Instrumente den Musiker dazu anregten, sich allmählich aus dem Zwang der Nachahmung oder blossen Begleitung der Vokalmusik zu befreien (Hüttenmoser 1996b).

Unter den Malern kann Paul Klee als grosser Meister dieser auf «rezeptiver Aktivität» beruhenden Gestaltungsweise bezeichnet werden. Wenn Klee ein Bild malte, begann ein offener kreativer Prozess mit verschiedensten Arbeitsmaterialien. Ideen und Vorstellungen verknüpften sich mit dem, was er bei der Arbeit unmittelbar vor sich hatte, oder gingen oft von den Arbeitsmaterialien selbst aus. Im Bild «Das Auge» aus dem Jahre 1938 hat Klee zum Beispiel ein Stück Sacktuch und Pastellkreiden verwendet. Die Knoten und Weblinien des Sacktuches werden durch die Anlage der Komposition nicht überspielt, sondern zusätzlich betont. Die Farbflächen sind nur leicht über die Struktur des Sacktuches hingelegt, so dass letztere durchschimmert und dem Ganzen eine Einheit gibt. Der ausgefranste Rand des Gewebes wird hervorgehoben und so bearbeitet, dass er zum Rahmen des Bildes wird (Abbildung bei Spiller 1970, Umschlag).

Die hier skizzierte Arbeits- und Verhaltensweise beruht auf einer *kreativen Partnerschaft* mit der Welt, den Dingen, dem Material. Eva und die meisten kleinen Kinder gehen spontan eine solche Partnerschaft ein, Klee und viele Meister der Malerei und Musik haben dank ihr viele Meisterwerke geschaffen.

«Kreative Partnerschaft mit der Umwelt» ist eine mit einer bestimmten Ausrichtung unserer Wahrnehmung verknüpfte Einstellung, zu der wir alle fähig sind und deren Grundlage letztlich im Wahrnehmungsprozess selbst verankert ist. Sie setzt ein aktives Eingehen auf das umweltlich Gegebene im Sinne der skizzierten rezeptiven Aktivität voraus. Dabei handelt es sich um eine Aktivität, die die jeweils aktuellen Bedürfnisse überschreitet. Bei kleinen Kindern gehört diese Art der Umweltbeziehung zum Spontanverhalten. Für grössere Kinder und Erwachsene bedeutet sie «Arbeit», das heisst die Bereitschaft, eine bestimmte Einstellung und Denkweise einzunehmen, sich wahrnehmungsmässig auf etwas einzulassen, das den individuellen bedürfnisorientierten Horizont überschreitet.

«Kreative Partnerschaft» erfordert bestimmte Verhaltensweisen und eine bestimmte Einstellung, die für die Lösung sowohl alltäglicher wie auch allgemeiner Probleme mit der Umwelt von grosser Bedeutung sind. Im Umweltbereich könnte etwa auf das Beispiel des Baus von Dämmen im Anschluss an Überschwemmungen verwiesen werden. Ein rezeptiv-aktives Eingehen auf die Natur, das Studium der Wasserläufe, wie sie sich über Jahrhunderte hinweg ergeben haben, und die auf solchen Prozessen aufbauende kreative Partnerschaft führen zu neuartigen, im Moment möglicherweise wenig renditeträchtigen, dafür aber weit dauerhafteren Lösungen.

3. Forderungen und Massnahmen

Historische, anthropologische und psychologische Erkenntnisse zeigen, dass der Mensch zutiefst durch ein ziel- und zweckorientiertes Verhalten geprägt ist. Das heisst, er wird, sofern die Gesellschaft diesem Verhalten keine bedeutenden Widerstände, Regeln, Konventionen und Werte entgegensetzt, immer dazu neigen, Natur und Umwelt zur Erfüllung individueller Bedürfnisse auszunützen.

Das Erkennen der menschlichen Grundausrichtung und ein Akzeptieren der damit verbundenen Grenzen unseres Seins können in der Umweltdiskussion und bezüglich der Durchsetzung von Massnahmen zu einer wichtigen Entkrampfung führen. Die Erwartungen sind nicht zu hoch anzusetzen. Statt aber eine «freie Fahrt für freie Bürger» zu propagieren, muss vom Grundsatz ausgegangen werden, dass Freiheit nur innerhalb der Grenzen des menschlichen Seins und somit nur mit wesentlichen Einschränkungen möglich ist. Konsequenzen aus dieser Ausgangsposition ergeben sich, was jüngere Kinder betrifft, auf zwei verschiedenen Ebenen. Es sind einerseits gesellschaftspolitische Massnahmen, die für ein Umfeld besorgt sein müssen, das den Kindern ein eigenständiges Hineinwachsen in die Welt und unsere Gesellschaft ermöglicht, andererseits müssen im individuell-erzieherischen Bereich Massnahmen ergriffen werden, die jene menschlichen Fähigkeiten hervorheben und fördern, die beim Kind und beim Erwachsenen einen partnerschaftlichen Umgang mit der Umwelt stärken.

3.1 Gesellschaftspolitische Massnahmen

- Die Situation, in die Kinder heute gegenüber Natur und Umwelt hineingestellt werden, sind durch derart grosse Widersprüche geprägt, dass Lernprozesse oft unmöglich und die Wege zu einer neuen Beziehung zur Umwelt verbaut bleiben. Eine widerspruchsfreie Beziehung zu Natur und Umwelt ist umgekehrt nicht möglich, aber die Diskrepanzen müssen so reduziert werden, dass Lernprozesse nicht blockiert sind.
- Jüngere Kinder wachsen heute in eine Umwelt hinein, die es ihnen weitgehend verunmöglicht, selbständig Erfahrungen zu machen. Diese bilden aber eine entscheidende Voraussetzung für den Aufbau einer sinnvollen Umweltbeziehung. Versperrt wird den Kindern der eigenständige Zugang zur Umwelt vor allem durch den privaten Motorfahrzeugverkehr. Er beraubt die Kinder in der Stadt genau so wie auf dem Land der eigenständigen Mobilität. Die Lösung des Problems ist einfach. Sie heisst Schrittempo im Wohnumfeld, «Tempo 30» generell innerorts und schrittweise Rückführung natürlicher Elemente in die Wohnumwelt.
- Die Strukturen und Institutionen unserer Gesellschaft müssen so gestaltet sein, dass sie die ausgeprägte Tendenz des Menschen zur egozentrischen Befriedigung persönlicher Bedürfnisse und zum unersättlichen Konsum in sinnvollen Grenzen halten. Vor allem dürfen sie diese, wie es derzeit der Fall ist, nicht zusätzlich anheizen. Nur durch solche Bestrebungen werden langfristig das Zusammenleben mit anderen Menschen und der Erhalt natürlicher Umwelten ermöglicht.

Die heute mehr denn je massgebende Tendenz, sich einseitig auf die nach immer mehr Gewinn strebende Marktwirtschaft auszurichten, steht grundsätzlich im Widerspruch zu den hier aufgestellten Forderungen. Jüngere Kinder stehen im Zentrum marktwirtschaftlicher Strategien. Die Fernsehwerbung, die bereits jüngere Kinder auf intensive Weise anspricht, ermöglicht es, im Laufe der Zeit aus jüngeren Kindern willige, ja süchtige Konsumenten zu formen. Das Fernsehen sendet zudem täglich völlig widersprüchliche Botschaften an die Kinder und wird somit zu jener gesellschaftlichen Instanz, die für das Auseinanderklaffen von Umweltbewusstsein und tatsächlichem Handeln im Alltag eine grosse Verantwortung trägt. Konkret mündet dies in die Forderung, dass das Fernsehen endlich Verantwortung wahrnehmen muss, etwa indem es die Fernsehwerbung im kinderorientierten Vorabendprogramm streicht und/oder ein eigenes werbefreies Kinderprogramm schafft.

3.2 Vorschläge im individuell-erzieherischen Bereich

Zu den Vorschlägen im individuell-erzieherischen Bereich gehört zunächst, dass Erwachsene und Kinder lernen, ihre Interessen bezüglich Natur und Umwelt offenzulegen. Die dabei hervortretenden Konflikte müssen diskutiert und gegeneinander abgewogen werden. Entscheidend ist , dass in dieser Diskussion Natur und Umwelt zu eigenständigen Partnern werden. Dies wiederum bedarf der rezeptiven Aktivität. Nur durch eine Öffnung unserer Wahrnehmung gegenüber den Dingen in der Umwelt, ihren Besonderheiten, ihren Interessen und Zielen kommen die Dinge auf neue Weise in unseren Blick. Rezeptive Aktivität wiederum führt zur kreativen Partnerschaft mit der Umwelt, wobei diese nicht nur ein hervorragendes Mittel ist, um Umweltprobleme anzugehen, sondern dem Menschen auch eine hohe innere Befriedigung verschafft.

Die erwähnten Massnahmen im individuell-erzieherischen Bereich können unter dem Stichwort der *Mitwelterziehung* zusammengefasst werden. Das heisst, es wird eine Ausweitung dessen angestrebt, was bis anhin unter dem Begriff der Sozialerziehung verstanden wurde. Das «Ich» und das «Du» sollen durch das «Es» erweitert bzw. bereichert werden, wobei das «Es» stellvertretend Natur und Umwelt umfasst.

4. Theorie und Praxis

Was hier an Massnahmen abstrakt formuliert wurde, erweist sich im Alltag als durchaus praktikabel. Mit etwas Phantasie lassen sich die verschiedenen Forderungen ohne weiteres im Alltag umsetzen, sei dies nun in der Familie, in der Krippe, im Kindergarten, in der Schule oder auch im Rahmen der Elternbildung.

Wenn zum Beispiel die Väter ihren Kindern im Gespräch erklären würden, warum sie täglich mit dem Auto und nicht mit dem öffentlichen Verkehrsmittel zur Arbeit fahren und welche Interessen sie dabei verfolgen ...

Wenn die Mütter ihren jungen Töchtern oder Söhnen erklärten, warum sie dieses oder jenes so tun und nicht anders ... Nur ein gutes Vorbild zu sein genügt nicht. Zum Beispiel: Wieso nehme ich als Mutter heute ausnahmsweise das Auto zum Einkaufen? Es ist ein leichtes, selbst dem noch kleinen Kind auf handfeste Art einsichtig zu machen, dass die schweren Getränkeharassen nicht zu Fuss nach Hause transportiert werden können.

Wenn in der Familie, aber auch im Kindergarten und in der Schule in praktischen Fragen unter partnerschaftlichem Einbezug der Umwelt nach Lösungen gesucht wird, dann wird bei den Kindern der Boden für das eigene kreativ-umweltfreundliche Verhalten vorbereitet. Zugleich wird der Erzieher oder die Erzieherin gefordert, das eigene Verhalten immer wieder ernsthaft zu prüfen.

Ein Hase springt – um ein letztes Beispiel zu erwähnen – frei im Kindergartenraum herum. Einzelne Kinder streiten sich von Zeit zu Zeit darum, wer den Hasen streicheln darf. Die Kindergärtnerin greift ein und diskutiert mit den Kindern. Gemeinsam wird beschlossen, dass von jetzt an jeder Tag ein anderes Kind für die Pflege des Hasen zuständig sein wird. – So in etwa die Lösung, die im Rahmen der klassischen Sozialerziehung angestrebt wird. Der aktive Einbezug eines dritten Partners in den Konflikt, nämlich des Hasen, führt weiter: Die Kinder werden angeregt, das Verhalten des Hasen aktiv zu beobachten. Sie entdecken, dass dieser, wenn verschiedene Kinder ihn streicheln wollen, davonspringt und sich unter Stühlen und Bänken verkriecht. Die kreativ-umweltbezogene Lösung könnte in der Folge dazu führen, dass zusätzlich zur täglichen Aufteilung der Verantwortung für den Hasen an ein einzelnes Kind die Kinder entscheiden, dem Hasen

eine eigene Höhle im Kindergarten zu bauen, oder dass sie sich,
wenn sich der Hase auch mit der eigenen Höhle nicht zurechtfin-
det, dazu durchringen, ganz auf das Halten eines Hasen im Kin-
dergarten zu verzichten.

Was hier aus der Praxis berichtet wird, ist gewiss keine Wende und
noch weniger eine grosse, kopernikanische oder paradigmatische
Wende. Die verschiedenen Wenden, wie sie in der Umweltdiskussion immer wieder gefordert wurden, reichen ins Unermessliche.
Sie endeten bis heute alle wie ein Schlag ins Wasser. Das hier vorge-
stellte Konzept fordert weniger eine Wende, sondern andauernde
Bemühungen um Natur und Umwelt innerhalb der Möglichkeiten
und Grenzen menschlicher Fähigkeiten und Neigungen. Ob die auf
diesem Weg zu erreichenden Veränderungen genügen, um die
Menschheit und vor allem unsere Kinder vor grösseren Katastrophen zu bewahren, bleibt offen. Diese Frage kann mit letzter Gewissheit niemand beantworten.

Literatur

Zum gleichen Thema erschien unter dem Titel «Das Spiel mit der Erde» in der Reihe
«Und Kinder» (Nr. 58) im Marie Meierhofer-Institut für das Kind eine Dokumentation
(siehe auch Hüttenmoser 1997). Diese enthält insbesondere zu den Themen «Ge-
schichte der Mensch-Umwelt-Beziehung» und «Geschichte der Umwelterziehung»
eine ausführliche Darstellung mit zahlreichen Literaturangaben.
Bauer T. 1998: Kinder, Zeit und Geld. Bericht zuhanden des Bundesamtes für Sozial-
    versicherungen. Bern: Büro für Arbeits- und sozialpolitische Studien BASS.
Begert R., Steinmann M. 1997: Kinder und Medien in der Schweiz. Bern: SRG For-
    schungsdienst (Typoskript).
Blinkert B. 1993: Aktionsräume von Kindern in der Stadt. Pfaffenweiler: Centaurus.
Fedor-Freybergh P. 1983: Psychophysische Gegebenheiten der Perinatalzeit als Um-
    welt des Kindes. In: Schindler S., Zimprich H. (Hrsg.): Ökologie der Perinatalzeit.
    Stuttgart: Hippokrates. S. 24-49.
Fritsch K. 1993: Über die menschliche Aneignung der Natur. Wien: ARGE.
Hollenweger J. 1989: Die Bedeutung pränataler Belastungen für die Verhaltensge-
    störten- und Lernbehindertenpädagogik. Lizentiatsarbeit an der Universität Zü-
    rich.
Hurst Ch. 1995: «Angst beherrscht die Geburtssituation». In: Tages-Anzeiger.
    25.10.1995. S. 25.
Hüttenmoser M. 1974: Die Beziehungen des Malers zu seinem Arbeitsmaterial und
    ihre Auswirkungen auf den Arbeitsprozess. Bde. 1-4. Dissertation an der Universi-
    tät Basel (Typoskript).
Hüttenmoser M. 1980: Vom Handeln des Malers und neuen Handlungstheorien (Ty-
    poskript).
Hüttenmoser M. 1982: Wider die Macher. Gedanken zum Tode von Hans Kunz. Die
    letzten Vorlesungen Herbst 1969 bis Frühjahr 1973. In: Schweizerische Zeitschrift
    für Psychologie und ihre Anwendungen. Jg. 41. Nr. 4. S. 309-317.

Hüttenmoser M. 1995: Veränderungen in den Bedingungen des Aufwachsens. Die Auswirkungen des «1950er Syndroms» auf den Alltag der Kinder. In: Pfister Ch. (Hrsg.): Das 1950er Syndrom. Bern, Stuttgart, Wien: Haupt. S. 265-286.

Hüttenmoser M. 1996a: Kein schöner Land. Ein Vergleich städtischer und ländlicher Wohnumgebungen und ihre Bedeutung für den Alltag und die Entwicklung der Kinder. In: Und Kinder. Nr. 54. Zürich: Marie Meierhofer-Institut für das Kind. S. 21-50.

Hüttenmoser M. 1996b: Lasciatevi toccare. Vortrag zum Thema «Englische Consortmusik und Malerei» auf Schloss Lenzburg. September 1996 (Typoskript).

Hüttenmoser M. 1997: Ich, du und es. Von der Umweltbeziehung zur Umwelterziehung. In: Und Kinder. Nr. 58. Zürich: Marie Meierhofer-Institut für das Kind. S. 7-37.

Hüttenmoser M., Degen-Zimmermann D. 1995: Lebensräume für Kinder. Nationales Forschungsprogramm «Stadt und Verkehr» (NFP 25). Bericht Nr. 70. Köniz: Edition Soziothek (Nachdruck).

Huwiler K. 1995: Herausforderung Mutterschaft. Bern: Huber.

Immler H. 1985: Natur in der ökonomischen Theorie. Teil 1. Opladen: Westdeutscher Verlag.

Langeveld M. J. 1968: Studien zur Anthropologie des Kindes. Tübingen: Max Niemeyer.

Markl H. 1986: Natur als Kulturaufgabe. Stuttgart: Deutsche Verlags-Anstalt.

Merleau-Ponty M. 1966: Phänomenologie der Wahrnehmung. Berlin: Walter de Gruyter.

Pongratz L. J., Traxel W., Wehner E. G. (Hrsg.) 1972: «Hans Kunz». Psychologie in Selbstdarstellungen. Bern etc.: Huber: S. 126-158.

Schindler A. 1995: Stadt ohne Kinder. Köniz: Edition Soziothek.

Spiller J. 1970: Paul Klee. Unendliche Naturgeschichte. Basel: Schwabe.

Tages-Anzeiger vom 14. Mai 1997: Viel Vergnügen auf SF. S. 1; Kalberer G.: «Jugendfrei». S. 1; Mühlemann S.: «Leichte Kost auf Kanal 2». S. 7.

Und Kinder 1987/88: Kinderwunsch. Nr. 30 und 32. Zürich: Marie Meierhofer-Institut für das Kind.

Und Kinder 1988: Pränatale Psychologie. Nr. 35. Zürich: Marie Meierhofer-Institut für das Kind.

Und Kinder 1990a: «Verspo(t)tete Kinder». Nr. 38. Zürich: Marie Meierhofer-Institut für das Kind.

Und Kinder 1990b: «Ich habe Angst». Nr. 40. Zürich: Marie Meierhofer-Institut für das Kind.

Und Kinder 1994: «Verschaukelte Kinder». Nr. 49. Zürich: Marie Meierhofer-Institut für das Kind.

Zeiher H. J., Zeiher H. 1994: Orte und Zeiten der Kinder. Weinheim, München: Juventa.

Umweltängste Jugendlicher und daraus resultierende Konsequenzen für die Umweltbildung

ULRIKE UNTERBRUNER

Zahlreiche Studien belegen eine besondere Sensibilität von Kindern und Jugendlichen für Umweltprobleme. Umweltthemen und der Schutz der Umwelt werden als interessant und vorrangig eingeschätzt (vgl. z.B. Braun 1983; Langeheine, Lehmann 1986; Gebauer 1994; Institut für empirische Psychologie 1995). Bemerkenswert ist die grosse Emotionalität, die mit diesen Themen einhergeht. Jugendliche äussern in einem beträchtlichen Ausmass Sorgen und Ängste aufgrund gegenwärtiger und vor allem zukünftiger Umweltzerstörung. Wie sollen Erwachsene damit in familiären, schulischen und ausserschulischen Kontexten umgehen? Welche Konsequenzen sind besonders für die Umweltbildung zu ziehen?

1. Ängste vor Umweltzerstörung und Krieg

Bereits Mitte der 80er Jahre konnten Petri u.a. (1986) in ihrer bundesweiten Studie aufzeigen, dass sich deutsche Jugendliche im Gegensatz zu amerikanischen beträchtliche Sorgen um den Frieden machen und Angst vor einem möglichen Krieg artikulieren. Auf die Frage «Jeder Mensch hat vor irgend etwas Angst. Wir möchten von dir wissen, wovor du persönlich die meiste Angst hast» wurde von den Jugendlichen als häufigste Antwort Krieg bzw. Atomkrieg gegeben, gefolgt von der Sorge um die eigene Gesundheit. Zu diesem Zeitpunkt rangierte die Sorge um Natur und Umwelt im Mittelfeld. Drei Jahre später war die Kriegsangst bei den deutschen Jugendlichen immer noch an der ersten Stelle, hatte sich aber entsprechend der politischen Entspannung deutlich verringert. Die Angst vor Umweltzerstörung hingegen hatte beträchtlich zugenommen, sie nahm bereits den zweiten Platz ein (Fromberg u.a. 1989). Eine ebenfalls 1988/89 durchgeführte Untersuchung mit österreichischen Jugendlichen kam zu sehr ähnlichen Ergebnissen: Die Ängste hinsichtlich Krieg, Krankheit, Umweltzerstörung nehmen die ersten drei Ränge ein (Unterbruner 1991). Bei der zweiten deutschen Nachuntersuchung (Boehnke, Macpherson 1993; Längsschnittstudie) nannten die Befragten Umweltprobleme als wichtigste Sorge, gefolgt von der Sorge um die eigene Gesundheit und um den Frieden. Österreichische Jugendliche, die im Zeitraum 1994/95 mit diesem Fragebogen konfrontiert waren, nannten am häufigsten zu fast gleichen Teilen die Angst vor Krieg, Krankheit und Umweltzerstörung. Der im Vergleich zu Deutschland relativ hohe Wert bei der Kriegsangst ist vermutlich im Zusammenhang mit dem Krieg in Ex-Jugoslawien zu sehen.

Noch deutlicher fallen diesbezügliche Ergebnisse bei der Goldenring-Doctor-Skala (vgl. Goldenring, Doctor 1986; Petri u. a. 1986; Unterbruner 1991; Boehnke, Macpherson 1993) aus, bei der Selbsteinschätzungen von Ängsten hinsichtlich bestimmter potentieller Bedrohungen auf einer Ratingskala abgegeben werden sollen. 20 Items setzen sich aus sogenannten persönlichen Ängsten wie Tod der Eltern, eigenes Aussehen oder Geldnot der Familie, und fünf sog. politischen Ängsten wie Atomkrieg, Umweltzerstörung, AKW-Unfall, Hunger in der Welt und Überbevölkerung zusammen.

War vor 12 Jahren die Sorge wegen eines Atomkrieges der Spitzenreiter, ist dies jetzt schon seit mehreren Jahren – in Deutschland wie auch in Österreich – die Sorge um die Umwelt, gefolgt von einem möglichen AKW-Unfall. Sogenannte persönliche Ängste sind nur den Tod der Eltern betreffend im Spitzenfeld. Mädchen äussern durchwegs mehr Ängste als Jungen.

Zu ähnlichen Ergebnissen kommt Hurrelmann (1992): Er untersuchte eine repräsentative Stichprobe 12- bis 17jähriger aus Nordrhein-Westfalen zum Themenbereich «politische Ängste». Die Jugendlichen sollten einerseits einschätzen, wieviel Angst ihnen die einzelnen Probleme machten, und andererseits angeben, für wie wahrscheinlich sie deren Eintreten hielten. Zwei Drittel der befragten Jugendlichen äusserten (sehr) grosse Angst vor der Zunahme der Umweltzerstörung und ebenso viele von ihnen hielten das Auftreten von Umweltproblemen für (sehr) wahrscheinlich. 60% der Jugendlichen hatten Angst vor einem Atomkraftwerksunfall, 33% hielten diesen für wahrscheinlich. Vertrauen in die Technik und ein hohes Unsicherheitspotential standen sich hier gegenüber. Fast der Hälfte der Jugendlichen bereitete ein möglicher Krieg in Europa Sorgen, 18% hielten ihn für wahrscheinlich. Die Diskrepanz zwischen subjektiver Angst und geschätzter Ereigniswahrscheinlichkeit ist bei diesem Thema am grössten. Wirtschaftskrisen, zunehmende Arbeitslosigkeit hingegen werden gesamtgesellschaftlich von den Jugendlichen wahrgenommen, offensichtlich aber für sie selbst nicht als zutreffend eingeschätzt. Auffallend sind im weiteren eine grosse Skepsis gegenüber Politikern und Parteien sowie eine stark eingeschränkte Bereitschaft, sich politisch zu engagieren.

Untersuchungen im unmittelbaren Zusammenhang mit Ereignissen wie zum Beispiel dem Reaktorunfall in Tschernobyl, Beeinträchtigungen durch Smog in Grossstädten oder Radonbelastung in ehemaligen DDR-Bergbaugebieten bestätigen Angst und andere emotionale Reaktionen von Jugendlichen und Erwachsenen (Böhm u.a. 1989; Ruff 1989; Aurand u.a. 1993; Hazard 1993). Aber auch ohne derartige konkrete Anlässe sind Ängste vor Umweltkatastrophen bei zahlreichen Kindern und Jugendlichen vorhanden, wie etwa eine Befragung von Schülerinnen und Schülern von 4., 7. und 10. Klassen in den neuen und alten Bundesländern Deutschlands durch die Arbeitsgruppe Sozialökologie des Leipziger Umweltinstitutes zeigt (Kasek 1993).

2. Zukunftsvorstellungen

Interessante Aspekte kommen zur Sprache, wenn Jugendliche hinsichtlich ihrer Zukunftsvorstellungen befragt werden. Ich habe im Zeitraum 1988/89 mit 300 14- bis 16jährigen Jugendlichen eine derartige Erhebung gemacht, bei der ich sie einlud, einen Phantasiespaziergang in eine Welt in 20 Jahren zu unternehmen (Unterbruner 1989; 1991). Von 1994 bis 1996 habe ich dieselbe (gelenkte) Phantasiereise immer wieder auch mit einzelnen Schulklassen auf Einladung von Lehrern bzw. im Rahmen von unterschiedlichen Unterrichtsprojekten durchgeführt (vgl. z.B. Unterbruner, Pilshofer 1997; Unterbruner 1998) und bin daher in der Lage, Trends hinsichtlich weiterer Entwicklungen zu formulieren.

Diese Phantasiereise wurde auch von Hirsch Hadorn u.a. (1996) als Erhebungsinstrument aufgegriffen und mit Schweizer Jugendlichen im Alter von 15 bis 20 Jahren durchgeführt.

Die Jugendlichen wurden gebeten, sich zu entspannen, die Augen zu schliessen und in ihrer Phantasie den Anleitungen zu folgen: Sie sollten aus dem jeweiligen Raum hinausgehen und auf einen Weg gelangen, der sie zu einem Tor führt. Dahinter ist die Zeit bereits 20 Jahre voraus. Sie öffnen das Tor und betreten die zukünftige Welt, die sie sich anschauen, aber nicht verändern sollen. Die Jugendlichen erhielten dann in der Folge nur einige richtunggebende Impulse: Vielleicht bist du auf dem Land oder in der Stadt; vielleicht triffst du Menschen; vielleicht kannst du etwas hören oder riechen. Im Anschluss daran malten die Jugendlichen ein Bild (mit Filzstiften auf Glasdiarahmen), das die zukünftige Welt konkret oder abstrakt wiedergeben sollte, und erläuterten es. Hirsch Hadorn u.a. (1996) baten die Jugendlichen, einen Aufsatz zu schreiben. In beiden Fällen wurden die mündlichen bzw. schriftlichen Aussagen der Jugendlichen inhaltsanalytisch ausgewertet.

2.1 Pessimistische Zukunftsbilder überwiegen

1988/89 erzählten 55% der Mädchen und Burschen gleichermassen von pessimistischen Visionen. Sie äusserten primär Sorgen bzw. Ängste wegen Naturzerstörung und Umweltverschmutzung. Ihre «Szenarien» waren dominiert vom Rauch der Fabriken und Kraftwerke, Wiesen waren Asphalt und Beton gewichen, Wälder gestorben, Autos verpesteten Stadt und Land, und die Luft zum Atmen war knapp geworden. Die Menschen dieser Welt sind des öfteren ein Spiegelbild dieser Situation: gestresst, abweisend, kontaktlos. «Keine Welt zum Leben!» resümierten viele von ihnen. In den letzten Jahren hat sich dieser Anteil auf etwa ein Drittel der Jugendlichen verringert, interessanterweise blieb der Anteil der Optimisten mit etwa einem Viertel der Jugendlichen aber gleich (vgl. Unterbruner, Pilshofer 1997; Unterbruner 1998). Zugenommen hat somit der Teil derjenigen Jugendlichen, die ambivalente Welten mit intakten wie auch zerstörten Elementen geschildert haben. Diese Ergebnisse entsprechen den Zukunftsbildern der Schweizer Jugendlichen: Ein Drittel der Mädchen und Burschen ist pessimistisch, ein Viertel optimistisch und ein weiteres Viertel ambivalent (Hirsch Hadorn u.a. 1996).

Auch bei den Optimisten ist auffallend, dass Natur einen zentralen Stellenwert hat: Hier ist die Welt grün, üppig, manchmal verwildert, oft gleicht sie einem Stück des «Gartens Eden». Die Flüsse und Seen sind sauber, die Luft klar und rein, Wiesen und Wälder laden zum Verweilen ein. Die darin lebenden Menschen sind häufig fröhlich und freundlich, manchmal haben sie wieder gelernt, mit der Natur in Harmonie zu leben, und nutzen moderne, umweltgerechte Technologien. In manchen dieser Szenarien aber gibt es keine Menschen (mehr).

Dazu einige Beispiele:

Abbildung 1:
«Ich habe viele grosse Hochhäuser und Strassen gesehen. Alles war
verbaut. Es waren nur wenig Leute auf der Strasse, aber viel Autos
und viel Staub. Was ich da vermisst habe, das waren die Wiesen und
die Tiere, die hat es da einfach nicht mehr gegeben. Ich bin in der
Phantasie über diese Welt geflogen und habe mir gedacht: Wenn es
in 20 Jahren so ausschaut, dann möchte ich nicht leben. Weil mir
würde alles abgehen, was wir jetzt draussen in der Natur haben.»
(Mädchen, 13 Jahre; aus: Unterbruner 1989, S. 15).

> *«Meine Phantasie-Zukunft war sehr zwiespältig es gibt dort eine*
> *Klassengesellschaft, einige wenige leben gut auf Kosten der*
> *anderen. Die Natur ist weitgehend zerstört, die wenigen erhalte-*
> *nen Flecken unnatürlich schön und trotzdem arm an Tieren. Man*
> *sieht nur wenige Menschen unterwegs. Die Technik ist sehr weit*
> *fortgeschritten, sie bestimmt einen grossen Teil des Lebens. Die*
> *meisten leben in grosser Armut und Not, versteckt in zerstörten*
> *Grossstädten. Die Reichen bewegen sich in High-Tech-Schwebe-*
> *gleitern fort, die Armen laufen, oder bewegen sich auf den weni-*
> *gen vorhandenen Reittieren. Viele der Armen sind verunstaltet*
> *und krank.*
> *Als ich die Türe hinter mir schliesse, bin ich froh. In einer solchen*
> *Zukunft zu leben würde mich erschrecken. Das Leben würde zu*
> *einem Überlebenskampf werden, was den Sinn in Frage stellen*
> *würde.»*
> *(Junge, 18 Jahre; aus: Hirsch Hadorn u. a. 1996, S. 405).*

Abbildung 2:
«Bei meinem Tor gab es rundherum Wiese. Das Tor war ein Steintor und ... dann war da so eine Art Lichtschicht, eine Laserschicht. Auf meinem Bild ist rechts der Weg und daneben ein Mensch. Ich habe nicht viele Menschen getroffen. Ich glaub, er war der einzige. Und der schaut nicht so glücklich drein. ... Ich habe auch nur ganz wenige Autos gesehen. Neben dem Auto ist ein Haus, das ziemlich schäbig ausschaut. Die Häuser waren dort alle ziemlich schäbig ... Das Wetter war auch nicht so besonders, es war wechselhaft. In dieser Welt möchte ich nicht leben! Frage: Hast du eine Idee, warum die Häuser schäbig waren? Ja. Ich glaube, dass die Leute wegziehen von hier und dass überhaupt nur mehr ganz wenige Leute da wohnen und keiner kümmert sich drum. Frage. Warum sind sie weg? Ich weiss auch nicht. Wegen Katastrophen oder so.»
(Junge, 14 Jahre; aus: Unterbruner, Pilshofer 1997, S. 36).

«... Da war ein schönes Dorf, und auf dem Weg haben Kinder spielen können, also mitten auf dem Weg! Autos durften da nicht fahren. Und die Kinder haben Ballspiele gemacht. Das Dorf war voll von kleinen Kindern.... Die Kommunikation zwischen den Leuten wird sehr wichtig genommen – nicht, dass da ein Häuserblock ist, und man kennt seine Nachbarn nicht. Sondern: Häuser, die in der Natur stehen und Grünflächen, die viel Platz für die Kinder bieten.»
(Mädchen, 16 Jahre; aus: Unterbruner 1991, S. 19).

«Ich war in einer wunderschönen Frühlingslandschaft, mit blühen-
den Bäumen, Hügeln, Vögeln, blauer Himmel ... usw. Ich bin dort
allein durchspaziert und habe einfach die Stille und die Natur
genossen, alles war intakt.»
(Mädchen, 17 Jahre; aus: Hirsch Hadorn u.a. 1996, S. 401).

2.2 Ambivalenz gegenüber Industrie und Technik

In den Erläuterungen zur Phantasiereise thematisierten die Jugendlichen auch ihr Verhältnis zu Technik und Industrie. Die Darstellungen lassen sich weitgehend nach zwei Grundmustern einordnen: Einer grossen Skepsis gegenüber Industrie, Technik oder dem
technischen Fortschritt im allgemeinen steht futuristisch getönter
Technikoptimismus gegenüber. Diese negative Bewertung überwiegt in Übereinstimmung mit anderen Jugendstudien wie z.B. der
IBM-Jugendstudie '95 (Institut für empirische Psychologie 1995),
der zufolge 61% meinen, dass Technik und Chemie die Umwelt zerstören werden. Zu ergänzen sind hier neuere Untersuchungen über
die Einstellungen Jugendlicher zur Gentechnik. Auch hier zeigt sich,
dass Ängste vor dieser neuen Technologie die in sie gesetzten Hoffnungen überwiegen (Gebhard u.a. 1994; Todt, Götz 1997).

40% der österreichischen Jugendlichen machten in ihrer Schilde-
rung der zukünftigen Welt Aussagen zu Industrie und Technik, wobei die Bewertung durchwegs negativ ausfiel. Auf eine positive Bewertung technischer Errungenschaften – meist handelte es sich
dabei um solarbetriebene Autos oder Flugzeuge – kamen neun negative: die Technik als Zerstörer der Natur. Auffallend ist, dass Computer und damit verbundene gesellschaftliche Veränderungen von
keinem der 300 Jugendlichen positiv bewertet worden sind (Unterbruner 1991).

Im Gegensatz dazu steht der persönliche Lebensstil vieler Jugendlicher, die zum Beispiel in ihrem Zimmer einen eigenen Fernsehappa-
rat haben, soziales Prestige unter anderem nach der Anzahl der im
eigenen Besitz befindlichen CDs definieren und zumindest einen
Computer zu Hause stehen haben. Ganz zu schweigen von der
Selbstverständlichkeit vorhandener Haushaltsgeräte und Autos.

Einige Beispiele:

Abbildung 3:
«Da links sind die Hochhäuser und Wolkenkratzer und rechts die
Maschinen und die Roboter, die arbeiten für die Menschen. Und
dahinter sieht man eine Fabrik, die die ganze Luft verpestet. Men-
schen habe ich keine gesehen. Die werden nichts mehr zu tun haben,
glaube ich, weil alles nur mehr der Computer macht und nichts mehr
der Mensch. Ich weiss nicht, ich möchte da nicht mehr leben, weil da
braucht ja der Mensch überhaupt nichts mehr tun und da hat das
Leben gar keinen Sinn mehr, wenn alles der Computer tut.»
(Mädchen, 14 Jahre; aus: Unterbruner 1991, Tafel 5).

Ein 15jähriger blinder Schüler schreibt, während seine MitschülerIn-
nen malen, seine Zukunftsvorstellungen mit seinem Computer auf.
Anschliessend erzählt er:

> *«Wie ich durch das Tor gekommen bin, war da eine ungeheure*
> *Geräuschkulisse. Autos sind vorbei gerast und ich habe mir gleich*
> *gedacht, das kann nur eine Grossstadt sein. Und dann habe ich*
> *gleich zu Anfang einen Bekannten getroffen, den habe ich*
> *gefragt: Wie ist das da heute bei Euch? Und der hat mir gesagt, die*
> *Menschen sind ein bisschen offener geworden, die haben gelernt,*
> *auch Vorurteile abzubauen und so. Da habe ich mir gedacht, na ja,*
> *ist eigentlich eh ganz gut. ... Und dann ist mir aufgefallen, irgend-*
> *wie auch durch das Hören, dass so viel Technik, so viel Elektroni-*
> *sches drinnen war. Fast alles ist elektrisch gegangen. Der*
> *Fortschritt, so sehr auch ich auf ihn angewiesen bin, beunruhigt*

mich. Auch wenn ich selber von der Technisierung profitieren könnte – es gibt eher nicht ein so gutes Gefühl. Es war mir unangenehm...»
(aus: Unterbruner 1998).

«Ich gehe den sehr langen Weg zum Tor. Ich öffne es und schliesse es erschrocken wieder. Ich sehe sehr viele Roboter und Maschinen in wildem Getöse umherfahren. Anschliessend überwinde ich mich doch und trete ein. Fast ein wenig beängstigt gehe ich durch die Strassen zu einem Haus und klopfe an. Ein klappriger Roboter öffnet mir die Tür. Eine Computerstimme bittet mich herein. Auf seiner Stirn steht ‹Concept by ABB Switzerland›. Wir gehen in seine Werkstatt, wo er mir eine Tasse Kaffee bereitet. Während ich meinen Kaffee trinke, schlürft er eine Tasse Altöl und knabbert dabei an einer alten Batterie. Er nennt diesen Vorgang ‹Recycling›. Nach unserer Kaffeepause verabschiede ich mich wieder und fahre auf dem von ihm hergestellten plutoniumgetriebenen Strassensnowboard wieder dem grossen Tor zu. Ich gehe hindurch und schliesse es fest hinter mir zu. Ich bin froh, wieder in meiner Heimat zu sein, denn in dieser Welt würde ich mich vermutlich nicht lange wohlfühlen.»
(Junge, 17 Jahre, aus: Hirsch Hadorn u.a. 1996, S. 407 f.).

Abbildung 4:
«... Ich bin durch einen Wald in die Stadt gegangen. Die Stadt war
ganz sauber, weil man da sehr auf die Umwelt geachtet hat. Es sind
nur ganz wenige Autos gefahren, viel mehr Eisenbahnen und Stras-
senbahnen mit Elektromotoren. Und da ist die Zeit sehr schnell ver-
gangen, weil es mich gefreut hat, in dieser Welt zu leben. ... Ich habe
auch Menschen getroffen, die waren sehr nett und freundlich. Und
dann habe ich mich mit ihnen zusammengesetzt und ihnen erzählt,
wie es in unserer Welt aussieht. Da waren die ganz entsetzt.»
(Junge, 14 Jahre, erhoben 1989).

2.3 Mitleid, Hilflosigkeit, Wut ...

Szagun u.a. (1994) analysierten Anfang der 90er Jahre 80 Briefe, die Kinder und Jugendliche an den deutschen Umweltminister und an Greenpeace geschrieben hatten, und führten Interviews sowie eine Befragung von Jugendlichen durch. Schwerpunkte dieser Untersuchung sind emotionale, ethische und kognitive Komponenten des Umweltbewusstseins von 8- bis 19jährigen.

Die Autorinnen attestieren den Jugendlichen eine starke Emotionalität gegenüber Umweltzerstörung. Vorherrschende Gefühle der Befragten angesichts der Umweltzerstörung sind neben Angst vor allem Mitleid, Trauer und Wut auf die Verursacher. Die höchsten Mitleidsratings bei beiden Geschlechtern erhielten strahlenkranke Kinder, Störche ohne genug Nahrung, Fische mit Geschwüren, kranke Bäume, Schmetterlinge, die aussterben; bei den Mädchen im weiteren Hühner in Legebatterien und Mäuse als Versuchstiere, bei den Jungen Menschenaffen in zerstörtem Lebensraum.

Zwei Beispiele, die dem unterrichtlichen Geschehen entnommen sind, sollen diese Komponente «Mitleid» verdeutlichen:

Es handelt sich um Kritzelbilder von 11jährigen, die nach einem Gespräch über Massentierhaltung von Hühnern quasi als «Stimmungsbarometer» entstanden sind (Unterbruner 1996). Ich bat die Kinder, sich bequem hinzusetzen, die Augen zu schliessen, und fragte: «Wie geht es dir mit diesen Informationen? Wie fühlst du dich? Welche Gedanken sind in deinem Kopf? Was spürst du in deinem Körper? Du sollst nichts verändern, nimm einfach nur wahr!» Dann sollten sie einen Stift nehmen und ein spontanes Kritzelbild machen, um ihre momentane Befindlichkeit auszudrücken und in einem zweiten Schritt ihrem Bild einen Titel geben.

Abbildung 5:
«Ich habe mein Bild ‹grauenhaft› genannt, weil ich das grauenhaft finde, wenn Hennen in so einer Batterie sind. Und ich finde das auch gemein, wenn die Menschen solche Eier kaufen, denn wenn sie sie nicht kaufen würden, dann würde es auch keine Batterien mehr geben. Die Hennen haben ja auch einen Schmerz, das sind ja keine Insekten! Das ist genauso, wie wenn man einen Menschen einsperrt in so einen Käfig.»
(Mädchen, 11 Jahre).

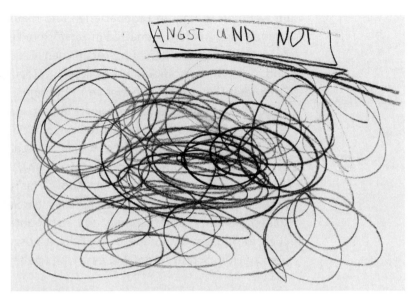

Abbildung 6:
«Ich habe geschrieben ‹Angst und Not›, denn die Hühner müssen ja
da auf Gitterstäben stehen und gehen und die rollen immer vorbei
und haben auch keinen gescheiten Halt. Dann rutschen sie wieder
herunter. Und Angst haben die Hennen, denn denen geht es schlecht
mit so wenig Platz. ... Ich habe das einmal im Fernsehen gesehen.
Und dann habe ich an dem Tag, wo ich mir das angeschaut habe,
nicht mehr einschlafen können.
Frage: Wann hast du dir diesen Film angeschaut?
Das ist schon einige Zeit her. Ich weiss nicht mehr so genau, das ist
schon ein paar Monate her.»
(Junge, 11 Jahre).

Hoffnungslosigkeit und Gleichgültigkeit werden nach Szagun u.a.
(1994) deutlich abgelehnt, die Aktionen von Umweltschutzgruppen
(z.B. Greenpeace) sehr positiv bewertet. Mit dem umweltschützerischen Verhalten der älteren Generation sind die Jugendlichen überwiegend nicht zufrieden, sie attestieren den Erwachsenen «Be-
quemlichkeit, materialistische und auf das eigene Wohlergehen
bezogene Werte» und werfen ihnen vor, die Gefahren der Umweltzerstörung zu unterschätzen (S. 51).
Als «eine nach Aktivität drängende Art von Emotionalität» bezeichnen Szagun u.a. (1994, S. 50) zusammenfassend ihre Ergebnisse.
Auch andere Autoren (Petri 1992; Boehnke u.a. 1993; Meador,
Macpherson 1987; Meyer-Probst u.a. 1989) betonen, dass dieser
Pessimismus hinsichtlich der gesellschaftlichen Entwicklung nicht

negativ zu beurteilen ist, da er durchaus konstruktive Komponenten beinhaltet. Szagun u.a. (1994) betonen, dass diese Emotionen sich wesentlich stärker als treibende Kraft für umweltschonende Handlungen auswirken als die Freude an der Natur. Betroffenheit gilt als stärkster Prädiktor für umweltbewusstes Handeln (vgl. Langeheine, Lehmann 1986; Grob 1991; Baldassare, Katz 1992; Johann 1995). Offensichtlich bedarf es einer gewissen emotionalen Anteilnahme, die es auch zuzulassen und auszuhalten gilt, damit Wissen in Handeln umgesetzt werden kann.

3. Umgang mit Umweltängsten

Ängste wie auch Besorgnisse haben psychologisch gesehen bekanntermassen eine Doppelfunktion: Sie können hemmen und Handeln behindern, sie können aber auch stimulieren und Handeln motivieren. Wesentlich ist, dass und wie sie verarbeitet werden.

Was das Vorhandensein von Umweltängsten bei Kindern und Jugendlichen für ihre Persönlichkeitsentwicklung bedeuten kann, lässt sich beim gegenwärtigen Forschungsstand nicht zufriedenstellend beantworten. Vorrangig diskutiert werden Überlegungen aus stresstheoretischer und psychoanalytischer Sicht:

Probleme wie Umweltzerstörung oder Krieg können zu «makrosozialen Stressoren» werden, wenn eine Person, unabhängig vom tatsächlichen Bedrohungsgehalt, dadurch beunruhigt wird, diese als Ursache für die Gefährdung der eigenen Integrität, der Gesundheit und/oder der Lebensqualität betrachtet und kollektive und individuelle Entwicklung und Entfaltung damit potentiell in Frage gestellt sieht (Boehnke 1992; Mansel 1992). Boehnke (1992) betont allerdings, dass ein medizinisch-mechanistisches Stressmodell (starker Stressor → starkes Erleben der Bedrohung → starke Beeinträchtigung der physischen und psychischen Gesundheit) hier nicht zutreffend ist. Er verweist dabei auf Ergebnisse mehrerer Studien (z.B. Boehnke u.a. 1989; Meyer-Probst u.a. 1989), denen zufolge diejenigen Probanden, die in hohem Masse makrosoziale Besorgnisse geäussert haben, hinsichtlich ihrer Gesundheit und psychosozialen Befindlichkeit sogar bessere Werte erzielten. Boehnke (1992) postuliert drei Hypothesen:

1. Nicht der objektive Umstand der (antizipierten) makrosozialen Bedrohung, sondern der Umgang mit ihm hat einen Einfluss auf die psychische Gesundheit.
2. Die Perzeption makrosozialer Stressoren wird vorrangig durch individuelle, gruppen- und kulturspezifische Werthaltungen determiniert. Wer beispielsweise an Universalismus und Humanismus im Sinne der Theorie menschlicher Werthaltungen nach Schwartz (vgl. Schwartz, Bilsky 1990) orientierte Wertpräferenzen hat, wird sich durch Umweltprobleme bedrohter fühlen als jemand, dessen Werthaltungen an Leistung und Macht ausgerichtet sind.
3. Die Auswirkungen makrosozialer Bedrohtheitsgefühle auf die psychische Gesundheit hängen in erster Linie vom individuellen Umgang mit diesen Bedrohungsgefühlen ab. Wer einen passiv-abwehrenden Umgang mit angenommenen Bedrohungen pflegt, hat mit mehr Beeinträchtigung seines Wohlbefindens zu rechnen als jemand, der darüber kommuniziert und mit anderen gemeinsam aktiv wird.

Aus psychoanalytischer Sicht betont Preuss (1991), dass die Umweltkrise – das Produkt unserer unangemessenen Umgangsweise mit der Natur – vor allem ein Symptom unserer eigenen inneren Krise ist: «Wir leben im Zeitalter der Selbstzerstörung» (S. 21). Sämtliche technologischen Strategien sind Spiegel unseres Wertesystems, unseres Bewusstseins und Naturverständnisses, und ohne einen entsprechenden kulturellen Wertewandel sind Verhaltensänderungen nicht zu erwarten bzw. zu verankern. Vergegenwärtigen wir uns die Bedrohung unserer Lebensgrundlage und der Existenzgrundlage unserer Kinder, erleben wir massive Gefühlseinbrüche: Angst – vor allem Angst vor dem Tod und Angst des Gewissens –, Panik, Hilflosigkeit, Ohnmacht, Wut und Empörung. Wir stehen vor einer Erlebniskatastrophe (vgl. Mitscherlich 1966).

Petri (1992) sieht neben der Todes- und Trennungsangst die neue Qualität der Umwelt- und Zukunftsangst «in dem Verlust von Zukunftshoffnung, der nicht weniger bedeutet als den Verlust existentiell notwendiger Lebenskraft. [...] Todesangst, Trennungsangst und die Angst vor dem Verlust eigener Lebenskraft gehören zu den elementaren menschlichen Ängsten, die zu einer Vielzahl von seelischen Reaktionen führen, um die Unerträglichkeit der Angst zu vermeiden» (S. 120). Erst diese Reaktionen würden darüber entscheiden, ob die Angst ein Ausmass erreicht, das bei Kindern und Jugendlichen zu psychischen oder psychosomatischen Störungen führen würde, oder ob die Angst schrittweise bewältigt werden kann.

Derartige existentielle Ängste führen ein Individuum an den Rand des Verkraftbaren, was zur Mobilisierung von Abwehrmechanismen führt: Durch Verleugnung, Verdrängung, Illusionierung, sprachliche Immunisierung gegen die Angst (Preuss 1991), Unaufmerksamkeit, Übersehen, Nichtspüren, Nichtfühlen bei gleichzeitigem Wissen (Dreitzel 1990) verschafft sich ein Individuum zumindest kurzfristig Erleichterung, die Wahrnehmung der Umweltsituation und das Ergreifen von geeigneten Massnahmen werden damit erschwert bzw. blockiert. Das dringend erforderliche adäquate ökologisch bewusste Handeln bleibt aus (vgl. auch Bauriedl 1986; Richter 1992; Petri 1992).

Wenn wir unseren Umgang mit der Natur verändern wollen, bedeutet das für Preuss (1991; 1992) in erster Linie, uns um ein verändertes Verhältnis zur (Umwelt-)Angst zu bemühen. «Wir müssen lernen, mit der Angst zu leben, nicht gegen sie. [...] Wir müssen eine neue Qualität im Umgang mit der Angst entwickeln. Es geht darum, Strategien zu finden, die es uns ermöglichen, die Balance zu halten zwischen Angst und Sorge einerseits und Tatkraft und Handlungsfähigkeit andererseits» (Preuss 1992, S. 25 f.).

4. Konsequenzen für die Umweltbildung

4.1 Konstruktiver Umgang mit Umweltängsten

Diese Balance zwischen Angst und Tatkraft sollte nun auch in der Umweltbildung gesucht bzw. realisiert werden. Ich gehe davon aus, dass für die Genese dieser Umweltängste primär natürlich nicht die Umweltbildung verantwortlich zu machen ist. Kinder und Jugendliche sind meist über bestimmte Umweltprobleme oder -skandale durch die Medien, besonders durch das Fernsehen, informiert, bevor solche Themen im Unterricht oder in der Jugendgruppe aufgegriffen werden. Solche Ängste können aber durchaus verstärkt werden, schon allein dadurch, dass die Aufmerksamkeit gezielt auf sie gelenkt wird.

Ein konstruktiver Umgang mit Umweltängsten muss deshalb ein deklariertes Ziel der schulischen wie ausserschulischen Umweltbildung sein. Sorgen, Ängste und andere Gefühle wie Hilflosigkeit, Wut, Mitleid oder Schuldgefühle der Kinder und Jugendlichen sind ernst zu nehmen und nicht zu deren «Privatsache» zu degradieren. Es gilt zu fragen und gemeinsam zu beantworten: Was lösen Informationen über Umweltprobleme bei jedem von uns aus? Welche Gefühle rufen sie hervor, und wie gehen wir mit diesen Gefühlen, im speziellen mit diesen Ängsten um?

Ein Ignorieren dieser Ängste kann einen abwehrenden, verleugnenden Umgang und alle damit verbundenen problematischen Auswirkungen vorantreiben wie auch den Heranwachsenden ein zusätzliches Problem bereiten: Sie fühlen sich in einer existentiellen Frage allein gelassen und können neben dem möglichen Verlust gesellschaftlicher Sicherheit auch zu einem Teil den Verlust sozialer Sicherheit und Geborgenheit erleiden. Abwehr ist damit programmiert. Wird hingegen Angst vor Umweltzerstörung konstruktiv gehandhabt, kann sie eine wichtige Triebfeder für umweltbewusstes Handeln und Verhalten sein.

Im Sinne einer konstruktiven Unterstützung der Kinder und Jugendlichen wird daher folgende Vorgangsweise vorgeschlagen (Unterbruner 1991; weitere Beispiele in Unterbruner 1996; Scheiblhofer, Unterbruner 1991):

1. Kinder und Jugendliche werden ermuntert, ihre Gefühle (Ängste), die beim Bearbeiten des jeweiligen Umweltthemas auftauchen, wahrzunehmen und zuzulassen. Dies ist bereits ein wesentlicher Schritt in Richtung eines aktiv-verarbeitenden Umganges mit diesen Ängsten. Kreative Methoden wie Malen, Zeichnen, kreatives Schreiben oder szenische Darstellung können diesen Prozess auf vielfältige Art und Weise unterstützen.
2. Kinder und Jugendliche reden über ihre Gefühle miteinander. Sie tauschen aus, was sie beschäftigt und bewegt. Sie erzählen und hören zu. Dass Reden über Probleme erleichternd wirken kann, ist eine bekannte Tatsache. Voraussetzung ist allerdings, dass dafür förderliche Bedingungen herrschen. So soll jeder die Gelegenheit haben zu reden, zu schweigen, zuzuhören. Gefühle,

Empfindungen, Erfahrungen sollen grundsätzlich akzeptiert werden. Wesentlich ist, was jeder einzelne empfindet oder erlebt, und nicht, was davon erwünscht oder unerwünscht ist. Bilder, Texte oder andere Produkte, die zur Unterstützung der Wahrnehmung der Gefühle entstanden sind, eignen sich erfahrungsgemäss sehr gut als Ausgangspunkt für solche Gespräche.

3. Vielleicht zeigt sich bei diesen Gesprächen, dass falsch verstandene oder fehlende Informationen Angst machen. Sie sollten nun korrigiert bzw. eingebracht werden.

4. Nun soll gemeinsam nach Lösungen gesucht werden. Was kann generell getan werden, um das jeweilige Umweltproblem zu bewältigen? Was können wir tun – als einzelne, als Klasse, als Jugendgruppe –, um das, was uns Angst macht, zu verändern oder zu verringern? Nun gilt es, Phantasie und Kreativität zur Problemlösung zu entfalten. Fachliche, politische, wirtschaftliche Lösungsmöglichkeiten und Alternativen sollen überlegt werden wie auch Massnahmen im privaten Bereich. Hier können auch kreative und phantasievolle Problemlösungen einbezogen werden, die sozusagen «im Kopf» oder auch im Spiel passieren. Zum Beispiel: nachdenken, wie zukünftige Städte aussehen könnten; in einem Rollenspiel Massnahmen gegen ein Umweltproblem durchsetzen; einen Aufsatz schreiben, wie man mit Hilfe einer «Zauberkugel» (eine schöne Murmel, die jedes Kind geschenkt bekommt und die als Katalysator für kreatives Schreiben dienen soll) Umweltprobleme zum Verschwinden gebracht hat etc. (konkrete Beispiele: Unterbruner 1991).

5. Ein Lösungsvorschlag, der Konsens findet, wird gemeinsam in die Tat umgesetzt. Wesentlich ist, dass die Schritte, die gesetzt werden – die grossen wie die kleinen – ernst gemeint sind und als persönlicher Beitrag zur Verbesserung der Umweltsituation geleistet werden. Zu lernen gilt es dabei auch, den Stellenwert des eigenen Handelns einzuschätzen.
Ein eindrucksvolles Beispiel solch einer gemeinsamen Aktivität in grossem Stil beschreibt Hazard (1993): In einem Uranbergbaugebiet der ehemaligen DDR lösten Radonmessungen erhebliche Angst und Betroffenheit in der Bevölkerung aus. Im Rahmen eines Unterrichtsprojektes beschäftigten sich ca. hundert 14- bis

15jährige Schülerinnen und Schüler der Ortschaft Schlema (5000 Einwohner) intensiv mit dem Thema Radon (Entstehung, Vorkommen, Risiko, Handlungsmöglichkeiten). Anschliessend nahmen sie in Wohnhäusern Radonproben und wirkten dabei als «Multiplikatoren», d.h. sie waren diejenigen, die die Erwachsenen informierten und gegebenenfalls sogar beraten konnten. Die Begleitstudie zeigt deutlich, dass durch dieses gemeinsame Handeln die «spontane» Verteilung der Angst vor gesundheitlichen Folgen von Radon sich in Richtung eines umweltmedizinisch «sachgerechten» Ausmasses verändert hat. Der Anteil von Schülern, die ursprünglich sehr starke Angst angegeben hatte, war zurückgegangen, wie auch der Anteil derjenigen, die ursprünglich überhaupt keine Angst angegeben hatten.

6. Zum Abschluss bietet sich eine Phase der Reflexion an: Wie sind die Gefühle jetzt? Hat sich die Stimmung verändert, haben sich Ängste verringert? Wenn ja, wodurch? Was hat dabei geholfen? Wer bewusster erleben lernt, was ihm hilft, seine Gefühle deutlich(er) wahrzunehmen und mit diesen konstruktiv(er) umzugehen, gewinnt Selbstvertrauen und Autonomie – eine gute Basis für umweltbewusstes Handeln und Verhalten!

4.2 Plädoyer für eine ganzheitliche Umweltbildung

Eine ganzheitliche Umweltbildung mit dem Ziel, Umweltbewusstsein und Handlungskompetenz zu fördern, erachte ich aus mehreren Gründen für sinnvoll und notwendig: Einerseits ist dies eine Frage der Weltanschauung. Ich sehe Lernende nicht nur als Wissensempfänger, sondern als Menschen mit ihren Bedürfnissen, Interessen, Wünschen und Ängsten, ihren Fähigkeiten und Problemen. Das jedem Menschen zugrunde liegende Potential an Möglichkeiten soll mittels förderlicher Bedingungen entfaltet und entwickelt werden – intellektuell wie emotional, handlungsmässig, künstlerisch-kreativ, sozial und politisch.

Andererseits spricht für eine ganzheitliche Umweltbildung auch ein pragmatischer Grund: Die Ziele sind komplex. Umweltbewusstsein und ökologische Handlungskompetenz können nur erreicht werden, wenn dieser Komplexität auch Rechnung getragen wird, indem

1. Wissen, Gefühle und Handeln gleichwertig in den Lernprozess einbezogen werden und
2. nicht nur fachspezifisch, sondern auch interdisziplinär gearbeitet wird und die gesellschaftliche Dimension wie demokratische Strukturen, Regulative, Entscheidungsprozesse dabei berücksichtigt werden.

Kinder und Jugendliche müssen im weiteren Gelegenheit haben, mit allen Sinnen Natur zu erfahren, sie zu be-greifen, zu er-leben und auch Hand anzulegen, sei es bei der Pflege eines Biotops, beim Experimentieren und Beobachten, beim ökologischen Gestalten ihrer Umgebung, bei Naturerfahrungsspielen oder kreativem Gestalten mit Naturobjekten. Die Phantasie und die Kreativität der Kinder und Jugendlichen sollen angespornt werden und unter anderem auch Ausdruck in konkretem umweltbewusstem Handeln finden (können). Kinder sind für die Faszination, die von Lebendigem ausgeht, meist sehr offen und brauchen auch einen unbelasteten, fröhlichen, lustvollen Umgang mit Natur. Sie sollen Natur auch von ihren «schönen Seiten» kennenlernen, sich daran erfreuen und diese auch geniessen (Erwachsene übrigens auch!).

Die Behandlung von Umweltproblemen ist im Gesamtgefüge einer so verstandenen Umweltbildung natürlich ein wichtiger Teil, aber eben nur ein Teil. Neben den Ursachen und Auswirkungen von Umweltproblemen sollen im weiteren Gegenmassnahmen bzw. Lösungen technischer, politischer, wirtschaftlicher und individueller Art ein zentrales Thema sein und «models of good practice» (gelungene Beispiele für umweltbewusstes Handeln) in den Mittelpunkt gestellt werden. Ebenso müssen gesellschaftspolitische Fragen und Problemstellungen wie z.B. Partizipation an Planungs- und Entscheidungsprozessen, Interessenskonflikte oder globale Ziele wie «sustainable development» (Nachhaltigkeit) bearbeitet werden.

Literatur

Aurand K., Hazard B., Tretter F. (Hrsg.) 1993: Umweltbelastungen und Ängste. Erkennen – bewerten – vermeiden. Opladen: Westdeutscher Verlag.

Baldassare M., Katz C. 1992: The personal threat of environmental problems as predictor of environmental practice. In: Environment and Behavior. Jg. 24. Nr. 5. S. 602-626.

Bauriedl T. 1986: Die Wiederkehr des Verdrängten. Psychoanalyse, Politik und der einzelne. München, Zürich: Piper.

Boehnke K. 1992: Makrosozialer Stress und psychische Gesundheit. In: Mansel J. (Hrsg.): Reaktionen Jugendlicher auf gesellschaftliche Bedrohung. Untersuchungen zu ökologischen Krisen, internationalen Konflikten und politischen Umbrüchen als Stressoren. Weinheim, München: Juventa (Jugendforschung). S. 24-37.

Boehnke K., Macpherson M. J. 1993: Kriegs- und Umweltängste sieben Jahre danach: Ergebnisse einer Längsschnittstudie. In: Aurand K., Hazard B., Tretter F. (Hrsg.): Umweltbelastungen und Ängste. Erkennen – bewerten – vermeiden. Opladen: Westdeutscher Verlag. S. 164-179.

Boehnke K., Macpherson M. J., Meador M., Petri H. 1989: How West German adolescents experience the nuclear threat. In: Political Psychology. Jg. 10. Nr. 3. S. 419-443.

Böhm A., Faas A., Legewie H. (Hrsg.) 1989: Angst allein genügt nicht. Thema: Umwelt-Krisen. Weinheim-Basel: Beltz.

Braun A. 1983: Umwelterziehung zwischen Anspruch und Wirklichkeit: eine vergleichende Betrachtung theoretischer Erziehungspostulate mit Kenntnissen, Einstellungen und praktizierten Handlungsweisen 15-16jähriger Schüler. Frankfurt: Haag + Herchen.

Dreitzel H. P. 1990: Angst und Zivilisation. In: Dreitzel H. P., Stenger H. (Hrsg.): Ungewollte Selbstzerstörung. Reflexion über den Umgang mit katastrophalen Entwicklungen. Frankfurt a. M.: Campus. S. 20-46.

Fromberg E. V., Boehnke K., Macpherson M. J. 1989: Die Reaktion westdeutscher Jugendlicher auf makrosozialen Stress. In: Bewusstsein für den Frieden. Bd. 2. S. 7-34 (Sonderausgabe).

Gebauer M. 1994: Kind und Umwelt. Frankfurt a. M.: Lang.

Gebhard U., Feldmann K., Bremekamp E. 1994: Hoffnungen und Ängste. Vorstellungen von Jugendlichen zur Gentechnik und Fortpflanzungsmedizin. In: Bremekamp E. (Hrsg.): Faszination Gentechnik und Fortpflanzungsmedizin. Bad Heilbrunn: Klinkhardt. S. 11-23.

Goldenring J., Doctor R. 1986: Teenage worry about nuclear war: North-american and European questionnaire studies. In: International Journal of Mental Health. Bd. 15. S. 72-92.

Grob A. 1991: Meinung – Verhalten – Umwelt. Ein psychologisches Ursachennetz-Modell umweltgerechten Verhaltens. Bern, Wien: Lang.

Hazard B. 1993: Umwelterziehung in der Schule als umweltmedizinische Aufgabe. In: Aurand K., Hazard B., Tretter F. (Hrsg.): Umweltbelastungen und Ängste. Erkennen – bewerten – vermeiden. Opladen: Westdeutscher Verlag. S. 396-414.

Hirsch Hadorn G., Klaedtke A., Arnold J., Rigendinger L., Werner K. 1996: Die Welt in 20 Jahren – eine qualitativ-deskriptive Studie bei Jugendlichen in der Schweiz. In: Bildungsforschung und Bildungspraxis. Jg. 18. Nr. 3. S. 392-419.

Hurrelmann K. 1992: Orientierungskrisen und politische Ängste bei Kindern und Jugendlichen. In: Mansel J. (Hrsg.): Reaktionen Jugendlicher auf gesellschaftliche Bedrohung. Untersuchungen zu ökologischen Krisen, internationalen Konflikten und politischen Umbrüchen als Stressoren. Weinheim, München: Juventa (Jugendforschung). S. 59-78.

Institut für empirische Psychologie (Hrsg.) 1995: «Wir sind o.k.!» Stimmungen, Einstellungen, Orientierungen der Jugend in den 90er Jahren. Die IBM Jugendstudie. Köln: Bund-Verlag.

Johann A. 1995: «... wie das dann später einmal sein wird, wenn ich erwachsen bin ...?» Eine Untersuchung über die Angst vor Umweltzerstörung bei Jugendlichen. In: Umwelterziehung. Nr. 2. S. 46-49.

Kasek L. 1993: Zukunftsängste, soziale Beziehungen und Umwelthandeln bei Kindern und Jugendlichen. In: Greenpeace (Hrsg.): Umweltängste – Zukunftshoffnungen. Beiträge zur umweltpädagogischen Debatte. Lichtenau: AOL-Verlag; Göttingen: Die Werkstatt. S. 90-101.

Langeheine R., Lehmann J. 1986: Die Bedeutung der Erziehung für das Umweltbewusstsein. Ergebnisse pädagogisch-empirischer Forschungen zum ökologischen Wissen und Handeln. Kiel: IPN.

Mansel J. (Hrsg.) 1992: Reaktionen Jugendlicher auf gesellschaftliche Bedrohung. Untersuchungen zu ökologischen Krisen, internationalen Konflikten und politischen Umbrüchen als Stressoren. Weinheim, München: Juventa (Jugendforschung).

Meador M., Macpherson M. J. 1987: Political fear and mental health among West German children and youth. Vortrag auf der 10. Jahrestagung der International Society for Political Psychology. San Francisco (Juli 1987).

Meyer-Probst B., Teichmann H., Kleinpeter U. 1989: Psychische Widerspiegelung der atomaren Bedrohung bei Jugendlichen. In: Ärztliche Jugendkunde. Nr. 80. S. 228-236.

Mitscherlich A. 1966: Krankheit als Konflikt. Bd 1. Frankfurt a. M.: Suhrkamp.

Petri H. 1992: Umweltzerstörung und die seelische Entwicklung unserer Kinder. Zürich: Kreuz-Verlag

Petri H., Boehnke K., Macpherson M. J., Meador M. 1986: Bedrohtheit bei Jugendlichen. In: psychosozial. Jg. 9. Nr. 29. S. 62-71.

Preuss S. 1991: Umweltkatastrophe Mensch. Heidelberg: Asanger Verlag.

Preuss S. 1992: Umweltkrise – Bewältigungskrise. In: Marahrens W., Stuik H. (Hrsg.): «Und sie dreht sich doch ...» Umgehen (mit) der Endzeitstimmung. Gesellschaftliche und pädagogische Konzepte gegen die Resignation. Mühlheim a. d. Ruhr: Verlag a. d. Ruhr. S. 20-26.

Richter H.-E. 1992: Umgang mit Angst. Hamburg: Verlag Hoffmann und Campe.

Ruff F. M. 1989: Erkrankt durch Umweltzerstörung? Kinder mit Atemwegserkrankungen. In: Böhm A., Faas A., Legewie H. (Hrsg.): Angst allein genügt nicht. Thema: Umwelt-Krisen. Weinheim, Basel: Beltz. S. 57-77.

Scheiblhofer S., Unterbruner U. 1991: «... da krieg' ich es mit der Angst zu tun». In: Unterricht Biologie. Jg. 15. Nr. 162. S. 22-31.

Schwartz S. H., Bilsky W. 1990: Towards a theory of the universal content and structure of values: Extensions and cross-cultural replications. In Journal of Personality and Social Psychology. Bd. 58. S. 878-891.

Szagun G., Mesenholl E., Jelen M. 1994: Umweltbewusstsein bei Jugendlichen. Emotionale, handlungsbezogene und ethische Aspekte. Frankfurt a. M. etc.: Peter Lang.

Todt E., Götz C. 1997: Interessen und Einstellungen Jugendlicher gegenüber der Gentechnologie. In: Bayrhuber H., Gebhard U., Gehlhaar K.-H., Graf D., Gropengiesser H., Harms U., Kattmann U., Klee R., Schletter J. (Hrsg.): Biologieunterricht und Lebenswirklichkeit. Kiel: IPN. S. 306-310.

Unterbruner U. 1989: Umwelterziehung und die Ängste Jugendlicher vor Umweltzerstörung. Eine empirische Untersuchung über Zukunftsvorstellungen 13- bis 18jähriger SchülerInnen und daraus resultierende Konsequenzen für die Umwelterziehung. Habilitation an der Universität Salzburg.

Unterbruner U. 1991: Umweltangst – Umwelterziehung. Vorschläge zur Bewältigung der Ängste Jugendlicher vor Umweltzerstörung. Linz: Veritas.

Unterbruner U. 1996: Spielraum für Emotionen. Das Thema Legebatterien in der Orientierungsstufe. In: Praxis Geografie. Nr. 7/8. S. 14-17.

Unterbruner U. 1998: Zwischen Wunsch- und Albtraum: Jugendliche blicken in die Zukunft. In: Schüler. Jahresheft des Friedrich-Verlages. S. 32-37.

Unterbruner U., Pilshofer W. 1997: Ein Blick in die Zukunft mit Folgen für die Gegenwart. In: Unterricht Biologie. Jg. 21. Nr. 4. S. 35-39.

Umweltbewusstsein der Jugendlichen und Politik

HORST-EBERHARD RICHTER

1. Einleitung

Seit Erscheinen des Buches «Die Grenzen des Wachstums» von Meadows u.a. 1972 wird die internationale Öffentlichkeit laufend zum Thema Umweltzerstörung informiert. Der durchgängige Tenor lautet, dass sich eine stetig ausweitende Kluft zwischen der zunehmenden Erkenntnis der Umweltbedrohung einerseits und genügender Fortschritte zu ihrer Lösung andererseits auftue. Das allseits hochgeachtete Worldwatch Institute, das periodische Berichte «Zur Lage der Welt» veröffentlicht, die in 27 Sprachen übersetzt werden, leitet seinen Report 1997 mit den Worten von Ch. Flavin folgendermassen ein:

> «Fünf Jahre nach der historischen UN-Konferenz über Umwelt und Entwicklung (UNCED) in Rio de Janeiro zeigt sich, dass die Welt beträchtlich hinter dem damals gesteckten Hauptziel einer dauerhaft umweltgerechten globalen Ökonomie zurückbleibt. Seit dieser Gipfelkonferenz im Jahre 1992 hat die Weltbevölkerung um etwa 450 Millionen Menschen zugenommen; das ist mehr als die Einwohner der USA und Russlands zusammengenommen. Die jährlichen Kohlenstoffemissionen, die das im Zusammenhang mit dem Treibhauseffekt wichtigste Gas, nämlich Kohlendioxid, produzieren, haben einen neuen Höchststand erreicht und verändern schon jetzt die Atmosphäre und das Temperaturgleichgewicht der Erde. Auch die biologischen Reichtümer der Erde sind in den vergangenen fünf Jahren rapide und irreversibel vermindert worden. Sowohl in gemässigten als auch in tropischen Zonen wurden riesige Gebiete mit alten Waldbeständen degradiert oder ganz abgeholzt, wodurch Tausende von Tier- und Pflanzenarten ausgerottet wurden» (Flavin 1997, S. 11).

2. Zukunftsbilder der Jugendlichen

Zahlreiche Untersuchungen belegen nun, dass die Zukunftsbilder der Jugendlichen von solchen Nachrichten über die Umweltbedrohung seit längerem stark beeinflusst werden. Ich nenne einige Studien aus dem deutschsprachigen Bereich:

1984 Repräsentative Befragung von 5307 niedersächsischen Jugendlichen zwischen 14 und 21 Jahren im Auftrag des Niedersächsischen Kultusministeriums. Unter den angegebenen Zukunftsängsten steht die Angst vor Umweltzerstörung mit 77% an erster Stelle (Petri 1992).

1985 Shell-Jugendstudie: 74% der Jugendlichen (15-24 Jahre) erwarten als sicher oder wahrscheinlich, dass Technik und Chemie die Umwelt zerstören werden (Jugendwerk der Deutschen Shell 1985).

1985 Auswertung der Zeichnungen und Kommentare von 6 Schulklassen 11- bis 13jähriger zum Thema: «Die Welt in 100 Jahren». Ergebnis: «Mit wenigen Ausnahmen können sich die Kinder die Zukunft nur als tödliche Katastrophe einer von Aufrüstung, atomarem Krieg, monströser Technik und hoffnungsloser Naturzerstörung zugrunde gerichteten Zivilisation vorstellen» (Munker 1985, S. 7).

1985 Bundesweite Befragung von 3499 Kindern und Jugendlichen, Durchschnittsalter 14,6 Jahre. Bei 20 vorgegebenen persönlichen und politischen Angstgründen soll angegeben werden, ob man viel, etwas, kaum oder keine Angst habe. 55% äussern viel Angst, dass die Umweltzerstörung noch schlimmer werde (Petri u. a. 1986).

1989 Schreibwettbewerb der IG-Metall (Schülerinnen und Schüler bis zu 14 Jahren). Thema: «Meine Zukunft». Weitaus die meisten der 550 Beiträge beschreiben eine schwer geschädigte natürliche Umwelt und durch Technisierung verarmte menschliche Beziehungen. In Interviews werden Eltern und Politiker beschuldigt, die Gefahren zu unterschätzen und zuwenig zu deren Abwendung zu tun (Rusch 1989). Ich war als Mitglied der Jury an der Auswertung beteiligt.

1989 Umfrage der Zeitschrift «ELTERN» nach dem wichtigsten Weihnachtswunsch. Es antworten 2430 Schülerinnen und Schüler. Die Rangreihe der geäusserten Wünsche beginnt mit: besserer Umweltschutz, vor allem Massnahmen gegen die Ozonzerstörung, gegen Vergiftung von Luft und Wasser, gegen Tiersterben. Erst an dritter Stelle folgt der Wunsch nach Gesundheit für die Familie.

1989 1000 Moskauer und 1450 Giessener Studenten werden zu ihrem Befinden und zu ihren politischen Erwartungen befragt. Ein Item bezieht sich auf Umweltbesorgnisse (vgl. Abbildung 1).

Abbildung 1:
Antworten von
Studenten auf
die Frage:
«Über die Schä-
digung der
Umwelt durch
Chemie und
Technik mache
ich mir eher sel-
ten/eher häufig
grosse Sorgen»
(nach Andreeva,
Gozman, Rich-
ter, Schürhoff,
Wirth 1990).

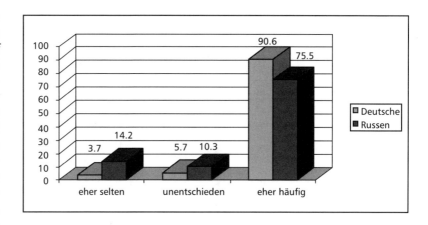

1991 Forschungsbericht über Zukunftsvorstellungen von 302 Schülerinnen und Schülern, Raum Salzburg: «Wie wird die Welt in
20 Jahren aussehen?» 60% der Befragten entwerfen Bilder
gestörter oder zerstörter Natur mit besonderer Hervorhe-
bung von Luft- und Wasserverschmutzung und Landschafts-
zerstörung. Nur ein Viertel der Befragten lässt optimistische
Zukunftsbilder erkennen (Unterbruner 1991).

1993 Erhebung über Zukunftserwartungen von 100 Schülerinnen
und Schülern aus Kassel sowie 80 aus Jena. Methode: Zeichnungen, ausführliche Einzelinterviews und schriftliche Befragungen zum Thema «Mein Leben als Erwachsener». Ausgewählt wurden drei Altersgruppen aus dem zweiten, vierten
und achten Schuljahr (7- bis 8jährige, 9- bis 10jährige, 13- bis
14jährige). Von Altersgruppe zu Altersgruppe wandeln sich
die zuerst positiven Zukunftsprojektionen in negativer Richtung. 88,2% der Jugendlichen aus den achten Klassen in Kassel, 77,3% in Jena zeichnen vornehmlich Naturzerstörungen.
Aus den Zukunftszeichnungen der Kasseler Jugendlichen sind
zu 68% Menschen, Tiere und Pflanzen völlig verschwunden,
was bei den Jenaer Schülern nur zu 30% der Fall ist. Die Differenz erklären die Autorinnen damit, dass die ostdeutschen
Jugendlichen zum Zeitpunkt der Untersuchung noch mehr
Vertrauen in eine dem Westen nacheifernde High-Tech-Ent-
wicklung gehabt hätten (Leuzinger-Bohleber, Garlichs 1993).

1994 Repräsentative Ost-West-Studie (1022 Ostdeutsche, 2025 Westdeutsche): «Kann die Umweltzerstörung noch gestoppt werden?» (vgl. Abbildung 2).

Abbildung 2: Prozentanteile derjenigen, die für sicher oder wahrscheinlich halten, dass die Umweltzerstörung nicht mehr gestoppt werden kann (nach Brähler, Richter 1995).

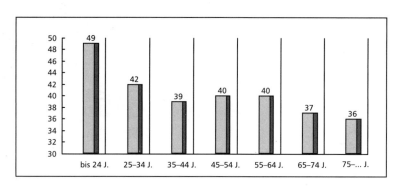

1997 Sowohl unter den Problemen für die Gesellschaft als auch unter denen, die die eigene Zukunft belasten, nennen die Jugendlichen (15-24 Jahre) die Umweltverschmutzung (3,5 bzw. 3,3) obenan, jeweils dicht hinter der Arbeitslosigkeit an zweiter Stelle (3,6 bzw. 3,4). Nur 31,2% halten es für wahrscheinlich, dass die Umweltprobleme gelöst werden können. Genau 50% sehen generell eine düstere Zukunft vor sich, was mehr als eine Verdoppelung der «Pessimisten» seit 1991 (Anstieg von 22% auf 50%) bedeutet. Dabei handelt es sich allerdings um eine Gesamtperspektive, in der die diversen gesellschaftlichen Bedrohungen ungeschieden enthalten sind (vgl. Jugendwerk der Deutschen Shell 1997).

Die zusammengestellten Ergebnisse erlauben kaum Zweifel daran, dass sich vor allem in beträchtlichen Teilen der Jugend und der jungen Erwachsenen das Bild einer ernsthaft bedrohten Umwelt festgesetzt hat. Partiell gipfelt der Pessimismus sogar in der Annahme, die Zerstörungen seien nicht mehr zu stoppen. Damit ist aber noch nichts darüber ausgesagt, wie sich solche Einschätzungen emotional auswirken.

3. Negative Umweltprognosen drücken sich nicht automatisch in manifesten Befürchtungen oder Ängsten aus

Die Erwartung fortschreitender Umweltzerstörung kann als Tatsache ohne sichtbare Beunruhigung hingenommen werden. Es kann eine Abspaltung des Bedrohungsgefühls stattfinden, was von Jugendlichen in Interviews gelegentlich folgendermassen beschrieben wird: «Ich weiss, dass in Zukunft alles kaputtgehen wird. Aber das habe ich in den Hinterkopf weggesteckt. Ich denke nicht daran. Ich lebe jetzt, will meinen Spass haben, werde irgendwann auch heiraten und mir Kinder wünschen. Das ist mein Recht. Wenn es mal aus ist, dann ist es eben aus.» Nach einer der grossen Techno-Paraden sagte ein Mädchen: «Jetzt weiss ich wenigstens, wofür ich gelebt habe!», was heissen könnte: Wer sich nicht im Augenblick auslebt, den bestraft die perspektivlose Zukunft. Die Angst, die in verdrängter Form im Spiel sein mag, tritt in der «Spasskultur» jedenfalls nicht sichtbar in Erscheinung.

Munker (1985), der 11- bis 13jährige aus 6 Gymnasialschulklassen beim Zeichnen der «Welt in 100 Jahren» beobachtet hat, berichtet über einen «erstaunlich scheinenden Widerspruch zwischen der eher heiteren Gelassenheit oder dem begeisterten Eifer während der Arbeit und dem grausamen Inhalt der Bilder». Es treffe also nicht die Erwartung zu: «Die Kinder müssten angesichts der eigenen Zukunftsrisiken in Depression versinken oder gewalttätig werden.» Denn «die *Darstellung* des Schrecklichen bedeutet für den kindlichen wie für den erwachsenen Zeichner in der Regel nicht Entmutigung oder Brutalisierung, sondern psychische Entlastung, Bann des Schreckens [...]» (Munker 1985, S. 8). Munker erblickt in der manifesten positiven Gestimmtheit der Schülerinnen und Schüler allerdings keinen Beweis für Angstfreiheit, eher einen Beleg für eine aktive Form der Bewältigung verdeckter Angst. Es liegt nahe, an den psychoanalytisch beschriebenen Mechanismus der Identifikation mit dem Aggressor zu denken. Die aktive Produktion von Zerstörungsbildern kann eine Spannungsabfuhr bewirken, die zwar momentan erleichtert, aber nicht ausschliesst, dass eine schwer fassbare Beunruhigung in einer psychischen Tiefenschicht fortbesteht.

Mit zunehmendem Alter pflegt die Umweltbesorgnis nachzulassen. (vgl. Abbildung 2). Die Abstumpfung wird in erster Linie durch folgende Faktoren gefördert:

1. Durch den Gewöhnungseffekt: über viele Jahre wiederholte Gefahrenwarnungen wirken auf viele langweilig und ermüdend. Die Gefühlsebene wird nicht mehr berührt, denn: «Das weiss ich ja alles schon!» Gleichgültigkeit muss also nicht heissen, dass man den Inhalt der Botschaften bezweifelt;
2. durch die sinnenferne Abstraktheit der Bedrohungen: Zu einem erheblichen Teil werden die gemeldeten Umweltprobleme nicht sinnlich gespürt. Die benachbarten Wälder sind ungeachtet aller Schadensmeldungen nach wie vor grün, die sich vermehrenden Treibhausgase sind geruchlos, die krebsbegünstigenden UV-Strahlen unsichtbar, und von der vorausgesagten Klimakatastrophe bleiben vorläufig nur vage und umstrittene Hochrechnungen einzelner Experten übrig. Blosse unheilkündende Daten-Entwicklungen erschrecken wenig;
3. durch den zeitlichen Abstand zu den vorausgesagten Katastrophen: Die meisten vorausgesagten Umweltkatastrophen liegen noch in weiter Ferne. Die Unfähigkeit oder Unwilligkeit, langfristig zu erwartendes Leiden vorauszufühlen, wirkt furcht- und angsthemmend. Ohnehin ist erfahrungsgemäss nur eine Minderheit geneigt, sich kurzfristig zugunsten einer relativ fernen Gefahr unbequeme vorsorgliche Lebensumstellungen zuzumuten (Kennedy 1993), zumal wenn die Aussicht besteht, in der eigenen Generation von einem prognostizierten Unheil gar nicht mehr betroffen zu werden;
4. durch die Konkurrenz mit aktuellen, als schwerer empfundenen Gefährdungen: Unter mehreren konkurrierenden gesellschaftlichen Gefahren pflegt diejenige den Hauptanteil des bereitliegenden Furcht- bzw. Angstpotentials akut abzuschöpfen, die am unmittelbarsten in das persönliche Leben eingreift, was heisst, dass es momentan eher die wirtschaftlichen Bedrohungen im Zusammenhang mit der Massenarbeitslosigkeit sind, in deren Schatten sich das Umweltthema leichter verdrängen lässt. Lieber ein Stück heile Umwelt als Ausbildungs- und Arbeitsplätze opfern! – so lautet jedenfalls ein neuerdings in der öffentlichen Diskussion gängig gewordenes Motto.

«Bevor ich mich über die Umweltvergiftung aufrege, müsste ich erst mal mit den Zigaretten und dem Alkohol aufhören, und das tue ich nicht!» – so lautet gelegentlich in Interviews die Auskunft von Jugendlichen. Das heisst, die eine Risikofurcht zieht die andere in einen gemeinsamen Abspaltungs- bzw. Verdrängungsprozess mit hinein.

Fazit: Der Zusammenhang zwischen theoretischem Umweltpessimismus und dessen emotionaler Verarbeitung ist kompliziert und zum Teil schwer durchschaubar. Jedenfalls treten die bei Befragungen geäusserten negativen Umweltperspektiven nur partiell unter dem Bilde von Furchtaffekten oder Angststimmungen zutage.

Wie sich allerdings bei den Massendemonstrationen zu Brent Spar, Mururoa und den Castor-Transporten gezeigt hat, muss mit einer *verdeckten erheblichen Angstbereitschaft* gerechnet werden, die jederzeit durchbrechen kann, sofern bestimmte auslösende Bedingungen eintreten: Es bedarf offenbar einer als *konkret erlebbaren akuten Bedrohung*. Diese muss *anschaulich* vermittelt werden und möglichst *einen Feind* erkennen lassen, der die Chance eröffnet, die Furcht bzw. Angst in Empörung und Protest zu verwandeln. Mobilisierend wirkt eine zur Identifizierung einladende Pioniergruppe wie etwa Greenpeace, die Gorleben-Initiative oder dergleichen. Wichtig ist auch der Zeitfaktor. Das Publikum benötigt eine Einstimmungsfrist, ehe es mit den Kämpfern gegen die Repräsentanten der Bedrohung mitfiebern und sich eventuell sogar selbst zu irgendeiner Widerstandsform aufraffen kann.

Das regelmässige Abklingen solcher Massenerregungen wird unterschiedlich sozialpsychologisch interpretiert. Die einen ziehen den Schluss, es habe sich jeweils nur mehr oder weniger um strohfeuerartige Aufwallungen gehandelt, von den Medien nach bewährter Katastrophen-Dramaturgie inszeniert. Die andere, meines Erachtens treffendere Interpretation lautet: Eine spontane Grundstimmung der Umweltbesorgnis, aus der solche leidenschaftlichen Ausbrüche wie eben zu Brent Spar, Mururoa oder Gorleben erfolgen, ist inzwischen dauerhaft vorhanden. Sie ist nur oberflächlich unterdrückt durch Abspaltungs- und Abstumpfungsmechanismen der genannten Art.

4. Reaktionen der Älteren

Wie lautet nun die Reaktion der Älteren auf die nachgewiesenen überwiegend pessimistischen Umweltprognosen der Jugendlichen? Dazu schildere ich Ihnen ein Beispiel:

Wir haben in Giessen eine Medizinische Gesellschaft, an deren Tagungen vor allem Wissenschaftler des medizinischen Fachbereichs, aber auch viele niedergelassene Ärzte teilnehmen. Dort habe ich in einem Vortrag genau über die Untersuchungen berichtet, die ich Ihnen vorgetragen habe, aus denen die beunruhigenden Umweltprognosen der Jugendlichen ersichtlich sind. Beunruhigt war auch die Reaktion meiner ärztlichen Zuhörerschaft. Aber die Erregung machte sich nicht etwa an den Umweltproblemen fest, sondern an den vermeintlichen Verführern, die in angeblich unverantwortlicher Weise die Kinder in Schrecken versetzten. Angeklagt wurden Eltern, Lehrer, Horror-Comics, Katastrophenfilme und dramatisierende Unheilsmeldungen in den Medien. Nur zaghaft meldeten sich Stimmen, die der Jugend zutrauten, vielleicht hellsichtig die Wahrheit zu erfassen.

Ich selber stand nicht als Übermittler von Forschungsergebnissen da, sondern eher als jemand, der die angeblich künstlich in Angst versetzten Jugendlichen als Instrument benutzte, um schädliches Misstrauen gegen die Politik und die Wirtschaft zu säen. Wortführer dieser Kritik waren vor allem Professoren und Chefärzte. Die Veranstaltung zeigte mir zwei Reaktionen, wie ich sie in Diskussionen mit Politikern wiederholt erlebt habe. Die erste lautet etwa: Ob Eltern, Lehrer, Politiker – sie alle sollten zuerst dafür sorgen, dass die heranwachsende Generation nicht mit Problemen beschwert werde, die sie nicht überschauen könne und für deren Verarbeitung ihr noch die Reife fehle. Die Jugend habe ein Recht darauf, sich erst einmal unbeschwert entwickeln zu können. Der Einwand, dass einschlägige beunruhigende Informationen den Kindern gar nicht vorenthalten werden könnten, wird oft nicht gelten gelassen.

Eine andere ergänzende Reaktion sieht etwa so aus: Es ist gut, dass den Kindern so viel an der Erhaltung der Natur gelegen ist. Nur sollten sie, wenn sie sich darüber Sorgen machen, uns Ältere fragen. Das Fragen ist ihre Sache, unsere Sache ist es, zu antworten, nämlich beruhigend zu erklären, dass die Umweltprobleme inzwischen klar erkannt seien und dass genügend Massnahmen anliefen, um sie zu bewältigen. Beide Reaktionen zusammengenommen verdeutlichen ein therapeutisch rationalisiertes Bevormundungs- bzw. Entmündigungsverhältnis. Als fürsorgliche Verantwortlichkeit wird eine Haltung ausgegeben, die in Wahrheit eher auf eine Abwehr ei-

gener Ängste der Älteren hinausläuft. Die Verweigerung eines partnerschaftlichen Austausches dient demnach weniger der Schonung
der Kinder als der Selbstschonung der Älteren.

Aber den Jugendlichen und uns allen ist natürlich nicht damit geholfen, die mangelnde Diskussionsbereitschaft eines Grossteils der
Älteren mit deren eigener Angstabwehr erklären zu können, sondern die wichtigere Frage ist, wie diese Kluft praktisch überwunden
werden kann. Im Augenblick ist sie sehr tief. Die sich nicht genügend ernst genommen fühlende Jugend rächt sich in Deutschland
mit einer einzigartigen Distanzierung vom offiziellen Politikbetrieb
in Regierung, Parlament und den Parteien. Das Misstrauen in die
etablierten politischen Institutionen ist so gross wie nie zuvor: Die
Shell-Studie «Jugend '97» hat eine Vertrauensskala ermittelt (vgl.
Tabelle 1).

Umweltschutzgruppen	3,8
Menschenrechtsgruppen	3,5
Gerichte	3,4
Bürgerinitiativen, Polizei	3,2
Zeitungen	3,1
Gewerkschaften	3,0
Fernsehen	2,9
Arbeitgeberorganisationen	2,6
Bundesregierung, Bundestag, Kirchen	2,5
Politische Parteien	2,4

Tabelle 1: Vertrauensskala der Shell Studie 1997
Antworten auf die Frage: «Wieviel Vertrauen bringst du diesen Organisa-
tionen entgegen?» Skala von 1 (= sehr wenig Vertrauen) bis 5 (= sehr viel
Vertrauen); Mittelwert 3,0 (Jugendwerk der Deutschen Shell 1997).

77% der westdeutschen und 79% der ostdeutschen Jugendlichen
stimmen in dieser Studie dem Satz zu: «Die Parteien sollten sich
nicht wundern, wenn sie bald keiner mehr wählt.» Solche Befunde
müssten die politische Klasse, ja die Öffentlichkeit überhaupt alar-
mieren. Denn sie signalisieren eine Gefährdung unserer demokrati-

schen Grundlagen. Natürlich bringt es der Jugend keinen Gewinn, die Politiker durch Nichtachtung zu strafen, nach dem Muster jenes Kindes, das denkt: «Es geschieht meiner Mutter ganz recht, wenn ich mir die Hände erfriere, warum zieht sie mir keine Handschuhe an!»

Zu wünschen ist vielmehr, dass die Jugend selber offensiver wird, natürlich unterstützt von einsichtigen und couragierten Eltern, Pädagogen, Wissenschaftlern und vor allem auch von den Medien. In vielen Familien sind es heute bekanntlich schon die Kinder, die ihren Eltern Druck machen, sich umweltbewusster zu verhalten. Die Öko-Arbeitsgemeinschaften in den Schulen und Greenteams, die Jugendorganisation von Greenpeace, leisten wertvolle Arbeit. Als sehr sinnvolle Veranstaltungen habe ich zwei «Kindergipfel» erlebt, wo Schülerinnen und Schüler zuerst in eigenen Arbeitsgruppen Einzelthemen des Umweltproblems bearbeiteten und sich dann Politiker dazuholten, um mit diesen kritisch zu diskutieren. Wichtig ist dabei nach meiner Erfahrung, dass Jugendliche die Moderation übernehmen und konsequent verhindern, dass sich Politiker in ausschweifenden, belehrenden Monologen ergehen. Bei solchen Experimenten pflegen zwar einzelne Politiker ihre Unfähigkeit zu offenbaren, sich geduldig auf die Voten der Kinder einzulassen und deren meist durchaus treffende Kritik ernst zu nehmen. Aber andere überzeugen sich davon, dass in der Jugend ein beachtliches Potential an Klarsicht und an sachlich fundierter Kritikfähigkeit steckt. Unterstützt von den Medien, können solche Veranstaltungen die Dringlichkeit erkennen lassen, der Jugend mehr Information, Austausch und Mitsprache in Umweltfragen einzuräumen.

Auf kommunaler Ebene tut sich da in Deutschland schon einiges, aber lange noch nicht genug. Noch begreifen auch viel zu wenige Politiker, dass sie gerade in der Jugend eine entscheidende Unterstützungsbereitschaft für solche radikalen Reformen finden könnten, die für eine echt zukunftsfähige Umweltpolitik unerlässlich sind. Denn diese Generation versteht die Unvermeidlichkeit von eingreifenden Opfern für eine langfristige Erhaltung der Ressourcen und des Lebens zahlloser bedrohter Arten. Die Politik braucht die Bundesgenossenschaft der Jungen zur Überwindung der Trägheit von Massen Älterer, die keine kurzfristigen Konsumvorteile zugunsten längerfristig wichtigerer Ziele preisgeben wollen.

Viele Wissenschaftlerinnen und Wissenschaftler vertreten nun schon seit längerem die Forderung nach erweiterten politischen Partizipationsmöglichkeiten der Jugend, ganz speziell auch in Sachen Umweltpolitik. Persönlich halte ich übrigens eine Herabsetzung des Wahlalters auf 16 Jahre für zeitgemäss. Es wäre ein Zeichen für die Jugend, dass man sie für zukunftssichernde Entscheidungen braucht, und es wäre zudem ein glaubwürdiger Vorstoss, um die zitierte Kluft der Entfremdung abzubauen.

Der gerade in der Jugend verbreiteten Bereitschaft zu ökologischem Engagement sollten weit mehr Wirkungsmöglichkeiten angeboten werden als bisher. Aber wir müssen uns natürlich dabei fragen, ob wir selber genügend konfliktbereit sind, um nicht nur Texte für geneigte Medien abzuliefern und in Veranstaltungen mit überwiegend Gleichgesinnten aufzutreten, sondern ob wir uns auch den Ärger durch eigene politische Einmischung aufzuladen getrauen. Dieser Ärger droht seitens der auf politische Zurückhaltung bedachten «academic community», seitens konformistischer Medien und natürlich erst recht seitens derjenigen Politikerkreise, die derartiges Intervenieren gern als linke Panikmache zu diskriminieren pflegen. Wir bleiben nur wohlgelitten, solange wir uns im Freigehege von fachlichen Seminaren, Symposien oder Kongressen bewegen und das Wissenschaftsressort von geneigten Blättern bedienen. Aber ich meine, dass die Jugend erwarten kann, dass wir sie mit den Befunden, die sie uns anvertraut hat, noch engagierter in der Öffentlichkeit vertreten und auch bereit sind, den Widerstand aufgrund der erläuterten gesellschaftlichen Abwehrmechanismen auf uns zu nehmen. Es gibt genügend Hinweise dafür, dass diese Abwehrmechanismen an Kraft verlieren, aber dieser Prozess muss beschleunigt werden. Denn in der «Globalen Warnung» von 1400 Wissenschaftlern der Union of Concerned Scientists, darunter 101 Nobelpreisträgern, am 18.11.1992 in Washington veröffentlicht,[1] heisst es: «Nicht mehr als ein Jahrzehnt oder allenfalls ein paar weitere verbleiben uns, um die Zukunftsaussichten der Menschheit vor einer unermesslichen Bedrohung zu bewahren» (Union of Concerned Scientists 1992).

---

[1] Am 30.9.1997 hat die Union of Concerned Scientists ihren dramatischen Appell an die Weltöffentlichkeit und alle Regierungen als «Alarm Call» wiederholt (Union of Concerned Scientists 1997).

Literatur

Andreeva G. M., Gozman L., Richter H.-E., Schürhoff R., Wirth H.-J. 1990: Russen und Deutsche. Wie denken sie über sich selbst, übereinander und über die Politik? Eine vergleichende sozialpsychologische Studie. In: Richter H.-E. (Hrsg.): Russen und Deutsche. Hamburg: Hoffmann und Campe. S. 93-95.

Brähler E., Richter H.-E. 1995: Deutsche Befindlichkeiten im Ost-West-Vergleich. In: psychosozial. Jg. 18. Nr. 59. S. 7-20.

Eltern 1989: Eltern Umfrage. Das Christkind soll dem Gorbi helfen. Nr. 12. S. 128-130.

Flavin Ch. 1997: Das Vermächtnis von Rio. In: World Watch Institute (Hrsg.): World Watch Institute Report. Zur Lage der Welt 1997. Frankfurt a. M.: Fischer Taschenbuch Verlag. S. 11-42.

Jugendwerk der Deutschen Shell (Hrsg.) 1985: Jugendliche und Erwachsene '85. Generationen im Vergleich. Opladen: Leske und Budrich.

Jugendwerk der Deutschen Shell (Hrsg.) 1997: Jugend '97: Zukunftsperspektiven, Gesellschaftliches Engagement, Politische Orientierungen. Opladen: Leske und Budrich.

Kennedy P. 1993: In Vorbereitung auf das 21. Jahrhundert. Frankfurt a. M.: S. Fischer.

Leuzinger-Bohleber M., Garlichs A. 1993: Früherziehung West-Ost. Zukunftserwartungen, Autonomieentwicklung und Beziehungsfähigkeit von Kindern und Jugendlichen. Weinheim, München: Juventa.

Meadows D. L., Meadows D., Zahn E., Milling P. 1972: Die Grenzen des Wachstums. Stuttgart: Deutsche Verlags-Anstalt.

Munker J. 1985: Die Welt in 100 Jahren. Wie Kinder die Zukunft sehen. Düsseldorf: R. Fuchs.

Petri H. 1992: Umweltzerstörung und die seelische Entwicklung unserer Kinder. Zürich: Kreuz.

Petri H., Boehnke K., Macpherson M. J., Meador, M. 1986: Bedrohtheit bei Jugendlichen. In: psychosozial. Jg. 9. Nr. 29. S. 62-71.

Rusch R. (Hrsg.) 1989: So soll die Welt nicht werden. Kinder schreiben über ihre Zukunft (IG-Metall-Schreibwettbewerb). Frankfurt: Anrich.

Union of Concerned Scientists 1992: Global Warning. Washington, 18.11.1992.

Union of Concerned Scientists 1997: Alarm Call. Washington, 30.9.1997.

Unterbruner U. 1991: Umweltangst – Umwelterziehung. Vorschläge zur Bewältigung der Ängste Jugendlicher vor Umweltzerstörung. Linz: Veritas.

Konsumorientierung und Konsumverhalten

Konsumorientierungen und Umweltbewusstsein von Jugendlichen

ELMAR LANGE

1. Fragestellung: Zur Vereinbarkeit von Konsumorientierungen und Umweltbewusstsein

Die Ausgangsthese des Berner Projekts «Jugend und Umwelt» lautet: Der Umweltbezug von Kindern und Jugendlichen in den Konsumgesellschaften des ausgehenden 20. Jahrhunderts ist gekennzeichnet durch ein hohes Umweltbewusstsein und durch die Selbstverständlichkeit umweltbelastender Lebensgewohnheiten (speziell Konsumgewohnheiten). Von besonderem Interesse erscheint in diesem Zusammenhang, was das gleichzeitige Vorhandensein beider Orientierungen bedeutet.

Zur Überprüfung dieser These möchte ich aus der Perspektive des Konsumforschers auf der Basis theoretischer Überlegungen und empirischer Befunde zu den Konsumorientierungen von Jugendlichen zwischen 15 und 20 Jahren in der Bundesrepublik Deutschland im Jahre 1996 die folgenden Fragen zu beantworten suchen:

1. Welche Konsumorientierungen lassen sich bei den Jugendlichen beobachten, und wie sind sie theoretisch zu verorten?
2. Wie sieht die empirische Verteilung dieser Konsumorientierungen aus, und unter welchen individuellen und sozialen Bedingungen treten sie auf?
3. Wie hoch ist das Umweltbewusstsein der Jugendlichen?
4. Welche Zusammenhänge gibt es zwischen den verschiedenen Konsumorientierungen einerseits und dem Umweltbewusstsein andererseits?

2. Theoretische Überlegungen zum Jugendkonsum

Unter marktwirtschaftlichen Bedingungen bedeutet für die Jugendlichen die Vorbereitung auf die Konsumentenrolle, dass sie lernen, sich auf Konsumgütermärkten als Nachfrager gegenüber verschiedenen Anbietern marktkonform bzw. rational zu verhalten. Was bedeutet das im einzelnen?

Konsum bezeichnet die Befriedigung von Bedürfnissen (Ansprüchen, Wünschen) anhand von Geldmitteln (Einkommen, Ersparnissen, Krediten) durch Güter oder Dienstleistungen (unterschiedlicher Formen, Qualität und Quantität), die bestimmte Kosten (in Form von zu zahlenden Preisen oder Gebühren) verursachen. Bedürfnisse und Geldmittel stehen auf der Nachfrageseite, Güter bzw. Dienstleistungen stehen mit ihren Preisen auf der Angebotsseite des Konsumgütermarktes. Damit ergibt sich ein Modell des Konsumverhaltens, das Dörge als «magisches Viereck» charakterisiert hat (vgl. Abbildung 1).

Abbildung 1: «Magisches Viereck» des Konsumverhaltens. Quelle: In Anlehnung an Dörge (1990a, S. 4).

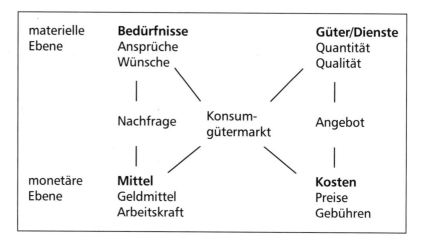

Unter Bezug auf diese Abbildung kann ein marktwirtschaftlich rationales bzw. ein marktkonformes Konsumverhalten jetzt wie folgt präzisiert werden: Das Konsumverhalten erscheint dann als rational bzw. marktkonform, wenn es diejenigen Güter und Dienstleistungen nach Quantität und Qualität auswählt, die ökonomische Bedürfnisse optimal zu befriedigen versprechen, wobei die Geldmittel so eingesetzt werden, dass die Kosten minimiert werden. Es bleibt an dieser Stelle bereits anzumerken: Ein marktwirtschaftlich rationales Konsumverhalten impliziert nicht auch automatisch ein ökologisch rationales Konsumverhalten.

Als ein wichtiger Bezugspunkt des Konsumverhaltens erscheinen nach diesen Überlegungen die individuellen Bedürfnisse, die man über den Konsum zu befriedigen sucht. Ohne hier auf die psychologische Diskussion über Bedürfnisse näher einzugehen (vgl. z.B. Maslow 1957; McGregor 1960), erscheint für die Zwecke unserer Analyse des Konsumverhaltens die folgende Taxonomie von Bedürfnissen brauchbar:

1. Physiologische Grundbedürfnisse, z.B. nach Nahrung, Kleidung, Wohnung;
2. Wahlbedürfnisse, die auf Güter und Dienstleistungen zielen, die über die Befriedigung von Grundbedürfnissen hinausgehen, z.B. besondere Nahrungsmittel, hochwertige Kleidung, Luxuswohnungen, Kaffee, Autos, Urlaubsreisen etc. (früher als «Luxusbedürfnisse» bezeichnet);
3. soziale Bedürfnisse nach Liebe, Zuneigung und Freundschaft, Anerkennung und Achtung;
4. Bedürfnisse nach Selbstverwirklichung und Entfaltung des eigenen Persönlichkeitspotentials (Ego-Bedürfnisse).

Nach früheren Vorstellungen (vgl. z.B. Maslow 1957) wurden die Bedürfnisse als hierarchisch angeordnet betrachtet: Erst sollten die Grundbedürfnisse befriedigt sein, bevor Bedürfnisse «höherer Art» befriedigt würden. Sieht man von den Grundbedürfnissen ab, deren «grundlegender» Charakter noch evident ist, scheint das Streben nach Befriedigung der übrigen Bedürfnisse gleichermassen gegeben.

Die meisten Bedürfnisse sind erlernt und variieren mit den materiellen und kulturellen Verhältnissen einer Gesellschaft bzw. ihrer für den Erziehungsprozess wichtigen Subgruppen, z.B. den Familien. Veränderungen der materiellen Verhältnisse und der kulturellen Vorstellungen verändern auch die konkreten Bedürfnisse. Die relative Bedeutung der Bedürfnisse, d.h. die relative Stärke ihrer Antriebsmotive, variiert bei den physiologischen Grundbedürfnissen bekanntermassen mit dem Grad ihrer Befriedigung: Je stärker ihre Befriedigung ist, desto eher wird eine Sättigung erreicht. Für die weiter gehenden Bedürfnisse sind dagegen offensichtlich keine immanenten Sättigungsgrenzen erkennbar; im Gegenteil: Sie scheinen mit den Möglichkeiten ihrer Befriedigung nach dem bekannten Motto zu wachsen: Je mehr man hat, desto mehr will man. Grenzen werden allenfalls durch das gerade vorhandene Güterangebot mit seinen Preisen, die eigenen Mittel, die natürlichen Ressourcen oder durch soziale Normen gezogen.

Speziell für die Bedürfnisse nach sozialer Anerkennung und die Bedürfnisse nach Selbstverwirklichung gilt: Sie sind letztlich nicht über den Besitz materieller Güter und die Inanspruchnahme von Dienstleistungen zu befriedigen, sondern nur durch Leistung im sozialen

Kontext und durch Kommunikation und Selbstreflexion. Gleichwohl wird immer wieder versucht, auch die Bedürfnisse nach sozialer Anerkennung und nach Selbstverwirklichung unmittelbar und ausschliesslich über materielle Güter zu befriedigen.

Unter Berücksichtigung des theoretischen Modells und der Überlegungen zu den Bedürfnissen sind wir nun in der Lage, einige Konsumverhaltensweisen als nichtmarkt- bzw. nichtumweltkonform zu kennzeichnen, bei denen bewusst oder unbewusst ein Element oder eine Beziehung zwischen den Elementen unberücksichtigt bleibt, oder in denen beim Konsum die Leistungsfähigkeit materieller Güter zur Bedürfnisbefriedigung falsch eingeschätzt wird:

1. Kompensatorischer Konsum und Kaufsucht: Der Kauf von Gütern und die Inanspruchnahme von Dienstleistungen, die keine Grund- oder Wahlbedürfnisse befriedigen, sondern vorrangig zur Befriedigung von Ego-Bedürfnissen bzw. besser zur Kompensation nichtbefriedigter Ego-Bedürfnisse dienen, können als kompensatorischer Konsum bzw. im Extremfall als Kaufsucht bezeichnet werden. Als kompensatorischer Konsum wird hier genauer ein Konsumverhalten bezeichnet, das «nicht (vorrangig) den Zwecken dient, denen das gleiche Verhalten normalerweise gewidmet ist, sondern Defizite kompensieren soll, die aus dem Nicht-Lösen ganz anderer Probleme entstanden sind. Kompensatorisches Kaufen kann beispielsweise die Funktion haben, dem Käufer über beruflichen Stress oder private Enttäuschung hinwegzuhelfen. Das Gut wird dann nicht (oder nicht in erster Linie) um seines Gebrauchswertes willen gekauft, sondern um der Befriedigung willen, die der Kaufakt selbst dem Käufer verschafft, und zugleich in der Erwartung, dass diese Befriedigung einen Ausgleich für die Frustration bieten möge, die durch das unbewältigte Problem hervorgerufen wurde» (Scherhorn u.a. 1992, S. 4). Kompensatorisches Kaufverhalten kann zur Kaufsucht führen.

   Kaufsucht liegt dann vor, wenn das kompensatorische Konsumverhalten die für ein Suchtverhalten typischen Merkmale zeigt, nämlich die Verengung auf bestimmte Objekte, die Unwiderstehlichkeit und in vielen Fällen auch die Dosissteigerung und das Auftreten von Entzugserscheinungen. Kaufsucht kann zur Kaufsuchtkrankheit führen. Entscheidend ist, dass der Süchtige nicht vom Suchtobjekt, sondern vom Suchterleben abhängig ist.

2. Demonstrativer Konsum: Der Kauf von Gütern und die Inanspruchnahme von Dienstleistungen, die Bedürfnisse nach sozialer Anerkennung befriedigen sollen, werden hier als demonstrativer Konsum bezeichnet. Demonstrativer Konsum vor allem von materiellen Gütern soll den eigenen Status im Vergleich zu dem anderer Bezugspersonen und -gruppen nach dem Motto aufwerten: «Hast du was, bist du was».
Das Phänomen des demonstrativen Konsums ist an sich nicht neu: Angehörige der gesellschaftlichen Oberschichten haben zu allen Zeiten den Konsum vor allem auch zur Demonstration des eigenen Status und zur individuellen Abgrenzung genutzt. Auch die wissenschaftliche Beschäftigung mit diesem Phänomen ist nicht neu: Bereits 1899 wies Veblen auf dieses, inzwischen als Veblen-Effekt bezeichnete, Phänomen hin (Veblen 1899). Leibenstein stellte bereits 1950 die verschiedenen atypischen Nachfrageverhaltensweisen wie Mitläufer-Effekte (bandwagoneffect), Snob-Effekte, Veblen-Effekte und ihre Bedingungen zusammen (vgl. Leibenstein 1950; Adlwarth 1983)[1]. Neu ist jedoch die Tatsache, dass mit der säkularen Ausweitung der diskretionären Einkommensanteile[2] grosse Teile der Bevölkerung in den meisten westlichen Industrienationen, einschliesslich der Jugendlichen, in die Lage versetzt erscheinen, diesen symbolischen Konsumaspekt in den Vordergrund zu rücken. Damit gilt auch für die Jugendlichen, was Dörge einmal so formuliert hat: «Man kauft schliesslich, was man nicht braucht, mit dem Geld, das man nicht hat, um dem zu imponieren, den man nicht mag» (Dörge 1990b, S. 20).

---

[1] Ein Mitläufereffekt liegt dann vor, wenn die individuelle Nachfrage eines Gutes mit der Gesamtnachfrage nach diesem Gut ansteigt bzw. fällt, und zwar unabhängig von Preisänderungen. Beim Snob-Effekt sinkt mit zunehmender Gesamtnachfrage die individuelle Nachfrage und umgekehrt: Der Snob möchte sich von der Masse absetzen. Der Veblen-Effekt unterstellt eine atypische Abhängigkeit der Nachfrage vom Preis: Die Nachfrage nach einem Gut steigt mit steigendem Preis dieses Gutes; auch hier ist das Streben nach Abgrenzung beim Nachfrager dominant.

[2] Als diskretionär bezeichnet man Einkommensanteile, die nicht mehr zur Befriedigung der Grundbedürfnisse benötigt werden, somit relativ frei verfügbar sind.

3. Umweltbelastender Konsum. Als umweltbelastend wird hier ein Konsumverhalten bezeichnet, das zur Befriedigung ökonomischer Bedürfnisse Güter und Dienstleistungen konsumiert, deren Preise die Kosten für den Produktionsfaktor Umwelt nicht adäquat berücksichtigen. Da diese Definition auf den ersten Blick ungewöhnlich erscheint, assoziiert man doch im Alltagsverständnis mit umweltschädigendem Konsumverhalten etwa das Wegwerfen von Müll, die sinnlose Raserei mit Autos oder ähnliches, bedarf es hier einiger Erläuterungen.

Eine optimale Verteilung der Güter auf dem Konsumgütermarkt, wie übrigens auch auf allen anderen Märkten, über den Preismechanismus ist nur möglich, wenn die Nutzung der Güter auch privat ist. Diese Bedingung vollständiger Privatheit aber ist nur selten gegeben, denn

- bei der Nutzung zahlreicher Güter treten sog. externe Effekte auf, d.h., Dritte profitieren oder leiden unter ihnen (Beispiel: Geruchs- und Gesundheitsbeeinträchtigung von Dritten durch das Rauchen von Zigaretten),
- zahlreiche Güter können nicht privatisiert werden, da sie den Charakter von Kollektivgütern[3] haben (saubere Luft ist als Umweltgut z.B. ein solches Kollektivgut).

Unter diesen beiden Bedingungen erscheinen die Kosten der Nutzung von Umweltfaktoren nicht oder nicht ausreichend in den Preisen der Güter. Da hier das Fehlen adäquater, die Umweltfaktoren berücksichtigender Preise Überfluss signalisiert, besteht unter Marktbedingungen auch kein Anreiz für die Konsumenten, ökonomisch, d.h. schonend mit der Umwelt umzugehen. Ohne den Schutz adäquater Preise ist die natürliche Umwelt unter reinen Marktbedingungen fortschreitender Zerstörung ausgesetzt.

---

[3] Als Kollektivgüter bezeichnet man Güter, die nicht teilbar sind und von deren Nutzung Dritte nicht ausgeschlossen werden können.

Zwar hat die Politik in den letzten Jahrzehnten durch Gesetze und Verordnungen sowie durch Abgaben, Subventionen oder steuerliche Entlastungen die Umwelt zu schützen bzw. einzelne Umweltgüter mit politischen Preisen (z.B. Mineralölsteuer) auszustatten versucht; generell gilt jedoch, dass auch hier und heute noch in sehr vielen Fällen die Preise der Güter und Dienstleistungen die Kosten für die Nutzung der Umweltfaktoren nicht ausreichend berücksichtigen. Umweltbelastendes Konsumverhalten ist unter diesen Bedingungen rein ökonomisch somit völlig rational.

3. Zur empirischen Verteilung der Konsumorientierungen

Die folgenden Ergebnisse stammen aus zwei empirischen Untersuchungen, die 1996 bei jeweils knapp 300 Jugendlichen im Alter zwischen 15 und 20 Jahren in den alten und neuen Bundesländern am Beispiel der Städte Bielefeld und Halle/Saale durchgeführt wurden. Beide Städte sind von ihrer Alters-, Geschlechts- und Bildungsstruktur her in etwa repräsentativ für die beiden Länderbereiche. Die Stichproben wurden als Quotenstichproben nach den Merkmalen Alter, Geschlecht und Ethnizität (nur alte Länder) gezogen und entsprechen in ihrer diesbezüglichen Verteilung mit geringen Abweichungen den jeweiligen Grundgesamtheiten. Die Erhebung wurde mittels mündlicher standardisierter Interviews durchgeführt (vgl. Lange 1997). Den theoretischen Überlegungen entsprechend untersuchen wir im folgenden die Verteilungen sowie die psychischen und sozialen Bedingungen der oben genannten Konsummuster.

3.1 Das ökonomisch rationale Konsumverhalten

Als rational gilt uns, wie oben erwähnt, ein Konsumverhalten, das sich gleichermassen an den eigenen ökonomischen Bedürfnissen, der Qualität und den Preisen der Güter und am eigenen Einkommen orientiert. Ökonomisch rationales Konsumverhalten wurde mittels einer Skala erhoben, deren Items sich auf die genannten Aspekte beziehen.

Ökonomisch rational kaufen etwa zwei Drittel bis drei Viertel der Jugendlichen, je nachdem, welchen Aspekt des theoretischen Modells man in den Vordergrund rückt.

Rationaler Konsum korreliert erwartungsgemäss negativ mit demonstrativem (r = -.11) und mit kompensatorischem Konsum (r = -.33ss), positiv dagegen mit der Bereitschaft zu Konsumverzicht (r = +.22ss) und einem umweltadäquaten Konsumverhalten (r = +.23ss).[4]

Ein ökonomisch rationales Konsumverhalten ist weitgehend unabhängig vom Geschlecht, von der Höhe der eigenen Schulbildung und von der sozialen Herkunft, indiziert durch die Schulbildung des Vaters und der Mutter. Es steigt mit dem Alter bzw. der Reife der Jugendlichen und mit deren Schulleistungen.

Ökonomisch rationales Konsumverhalten dominiert in zwei der drei von uns ermittelten jugendlichen Milieus:

Im sozial, politisch und ökologisch orientierten Milieu: Man kümmert sich verstärkt um Hilfsbedürftige und Benachteiligte, ist politisch in Parteien oder Bürgerbewegungen aktiv und zeigt ein umweltbewusstes Verhalten (r = +.23ss). Hier dominieren Selbstverwirklichungswerte wie Selbstbestimmung, Mitbestimmung, Bildung und Kreativität im privaten Bereich (r = +.12ss) und eine postmaterialistische Orientierung im gesellschaftlichen Bereich (r = +.12ss). Rational konsumierende Jugendliche dieses Milieus haben in ihrem Elternhaus vor allem einen demokratischen Erziehungsstil erfahren (r = +.15ss).

Im kleinbürgerlichen Milieu: Hier führt man ein einfaches Leben in gleichmässigen und geordneten Bahnen (r = +.28ss). Jugendliche dieses Milieus vertreten verstärkt Werthaltungen, die man als klassische Pflicht- und Akzeptanzwerte bzw. als preussische Tugenden bezeichnen kann; hierzu gehören Fleiss, Pflichterfüllung, Bescheidenheit, Disziplin und Ordnung (r = +.31ss) sowie Liebe und Treue (r = +.17ss). In gesellschaftlicher Hinsicht sind diese Jugendlichen

---

[4] Korrelationskoeffizienten (r) sind Masse für die Stärke des Zusammenhangs zwischen zwei Variablen. Sie erreichen den Wert -1.0 bei vollständig negativem und +1.0 bei vollständig positivem Zusammenhang; liegt kein Zusammenhang vor, ergibt sich ein Wert von 0. Als bedeutsam lassen sich in empirischen Feldforschungen (i.d.R.) bereits Koeffizienten >.10 bezeichnen, Koeffizienten >.40 sind sehr selten. Die Buchstaben «s» bzw. «ss» bezeichnen das Signifikanz- bzw. Sicherheitsniveau, mit der aus einer Zufallsstichprobe stammende Koeffizienten auch in der Grundgesamtheit von Null verschieden sind: Folgt ihnen ein einfaches «s», so sind sie mit einer Wahrscheinlichkeit von mindestens 95%, folgt ihnen ein «ss», sind sie mit einer Wahrscheinlichkeit von mindestens 99% in der Grundgesamtheit von Null verschieden.

eher materialistisch orientiert (r = +.15ss). Die elterliche Erziehung ist hier allerdings stark auf Äusserlichkeiten und materielle Dinge gerichtet.

3.2 Das kompensatorische Konsumverhalten, einschliesslich der Kaufsucht

Kompensatorisches Konsumverhalten, das nicht (vorrangig) den Zwecken dient, denen das gleiche Verhalten normalerweise gewidmet ist, sondern Defizite kompensieren soll, die aus dem Nicht-Lösen ganz anderer Probleme entstanden sind, finden wir bei etwa 15% in den neuen und 20% in den alten Bundesländern. Als kaufsüchtig können davon jeweils etwa 6% der Jugendlichen in den alten und in den neuen Ländern bezeichnet werden.

Kompensatorischer Konsum korreliert, wie bereits erwähnt, negativ mit rationalem Konsum, positiv dagegen mit dem demonstrativen Konsum (r = +.20ss), zielen beide doch auf die Gewinnung von sozialer Anerkennung ab. Kompensatorischen Konsum finden wir verstärkt bei den Jüngeren (r = -.16ss) und den Mädchen (r = +.19ss) sowie den von ihren Schulleistungen her Schlechteren. Kompensatorischer Konsum ist ansonsten unabhängig von der Höhe der eigenen Schulbildung und von der sozialen Herkunft. Eine differenzierte Kausalanalyse des kompensatorischen Konsums und der Kaufsucht muss sowohl auf psychische als auch auf soziale Ursachen abstellen.

3.2.1 Psychische Ursachen

Kompensatorischer Konsum und Kaufsucht sind im wesentlichen die Folge einer ausgeprägten Selbstwertschwäche, die aus einer Störung der Entwicklung der persönlichen Autonomie in den folgenden drei Bereichen entstanden ist:

- Im Bereich der Gefühle: die Unfähigkeit, Gefühle zu zeigen und auszuleben. Selbstwertschwäche drückt sich hier in einem gestörten Verhältnis der Betroffenen zu ihren eigenen Gefühlen aus. Die Ursachen liegen besonders im Bereich der primären familiären Sozialisation, in der die Kinder gehindert werden, Gefühle zu zeigen, Gefühle auszuleben und sie als etwas Wertvolles zu betrachten, das ein wesentlicher Bestandteil ihres Selbst und Quelle eines gesunden Selbstwertgefühls sein kann. Ist diese Fähigkeit gestört, «so wird der Selbstwert abhängig von äusseren Befriedigungen, von der Einverleibung äusserer Symbole für das Fehlende, weil im eigenen Inneren zuviel Unsicherheit, Unvollständigkeit, Unselbständigkeit ist, was den Menschen daran hindert, den Augenblick zu geniessen, sich als richtig und vollständig zu empfinden und für sich selbst einzustehen» (Scherhorn u.a. 1992, S. 61). Hinzu kommt bei vielen Kindern die das Selbstwertgefühl zerstörende Erfahrung, als Mensch unwichtiger zu sein als die Sachen in ihrer Umgebung, wenn sie z.B. ständig Rücksicht darauf nehmen müssen, dass die Möbel und ihre Kleider sauber sind, dass das Fernsehen, der Urlaub oder das Auto wichtiger sind als sie.

- Im Bereich der Fähigkeiten: Inkompetenzerlebnisse und Minderwertigkeitsgefühle. Sie sind das Resultat autoritärer, restriktiver, vor allem aber überbehütender Erziehung. Sie äussern sich in der Angst, Aufgaben zu übernehmen, weil man ja versagen könnte, in der Angst, engere Beziehungen zu anderen Menschen einzugehen – man könnte ja enttäuscht werden.
- Im Bereich der Entscheidungen: die Unfähigkeit, selbständig zu entscheiden. Auch diese Unfähigkeit ist vor allem auf familiäre Erziehungsmuster zurückzuführen: auf die Abnahme von Entscheidungen durch Dritte, besonders in Form einer Bevormundung durch die Eltern, sei es in autoritärer Form, sei es in überbehütender Form. Damit werden den Kindern die individuelle Autonomie und die Selbständigkeit verweigert.

Selbstwertschwäche in den drei genannten Dimensionen geht im psychischen Bereich mit einer Reihe anderer Dispositionen und Motivationen einher, die sich nach den Ergebnissen der empirischen Forschung wie folgt beschreiben lassen:

- Eine niedrige deferred-gratification-Haltung. Eine deferred-gratification-Haltung impliziert die Bereitschaft, jetzt Anstrengungen und Mühen zu erbringen, um erst viel später auch Belohnungen für diese Anstrengungen zu erhalten; diese Bereitschaft ist bei Kaufsüchtigen bzw. bei kompensatorisch Konsumierenden nur gering ausgeprägt.
- Eine niedrige Leistungsmotivation. Eine Leistungsmotivation bzw. eine positive leistungsorientierte Tendenz liegt vor, wenn bei einer Aufgabenstellung mittleren Schwierigkeitsgrades die

Hoffnung auf Erfolg grösser ist als die Furcht vor Misserfolg; bei den Kaufsüchtigen bzw. kompensatorisch Konsumierenden ist in der Regel die Furcht vor Misserfolg grösser als die Hoffnung auf Erfolg mit der Folge, dass sie vor Aufgaben zurückweichen, es sei denn, sie werden durch äusseren Druck zur Aufgabenerfüllung getrieben.

- Eine externale Kausalorientierung. Der Besitz einer dominant externalen Kausalorientierung bedeutet, dass Erfolg und/oder Misserfolg von eigenen Handlungen äusseren Ursachen zugeschrieben werden, sei es anderen Personen, den «Verhältnissen» oder aber einfach nur dem Glück und Zufall. Im Unterschied zu einer internalen Kausalorientierung, bei der Erfolg oder Misserfolg auf eigene Anstrengungen und Leistungen oder auf eigenes Können und eigene Kompetenzen zurückgeführt werden, verhindert eine externale Kausalorientierung bewusstes Lernen, besonders aus Misserfolgen, weil man selbst ja nicht verantwortlich, nicht schuld ist. Externale Kausalorientierung ist bei Kaufsüchtigen verbreiteter als bei normalen Konsumenten.
- Ein Streben nach Extravaganz und damit nach Anerkennung. Je stärker die Kaufsucht und der kompensatorische Konsum ausgeprägt sind, desto stärker ist gleichzeitig das Streben nach sozialer Anerkennung, das sich u.a. in aussergewöhnlicher Kleidung, in besonderen Frisuren oder Haarfarben, aber auch in auffällig ausgestatteten Wohnungen bzw. Zimmern ausdrückt.
- Eine hedonistische Wertorientierung, in der Abenteuer und Abwechslung, Lebensgenuss sowie Sexualität und Erotik betont werden; auch hier wird das Streben nach sozialer Anerkennung, nach Zufuhr von Befriedigungen, die von aussen kommen, deutlich.

Inwieweit sich diese Aussagen durch empirische Ergebnisse bestätigen, zeigt die folgende Tabelle in Form von Korrelationskoeffizienten (vgl. Tabelle 1).

psych. Dimensionen	West	Ost
• Selbstwertschwäche	+.41ss	+.30ss
• deferred gratification	-.01	-.12s
• externale Orientierung	+.12s	+.20ss
• Extravaganz	+.24ss	+.24ss
• Hedonismus	+.16s	+.06

Tabelle 1: Zusammenhänge zwischen Kaufsucht/kompensatorischem Konsum und ausgewählten psychischen Dispositionen und Motivationen.

Nach den Ergebnissen unserer Untersuchungen hat die Selbstwertschwäche die mit Abstand grösste Erklärungsleistung für die Kaufsucht. Deutliche Zusammenhänge zeigen sich auch hinsichtlich der externalen Kausalorientierung, dem Streben nach Extravaganz und der hedonistischen Orientierung.

3.2.2 Soziale Ursachen

Die extreme Selbstwertschwäche und die mit ihr verbundenen Implikationen sind ihrerseits Folgen bestimmter Bedingungen in den für die Jugendlichen wichtigen Lebensbereichen Familie, Schule und Peer-Gruppen. Sowohl nach den Ergebnissen der Studien über die Erwachsenenpopulationen als auch nach unseren eigenen Ergebnissen über die Jugendlichen fördern die folgenden Verhältnisse kompensatorischen Konsum und Kaufsucht:

Im Bereich der Familie
Wer nach den sozialen Ursachen von Kaufsucht fragt, muss sich zunächst einmal mit den familiären Sozialisationsverhältnissen beschäftigen, die wesentlich zur beobachtbaren Autonomiestörung und zur Selbstwertschwäche beitragen. Hierbei sind zunächst die Ursachen aufzuzeigen, die das süchtige Verhalten generell fördern, die also vor allem für die Selbstwertschwäche verantwortlich sind, und dann diejenigen, die speziell für das Auftreten von Kaufsucht und kompensatorischem Konsum verantwortlich gemacht werden können.

Selbstwertschwäche, insbesondere in bezug auf die Unfähigkeit, Gefühle zu zeigen und auszuleben, finden wir in familiären Verhältnissen, in denen die Kinder und Jugendlichen zuwenig Aufmerksamkeit und Anerkennung sowie zuwenig Wärme, Liebe und Zuwendung erfahren haben. Wir finden sie in Verhältnissen, in denen die kindliche und jugendliche Sehnsucht nach Liebe, Anerkennung und Geborgenheit abgeblockt wird, in denen sie auch ihre Enttäuschung, ihr Verletztsein, ihre Angst und möglicherweise auch ihre Aggressionen als Reaktionen auf diese Frustrationen nicht zeigen dürfen. So schreibt Scherhorn nach seiner Analyse von 25 Intensivinterviews mit Kaufsüchtigen: «Erzogen wird in diesen Familien mit Tadel und Strafe, oft genug mit Prügeln, aber selten mit Lob. Gefühlsäusserungen, vor allem negative und laute, wurden missbilligt und verboten. Es gab Verweise wie ‹Das sagt man nicht› oder gar ‹Das bildest Du Dir nur ein›, wenn das Kind eine unliebsame Empfindung äusserte. Vielen wurde das Gefühl vermittelt, unerwünscht zu sein oder gegenüber den Geschwistern benachteiligt zu werden» (Scherhorn u.a. 1992, S. 60). Wer aber zuwenig Wärme und Liebe, zuwenig Aufmerksamkeit und Wertschätzung von aussen erfährt, vermag auch sich selbst nicht zu lieben und sich selbst zu schätzen. Zuwenig Liebe und Anerkennung erfahren häufig Kinder in Familien, in denen beide Eltern berufstätig sind und in denen keine Ersatzpersonen, wie z.B. Grosseltern, Tagesmütter oder andere, zur Kompensation zur Verfügung stehen. Ähnlich geht es Kindern, die nur von alleinerziehenden und zugleich berufstätigen Elternteilen versorgt werden (Schlüsselkinder). Nach Peele und Brodsky bildet die Verweigerung der emotionalen Selbständigkeit die entscheidende Grundlage für die Entstehung von Sucht (Peele, Brodsky 1975).

Die Verhinderung von Autonomie und die Entstehung der Selbstwertschwäche unter dem Aspekt von Inkompetenz und Entscheidungsschwäche finden wir unter Sozialisationsbedingungen, die man als überbehütet und/oder als autoritär bezeichnen kann, nicht dagegen unter demokratischen Erziehungsprämissen. Es ist insbesondere der überbehütende Erziehungsstil, der zu Inkompetenzerlebnissen und langfristig zur Inkompetenz führt. Überbehütung resultiert aus Unsicherheit und Angst der Eltern, selbst etwas falsch machen zu können. Sie bedeutet, den Kindern Anstrengungen und

Aufgaben zu verbieten, weil sie ihnen nicht zutrauen, diese Anstrengungen und Aufgaben unbeschadet zu überstehen. Überbehütung bedeutet weiter, den Kindern eigene Entscheidungen abzunehmen und sie zu bevormunden – eine Bevormundung, die bis hin zur Auswahl der Freunde und Bekannten, zur Auswahl des Berufs und zur Auswahl des Ehepartners geht. Damit werden Kinder und Jugendliche systematisch zur Inkompetenz erzogen. Hier werden die Eltern mit ihren eigenen Problemen nicht fertig und geben sie an die Kinder weiter.

Kompensatorischer Konsum und Kaufsucht als Folge verhinderter Autonomie bzw. als Folge von Selbstwertschwäche treten insbesondere unter Familienverhältnissen auf, in denen die Kinder zwar Anerkennung und Aufmerksamkeit erfahren, allerdings nicht durch persönliche Zuwendung, sondern durch materielle Zuwendungen, z.B. in Form von Spielsachen oder aufwendiger Kleidung. Wir finden kompensatorischen Konsum und Kaufsucht weiter vor allem dort, wo die Eltern glauben, dass ihre Anerkennung und ihr sozialer Status besonders auf ihrem materiellen Besitz und weniger auf ihrer individuellen Leistung beruht. Diese Einstellung wird dann nach dem Motto «Hast du was, bist du was» auch den Kindern weitergegeben.

Die empirischen Zusammenhänge zwischen dem kompensatorischen Konsum und der Kaufsucht bzw. der Selbstwertschwäche einerseits und den Erziehungsstilen andererseits zeigt die Tabelle 2.

Die vorliegenden empirischen Ergebnisse bestätigen vor allem den dominanten Einfluss eines überbehütenden Erziehungsstils zunächst auf die Schädigung des Selbstwertgefühls, dann indirekt auf die Entwicklung des kompensatorischen Konsums und der Kaufsucht. Umgekehrt fördert ein demokratischer Erziehungsstil das Selbstwertgefühl der Kinder und Jugendlichen und verhindert das Entstehen dieser Konsummuster. Die Effekte sind im Westen wie im Osten ähnlich stark, wenngleich eine schwache Tendenz dahingehend zu beobachten ist, dass der familiäre Einfluss der Eltern auf das Selbstwertgefühl ihrer Kinder im Osten schwächer erscheint – vielleicht eine Folge dessen, dass die Kinder und Jugendlichen in der ehemaligen DDR stärker durch Kinderhorte und Kindergärten geprägt sind?

Erziehungsstile	Selbstwert-schwäche		Kaufsucht	
	West	Ost	West	Ost
Demokratischer Erziehungs-stil	-.24	-.33	-.18	-.12
Autoritärer Erziehungsstil	+.18	+.09	+.05	+.10
Überbehütender Erziehungs-stil	+.31	+.30	+.22	+.27
- emotionale Unselbständig-keit (1)	+.18	+.17	+.13	---
- Bevormundung (2)	+.13	---	+.14	+.17
- Verhätschelung (3)	+.16	+.16	+.20	+.26
- Erziehung zur Inkompetenz (4)	+.28	+.16	+.16	+.13
Materialistische Orientierung (5)	+.11	---	+.11	+.08
Aussenorientierung (6)	+.12	+.03	+.15	+.21

Tabelle 2: Zusammenhänge zwischen Selbstwertschwäche bzw. kompensatorischem Konsum/Kaufsucht und Erziehungsstilen.
Die entsprechenden Statements lauten: 1) «In meiner Familie konnte ich meine Gefühle stets ausleben», 2) «Meine Eltern haben stets darauf geachtet, welche Freunde und Freundinnen ich hatte», 3) «Meine Eltern haben mich als Kind verhätschelt», 4) «Meine Eltern haben mich zwar gefordert, aber selten überfordert», 5) «Für meine Eltern galt der Grundsatz: Hast du was, bist du was» 6) «Meine Eltern haben stets darauf geachtet, dass ich im Kreis der Verwandten und Bekannten einen guten Eindruck hinterliess»; die Vorzeichen der Koeffizienten wurden sinnadäquat dargestellt. Koeffizienten > .12 sind auf dem 95%-Niveau, Koeffizienten > .18 auf dem 99%-Niveau signifikant.

Im Bereich der Schule

Jugendzeit ist Schulzeit. Schulzeit bedeutet für die Jugendlichen, ständig Leistungen zu erbringen, die auf den schulischen Leistungs-dimensionen von Mathematik über Sprachen bis Sport und Musik regelmässig überprüft werden. Für die soziale Wertschätzung der Jugendlichen im Bereich der Schule gewinnt damit der sich in No-ten manifestierende schulische Leistungsstatus besondere Bedeutung: Was man unter schulischen Aspekten wert ist, erfährt man spätestens nach jeder Klassenarbeit in Form von Noten, mit denen die Lehrer die Leistungshierarchie stets erneut festlegen bzw. die bekannte Hierarchie bestätigen. Dabei ist es nun nicht so, dass sich die jugendlichen Personen auf den Leistungspositionen ständig verändern: Wenngleich auch Auf- und Abstiege vorkommen, bleibt die Leistungshierarchie, wie jeder weiss, im grossen und ganzen ausserordentlich stabil. Es sind immer wieder dieselben Schüler, die mit guten Leistungen rechnen können, und andere, die mit schlechten Noten am unteren Ende der Hierarchie landen. Schüler am unteren Ende der Leistungsskala erfahren somit durchweg mehr Misserfolgs- als Erfolgserlebnisse; sie sind damit kaum in der Lage, eine positive leistungsorientierte Tendenz, d.h. Leistungsmotivation, zu entwickeln. Sie erfahren ständig, dass sie – unter schulischen Leistungsaspekten – wenig wert sind. Schätzungen gehen davon aus, dass etwa ein Viertel bis ein Drittel aller Schüler die Schule als eine ständige Quelle des Misserfolgs und der Unzufriedenheit erleben. Wen wundert es daher, dass gerade die Schüler am unteren Ende der Leistungshierarchie versuchen, ihre negative schulische Erfolgsbilanz durch Güterbesitz und -demonstration innerhalb und ausserhalb der Schule zu kompensieren?

Nehmen wir die Durchschnittsnote auf dem letzten Zeugnis bzw. auf dem Abschlusszeugnis als Indikator für den schulischen Leistungsstatus der Jugendlichen, dann ergeben sich die folgenden Zusammenhänge mit der Selbstwertschwäche und dem kompensatorischen Konsum bzw. der Kaufsucht (vgl. Tabelle 3).

	Selbstwertschwäche		Kaufsucht	
	West	Ost	West	Ost
Schulleistung	-.14s	-.26ss	-.23ss	-.20ss

Tabelle 3: Zusammenhänge zwischen Selbstwertschwäche bzw. kompensatorischem Konsum und Kaufsucht sowie Schulleistung.

Damit besitzen die schulischen Sozialisationsbedingungen, speziell der schulische Leistungsstatus, neben den familiären Sozialisationsbedingungen einen erheblichen zusätzlichen Einfluss auf die Entstehung und Verfestigung von Minderwertigkeitsgefühlen, kompensatorischem Konsum und Kaufsucht, und zwar gleichermassen im Osten wie im Westen.

Im Bereich der Peer-Gruppen

Wenn sich die Jugendlichen nicht im Elternhaus oder in der Schule aufhalten, sind sie in der Regel während ihrer Freizeit mit ihren Freunden bzw. Freundinnen und Bekannten zusammen. Fragen wir daher jetzt nach dem Einfluss, den die Peer-Gruppen für die Entstehung und Verfestigung des Selbstwertgefühls und der Kaufsucht haben. Hinsichtlich der Peer-Gruppen vermuten wir, dass auch hier der erzielte soziale Status für das Selbstwertgefühl und damit auch für die Tendenz zu kompensatorischem Konsum und Kaufsucht relevant ist: Unterscheidet man Jugendliche in Peer-Gruppen hinsichtlich ihres sozialen Status danach, ob sie eher im Mittelpunkt stehen, einfach nur dazugehören oder eher an der Peripherie stehen, so sollte man einen Zusammenhang zwischen dem Sozialstatus und der Selbstwertstärke sowie der Kaufsucht finden: Jugendliche an der Peripherie der Gruppen sollten ebenfalls unter Minderwertigkeitsgefühlen leiden und Anerkennung durch kompensatorischen Konsum und durch Kaufsucht zu finden versuchen.

Die empirischen Ergebnisse sind in dieser Hinsicht auf den ersten Blick jedoch überraschend: So finden wir die erwarteten Zusammenhänge nur bei den Jugendlichen im Osten; im Westen korreliert Kaufsucht sogar positiv mit dem Beliebtheitsstatus in der Peer-Gruppe. Deutlich ist allerdings, dass kompensatorischer Konsum und Kaufsucht um so stärker ausgeprägt sind, je intensiver in der Gruppe darüber gesprochen wird, was man kaufen soll, was gerade «in» ist, und je bedeutsamer die Meinungen der Freunde über den Konsum erscheinen (vgl. Tabelle 4).

Peer-Gruppen-Merkmale	Selbstwert-schwäche		Kaufsucht	
	West	Ost	West	Ost
Beliebtheitsstatus in Freundesgruppe	---	-.15s	+.17s	---
Intensität der Konsum-gespräche	---	---	+.19ss	+.15s
Bedeutung der Freunde bezüglich Konsum	---	---	+.15s	+.16s

Tabelle 4: Zusammenhänge zwischen Selbstwertschwäche bzw. kompensatorischem Konsum und Kaufsucht sowie Peer-Gruppen-Merkmalen.

Der Einfluss der Werbung

An dieser Stelle müssen wir uns auch dem Einfluss der Werbung auf den kompensatorischen Konsum bzw. die Kaufsucht zuwenden. So ist einerseits zu erwarten, dass Werbung kompensatorisches Kaufen und Kaufsucht verstärkt, andererseits dürften diese Jugendlichen selbst eine erhöhte Affinität zur Werbung besitzen, also bewusst mehr Werbesendungen sehen und sie auch unkritischer sehen als Normalkonsumenten; wir haben es also mit Interdependenzbeziehungen zu tun. Was zunächst die Häufigkeit des Konsums von Werbesendungen, ob im Fernsehen, Rundfunk oder in den Printmedien angeht, finden wir bei den Kaufsüchtigen und den Kompensationskäufern im Westen wie im Osten keine Unterschiede zu den Normalkonsumenten. Allerdings fühlen sich die Kaufsüchtigen im Westen ($r = +.20ss$) wie im Osten ($r = +.18ss$) deutlich stärker von der Werbung bei ihren Kaufentscheidungen beeinflusst. Darüber hinaus finden sie deutlich mehr Spass an der Werbung (West: $r = +.21ss$; Ost: $r = +.16s$), finden, dass die Werbung mehr Abwechslung in die Medien bringt (West: $r = +.28ss$; Ost: $r = +.23ss$), glauben, dass sie über die Werbung auch inhaltliche Informationen über die angebotenen Waren erhalten (West: $r = +.18ss$; Ost: $r = +.19ss$), und würden z.B. eher eine Zeitschrift mit Werbung kaufen als eine Zeitschrift ohne Werbung, sofern sie, wie wir hypothetisch unterstellt haben, in zwei Ausgaben angeboten würde (West: $r = +.15s$; Ost: $r = +.05$). Werbung wird also von den kaufsüchtigen Jugendlichen stärker als von den Normalkonsumenten als Bereicherung sowohl in affektiver («Abwechslung, Spass») als auch in kognitiver Hinsicht («Informationen») betrachtet und unkritischer wahrgenommen.

Zusammenfassendes Pfadmodell zu kompensatorischem Konsum/Kaufsucht[5]

Die bisherigen Aussagen beruhen auf theoretischen Überlegungen und Korrelationskoeffizienten als Belege. Bringt man diese Überlegungen in ein Kausalmodell, dann lassen sie sich mit Hilfe der Pfad-

---

[5] Die im folgenden verwendete Pfadanalyse ist ein methodisches Verfahren zur Überprüfung einfacher und komplexer Kausalmodelle, d.h. Modelle, die bestimmte Ursache-Wirkungs-Zusammenhänge postulieren im Hinblick auf die kausale Anordnung der Variablen, die Richtung ihrer Beziehungen sowie die Stärke der direkten und indirekten Effekte, die von den erklärenden auf die zu erklärenden Variablen ausgehen. Die Pfadanalysen werden hier auf der Basis multipler Regressionsanalysen durchgeführt.

analyse überprüfen und gleichzeitig vereinfachen. Nimmt man die Kaufsucht(skala) als abhängige Variable, die psychischen Bedingungen als intervenierende Variablen und die sozialen Bedingungen als unabhängige Variablen, dann lassen sich der kompensatorische Konsum bzw. die Kaufsucht der Jugendlichen wie folgt erklären (vgl. Abbildung 2).

Abbildung 2: Kausalmodell zur Erklärung von kompensatorischem Konsum und Kaufsucht von Jugendlichen in Deutschland.

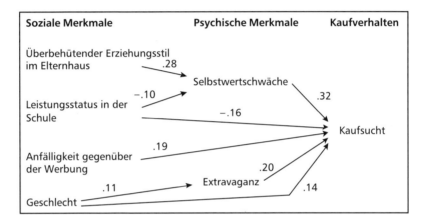

Die wichtigste psychische Ursache für den kompensatorischen Konsum bzw. die Kaufsucht ist die Selbstwertschwäche bzw. die gestörte Autonomie. Ihr versucht man durch Extravaganz bzw. durch Streben nach Anerkennung zu begegnen. Kompensatorischer Konsum und Kaufsucht werden darüber hinaus direkt durch den schulischen Leistungsstatus, durch die Anfälligkeit gegenüber der Werbung und durch das Geschlecht beeinflusst: Je niedriger der Leistungsstatus, je höher die Anfälligkeit gegenüber der Werbung ist, desto eher sind kompensatorischer Konsum und Kaufsucht zu erwarten. Bei Mädchen ist die Versuchung grösser als bei Jungen.
Die Selbstwertschwäche ist ihrerseits vor allem auf einen überbehütenden häuslichen Erziehungsstil zurückzuführen, aber auch ein niedriger schulischer Leistungsstatus senkt das Selbstwertgefühl. Das extravagante Auftreten, um Ansehen und Wertschätzung zu erlangen, finden wir stärker bei Mädchen als bei Jungen. Geschlecht und Schulstatus wirken somit sowohl direkt auf die Entstehung von Kaufsucht als auch indirekt, zum einen über das Selbstwertgefühl, zum anderen über das Streben nach Extravaganz.

3.3 Das demonstrative Konsumverhalten

Wer vornehmlich am Prestigewert der Güter orientiert ist, kauft vor allem Neues und Modisches (Tau C +.19ss) und legt Wert auf bestimmte Marken und Firmen (Tau C +.33ss). Auf der anderen Seite sind die Sparbereitschaft und die Bereitschaft zu Konsumverzicht sehr niedrig (Tau C -.32ss bzw. -.14ss); auch zu umweltfreundlichem Verhalten ist der demonstrative Konsument nicht zu bewegen (Tau C -.13ss). Der Anteil derjenigen Jugendlichen, bei denen die demonstrativen Aspekte im Konsumverhalten im Vordergrund stehen, dürfte gegenwärtig bei etwa 15% liegen.

Was die persönlichen Werthaltungen angeht, ist den prestigeorientierten Jugendlichen vor allem eine berufliche Karriere mit hohem Einkommen und Ansehen von Bedeutung (Tau C +.18ss). Selbstverwirklichungs- und postmaterialistische Werte erscheinen ihnen eher unwichtig (Tau C -.07s bzw. -.15ss).

Das demonstrative Konsumverhalten erscheint bei Jungen stärker ausgeprägt als bei Mädchen (Tau C -.10s); es nimmt mit steigendem Alter jedoch deutlich ab (Tau C -.19ss). Was die soziale Herkunft angeht, finden wir es verstärkt in unteren und mittleren Schichten, indiziert durch das Bildungsniveau der Eltern. Deutlich ist vor allem ein stark auf materielle Güter und Äusserlichkeiten gerichteter (Tau C +.17ss), überbehüteter (Tau C +.11ss) oder autoritärer Erziehungsstil (Tau C +.11ss) der Eltern. Die Abbildung 3 fasst die hier gefundenen Zusammenhänge in Form einer Kausalanordnung noch einmal zusammen.

Abbildung 3: Kausalmodell zur Erklärung des demonstrativen Konsums.

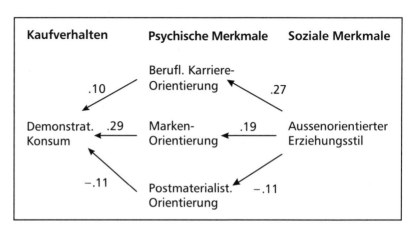

Die Pfadanalyse bestätigt zunächst einmal die Einflüsse der Konsumeinstellungen und der Werthaltungen auf das demonstrative Konsumverhalten: Wer Eindruck bei seinen Freunden und Bekannten machen möchte, der kauft überwiegend Neues und Modisches sowie Produkte bestimmter Firmen und bestimmter Marken. Hinsichtlich der persönlichen Werthaltungen stehen Karrierewerte ganz oben, Selbstverwirklichung, Kreativität u.a. postmaterialistische Werte dagegen unten. Alle diese Einstellungen und Orientierungen werden durch einen elterlichen Erziehungsstil geprägt, der grossen Wert auf materielle Güter und Äusserlichkeiten legt.

3.4 Das umweltbelastende Konsumverhalten – niedrige Bereitschaft zu Konsumverzicht

Das ökonomisch rationale, gleichwohl umweltbelastende Konsumverhalten können wir hier aufgrund fehlender Kenntnis sog. umweltadäquater Güterpreise natürlich nicht direkt erheben; es lassen sich allerdings indirekte Indikatoren für ein umweltbelastendes Konsumverhalten finden.

Ein erster Indikator für umweltbelastendes Konsumverhalten dürfte eine niedrige Bereitschaft sein, auf den Kauf und den Konsum von Gütern der Umwelt zuliebe zu verzichten. Diese Bereitschaft zu Konsumverzicht haben wir über eine Skala erhoben, deren Items sich auf die folgenden Aspekte beziehen: «Angesichts der Armut in vielen Ländern der Erde sollte man den eigenen Konsum einschränken und lieber anderen helfen», «Ich schränke meinen Konsum bewusst ein, um den allgemeinen Konsumgewohnheiten zu entgehen», «Ich ziehe ein einfaches und bescheidenes Leben einem Leben in Luxus vor».

Bezogen auf diese Items finden wir nur bei etwa 40% der Jugendlichen auch eine ausgeprägte Bereitschaft zum Konsumverzicht; etwa 60% zeigen sich gegenwärtig tendenziell nicht zu Konsumverzicht der Umwelt zuliebe bereit.

Ein zweiter Indikator ist das umweltbezogene Konsumverhalten der Jugendlichen selbst, das wir mittels der folgenden Skala erhoben haben: «Für Produkte, die umweltfreundlich sind, zahle ich gern etwas mehr», «Bei Waren des täglichen Bedarfs ziehe ich Produkte vor, die mit ‹naturrein› bzw. ‹biologisch› bezeichnet sind», «Ich kaufe gezielt umweltfreundliche Produkte», «Ich verhalte mich besonders umweltbewusst». Die Zustimmungsquoten zu diesen Items liegen im einzelnen zwischen 39 und 53%.

Nehmen wir die Ergebnisse über beide Indikatoren zusammen, dann zeigt mehr als die Hälfte der Jugendlichen (zwischen 55 und 60%) tendenziell eher ein umweltbelastendes Konsumverhalten als ein umweltfreundliches Verhalten.

Mangelnde Bereitschaft zu Konsumverzicht bzw. umweltbelastendes Konsumverhalten korreliert negativ mit einem ökonomisch rationalen Konsummuster und positiv mit demonstrativem Konsum; kein Zusammenhang existiert mit dem kompensatorischen Konsum. Das umweltbelastende Konsummuster finden wir häufiger bei Jungen als bei Mädchen ($r = -.13ss$). Es sinkt mit dem Alter ($r = -.20ss$) und der Höhe der Schulbildung ($r = -.14ss$) sowie mit der eigenen Schulleistung ($r = +.11$). Während die soziale Herkunft keine Rolle spielt, schlagen erneut die familiären Erziehungsmuster durch: Umweltbelastendes Konsumverhalten finden wir verstärkt unter einem Erziehungsstil, in dem Äusserlichkeiten und materielle Werte in den Vordergrund rücken ($r = +.22ss$), weniger dagegen unter demokratischen Erziehungsverhältnissen ($r = -.19ss$).

Was die Werthaltungen angeht, finden wir deutliche negative Korrelationen zwischen einem umweltbelastenden Verhalten und einer Orientierung an Selbstbestimmungswerten ($r = -.22ss$) und postmaterialistischen Orientierungen ($r = -.30ss$), positive Korrelationen finden sich dagegen zu einer beruflichen Karriereorientierung, in der Einkommen und Ansehen für wichtig gehalten werden ($r = +.11ss$) und zu einer materialistischen Gesellschaftsorientierung ($r = +.11ss$).

Deutlich wird allerdings auch, dass die zu umweltbelastendem Konsum tendierenden Jugendlichen wesentlich weniger als ihre Altersgenossen miteinander kritisch über Konsum und Werbung diskutieren ($r = -.20ss$). Dementsprechend abhängiger werden sie auch von dem, was ihnen ihre Freunde oder aber auch die Werbung zu kaufen und zu konsumieren suggerieren. Das kritische Gespräch mit den Peers hat aufgrund deren hoher Bedeutung im Jugendalter eine Schlüsselstellung für den umweltbewussten Umgang der Jugendlichen mit den Konsumgütern. Fasst man diese Ergebnisse zusammen, dann ergibt sich das folgende Bild (vgl. Abbildung 4).

Abbildung 4:
Pfadmodell
umweltbela-
stenden Kon-
sumverhaltens.

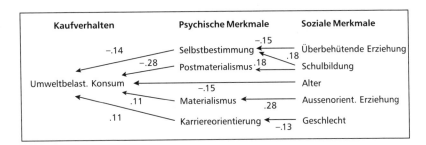

4. Umweltproblembewusstsein und Umweltverhalten

An dieser Stelle erhebt sich die Frage, inwieweit diese umweltbelastenden Verhaltensweisen auch durch ein entsprechend vorhande-
nes bzw. mangelndes Umweltproblembewusstsein bzw. durch umweltbezogene Werthaltungen legitimiert und getragen werden. Es
geht also um die mögliche Differenz zwischen (bekundeten) Verhaltensweisen und Werthaltungen.

Zur Erhebung des Umweltproblembewusstseins bzw. der Wertigkeit
von Umwelt haben wir die Jugendlichen gefragt, wie wichtig ihnen
die folgenden Dinge sind: «Gegen die Luftverschmutzung vorgehen», «Für die Reinerhaltung von Böden und Gewässern sorgen»,
«Sparsamer mit Energievorräten und Rohstoffen umgehen», «Förderung umweltfreundlicher Produkte und Verpackungen», «Die
Lärmbelästigung verringern».

Die Anteile derjenigen, die diese Ziele für wichtig und sehr wichtig
halten, liegen mit einer Ausnahme bei etwa 90%. Damit zeigen die
Jugendlichen ein sehr hohes auf allgemeine Umweltprobleme bezo-
genes Problembewusstsein, das allerdings in bemerkenswertem Kontrast zu ihrer Bereitschaft zu Konsumverzicht und zu ihrem umweltbelastenden Konsumverhalten steht.

Zwar finden sich erwartungsgemäss hohe negative Korrelationen
zwischen etwa dem Umweltproblembewusstsein und dem umweltbelastenden Konsummuster (r = -.46ss) sowie der fehlenden Kon-
sumverzichtsbereitschaft (r = -.27ss). Gleichwohl ist die Differenz
zwischen der mit etwa 90% hohen Zustimmungsquote zur Verrin-
gerung der Umweltprobleme und der unter 50% liegenden Bereitschaft, zugunsten der Lösung der Umweltprobleme auf umweltbelastenden Konsum zu verzichten, auch hier bemerkenswert; sie ist
jedoch bekannt und Ausgangsfragestellung dieses Beitrags. Wir
werden darauf später zu sprechen kommen.

5. Irrationales Verhalten: Hohes Umweltbewusstsein, gepaart mit Verschwendungssucht

Zum Schluss stellt sich hier die Frage, wie denn diejenigen Jugendlichen aussehen, bei denen wir sowohl ein hohes Umweltbewusstsein als auch eine ausgesprochen starke Konsumorientierung, hier gemessen über Items zur Verschwendungssucht, finden.

Als umweltbewusst bezeichnen wir hier Jugendliche, die auf der umgepolten Skala des umweltbelastenden Konsumverhaltens den folgenden Items überwiegend zustimmen: «Für Produkte, die umweltfreundlich sind, zahle ich gern etwas mehr», «Bei Waren des täglichen Bedarfs ziehe ich Produkte vor, die mit ‹naturrein› bzw. ‹biologisch› bezeichnet sind», «Ich kaufe gezielt umweltfreundliche Produkte», «Ich verhalte mich besonders umweltbewusst».

Als verschwenderisch bezeichnen wir hier Jugendliche, die auf einer Teilskala der Kaufsuchtskala den folgenden Items überwiegend zustimmen: «Wenn ich Geld habe, dann muss ich es ausgeben», «Ich habe schon öfter etwas gekauft, was ich mir eigentlich gar nicht leisten kann» und «Ich bin verschwenderisch». Dichotomisiert man beide Skalen bei den Punkten ihrer überwiegenden Zustimmung bzw. Ablehnung, dann ergibt sich das folgende Bild (vgl. Tabelle 5).

		Umweltbewusstsein		
		niedrig	hoch	n
Verschwendungs-sucht	niedrig	141 (26)	190 (35)	331
	hoch	98 (18)	111 (21)	209
n		239	301	540

Tabelle 5: Umweltbewusstsein und Verschwendungssucht der Jugendlichen in der Bundesrepublik (%-Werte in Klammern).

Unter diesen Voraussetzungen zeigen rund 20% der Jugendlichen ein im Grunde irrationales Orientierungsmuster: Einerseits besitzen sie ein hohes Umweltbewusstsein, stimmen also in starkem Masse den umweltadäquaten Verhaltensweisen zu, andererseits zeigen sie ein hohes Mass an Verschwendungssucht. Stellt man nun diese 20% der Jugendlichen den anderen gegenüber und fragt nach den psychischen und sozialen Bedingungen für dieses irrationale Orientierungsmuster, dann ergibt sich zusammengefasst das folgende Bild (vgl. Abbildung 5).

Irrationales Verhalten ist ähnlich wie das kompensatorische Konsumverhalten zunächst eine Folge der Selbstwertschwäche bzw. von Minderwertigkeitsgefühlen; sie sind bekanntermassen das Ergebnis eines vor allem überbehütenden Erziehungsstils im Elternhaus. Überbehütung fördert gleichzeitig aber auch Wertorientierungen und Einstellungen, die man mit Disziplinlosigkeit (Unpünktlichkeit, mangelnder Fleiss etc., generell: fehlende sog. preussische Tugenden) bezeichnen kann. Disziplinlosigkeit in diesem Sinne unterstützt ebenfalls ein irrationales Konsumverhalten. Zum dritten korreliert Irrationalität mit einem hedonistischen Lebensstil, in dem Abenteuer, Abwechslung, Sex und Erotik von Bedeutung sind. Diesen Lebensstil finden wir verstärkt in Familien mit einem überdurchschnittlich hohen Haushaltseinkommen.

Abbildung 5: Pfadmodell irrationalen Konsum- bzw. Umweltverhaltens der Jugendlichen.

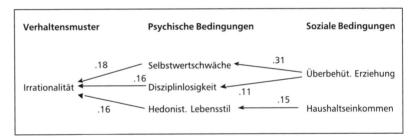

6. Schlussbemerkungen

Angesichts dieser Situation stellt sich hier die Frage, wie die Differenzen zwischen einem offensichtlich hohen Umweltproblembewusstsein einerseits und einem relativ niedrigen umweltbewussten Konsumverhalten sowie einer damit konform einhergehenden Verschwendungssucht andererseits zu erklären bzw. aufzulösen sind.

1. Ich glaube, dass das empirisch immer wieder belegte hohe Umweltproblembewusstsein der Jugendlichen – wie auch der Erwachsenen – zum einen das bekannte Phänomen der sozialen Erwünschtheit widerspiegelt: Angesichts der durch die Wissenschaft aufgezeigten und der ihre Ergebnisse popularisierenden Medien seit Anfang der 60er Jahre verbreiteten Umweltproblematik darf und kann heute keiner mehr, ohne gravierende Fol-

gen, weiterhin ernst genommen zu werden, Umweltprobleme als unwichtig abtun. Das ist eine Erklärung für die hohen Zustimmungsquoten.

2. Ich glaube allerdings auch, dass die jungen Leute, wie auch die Erwachsenen, ein intensives, aber sehr diffuses Gespür für die hohe Umweltgefährdung dieser und besonders der zukünftigen Generationen besitzen. Insofern ist das Umweltproblembewusstsein nicht nur soziale Erwünschtheit, sondern darüber hinaus ein zwar diffuses, aber doch echtes Gefühl, sozusagen ein Unbehagen, das sich aber viel zu selten und viel zu schwach auch in umweltgerechten Verhaltensweisen äussert.

Eine Erklärung dafür, warum sich dieses Umweltproblembewusstsein nicht in entsprechende Konsumverhaltensweisen der Jugendlichen wie auch der Erwachsenen umsetzt, wird neben den bereits auf der Mikroebene genannten Erklärungen psychischer Dispositionen und sozialer Hintergrundsvariablen noch eine Meso- und eine Makroebene berücksichtigen müssen, nämlich die Mesoebene der besonderen Situation der Jugendlichen, die sich von der der Erwachsenen allerdings auch nur graduell unterscheidet, und die Makroebene der grundsätzlichen Vereinbarkeit von Ökonomie und Ökologie.

6.1 Die besondere Situation der Jugendlichen

Was die Einübung der Konsumentenrolle und eines ökonomisch rationalen und umweltverträglichen Konsumentenverhaltens angeht, stehen die Jugendlichen vor einer Reihe von Schwierigkeiten, die sich aus ihrer spezifischen Altersphase ergeben und die die oben genannten Konsummuster nahelegen:

1. Das im Zuge der Distanzierung von den Eltern sowie der Erwachsenengeneration schlechthin sich verstärkende Bedürfnis nach Selbstfindung und individueller Persönlichkeitsentfaltung wird häufig durch den Konsum von jugendspezifischen und den individuellen Lebensstil unterstreichenden Gütern zu befriedigen versucht, statt auf Reflexion und Diskussion mit den wichtigsten Bezugspersonen zu setzen; die Folge ist kompensatorischer Konsum, der immer auch umweltbelastend ist.

2. Um einen angesehenen Status in den Peer-Gruppen zu gewinnen, ist das Bedürfnis nach sozialer Anerkennung besonders hoch. Um diese Anerkennung zu gewinnen, setzen Jugendliche häufig statt auf Leistung auf den Besitz von Konsumgütern, um ihren Status zu heben. Frei nach dem ihnen vielfach von ihren Eltern oder der Werbung vorgelebten Motto «Hast du was, bist du was» wird an die Stelle von «Tun und Leisten» auf das «Haben» gesetzt und demonstrativer Konsum praktiziert.

3. Auf den Konsumgütermärkten erfahren die Jugendlichen zum ersten Mal, dass sie unabhängig von ihrem Alter nur aufgrund ihrer finanziellen Mittel als gleichberechtigte Partner der Erwachsenen akzeptiert werden. Diese soziale Akzeptanz stellt für sie einen bedeutenden Anreiz dar, diese Märkte auch dann aufzusuchen und zu konsumieren, wenn kein echter Bedarf vorliegt, womit wir wieder beim Phänomen des kompensatorischen Konsums wären.

4. Wenn Jugendliche, wie gleichermassen Erwachsene, bei ökonomisch rationalem Konsumverhalten aufgrund von unter Umweltaspekten zu niedrigen Preisen vieler Güter tendenziell umweltschädigend handeln, bliebe letztlich nur die Empfehlung zu Konsumverzicht. Dieser Empfehlung zu folgen dürfte aber gerade für Jugendliche, die auch an den für die meisten Erwachsenen selbstverständlichen «Segnungen» der Konsumwelt teilhaben möchten, besonders schwierig sein. Wenn schon die Erwachsenen kaum zu Konsumverzicht bereit sind, wie sollen es dann die Kinder und Jugendlichen sein, die doch all die schönen Dinge auch besitzen möchten, die ihnen die eigenen Eltern als für den eigenen Status wichtig vorleben und die Werbung vorgaukelt?

6.2 Die grundsätzliche Vereinbarkeit von Ökonomie und Ökologie

Wie oben bereits erwähnt, ist die Marktwirtschaft nur unter der Bedingung in der Lage, eine optimale Allokation der Güter über den Preismechanismus vorzunehmen, wenn alle Güter privat sind und keine Kollektivgüter mehr existieren. Da die Umwelt allerdings durch den Konsum privater Güter durch externe Effekte tangiert wird, die der Preismechanismus nicht berücksichtigt, und darüber hinaus in vielen Fällen ein Kollektivgut darstellt, das nicht privatisierbar ist, ist allein rationales marktkonformes ökonomisches Handeln nicht in der Lage, auch die Umwelt adäquat zu schützen (ähnliches gilt hinsichtlich der Sozialverträglichkeit ökonomischen Handelns). Würden die Umweltkosten in den Preisen der Güter erscheinen, wären vermutlich manche Güter überhaupt nicht mehr bezahlbar. Das aber wird gegenwärtig in der Bevölkerung und verständlicherweise auch bei den Jugendlichen noch zuwenig durchschaut. Hier könnten Aufklärung und Modellrechnungen helfen.

Völlig übersehen wird die Problematik der Dynamik der Entwicklung: Weiteres Wachstum der Produktion und des Konsums bedeutet zusätzliche und steigende Kosten. Exponentiell steigender Wohlstand ist ohne exponentiell steigende Kosten, vor allem Umweltkosten, nicht zu haben. Dieser Tatbestand wird häufig übersehen. Glücklicherweise erkennen wir jetzt inzwischen, dass wir in den fortgeschrittenen Ökonomien empirisch wie auch theoretisch nicht einem exponentiellen Wachstum, sondern allenfalls noch einem linearen Wachstum folgen und in Zukunft einem nachhaltigen Wachstum folgen müssen. Das aber muss auf der makroökonomischen Ebene die Zielsetzung sein: nachhaltiges Wachstum, das die Kosten des Umweltverbrauchs in die Preise einrechnet – hier ist der Staat bzw. die Staatengemeinschaft gefordert; dann könnten die Konsumenten, auch die jugendlichen Konsumenten, die Preise wieder als Knappheitsindikatoren nehmen und ihre Kaufentscheidungen daran ausrichten. Ich fürchte nur, dass das in den nächsten Jahrzehnten aus politischen Gründen (Weltwirtschaft vs. nationale Politiken) nicht gelingen wird. Die Umweltprobleme sind somit eine Folge des Marktversagens. Da die marktwirtschaftlichen Rahmenbedingungen aber politisch geschaffen sind, ist das Marktversagen eine Folge des Politikversagens, das in einer Demokratie aber letztlich ihren Bürgern angelastet werden muss.

Literatur

Adlwarth W. 1983: Formen und Bestimmungsgründe prestigegeleiteten Konsumverhaltens. Eine verhaltenstheoretisch-empirische Analyse. München: Florentz.

Dörge F. W. 1990a: Konsumfreiheit als marktwirtschaftliche Aufgabe. In: Informationen zur politischen Bildung. Nr. 173. S. 1-7.

Dörge F. W. 1990b: Verbraucherverhalten in der Sozialen Marktwirtschaft. In: Informationen zur politischen Bildung. Nr. 173. S. 7-23.

Lange E. 1997: Jugendkonsum im Wandel. Opladen: Leske und Budrich.

Leibenstein H. 1950: Bandwagon, snob and veblen effects in theory of consumers' demand. In: The Quarterly Journal of Economics. Vol. 44. S. 183-207.

Maslow A. H. 1957: Motivation and personality. New York: Harper and Row.

McGregor D. M. 1960: The human side of enterprise. New York: McGraw-Hill.

Peele S., Brodsky A. 1975: Love and addiction. New York: Taplinger.

Scherhorn G., Reisch L. A., Raab G. 1992: Kaufsucht. Bericht über eine empirische Untersuchung. Stuttgart: Universität Hohenheim, Institut für Haushalts- und Konsumökonomik (Arbeitspapier 50).

Veblen T. 1899: The theory of the leisure class. New York.

Jugend, Medien und Werbung

HEINZ BONFADELLI

Der vorliegende Beitrag präsentiert aus der *Perspektive der Publizistik- bzw. Medienwissenschaft* und vor dem Hintergrund eigener empirischer Studien (Bonfadelli 1990; 1993) unterschiedliche normative Zugänge, Fragestellungen, theoretische Perspektiven und empirische Befunde zum Thema «Jugend, Medien und Werbung». Sie beanspruchen sicher nicht, umfassend zu sein. Der Forschungsstand zum Thema ist nämlich trotz seiner gesellschaftlichen Brisanz im deutschsprachigen Raum nach wie vor eher *bescheiden* und *fragmentarisch* (Haase 1987; Baacke u.a. 1993; Vollbrecht 1996; Gleich 1997; Kübler 1997), im Unterschied etwa zur Forschungslage in den USA (Stewart, Ward 1994; Pecora 1995). Kommt hinzu, dass Forschung gerade über Kinder, aber auch Jugendliche schwierig ist und rasch veraltet, da ständig neue Kinder- und Jugendgenerationen, geprägt von den jeweils vorherrschenden Zeitumständen, heranwachsen (Stipp 1997).

1. Zur Bedeutung des Themas

«Nach den Schulferien werden sich in Deutschlands Bildungsstätten wieder zehn Millionen Kinder einfinden, die meisten notgedrungen und mürrisch. Sie tragen Schoko-Riegel, Müsli-Schnitten und Coca-Cola im Gepäck, sind trendy gewandet und beschuht. Was immer man sonst noch vom Nachwuchs halten mag, er ist [...] ‹konsumfreudig, genusssüchtig und anspruchsvoll›.»
Dieses Zitat wurde im Magazin «Der Spiegel» (Nr. 29, 14. Juli 1997, S. 94) veröffentlicht. Es illustriert, zusammen mit weiteren Zeitschriften- und Zeitungsbeiträgen mit Schlagzeilen wie «Das verführte Kind» (Facts, Nr. 44, 2. November 1995), «Kids im Konsumrausch» (Schweizer Familie, Nr. 13, 31. März 1994) oder «Hauptsache exklusiv und teuer: Die grossen Ansprüche der verwöhnten Kleinen» (SonntagsZeitung, 3. April 1994), aber auch Büchern wie «Die Werbelawine. Angriff auf unser Bewusstsein» (Eicke 1991), dass das Thema «Kinder/Jugend und Werbung» in der Öffentlichkeit, aber auch in der Medienwissenschaft, ähnlich wie das Thema «Mediengewalt», immer wieder Konjunktur hat und zugespitzt auf die *Frage nach den Werbewirkungen* anhaltend emotio-

nalisiert und kontrovers diskutiert worden ist, wobei verschiedenste Instanzen mit je anderen Interessenlagen und darum auch unterschiedlichen Bewertungen involviert sind:

Sowohl Print- als auch AV-Medien leben, und zwar zunehmend, von Werbung und sind, zusammen mit Werbern und Werbeauftraggebern aus der Wirtschaft (Nickel 1997), an den Kindern und Jugendlichen als attraktive Zielgruppen (Meixner 1992) interessiert. Umgekehrt werden Eltern tagtäglich mit den Auswirkungen von Medienwerbung auf ihre Heranwachsenden konfrontiert, möchten sich und ihre Kinder somit vor Werbeeinflüssen möglichst schützen und verlangen darum nach Werbebeschränkungen. Damit sind zusätzlich die Interessen von Medien- und Familienpolitik (Bonfadelli 1991) bzw. Kinder- und Jugendschutz (Hüttenmoser 1990; Hoffmann-Riem u.a. 1995), aber auch der Medienpädagogik (Aufenanger 1994a; 1994b; Deutsches Jugendinstitut 1997) involviert (z.B. Themenheft «Medienpädagogik der Werbung» der Zeitschrift «medien praktisch» Nr. 2, Juni 1994).

Das Thema «Kinder/Jugend und Werbung» hat Anfang der 90er Jahre im deutschen Sprachraum unter dem Stichwort *«Konsumkids»* (Der Spiegel Nr. 50, Dezember 1993) in den Medien eine neue Karriere erlebt und im Gefolge davon öffentliche Diskussionen ausgelöst, die wiederum Anlass für medienwissenschaftliche Studien waren (z.B. Baacke u.a. 1993; Charlton u.a. 1995). Die stark erhöhte Relevanz und Aktualität entstanden durch das Zusammentreffen verschiedener Entwicklungen und Rahmenbedingungen nicht nur des Medienbereichs, sondern auch der Gesellschaft:

Zum einen markierte die *Einführung der privaten Fernsehanbieter* Mitte der 80er Jahre in Deutschland einen markanten Einschnitt und wirkte als Katalysator für einen starken *Wandel des Mediensystems,* der mit Stichworten wie «Privatisierung», «Deregulierung», «Ökonomisierung» und «Internationalisierung» angedeutet werden kann. Die rasante Entwicklung der Kommunikations- und Informationstechnologien hat deren *Omnipräsenz* stark erhöht. Die Massenmedien sind für den Nutzer heute jederzeit und überall (Walkman, Watchman, Natel) verfügbar. Gleichzeitig hat eine enorme Beschleunigung, aber auch Globalisierung der Kommunikation stattgefunden, wie die Berichterstattung über den Golfkrieg (CNN) illustriert. Die starke Vervielfachung der Kanäle wie auch die zeitliche Ausweitung der Programmangebote in den letzten Jahren äussern sich als Angebotsexplosion notwendigerweise wiederum in einer immer umfassenderen Ausstattung der Haushalte mit Medien und in einem kontinuierlichen Anstieg der Nutzung der Medien durch die Heranwachsenden. Alles Anzeichen für die sich herausbildende Informationsgesellschaft.

Abbildung 1 zeigt zudem, dass sich neben den Veränderungen im Produktionsbereich des Mediensystems auch die Darstellungsmöglichkeiten auf der Ebene der Codes gewandelt haben. Gerade auch die Spots der Fernsehwerbung und neu noch mehr der Werbung im Internet zeigen sich immer raffinierter, indem sie intertextuell auf verschiedenste gerade aktuelle Kulturphänomene verweisen, multiperspektivisch ein Grösstmass an semiotischen Zeichensystemen einsetzen, um grösstmögliche Lebendigkeit (Vividness) zu erzeugen, wobei auch ganz neue Formen des Feedbacks z.B. in der Internetwerbung zur Anwendung gelangen. Gleichzeitig ist die in der Werbung konstruierte Realität selbst in Form von neuen Simulationsmöglichkeiten immer stärker synthetisiert und medialisiert, d.h. immer weniger eine vorgefundene Realität, die einfach abgebildet wird.

Abbildung 1: Konsequenzen des Gesellschafts-/Medienwandels auf Rezeption und Effekte von medienvermittelter Kommunikation.

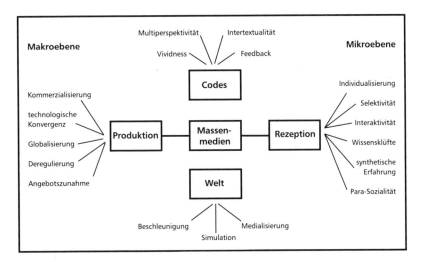

Als Konsequenz hat sich auch das *Funktions- und Wirkungspotential der Medien* deutlich erhöht (Sander, Meister 1997), und zwar auch vor dem Hintergrund des *strukturellen Wandels der Gesell-*

schaft im allgemeinen und der Familie, aber auch der Jugend im speziellen (Bonfadelli 1991): Zugenommen hat etwa die Berufstätigkeit beider Elternteile, aber auch die Mobilität von Familien. Es gibt heute zudem mehr Familien mit nur einem alleinerziehenden Elternteil. Nach Stipp (1997) leben heute beispielsweise in den USA weniger als 30% der Kinder in einer «traditionellen» Familie mit zwei Eltern einschliesslich eines berufstätigen Vaters und einer Mutter als Hausfrau. Weiter haben sich die *Individualisierung* von Denkweisen sowie Werthaltungen und die *Pluralisierung von Lebensstilen* verstärkt (Baacke, Heitmeyer 1985; Ferchhoff 1993). Weil Sichtbarkeit und Verbindlichkeit von traditionellen sozialen Lebenszusammenhängen abnehmen und gleichzeitig die verfügbaren Optionen zunehmen, entsteht für den heranwachsenden Menschen ein ständiger Zwang, sich aktiv für eine bestimmte Lebensmöglichkeit zu entscheiden (Beck 1983). Dadurch kommt der Individualität und Persönlichkeit, den Ansichten und Werthaltungen sowie dem Lebensstil und den Erlebnismöglichkeiten (Schulze 1992) ein immer grösseres Gewicht zu. Parallel dazu verstärken sich als Gefahren aber auch Egoismus, Überdruss und Konsumerismus sowie Orientierungslosigkeit und Einsamkeit (Ziehe 1975; Lüdtke 1997). Als Folge dieser Entwicklungen sind die Kinder heute wenigstens im Medien- und Konsumbereich viel früher unabhängig: «Im Vergleich zu den sehr beschränkten Freizeit- und Konsumchancen vergangener Zeiten hat die Entwicklung zur Konsumgesellschaft den Jugendlichen einen grossen Zuwachs an Freizeit- und Konsummöglichkeiten gebracht» (Mitterauer 1997). Und in der Nutzung dieser Möglichkeiten hat die Jugend heute sogar eine Vorbildfunktion für die gesamte Gesellschaft gewonnen.

2. Normative Zugänge

Das Thema «Kinder/Jugend und Werbung» wird sehr kontrovers diskutiert, weil meist implizit verschiedene und *normativ je andere Zugänge* damit verknüpft werden. Nach Ulrike Six (1991) sind idealtypisch drei Hauptpositionen erkennbar:

Medien und Werbung können *kritisch bis kulturpessimistisch* betrachtet werden, und zwar vorab als negativ bestimmender Einflussfaktor, namentlich auf besonders gefährdete Gruppen von Kindern und Jugendlichen. Stichworte dazu sind: die zunehmende

Mediatisierung von Kindheit, wachsende Entfremdung und Konsumerismus sowie eine verstärkte Manipulation durch Werbung. Beispielhaft für eine solche Position im deutschen Sprachraum ist die Publikation von Ulrich Eicke: «Die Werbelawine. Angriff auf unser Bewusstsein» (1991).

In einer *neutralen Position* werden nicht nur die Medien, sondern auch die Werbung als wesentliche Elemente der Kultur und der heutigen Gesellschaft betrachtet. Argumentiert wird unter Bezugnahme auf einen Paradigmenwechsel weg vom passiven und wehrlosen Heranwachsenden als Opfer von persuasiven Medienbotschaften und hin zum Kind und Jugendlichen als eigenbestimmtem Mediennutzer. Dies äussert sich beispielsweise im Slogan «Kinder können fernsehen» (Rogge 1990; Charlton, Neumann-Braun 1992) oder in der Betonung von sog. «Fakten» wie «TV-Werbung ist im Alltag der Kinder nur eine Randerscheinung» oder «Werbekompetenz stellt sich nicht erst im Erwachsenenalter ein» (Nickel 1997). Medien werden danach von den Heranwachsenden mehr oder weniger aktiv und eigenbestimmt als Mittel zur Informationsbeschaffung, Bildung und Freizeitgestaltung, aber auch zur Bewältigung von Alltagsaufgaben und zur Mitgestaltung einer eigenen Identität benutzt.

Medien können zudem *nicht unbedingt negativ, wohl aber normativ* in ihrer Rolle als Sozialisationsinstanz im weitesten Sinne betrachtet werden, wobei eher individuumsbezogen nach den Rezeptions- und Verarbeitungsweisen und ihren sowohl positiven als auch negativen Folgen für den Alltagsvollzug gefragt wird. Normativ ist eine solche Position insofern, als nach den sozialisationsrelevanten Funktionen, aber auch Dysfunktionen der Medien einerseits und nach den Möglichkeiten des Erwerbs von Kompetenzen der MediennutzerInnen im aktiv-eigenbestimmten oder allenfalls passiv-abhängigen Umgang mit den Medien andererseits gefragt wird.

3. Fragestellungen der Medienwissenschaft

Die Medienwissenschaft (z. B. Haase 1987; Baacke u. a. 1993; Gleich 1997) interessiert sich für verschiedenste Fragen im Zusammenhang mit dem Thema «Kinder/Jugend und Werbung», wobei nicht alle Bereiche bis jetzt durch empirische Forschung gleichermassen gut abgedeckt worden sind:

1. Auf einer *gesellschaftlichen Ebene* geht es um Veränderungen der Gesellschaft und des Kinder-/Jugendmarktes ganz generell, um Strukturen und Entwicklungen des Werbeangebots im speziellen und um das Verhältnis von Werbung und Medien sowie die bestehenden Regulierungsformen von kinderbezogener Werbung (Hüttenmoser 1990; Hoffmann-Riem u.a. 1995).

2. Auf der Ebene der *Medieninhalte* sind quantifizierende und qualitative Inhaltsanalysen der Strukturen der Medienwirklichkeit im allgemeinen, aber auch der Werbung und ihrer Kommunikationsstrategien im besonderen durchgeführt worden, die sich an Kinder und Jugendliche richten. Fragestellungen sind: Wie gross ist das Werbeangebot? Wie hat es sich entwickelt? Welche Werbeformen und Werbestrategien dominieren? Welche Bedeutung haben Emotionen und Schlüsselpersonen wie Autoritäten oder bekannte Figuren in den Werbespots des Fernsehens? Wie werden Frauen in der Werbung dargestellt? Oder: Welche Rolle spielen Umwelt und Ökologie in der heutigen Werbung? Und: Welche Unterschiede bestehen zwischen den verschiedenen Medien einerseits und zwischen den privaten und öffentlich-rechtlichen Fernsehprogrammen andererseits?

3. Bezüglich des *Medienkonsums* wird untersucht, wie Kinder und Jugendliche mit den Medien allgemein und mit Werbung im speziellen umgehen: Welche Medien werden wie häufig – Reichweiten – und wie intensiv – Nutzungsdauer – genutzt? Was weiss man über die Modalitäten der Mediennutzung: z.B. Stichwort «Zapping»? Und welche Motive stehen hinter der Medienzuwendung? Speziell bezüglich der Werbung stehen Fragen der kognitiven Verarbeitung hinsichtlich Verständlichkeit und Wahrnehmung von Werbespots durch Kinder und Jugendliche im Zentrum: Ab wann können Kinder zwischen Programm und Werbung unterscheiden? Und aufgrund welcher Kriterien tun sie dies? Welche Rolle spielen formaler Aufbau und Inhalt der Werbung? Und wie entwickelt sich diese werbebezogene Medienkompetenz im Altersablauf? Aber auch: Was weiss man über die Akzeptanz bzw. Ablehnung der Werbung durch Kinder und Jugendliche?

4. Auf der *Effektebene* steht schliesslich die Frage im Zentrum, was über die Auswirkungen des Medienkonsums und der Werbung ausgesagt werden kann, und zwar direkt auf das Konsumverhal-

ten der Kinder und Jugendlichen und indirekt auf ihre kognitiven Vorstellungen über die soziale Realität, aber auch auf die soziokulturellen Praxen der Heranwachsenden. Spezielles öffentliches, aber auch wissenschaftliches Interesse fand jüngst beispielsweise der vermutete Zusammenhang zwischen Essstörungen von jungen Frauen und dem durch die Medien verbreiteten Ideal des superschlanken Models (Harrison 1997). Neben solch personbezogenen Fragen kommt auch die Familie ins Blickfeld, insofern die konsumorientierten Wünsche und Verhaltensmuster der Kinder und Jugendlichen beispielsweise zu Konflikten mit den Eltern führen können.

4. Befunde und Einsichten

4.1 Kids und Konsum

Kinder und Jugendliche sind heute im Vergleich zu früher im Medien- und Konsumbereich schon sehr früh von den Eltern *unabhängig*. Sie verfügen über einen relativ grossen eigenbestimmten *Entscheidungsraum*. Ihnen steht auch relativ viel *eigenes Geld* zur Verfügung (Tabelle 1), über das sie selbst bestimmen können, das sie auch ausgeben, und über dessen Herkunft sie sich meist keine Gedanken machen müssen. Sie stellen darum eine wachsende Marktmacht dar.

Alter:	bis 5 J.	6-8 J.	9-10 J.	11-12 J.	13-15 J.	16-18 J.
Taschengeld:	3.8 Fr.	5.6 Fr.	12.5 Fr.	15.4 Fr.	27.7 Fr.	76.5 Fr.

Zusammen ergibt dies für die 1.4 Mio. Schweizer Kids bis 18 Jahre rund 450 Mio. Fr. pro Jahr. Quelle: IHA/GfM zitiert in CASH, Nr. 14, 7. April 1995

Tabelle 1: Taschengeld pro Monat nach Alter in der Schweiz.

1. Während *Vorschulkinder* entwicklungspsychologisch bezüglich Geschmack und Konsumvorlieben im Gefolge der Fernsehwerbung zwar schon eigene Präferenzen herausbilden, bleiben sie freilich bezüglich ihrer Kauforientierungen und speziell, was ihr Kaufverhalten anbelangt, noch stark von ihren Eltern abhängig.
2. Im *Schulalter* bilden dann Kameraden und «Peergroups» in der Schule ein Forum für die sich nun entwickelnde Orientierung an

der Kinderkultur, zusammen mit dem sich verstärkenden Einfluss der Werbung auf das Kaufverhalten.

3. Und im Übergang von der Kindheit zur *Jugendzeit* beginnt und intensiviert sich die Abkoppelung vom Elternhaus, nicht zuletzt über die Herausbildung *jugendkultureller Szenen* sowie *ästhetischer Stile* und eines eigenen darauf bezogenen Konsumgeschmacks.

Diese altersspezifischen Entwicklungstendenzen in Richtung einer sich allmählich und immer mehr verstärkenden Selbstbestimmung der Heranwachsenden im Konsumbereich verdeutlicht Tabelle 2.

Konsumverhalten in Prozent	7-9 Jahre	10-12 Jahre	13-15 Jahre
• selber Taschengeld bekommen	68	85	83
• Höhe des Taschengelds pro Monat in DM	14	23	45
• Taschengeld selbständig ausgeben, wofür Du willst	62	74	89
• selbst bestimmen, wie Dein Zimmer eingerichtet ist	55	71	86
• so kleiden, wie es Dir gefällt	45	63	80
• Fernsehen, soviel Du willst	16	27	59
• mit dem Zug verreisen, ohne Erwachsene dabei	10	33	63
• Sachen zum Anziehen kaufen, ohne dass jemand von den Eltern dabei ist	6	18	60
• grössere Anschaffungen (über 100 DM) einkaufen, ohne dass jemand von den Eltern dabei ist	2	7	26
• alleine weggehen und heimkommen, wann Du willst	2	4	13
Quelle IJF-Studie «Schüler-Mediaanalyse 1991 + 1992», zitiert nach Meixner 1992, S. 45 + 62			

Tabelle 2: Selbstbestimmung: «Was darfst Du?»

Mehrfachnennungen in Prozent	8-10 Jahre (N = 198)	11-13 Jahre (N = 305)	14-16 Jahre (N = 432)
• Sparen	61	44	36
• Spielsachen	36	13	3
• Süssigkeiten	34	35	19
• Tonträger	30	56	61
• Heftli/Comics	22	39	25
• Geschenke	18	22	20
• Bücher	14	15	14
• Sammelbilder	10	9	1
• Basteln	8	4	4
• Getränke	7	4	9
• Computerartikel	5	19	21
• Velo/Töffli	5	8	20
• Kino	4	14	26
• Kleider	4	19	31
• Videos	3	7	2
• Disco	3	6	21
• Handarbeit	3	1	2
• Spielsalon	2	2	2
• Parties	1	3	11
• Sportartikel	1	3	2
• Zigaretten	0	1	11
• Kosmetik	0	2	7
• Anzahl Nennungen	531	990	1519
• Nennungen pro Person	2.7	3.2	3.5

Quelle: Studie «Medienkindheit im Wandel» des Instituts für Publizistik-wissenschaft und Medienforschung der Universität Zürich unter Leitung von Daniel Süss.

Tabelle 3: Wofür geben Kinder und Jugendliche ihr Taschengeld aus?

Tabelle 3 zeigt, dass Schweizer Kinder und Jugendliche ihr Taschengeld für verschiedenste Dinge ausgeben, wobei dem Kauf von Medien eine besonders wichtige Rolle zukommt. Gleichzeitig sind Veränderungen im Altersverlauf deutlich erkennbar, sinkt doch auf der einen Seite das Sparen von 61% bei den 8- bis 10jährigen auf 36% bei den 14- bis 16jährigen, während bei den Ausgaben die Bedeutung von Spielsachen, Süssigkeiten und Sammelbildern zurückgeht. Gleichzeitig werden der Kauf von Tonträgern, Computerartikeln und Kinoeintritten, aber auch die Ausgaben für Velo und Töffli, Kleider, Kosmetik, Disco, Parties und Zigaretten bei den 14- bis 16jährigen immer wichtiger.

Mehrfachnennungen in Prozent	8-10 Jahre (N = 409)	11-13Jahre (N = 408)	14-16 Jahre (N = 450)	Mädchen (N = 546)	Knaben (N = 381)
• Hilfreich/freundlich sein	62	59	52	58	52
• Ehrlich sein	42	48	44	47	43
• Natürlich/sich selber sein	37	35	43	46	32
• Humorvoll sein	26	40	42	39	44
• Gut aussehen	23	30	37	35	33
• Die richtigen Kleider tragen	29	29	37	31	36
• Gut in der Schule sein	34	24	11	16	19
• Originell, anders als die anderen sein	9	12	20	16	17
• Die neuesten Sachen haben	11	14	14	13	15
• Gut im Sport sein	30	19	11	9	22
• Geld ausgeben können	15	12	9	7	15

Quelle: Internationale Studie «Kinder und Jugendliche im sich wandelnden Medienumfeld» des Instituts für Publizistikwissenschaft und Medienforschung der Universität Zürich unter Leitung von Daniel Süss.

Tabelle 4: Welche Eigenschaften machen jemanden in Deinem Alter beliebt?

Tabelle 4 illustriert darüber hinaus anhand der Frage: «Welche Eigenschaften machen jemanden in deinem Alter beliebt?», welche Werthaltungen mit der Verwendung des Taschengelds zusammen-

gehen. Die befragten Kinder und Jugendlichen betonen nämlich sowohl innenorientierte Werthaltungen wie «hilfreich und freundlich
sein», «ehrlich sein», «natürlich, sich selber sein» oder «humorvoll
sein», die kaum etwas mit Konsum zu tun haben, als auch aussen-
orientierte Werte wie «die richtigen Kleider tragen», «die neuesten
Sachen haben» oder «Geld ausgeben können», die sich direkt auf
Konsum und Werbung beziehen.

4.2 Kinder und Jugendliche als attraktive Zielgruppe der Werbung

Kinder und Jugendliche sind darum heute zu einer sehr attraktiven
Zielgruppe der Werber geworden, wobei drei Märkte unterschieden
werden. Sie stellen a) einen *primären Markt* dar, für den spezielle
Kinderprodukte kreiert werden: alles, was Kids direkt in Form von
Alltagsauslagen konsumieren wie Süssigkeiten, Getränke, Essen,
Medien etc. Nach dem schweizerischen Wochenmagazin «Facts» (2.
November 1995) war das Marktpotential der 616000 12- bis
20jährigen Schweizer Teenager 3 Milliarden Franken pro Jahr wert.
Und nach Hochrechnungen des Marktforschungsinstituts IHA/GfS
in Hergiswil standen 1995 den 1.4 Mio. Schweizer Kids bis 18 Jahre
rund 450 Mio. Franken Taschengeld pro Jahr zur Verfügung; zum
Vergleich erwähnt Uli Gleich (1997) die Summe von 6 Mrd. DM, die
den 6- bis 15jährigen im letzten Jahr in Deutschland als Taschengeld
für persönliche Ausgaben zur Verfügung gestanden hätten. Die
Heranwachsenden bilden darüber hinaus b) einen sog. «Beeinflussungsmarkt», indem sie in der Familie Kaufentscheidungen für Autos, Möbel, Ferien, Unterhaltungselektronik etc. massgeblich mitbe-
einflussen. Und fast noch relevanter: c) Kids werden als wichtiger
Zukunftsmarkt betrachtet. Darum wird durch Werbung eine
möglichst frühe Markenbindung angestrebt, zumal Kinder und Jugendliche als innovativ und konsumorientiert gelten. Und als Folge
der verstärkten Werbeanstrengungen sind sie äusserst markenbe-
wusst geworden, freilich bei gleichzeitig geringem Preisbewusst-
sein.

4.3 Konsum, Kultur und Identität

Heranwachsende bauen sich individuell ihre verschiedenen Lebens-
welten, Szenen und «Patchwork»-Identitäten auf. Die vorhandenen
Konsumangebote und deren Symbolcharakter in Form von Marken,
Logos und ästhetischen Stilen werden als Elemente verwendet, aus

denen eine eigene Identität konstruiert bzw. als sog. Bricolage gebastelt wird. Kinder- und Jugendkultur und Konsumsphäre sind darum je länger, desto mehr untrennbar miteinander verflochten und verweisen gegenseitig aufeinander: Einerseits werden *Produkte* via Werbung und Konsum-Events symbolisch durch ihren Bezug auf kulturelle Szenen und ästhetische Stile aufgeladen – beispielsweise «Pepsi-Cola» über die englische Popmusik-Gruppe «Spice Girls» – und so zu Mitteln des Ausdrucks und Symbolen von Identität, andererseits signalisieren Kinder/Jugendliche durch Konsum, Musik, Kleidung, Frisuren wiederum ihre jugendkulturelle Identität und ihre Zugehörigkeit zu den entsprechenden Jugendszenen (Willis 1991; Vogelgesang 1994).

4.4 Medien und Werbung

Der *Anteil der Werbung in den Medien, d. h.* besonders im Fernsehen, und zwar insbesondere im Umfeld von Kindersendungen der privaten Fernsehprogramme, wo ihr Anteil über 15% betragen kann, ist in den letzten Jahren kontinuierlich gestiegen. Die Einführung des Dualen Rundfunks 1985 in Deutschland als Zulassung privatwirtschaftlicher, nur über Werbung finanzierter Radio- und Fernsehveranstalter neben den öffentlich-rechtlichen Anbietern markiert dabei einen wesentlichen Systemwechsel.

Kinder und Jugendliche wachsen heute somit nicht nur mit mehr Medienangeboten auf, sondern auch mit einem höheren Anteil an Medienwerbung. Gleichzeitig werden Kinder und Jugendliche selbst verstärkt als Mittel in der Werbung eingesetzt. Nach einer Studie des Psychologischen Instituts der Universität Bern (Raschle 1993) wurden in 22% aller untersuchten TV-Werbespots Kinder eingesetzt, wobei sie in 14% dieser Fälle für Produkte warben, die ausschliesslich Erwachsenen dienen. Und nach den Befunden einer grossangelegten Programmanalyse in Deutschland (Charlton u.a. 1995) betrug der *Anteil der Kinderwerbung* an der gesamten ausgestrahlten Werbung während des Untersuchungszeitraums (Juni und November) im Durchschnitt 25%. Rund drei Viertel der Spots waren als Realfilme gestaltet, und etwa ein Fünftel verwendete eine Mischung aus Real- und Trickfilmszenen.

Selbstverständlich weiss die Werbewirtschaft um die Sehgewohnheiten und die Kaufkraft der sog. «Skippies» (school kids with income and purchasing power). So erstaunt es nicht, dass auch im

Kinderprogramm der privaten Fernsehveranstalter (RTL, Sat.1 und Pro 7) die in Deutschland gesetzlich zugelassene Werbezeit von 20% (= 12 Minuten pro Stunde) meist voll ausgeschöpft wird. An einem Samstagmorgen sind darum die Zuschauer eines Privatsenders stündlich zwischen 20 und 30 Werbespots ausgesetzt, wobei bis zum Mittag meist «kinderorientierte» Spots von 20 bis 30 Sekunden Länge geschaltet werden.

In qualitativer Hinsicht hat sich die Werbung ebenfalls verändert, insofern Hersteller von Produkten ihre Waren immer stärker mit attraktiven Medienfiguren zu verknüpfen versuchen, was als *Medien-Waren-Verbund* bezeichnet wird. So wird eine verstärkte *Vernetzung* von Programmproduzenten, Fernsehsendern und Unternehmen der Industrie angestrebt, um *Synergieeffekte* für alle Beteiligten zu erzielen (Erlinger 1997).

Beispiele dafür sind: 800 verschiedene Pingu-Artikel erzielen weltweit mittlerweile einen Umsatz von 90 Mio. Franken; Nestlé hat die Rechte erworben, ihre Produkte mit den populären Walt-Disney-Figuren zu schmücken; «Pepsi-Cola» wirbt zur Zeit mit der Pop-Gruppe «Spice Girls»; Adidas hat im deutschen Sprachraum das mittlerweile bei den Kids populäre Streetball lanciert.

Die früher pädagogisch ausgerichteten Kinderprogramme haben heute mehr und mehr nur noch die Funktion, ein möglichst optimales Umfeld für die Werbung zu bilden, d.h., das Kinderprogramm mutiert zum Rahmenprogramm für Werbung. Oder umgekehrt: Kinderprogramme haben den alleinigen Zweck, Zuschauer der Werbung zuzuführen. Dementsprechend hat sich die Werbung im Umfeld von Kinder-/Jugendprogrammen drastisch erhöht und auch ins Kinderprogramm selbst verlagert.

Neben der klassischen Werbung haben sich darum *neue Werbeformen* entwickelt, die auch für Kinder kaum zu durchschauen sind wie a) beim *Sponsoring von Programmen* oder b) beim *Product Placement,* bei dem gezielt Produkte in Kindersendungen erwähnt oder gezeigt werden wie beispielsweise im Erfolgsfilm «Kevin allein zu Hause», in dem 31 Markenlebensmittel plaziert wurden. Noch dreister funktionieren c) die sog. «*Program-Length-Commercial*». In ihnen wird in Form von Fernsehsendungen im Prinzip nur noch Werbung für die entsprechenden Spielzeugfiguren wie «He-Man» oder «Batman» gemacht. Immer wichtiger geworden ist auch d) das *Merchandising,* d.h. der Verkauf von Nebenprodukten wie

Spielzeug, Kleider, Esswaren etc., die via Lizenzvergaben heute bis zu 50% der Produktionskosten von Sendungen decken. Und für den gezielten Einsatz sowie zwecks Optimierung dieser Palette von innovativen Werbeformen haben sich e) spezialisierte Beratungsagenturen herausgebildet, die mittels sog. «*Trend Scouts*» ständig die neuesten jugendkulturellen Strömungen aufspüren.

In der Werbung selbst steht darum schon lange nicht mehr nur der *Gebrauchswert* eines Produkts im Zentrum, sondern sein *emotionaler Erlebniswert* und zudem sein *sozialer Symbolwert*. Produkte werden als symbolische Repräsentanten von *soziokulturellen Lebensstilen* positioniert: Markenartikelhersteller für Kleidung, Jeans, Sportschuhe, Süssgetränke etc. haben ihre Anstrengungen verstärkt, ihre Produkte mit spezifischen *jugendkulturellen Stilen* zu verknüpfen. Dadurch hat sich der soziale *Druck des Kameradenkreises* verstärkt: Um sozial anerkannt und populär zu sein, muss man diejenigen Produkte besitzen, die gerade «in» sind wie beispielsweise Turnschuhe von Nike oder Adidas. Werbespots bilden somit eine Art «Schnittstelle zwischen Medienkindheit und Konsumkindheit, sind also selber Teil der kindlichen Lebenswelt, transportieren aber gleichzeitig auch gesellschaftliche Vorstellungen über Kindheit» (Köser 1997).

Kinder und Jugendliche werden aber nicht nur direkt und zielgerichtet durch Werbung zum Konsum angehalten, sondern kommen auch *indirekt und quasi nebenbei* durch die Medienangebote selbst tagtäglich mit der Konsumwelt in Berührung. Nicht zuletzt auch darum, weil im Medienbereich die früher strikte Trennung zwischen redaktionellem und Werbeteil sich aufzulösen begonnen hat.

Zur selben Zeit sind in den letzten Jahren aber auch «*Natur*» und «*Ökologie*» zunehmend Medienthemen geworden und haben sogar Eingang in die Werbung gefunden. Nach einer eigenen Studie hat sich der Anteil der Inserate in schweizerischen Publikumszeitschriften mit umweltfreundlichen Produkten – z.B. «Öko-Waschmaschine» – bzw. Anzeigen, die mit ökologischen Argumenten werben – z.B. «umweltgerechter Heizkessel» oder Kartoffeln aus «naturgerechtem Anbau» – von 4% im Jahre 1985 auf 7% 1990 und 1994 sogar auf 12% erhöht. Parallel dazu hat sich der Anteil jener Produkte von 7% (1985) auf 2% (1994) verringert, die ohne einen explizit ökologischen Zusammenhang im Kontext von Naturbildern – z.B. Auto in unberührter Natur – präsentiert wurden. Und nach einer neuen Inhaltsanalyse der Anzeigen im «Der Spiegel» (Katz 1998) betrug der durchschnittliche Anteil der Öko-Werbung zwischen 1979 und 1993 11%; er stieg dabei kontinuierlich von ca. 5% Ende der 70er Jahre auf einen Höchstwert von 19% im Jahre 1993.

Kinder und Jugendliche sind für ökologische Argumente nämlich sehr empfänglich und lassen aufgrund der Resultate eigener Studien eine hohe Sensibilisierung für die Umweltproblematik erkennen. Konsonant dazu äusserten in der Jugendmedienstudie der Publicitas von 1990 beispielsweise 55% der befragten 15- bis 17jährigen Schweizer Jugendlichen besonderes Interesse am Thema «Natur, Umwelt und Ökologie». Nur bei vier weiteren Themen war das Interesse bei den Befragten noch ausgeprägter, nämlich bei Freizeit (80%), Reisen und Ferien (73%), Sport und Fitness (76%) sowie Beruf und Arbeitsgebiet (61%).

	redaktioneller Teil	Werbeteil
intendiert und zielgerichtet	Umweltprogramme im Fernsehen Konsumentenmagazine	Anzeigen oder TV-Spots mit bzw. ohne Umweltargumente
nicht intendiert und nicht zielgerichtet	«Konsum» bzw. «Umwelt» als Thema/ Inhalt von Sendungen	Produkte im Kontext von «Natur» nicht zielgerichtet oder Lifestyle-Situationen

Tabelle 5: «Konsum» und «Umwelt» als Themen in Medieninhalten.

Wie Tabelle 5 zeigt, sind *Umweltanliegen in den Medien* heute in sehr vielfältigen Formen präsent, wobei einerseits zwischen dem redaktionellen Angebot und dem Werbeteil unterschieden werden muss, andererseits gefragt werden kann, ob in bestimmten Medieninhalten intendiert und zielgerichtet Umweltanliegen vertreten und propagiert werden oder ob dies u.U. eher zufällig und nebenbei, d.h. nicht direkt zielgerichtet, geschieht.

Aufgrund dieser zwei Achsen können vier Typen gebildet werden:

1. Im redaktionellen Teil von Medien, beispielsweise beim Fernsehen in Konsumentenmagazinen wie dem «Kassensturz» oder in Bildungssendungen wie «MTW», kommen heute Fragen und Themen aus dem Umweltbereich regelmässig zur Sprache.

2. Konsumfragen und Umweltbelange werden aber auch in den Informations- und Unterhaltungssendungen quasi nebenbei und nicht zielgerichtet angesprochen, wobei dann allerdings häufig viel von Konsum und entsprechend wenig von Umwelt die Rede ist.

3. Zusammengenommen erhöhte sich der Anteil der Umweltberichterstattung in den Print- und audiovisuellen Medien zwischen 1970 und 1990 kontinuierlich, lag aber auch Anfang der 90er Jahre noch bei bescheidenen rund 5%.

4. Auch im Werbeteil können Umweltbelange direkt und intendiert angesprochen werden, sei dies nun in Form von Umweltkampagnen oder auch, wenn Firmen Umweltargumente gezielt zum Absatz ihrer Produkte einsetzen. Von solcher Umweltwerbung sind freilich «*Public Relations*» abzugrenzen. Darunter werden Kommunikationsbestrebungen von Firmen verstanden, sich einerseits aktiv und zielorientiert mit Umweltaktionen ein sog. «grünes» Image zu verschaffen, andererseits sich defensiv auf Umweltvorwürfe zur Wehr zu setzten wie z.B. im Falle von McDonalds. Verbände lancieren auch sog. «Issue-Kampagnen», wenn es darum geht, sich gegen geplante politische Umweltmassnahmen wie Lenkungsabgaben (z.B. CO_2-Abgabe) oder Gebote und Verbote (z.B. die Abstimmung «Zürich verkehrsfrei») zur Wehr zu setzen.

4.5 Mediennutzung – Werbenutzung

Nach den Befunden des SRG-Forschungsdienstes erreichte das Fernsehen DRS 1997 täglich 71% der Bevölkerung in der Deutschschweiz, und die mittlere Sehdauer lag im Wochendurchschnitt bei 127 Minuten. Die Fernsehzeit hat sich somit in den letzten zehn Jahren kontinuierlich um insgesamt 20% ausgeweitet. Bei den 3- bis 14jährigen Kindern betrug die tägliche Sehdauer 73 Minuten, und bei den 15- bis 24jährigen Jugendlichen und jungen Erwachsenen lag sie bei 91 Minuten (SRG-Forschungsdienst 1998).

Dieser erhöhte TV-Konsum auch von Kindern und Jugendlichen hat zur Folge, dass sie verstärkt mit TV-Werbung in Kontakt kommen. In einer Untersuchung des Schweizer Fernsehens aufgrund von TELE-CONTROL-Daten hatte beispielsweise die Gruppe der 14- bis 19jährigen in den untersuchten vier Wochen *2.7 Stunden TV-Werbung* gesehen, was einem Werbeanteil am gesehenen Pro-

gramm von 5.9% entspricht. Der mittlere Nutzungsanteil an Werbesendungen betrug dabei 61%. Pro Jahr sehen Kinder nach Hochrechnungen ca. 4000 Werbespots. In den USA beträgt der
Werbeanteil im Kinderprogramm sogar 20% pro Programmstunde
(= 12 Minuten), und Kinder sind offenbar 30000 Werbespots pro
Jahr ausgesetzt (ARD-Forschungsdienst 1990).

4.6 Verständnis, Wissen und Akzeptanz von Werbung

Welches wissenschaftlich gesicherte Wissen gibt es neben der Nutzung über die kognitiven Verarbeitungsprozesse, d.h. das Verständnis, die Wissensaufnahme und die Einstellungen gegenüber bzw.
die Akzeptanz der Werbung durch Kinder und Jugendliche?

Die Befunde der Befragung von 1115 Kindern im Alter von 4 bis 14
Jahren (Charlton u.a. 1995) zeigen, dass TV-Werbespots bei Vor-
schulkindern auf hohes Interesse stossen; gleichzeitig hat diese Altersgruppe am meisten Mühe, «Werbung» und deren kaufbezo-
gene Intentionen zu erkennen, weil sie sich kognitiv noch an
oberflächlichen Aspekten orientiert: 37% der Vierjährigen, 21% der
Fünfjährigen und noch 12% der Sechsjährigen konnten Werbung
nicht vom Programm unterscheiden. Generell scheint das Verständnis der Werbewelt durch die Kinder also recht gering zu sein. Erst
mit etwa sieben Jahren ist die sog. Werbekompetenz unter Kindern
somit hinlänglich verbreitet.

In Kontrast dazu steht der Befund, dass der werbeinduzierte Wis-
sensstand hingegen recht hoch zu sein scheint: Schon Vorschulkinder lernen beispielsweise Produktenamen und Slogans aus der Fernsehwerbung und behalten diese über einen längeren Zeitraum
(Böhme-Dürr 1993).

Werbespots sind zudem beliebt: 1) kognitiv wegen ihrer *einfachen
Sprache* sowie *grossen Verständlichkeit,* und weil sie nur *kurze Auf-
merksamkeitsspannen* erfordern; 2) affektiv, weil Werbespots ein
hohes *Aktivierungspotential* und einen grossen Unterhaltungswert
besitzen; 3) sozial, weil sie vertraute Situationen, Gegenstände und
Kontexte zeigen und darum den kindlichen Bedürfnissen nach Ver-
trautem und Sicherheit entsprechen. Dies wird durch die häufigen
Wiederholungen noch verstärkt. Sie zeigen darüber hinaus Erstre-
benswertes in positiven Kontexten. Die Befriedigung solcherart ge-
weckter Bedürfnisse ist wiederum sofort durch Kauf erreichbar.

Mit zunehmendem Alter sehen Kinder freilich weniger gerne Fernsehwerbung. Der Ja-Anteil auf die Frage, ob sie gerne Fernsehwerbung sähen, sinkt von 40% bei den 4- bis 6jährigen auf 29% bei den 7- bis 10jährigen und auf 20% bei den 11- bis 14jährigen (Charlton u.a. 1995). Ältere Kinder und Jugendliche äussern also verstärkt *werbekritische Haltungen,* wobei diese nicht unbedingt mit einer entsprechenden Zurückhaltung oder gar Abstinenz im Konsumbereich gekoppelt sein müssen. Sie widerspiegeln möglicherweise also eher die Kritik eines negativ bestimmten Umfeldes der Kinder (Gleich 1997). Andere Autoren wie z.B. Kommer (1996) weisen darauf hin, dass Kinder und Jugendliche Werbung nicht pauschal, sondern eher situativ, d.h. bezogen auf einzelne konkrete Spots, bewerten würden, wobei jeweils deren Inhalt und Machart im Zentrum stünden. Akzeptiert wird nach ihm Werbung dann, wenn sie anregt, lustig und originell ist und sympathische «Typen» präsentiert. Eine solche Machart scheint für die Heranwachsenden einen hohen Unterhaltungswert zu garantieren.

4.7 Effekte von Werbung

«Wie wirkt Werbung bzw. Werbefernsehen auf Kinder und Jugendliche? Bei besorgten Eltern und Erziehern überwiegt zumeist das Bild des ‹unfertigen›, ‹unkritischen› und ‹leicht beeinflussbaren› Kids oder Jugendlichen, dem mittels primär ans Gefühl appellierender Werbung fremde Bedürfnisse, immer neue Wünsche und eine starke Konsumorientierung eingeimpft werden. [...] Die Beziehungen zwischen Kindern, Medien, Werbung und Konsum sind komplizierter und widersprüchlicher, als es auf den ersten Blick erscheint» (Bonfadelli 1995, S. 4).

In verschiedensten Studien konnte bezüglich der intendierten direkten Effekte gezeigt werden, dass der hohe Werbedruck bei Kindern *vielfältige Kaufwünsche* und generell *konsumorientierte Einstellungen* erzeugt, die in die Familie hineingetragen werden und dort erzieherische Konflikte zur Folge haben können. Nach der SRG-Kinderstudie von 1989 gaben 50% der befragten Kinder an, sie hätten in letzter Zeit im Schweizer Werbefernsehen Dinge gesehen, welche sie gerne einmal kaufen würden; und die Hälfte der befragten Mütter berichtete, dass ihre Kinder sie schon aufgefordert hätten, das einzukaufen, was sie in Werbespots gesehen hatten, wobei Spielsachen, Süssigkeiten, Wasch-/Reinigungsmittel und andere Esswaren am häufigsten genannt wurden (SRG-Forschungsdienst 1989). Und nach einer Studie des Instituts für Jugendforschung (Schneider 1996) weisen Kinder und Jugendliche zunehmend auf Marken hin, führen Dialoge darüber und erzeugen so einen Informationsdruck bei ihren Eltern. Umgekehrt werden die Heranwachsenden mit steigendem Alter zunehmend von ihren Eltern um Rat gefragt. Über ein Drittel der befragten Kinder und Jugendlichen zwischen 8 und 17 Jahren beeinflussten nach eigenen Angaben den Kauf eines neuen Autos, über die Hälfte den Kauf des Fernsehers, der Stereoanlage oder des Computers.

Gleichzeitig greifen sog. *Stimulus-Response-Modelle* aber zu kurz, die eine direkte und unvermittelte Beziehung zwischen der Werbebotschaft als Stimulus und dem Kaufverhalten als Response postulieren. Aber auch komplexere lineare *Input – Output – Ansätze* wie beispielsweise die in Werberkreisen beliebte sog. *AIDA-Formel* (Attention → Interest → Desire → Action) werden der Komplexität des Konsumverhaltens zu wenig gerecht. Nicht immer setzt sich nämlich die durch Medium und Werbebotschaft in einem ersten Schritt tatsächlich oft erzielte Aufmerksamkeit direkt in Produktinteresse um; aber auch das einmal geweckte Interesse für ein bestimmtes Produkt muss sich nicht in jedem Fall in einen Kaufwunsch oder gar in entsprechendes Kaufverhalten niederschlagen, spielen doch weitere Momente wie beispielsweise Preis und vorhandene finanzielle Möglichkeiten eine wichtige Rolle. Zudem zeigt sich gerade im Konsum- und Umweltbereich häufig, dass durchaus Diskrepanzen zwischen Wünschen bzw. Einstellungen und dem tatsächlichen Verhalten bestehen können.

Neuere *situationale Ansätze* betonen demgegenüber den Unterschied zwischen Low- und High-Involvement-Situationen mit zentraler bzw. peripherer Beeinflussungsroute (Felser 1997). Kaufentscheidungen mit hohem Involvement betreffen dabei teure und langlebige Produkte wie Autos, Haushaltgeräte, Computer oder Apparate der Unterhaltungselektronik, der Kauf von Getränken oder Esswaren entspricht jedoch eher einer Situation mit geringem Involvement. Während bei *hoher Beteiligung* eigeninitiierte Informationssuche und eine aktive Auseinandersetzung mit den Argumenten der Werbebotschaft erfolgen, ist für Situationen mit *geringem Involvement* das passive und unterschwellige Nebenbei-Lernen aufgrund von optischen und affektiven Schlüsselreizen typisch. Hinzu kommt die mediatisierende Rolle des *sozialen Kontextes,* wickeln sich doch viele Kaufentscheidungen in Interaktionen zwischen Kindern und Eltern ab (Aufenanger 1994).

Umweltorientierte Informationskampagnen, die als Zielsetzung Veränderungen im Konsumverhalten anstreben, müssten aufgrund dieser neuen theoretischen Perspektiven Unterschiede in der situational gegebenen Beteiligung der jeweiligen Zielgruppen stärker berücksichtigen, wenn sie Erfolg haben wollen. Nur bei hohem Involvement kann erwartet werden, dass es in der Zielgruppe auch zu einer aktiven kognitiven Auseinandersetzung mit den Argumenten der Kampagne kommen wird. Sind themenspezifisches Interesse und persönliche Beteiligung bei der jeweiligen Zielgruppe aber eher gering, haben personalisierte und emotionalisierte Strategien grössere Erfolgschancen, weil allfällige Lernprozesse eher unterschwellig und nebenbei erfolgen, der erwartbare mentale Aufwand eher gering sein wird. Allerdings wird die Nachhaltigkeit solch allfälliger Kampagneneffekte im Vergleich zu Situationen mit hohem Involvement und aktiver kognitiver Auseinandersetzung mit den Kampagnenargumenten durch die Zielgruppe deutlich tiefer sein.

Kinder und Jugendliche sind also nicht nur manipulierte Opfer der *Werbung*. Einerseits sind die Werber nur dann erfolgreich, wenn sie auf vorhandene Interessen und Wünsche der Kinder eingehen und diese ernst nehmen, d.h. sie sind ebensosehr von ihren Adressaten abhängig. Andererseits sind Kinder und Jugendliche nicht nur passive Objekte von Beeinflussung, sondern gehen auch aktiv und sinnorientiert mit dem Fernsehen im allgemeinen bzw. mit Fernsehwerbung im speziellen um. Sie interpretieren Medienbotschaften jedoch immer vor dem Hintergrund ihrer eigenen Erfahrung und Erziehung, aber auch in Abhängigkeit ihrer persönlichen Interessenlage, und sind darum durchaus fähig, aber nicht immer auch entsprechend motiviert, sich mit medienvermittelter Information und Persuasion kritisch auseinanderzusetzen.

Werbung hat aber auch *nichtintendierte soziale Effekte,* indem Vorstellungen über die soziale Realität kultiviert werden. Kritisiert werden von Frauen beispielsweise die besonders in der Werbung gehäuft auftretenden Bilder von Frauen als *Sexobjekten*. In jüngster Zeit wurde auch das Problem der deutlich zugenommenen *Essstö-*

rungen von jungen Mädchen im Zusammenhang mit den in der Werbung, aber auch im redaktionellen Teil der Medien vorherrschenden superschlanken Models diskutiert. Ebenfalls von Bedeutung ist die durch die Werbung angestrebte Verknüpfung von Waren und Lebensstilen, weil dadurch *soziale Vergleichsprozesse* aktiviert werden und im Gefolge davon im Kameradenkreis ein Gruppendruck entstehen kann. Kommt hinzu, dass Werbung den Eindruck kultiviert, dass bestehende persönliche und gesellschaftliche Bedürfnisse und Probleme durch den Kauf von Produkten immer sofort, ohne eigene Anstrengung und ohne ungünstige Nebenfolgen befriedigt oder gelöst werden können. Empirisch sind diese Phänomene bis jetzt freilich noch wenig erforscht.

Zusammenfassend können nach Six (1991) in Abhängigkeit von jeweils persönlichen Bedingungen der Heranwachsenden «*durch Werbung Defiziterlebnisse im Konsum-, aber auch Sozialbereich forciert werden,* d.h. unerfüllbare Erwartungen oder zumindest Diskrepanzen zwischen der Wahrnehmung eigener Möglichkeiten einerseits und den in der Werbung versprochenen/gezeigten Situationen und Bedürfnisbefriedigungen andererseits». Längerfristig könnte sich dadurch sowohl für das Individuum und seine direkte familiäre Umgebung als auch für die Gesellschaft überhaupt das *Potential für Unzufriedenheit und Konflikte* verstärken.

Medien sind, als Fazit, sicher zu einem wichtigen Wirkfaktor in unserer heutigen Gesellschaft geworden; gleichzeitig sind sie eben nur ein Faktor unter vielen. Und sie selbst sind wiederum eingebettet in und werden beeinflusst durch die Gesellschaft als Ganzes.

Auf gesellschaftlicher Ebene besteht dabei ein unaufhebbarer Widerspruch zwischen dem öffentlichen Anspruch an die Medien, gegenüber Umweltanliegen verantwortungsbewusst und aufklärerisch zu wirken, und der faktischen Tendenz, dass die Medien immer stärker privatwirtschaftlich organisiert und finanziert sind und sich darum mehr und mehr dem werberischen Kalkül zu unterziehen haben.

5. Regulierungsfragen

Die hier skizzierten Entwicklungen im Problembereich «Kinder, Medien und Werbung» haben Mitte der 90er Jahre in Deutschland zu einer neuen Debatte über *Fragen der Medienregulierung* geführt, obwohl tendenziell gesagt werden kann, dass die Steuerung von

Mediensystemen aufgrund kultureller Zielsysteme, d.h. im Sinne des «public interest», je länger, desto weniger greift. Dies gilt nicht nur für den privatwirtschaftlich organisierten, sondern auch für den öffentlich-rechtlichen Rundfunk, weil er im Zuschauermarkt von den privaten Kanälen konkurrenziert wird. Dementsprechend erstaunt es nicht, dass vermehrt *Konzepte der Selbstregulierung* in der Medienpolitik diskutiert werden.

Bezüglich der stark angestiegenen TV-Werbung, gerade auch im Umfeld von Kindersendungen, scheinen jedoch beispielsweise die in der Schweiz geltenden Weisungen des Bundesrats über Fernsehwerbung vom 15. Februar 1984 heute kaum mehr wirksam zu sein. In ihnen werden Werbesendungen dann als unzulässig bezeichnet, wenn sie sich die natürliche Leichtgläubigkeit der Kinder oder den Mangel an Erfahrung von Jugendlichen zunutze machen oder deren Abhängigkeitsgefühle missbrauchen.

Gefordert werden darum von Kreisen des Jugend- und Konsumentenschutzes konkretere Massnahmen (Hoffmann-Riem u.a. 1995; Stötzel 1997) wie beispielsweise a) eine Erhöhung der Unterscheidbarkeit von Werbung und Programm, b) die durchgehende Kennzeichnung der Werbung im Werbeblock z.B. durch dauerhafte Einblendungen, aber auch c) zeitliche Werbeeinschränkungen oder sogar d) Kinderwerbeschutzzeiten überhaupt ohne Werbung. Dass sich die Werbebranche gegen solche Beschränkungen zur Wehr setzt, liegt auf der Hand.

Literatur

ARD-Forschungsdienst 1990: Kinder und Werbung. In: Media Perspektiven. Nr. 5. S. 348-352.

Aufenanger St. 1994a: Die Rolle der Eltern bei der Rezeption von Werbung durch Kinder. In: medien praktisch. Nr. 2. S. 15-17.

Aufenanger St. 1994b: Fernseherziehung in der Familie. In: Deutsches Jugendinstitut (Hrsg.): Handbuch Medienerziehung im Kindergarten. Teil 1: Pädagogische Grundlagen. Opladen: Leske und Budrich. S. 483-496.

Baacke D., Sander U., Vollbrecht, R. 1993: Kinder und Werbung. Bd. 12. Stuttgart: Schriftenreihe des Bundesministeriums für Frauen und Jugend.

Baacke D., Heitmeyer W. (Hrsg.) 1985: Neue Widersprüche. Jugendliche in den 80er Jahren. Weinheim, München: Juventa.

Beck U. 1983: Jenseits von Stand und Klasse? Soziale Ungleichheiten, gesellschaftliche Individualisierungsprozesse und die Entstehung neuer sozialer Formationen und Identitäten. In: Krekkel R. (Hrsg.): Soziale Ungleichheiten. Sonderband 2 der Sozialen Welt. S. 35-74.

Böhme-Dürr K. 1993: Nur ältere Kinder sind (manchmal) von Fernsehwerbung genervt. Ergebnisse einer IZI-Kinderbefragung. In: TELEVIZION. Jg. 6, Nr. 2. S. 4-8.

Bonfadelli H. 1991: Familie und Medien. In: Fleiner-Gerster Th., Giliand P., Lüscher K. (Hrsg.): Familien in der Schweiz. Freiburg: Universitätsverlag. S. 413-435.

Bonfadelli H. 1993: Adolescent media use in a changing media environment. In: European Journal of Communication. Jg. 8. S. 225-256.

Bonfadelli H. 1995: Verführt Werbung unsere Kinder? In: Schule und Elternhaus. Jg. 65, Nr. 1. S. 3-4.

Bonfadelli, H. 1990: Freizeitverhalten von Kindern und Jugendlichen und Medienkonsum. In: Sachverständigenkommission 8. Jugendbericht (Hrsg.): Lebensverhältnisse Jugendlicher. Zur Pluralisierung und Individualisierung der Jugendphase. Materialien zum 8. Jugendbericht. Bd. 2. München: DJI Verlag. S. 81-147.

Charlton M., Neumann-Braun K. 1992: Medienkindheit – Medienjugend. Eine Einführung in die aktuelle kommunikationswissenschaftliche Forschung. München: Quintessenz.

Charlton M., Neumann-Braun K., Aufenanger St., Hoffmann-Riem W. u.a. (Hrsg.) 1995: Fernsehwerbung und Kinder. Bde. 1 + 2. Opladen: Leske und Budrich.

Deutsches Jugendinstitut (Hrsg.) 1997: Werbepädagogik in der Grundschule. Eine repräsentative Befragung von Lehrerinnen und Lehrern in Bayern und Brandenburg. Opladen: Leske und Budrich.

Eicke U. 1991: «Die Werbelawine. Angriff auf unser Bewusstsein». München: Knesebeck & Schuler.

Erlinger H. D. (Hrsg) 1997: Kinder und der Medienmarkt der 90er Jahre. Opladen: Westdeutscher Verlag.

Felser G. 1997: Werbe- und Konsumentenpsychologie. Stuttgart: Schäffer-Poeschel; Heidelberg, Oxford: Spektrum Akademischer Verlag.

Ferchhoff W. 1993: Jugend an der Wende des 20. Jahrhunderts. Lebensformen und Lebensstile. Opladen: Leske und Budrich.

Gleich U. 1997: ARD-Forschungsdienst: Kinder, Jugendliche und Werbung – Einstellungen, Kompetenzen und Effekte. In: Media Perspektiven. Nr. 1. S. 54-58.

Haase H. 1987: Die Wirkung des Werbefernsehens auf Kinder und Jugendliche. In: Grewe-Partsch M., Groebel J. (Hrsg.): Mensch und Medien. München: Saur. S. 152-165.

Harrison K. 1997: Does interpersonal attraction to thin media personalities promote eating disorders? In: Journal of Broadcasting & Electronic Media. Jg. 41. S. 478-500.

Hoffmann-Riem W., Engels St., Schulz W. 1995: Kapitel «Handlungsoptionen». In: Charlton M., Neumann-Braun K., Aufenanger St., Hoffmann-Riem W. u.a. (Hrsg.): Fernsehwerbung und Kinder. Bd. 2. Opladen: Leske und Budrich. S. 417-445.

Hüttenmoser M. 1990: Verspot(t)ete Kinder. Zürich: Marie Meierhofer-Institut.

Katz G. 1998: Grüne Welle für die Werbung? Ökologische Fragen in der Werbung von Publikumszeitschriften. Eine Inhaltsanalyse. In: Publizistik. Jg. 43, Nr. 1. S. 40-54.

Kommer S. 1996: Kinder im Werbenetz. Eine qualitative Studie zum Werbeangebot und zum Werbeverhalten von Kindern. GMK-Schriftenreihe, Bd. 10. Opladen: Leske und Budrich.

Köser S. 1997: Die Darstellung der kindlichen Lebenswelt in der Werbung: Bunt, pfiffig, cool! In: Erlinger, H. D. (Hrsg): Kinder und der Medienmarkt der 90er Jahre. Opladen: Westdeutscher Verlag. S. 163-176.

Kübler H.-D. 1997: Die unkalkulierbare Zielgruppe. Wie beeinflussbar sind Kinder durch Werbung? In: merz – Medien + Erziehung. Jg. 41, Nr. 4. S. 211-217.

Lüdtke H. 1997: Entgrenzung und Kontrollverlust in Freizeit und Konsum. In: Heitmeyer W. (Hrsg.): Was treibt die Gesellschaft auseinander? Frankfurt a. M.: Suhrkamp. S. 368-413.

Meixner J. 1992: Junges Gemüse. Akzeleration und Jugendmarketing. In: Media Spectrum. Nr. 9. S. 60-64.

Mitterauer M. 1997: Junge Lebenswelten. In: Academia. Nr. 1.

Nickel V. 1997: Manipulation oder Marktkommunikation? Kinder als Ansprechpartner der Wirtschaft. In: merz – Medien + Erziehung. Jg. 41, Nr. 4. S. 221-226.

Pecora N. 1995: Children and television advertising from a social science perspective. In: Critical Studies in Mass Communication. Bd. 12, Nr. 3. S. 354-364.

Raschle I. 1993: Ein Zugpferd für den Werbeblock. Kinder und Jugendliche werden umworben und als Lockvögel eingesetzt. In: Handelszeitung. Nr. 23, 10. Juni. S. 39.

Rogge J.-U. 1990: Kinder können fernsehen: vom sinnvollen Umgang mit dem Medium. Reinbek bei Hamburg: Rowohlt.

Sander U., Meister D. M. 1997: Medien und Anomie. Zum relationalen Charakter von Medien in modernen Gesellschaften. In: Heitmeyer W. (Hrsg.): Was treibt die Gesellschaft auseinander? Frankfurt a. M.: Suhrkamp. S. 196-240.

Schneider T. 1996: Kinder lassen kaufen. In: Media Spectrum. Nr. 11. S. 16-18.

Schulze G. 1992: Die Erlebnisgesellschaft. Kultursoziologie der Gegenwart. Frankfurt a. M.: Campus.

Six U. 1991: Einflüsse der Werbung auf die Lebenswelt von Kindern. Einige Thesen und Forschungsergebnisse. In: Deutsches Kinderhilfswerk (Hrsg.): Dokumentation des Expertenforums «Kinder & Werbung». München: Verlag Deutsches Kinderhilfswerk.

SRG-Forschungsdienst 1989: Kinder als Radio und Fernsehpublikum. Bern.

SRG-Forschungsdienst 1998: Jahresbericht des Forschungsdienstes 1997. Bd. 1: Allgemeine Daten. Bern.

Stewart D., Ward S. 1994: Media effects on advertising. In: Bryant J., Zillmann D. (Hrsg.): Media effects. Advances in theory and research. Hillsdale, New Jersey: Erlbaum. S. 313-363.

Stipp H. 1997: Gesellschaftliche Veränderungen und die Rolle der Kinder als Konsumenten. In: Erlinger H. D. (Hrsg): Kinder und der Medienmarkt der 90er Jahre. Opladen: Westdeutscher Verlag. S. 73-83.

Stötzel D. U. 1997: Kinder, Programm und Werbung. In: Erlinger H. D. (Hrsg): Kinder und der Medienmarkt der 90er Jahre. Opladen: Westdeutscher Verlag. S. 85-98.

Themenheft «Medienpädagogik der Werbung» 1994. In: medien praktisch. Jg.18, Nr. 2.

Vogelgesang W. 1994: Jugend- und Medienkulturen. Ein Beitrag zur Ethnographie medienvermittelter Jugendwelten. In: Kölner Zeitschrift für Soziologie und Sozialpsychologie. S. 464-491.

Vollbrecht R. 1996: Wie Kinder mit Werbung umgehen. In: Media Perspektiven. Nr. 6. S. 294-300.

Willis P. 1991: Jugend-Stile. Zur Ästhetik der gemeinsamen Kultur. Hamburg, Berlin: Argument-Verlag.

Ziehe Th. 1975: Pubertät und Narzissmus. Frankfurt a. M.: Europäische Verlagsanstalt.

Partizipation an gesellschaftlichen und politischen Entscheidungen

Jugend – Umwelt – Politik: Wieviel Beteiligung brauchen Jugendliche?

CHRISTIAN PALENTIEN

Das Verhältnis Jugendlicher zur Umwelt wird oftmals ausschliesslich unter ökologischen Gesichtspunkten betrachtet: Umwelt wird gleichgesetzt mit ihrer Zerstörung, mit den mit ihr zusammenhängenden Problemen, aber auch der Wahrnehmung dieser Probleme und Zerstörung durch Jugendliche.

Wenig Beachtung findet in diesem Zusammenhang noch immer, dass Jugendliche ihre ökologische Umwelt, Umweltprobleme oder auch Umweltzerstörung nicht losgelöst von ihrer sozialen Umwelt wahrnehmen, und dies, obwohl neuere Stresstheorien zeigen, dass es vor allem das soziale Umfeld ist, in dem Jugendliche leben und in dem sich Jugendliche bewegen, dem eine entscheidende Rolle dafür zukommt, wie sie mit den aus dem ökologischen Bereich auf sie zukommenden Anforderungen und Problemen umgehen.

Dieses soziale Umfeld, also die Frage, wie und unter welchen Bedingungen Jugendliche heute aufwachsen, steht im Mittelpunkt dieses Beitrags. Nach der Darstellung der Lebenssituation Jugendlicher, deren Veränderung im folgenden in acht Punkten zusammengefasst wird, soll nach den – politischen – Konsequenzen gefragt werden: Wie kann das soziale Umfeld Jugendlicher – durch mehr Beteiligung – jugendgerechter gestaltet werden?

1. Veränderte Lebenssituation Jugendlicher

Betrachtet man die Lebenssituation Jugendlicher, so können heute – im Vergleich zu früheren Jahrzehnten – zahlreiche Veränderungen nachgezeichnet werden. Sie betreffen alle für Jugendliche relevanten Lebensbereiche, wie z.B. die Schule, die Freizeit und die Familie.

1. Die emotionale Ablösung von den Eltern und der Herkunftsfamilie geschieht heute sehr früh, früher noch als vor wenigen Jahren. Sie setzt meist schon im Alter von 12 und 13 Jahren ein. Die Beziehungen zu den Eltern bleiben zwar in den meisten Fällen sehr gut, aber eine Distanzierung des eigenen Lebensstils von dem der Eltern ist nicht zu übersehen.

2. Hat sich die emotionale Ablösung weit nach vorn verlagert, so steht dem die materielle Ablösung gegenüber, die sich weit nach hinten verlagert hat: Die Jugendphase ist heute zur Schuljugendphase geworden. Hiermit einher geht, dass Jugendliche erst zu einem sehr späten Zeitpunkt über ein eigenes Einkommen verfügen. Eine Folge dieser Entwicklung ist, dass sich der Auszug aus dem Elternhaus in die zweite Hälfte des dritten Lebensjahrzehnts verlagert hat und die Familie sich immer mehr in Richtung einer «Hotelfamilie» entwickelt.

3. Die «Verschulung» der Lebensphase Jugend hat dazu geführt, dass Jugendliche heute eine sehr hohe Eigenverantwortung für ihre Schullaufbahn übernehmen müssen. Die Eltern sind heute vielfach nicht mehr in der Lage, ihre Kinder schulisch zu unterstützen. Die Halbwertzeit des Wissens ist heute enorm verkürzt. Gleichzeitig sind aber die Ansprüche an einen hochwertigen Schulabschluss ständig gewachsen: Ein Drittel aller Schülerinnen und Schüler in der Bundesrepublik Deutschland schliessen ihre Schullaufbahn heute bereits mit dem Abitur ab. Fragt man die Eltern, welchen Abschluss sie sich für ihre Kinder wünschen, so steigt der Wert auf über 50 Prozent an.

4. Die Rolle und der Einfluss der Gleichaltrigengruppe sind in den letzten Jahren sehr stark angestiegen: In dem Masse, wie sich Jugendliche – auch emotional – von ihren Eltern ablösen, nimmt die Bedeutung der sogenannten Peers zu. Von Relevanz sind die Altersgenossen für Jugendliche heute nicht nur bezogen auf die Freizeitgestaltung. Vielmehr kommt ihnen insbesondere für Entscheidungen hinsichtlich des Lebensstils, der Kleidung, der Mode etc. ein immer stärkeres Gewicht zu.

5. Im Freizeit- und Konsumbereich bewegen sich Jugendliche ähnlich selbstsicher wie Erwachsene. Die Werbung hat das seit langem erkannt und setzt auf Kinder und Jugendliche als selbständige und gewissermassen «mündige» Käufer, die nicht nur für sich selbst, sondern auch für ihre Eltern Konsumentscheidungen immer stärker mit beeinflussen.

6. Immer mehr Jugendliche jobben neben der Schule und stocken so ihr Taschengeldkonto weiter auf. Hängt dieses einerseits mit der immer bedrohlicher werdenden wirtschaftlichen Entwicklung eines Grossteils der Jugendlichen zusammen, so ist der

Grund andererseits bei der immer stärker werdenden Kommerzialisierung aller Lebensbereiche zu suchen: Von den 13jährigen Jugendlichen in Deutschland besitzen über drei Viertel ein eigenes Bankkonto mit Karten-Verfügungsrecht. Jugendliche werden von den Kreditinstituten ähnlich wie Erwachsene hofiert.

7. Nicht nur im Bereich des Konsums, auch in Glaubens- und Religionsfragen sind Jugendliche heute sehr stark auf sich selbst gestellt. Sie kommen in einer offenen und wertepluralistischen Gesellschaft nur dann mit ihrem Leben zurecht, wenn sie einen ethischen «Orientierungskompass» finden. Auch in diesem Bereich wird von jedem einzelnen Jugendlichen eine sehr hohe Selbständigkeit verlangt.

8. Mitverändert, mit diesen sozialen Entwicklungen, haben sich aber auch biologische Entwicklungen. So hat sich die Geschlechtsreife in den letzten Jahrzehnten weiter im Lebenslauf vorverlagert. Sie liegt heute in allen westlichen Industrieländern im Durchschnitt bei 11,5 Jahren für junge Frauen und 12,5 Jahren für junge Männer. Die meisten Jugendlichen haben bereits im Alter von 14 oder 15 Jahren erste Partnerschaftsbeziehungen und auch Sexualkontakte (Palentien, Hurrelmann 1997).

2. Veränderte Lebensbedingungen – verändertes Interesse?

Dies sind nur einige Entwicklungen, die man – je nach dem Grad der Differenzierung – noch weiter aufsplitten könnte. Sie zeigen, dass – zieht man eine Bilanz der Lebenssituation – Kinder und Jugendliche heute in fast allen Lebensbereichen eine grosse Zahl an Freiheiten haben. Diese Selbständigkeit besteht vielfach jedoch ausschliesslich im kulturellen und emotionalen Bereich. Materiell und finanziell sind Jugendliche heute wesentlich länger unselbständig.

Typisch für die Lebenssituation Jugendlicher ist es heute, dass sie sowohl im Bereich des Freizeit- und Medienverhaltens wie auch hinsichtlich ihrer Teilnahme am Konsumwarenmarkt schon sehr früh in die Rolle Erwachsener einrücken können, gemessen am Zeitpunkt einer Familiengründung und der Aufnahme einer Erwerbstätigkeit aber erst sehr spät diesen Status erreichen. Es gehört also zu den Merkmalen dieses Lebensabschnittes, mit widersprüchlichen sozialen Erwartungen umzugehen.

Diese Situation, das Einrücken der 12- bis 18jährigen in zentrale gesellschaftliche Mitgliedsrollen, die schrittweise Übernahme verantwortlicher sozialer Positionen sowie die mit der frühen soziokulturellen und späten sozioökonomischen Selbständigkeit unvermeidlich verbundenen Spannungen, die den Prozess der Ablösung vom Elternhaus begleiten und von jedem Jugendlichen persönlich bewältigt werden müssen, stehen heute im Mittelpunkt, geht es um eine Betrachtung der pädagogischen und soziologischen Aspekte der Lebensphase Jugend. So ist beispielsweise charakteristisch für das Jugendalter in Gesellschaften unseres Typs die Ablösung vom Elternhaus. Ist diese Ablösung, die auf unterschiedlichen Ebenen stattfindet und unterschiedliche Dimensionen beinhaltet, vollzogen, dann ist ein wichtiger Schritt in Richtung auf das Erwachsenenalter erfolgt:

- Auf der psychologischen Ebene, indem sich die eigene Orientierung von Gefühlen und Handlungen nicht mehr vorrangig an den Eltern, sondern an anderen, meist gleichaltrigen Bezugspersonen ausrichtet;
- auf der kulturellen Ebene, indem ein persönlicher Lebensstil entwickelt wird, der sich von dem der Eltern unterscheiden kann;
- auf der räumlichen Ebene, indem der Wohnstandort aus dem Elternhaus hinaus verlagert wird, und schliesslich
- auf der materiellen Ebene, indem die finanzielle und wirtschaftliche Selbständigkeit erreicht und damit die finanzielle Abhängigkeit vom Elternhaus beendet wird.

Je nach dem jeweiligen Bereich finden die Ablösungsprozesse zu unterschiedlichen Zeitpunkten statt. Die psychologische Ablösung erfolgt dabei meist als erste; sie hat sich in den vergangenen drei Jahrzehnten weiter vorverlagert und findet heute schon zwischen dem 12. und 13. Lebensjahr statt. Zeitlich vorverlagert hat sich in den letzten Jahren auch die räumliche Ablösung vom Elternhaus, die nicht abrupt, sondern in verschiedenen Schritten erfolgt: Der Anteil derjenigen Jugendlichen, die aus dem Elternhaus ausziehen, vergrössert sich bis zum Ende des dritten Lebensjahrzehnts auf durchschnittlich 90 Prozent (Jugendwerk der Deutschen Shell 1992).

Zurückverlagert hingegen hat sich die materielle Abhängigkeit. Sie wird teilweise erst am Ende des dritten Lebensjahrzehnts vollzogen, so z.B. von Jugendlichen, die eine Hochschulausbildung durchlaufen (Schäfers 1985).

Diesen unterschiedlichen Zeitpunkten entsprechend doppeldeutig ist die Stellung der Familie als Sozialisationsinstanz für Jugendliche: Zwar trennen sich viele Jugendliche psychologisch und kulturell schon nach Abschluss der Kindheitsphase von ihren Eltern, räumlich und finanziell kommt den Eltern bei einem – im Kontext einer zunehmenden «Verschulung» der Lebensphase Jugend – wachsenden Anteil Jugendlicher jedoch noch bis weit über die Jugendzeit hinaus ein bedeutender Einfluss zu (Kreppner 1991).

Diese Ungleichzeitigkeit bezogen auf die Ablösungsprozesse betrifft aber nicht nur den Familien- sowie den Freizeit- oder den Schulbereich. Auswirkungen hat diese Entwicklung vielmehr auch auf den politischen Sektor, und hier speziell auf die Bereitschaft, sich politisch zu engagieren.

Ähnlich der Situation in der Familie und der Schule nehmen Jugendliche auch im Bereich der Politik wahr, dass sie zwar Vorstellungen über viele Themen und Probleme entwickeln und diese kommunizieren können; geht es aber um die Umsetzung dieser Vorschläge, z.B. mittels verbindlicher Entscheidungen, dann bleibt ihnen die Partizipation versagt.

Neuere Untersuchung hierzu zeigen, dass eine Vielzahl Jugendlicher hieraus die Konsequenz zieht, sich aus dem Bereich der Politik zurückzuziehen, obwohl sie, dies zeigen alle Studien eindeutig, politisch stark interessiert sind (Gille u.a. 1996; Institut für empirische Psychologie 1995; Melzer 1992) und dieses Interesse heute sogar noch früher als noch vor einigen Jahrzehnten einsetzt (Oerter 1997).

3. Politisches Engagement Jugendlicher

Waren es noch in den 60er und den 70er Jahren vor allem die Studierenden, also die 20- bis 30jährigen, die sich für soziale Gerechtigkeit einsetzten und auf der Strasse demonstrierten, so sind es heute vor allem die 10- bis 20jährigen, die die meisten politischen Aktivitäten entfalten. Der Shell-Protest, die Golfkriegs-Demonstrationen – dies sind nur zwei Beispiele, in denen es vor allem die Schülerinnen und Schüler waren, die die Initiative ergriffen hatten.

Dass die Annahme, dass sich Jugendliche nicht für Politik interessieren, verfehlt wäre, zeigen auch die aktuellen empirischen Befragungen Jugendlicher. Jeder zweite Jugendliche im Alter von 16 und 17 Jahren gibt an, ein politisches Interesse zu besitzen. Dieses Politikinteresse nimmt bis zur Altersgruppe der 30- bis 59jährigen kontinuierlich zu und erreicht dort einen Höchstwert von 70 Prozent. Ab dem 60. Lebensjahr nimmt es dann wieder ab.

Interessant sind die Themen, die bei Jugendlichen auf grosses Interesse stossen: Erstellt man eine Rangfolge nach den Häufigkeiten der Probleme, die Jugendliche als dringlich erachten, dann sind es vor allem solche, die sie auch emotional betreffen: Arbeitslosigkeit, Umweltschutz und Umweltzerstörung, gefolgt von Armut, internationalen Konflikten, Krieg und Benachteiligung von Ländern der Dritten Welt.

Betrachtet man die von den Befragten genannten Themen genauer, dann wird deutlich, dass es sich hierbei vor allem um solche Probleme handelt, von denen Jugendliche meinen, dass sie durch das heutige Politiksystem und durch die heutige Politikergeneration zu wenig berücksichtigt werden. Dies erklärt auch ein anderes Ergebnis: Trotz dieser dringenden Problemlagen, die von Jugendlichen heute gesehen werden, engagieren sich nur 2-2,5 Prozent aller Jugendlichen in politischen Parteien und dementsprechenden Organisationen.

Fragt man die Jugendlichen darüber hinaus, wen sie für glaubwürdig halten, dann kommen zuerst die Umweltorganisation Greenpeace mit 64 Prozent, Amnesty International mit 50 Prozent und Gewerkschaften mit 17 Prozent. Erst am Ende der Rangskala folgen Parteien, auf die 5 Prozent entfallen, und Politiker mit 2 Prozent (Hurrelmann, Palentien 1994).

4. Konsequenzen für das Verhältnis Jugendlicher zur Politik

Insgesamt wird deutlich, dass es heute weniger eine Politikverdrossenheit ist, die die politische Situation von Kindern und Jugendlichen beschreibt, als vielmehr eine Politikerverdrossenheit: Schon seit längerer Zeit findet eine Ablösung der Parteien von den Diskussionsprozessen der Bürgerinnen und Bürger statt. Politikerinnen und Politiker werden dementsprechend nicht mehr als «Sprachrohr» für die Belange und Bedürfnisse der Bürgerinnen und Bürger verstanden, sondern als Funktionäre eines abgehobenen Kartells von Parteien und Regierungsapparaten wahrgenommen. Die Folge ist eine immer weiter voranschreitende Entfremdung aller Bevölkerungsgruppen von dem derzeitigen politischen System, insbesondere aber der Gruppe der Kinder und Jugendlichen.

Ansätze und Massnahmen, die zum Ziel haben, das Verhältnis Jugendlicher zur Politik zu verbessern, müssen hier ansetzen. Ziel muss es sein, einer weiteren Entfremdung entgegenzuwirken und eine Identifizierung der jungen Generation mit dem politischen System – als eine elementare Voraussetzung für die Stabilität der Demokratie – zu ermöglichen. Ein Kennzeichen einer demokratischen Kultur ist es, dass die Bürgerinnen und Bürger ein grundsätzliches Interesse an politischen Themen entfalten und von sich aus bereit sind, sich in den politischen Willensbildungsprozess einzuschalten. Jugendliche sind zwar heute in allen diesen Bereichen zurückhaltend, aber keinesfalls politikabstinent.

5. Mehr Mitbestimmung in zentralen Lebensbereichen

In welchem Ausmass sich Jugendliche auf das politische System einlassen, hängt aber nicht nur mit dem Zustand des politischen Systems zusammen, auch ihrem – politisch mitgestalteten – Lebensumfeld, in das sie eingebunden sind, kommt hierfür eine grosse Bedeutung zu. So bestehen noch immer in zahlreichen Lebensbereichen, wie z.B. dem Kindergarten, der Schule oder den Medien, grosse Defizite hinsichtlich der Kindern und Jugendlichen eingeräumten Partizipationsmöglichkeiten.

1. Mit dem Bedeutungswandel der Familie kommt heute der ausserfamilialen Erziehungsinstitution Kindergarten ein zunehmend grosser Stellenwert zu. Ein immer grösser werdender Anteil Kinder erfährt erst ausserhalb der Familie eine zuverlässige physische und psychische Pflege mit einem stabilen emotionalen Kontakt, der eine umfassende Berücksichtigung ihrer Bedürfnisse gewährleistet.

   Obwohl im Kindergarten hiermit die Grundlagen für soziale Kompetenzen und Verhaltensweisen auch für spätere Lebensabschnitte gelegt werden, stehen die Bemühungen, Kinder z.B. an der Zeitplanung und der Planung des sozialen Arrangements der Betreuungs- und Unterrichtsformen zu beteiligen, noch immer in den Anfängen.

In Kindergärten ist unseres Erachtens eine Beteiligung von Kindern bei allen Fragen sinnvoll, die die Zeitplanung, das soziale Arrangement sowie die Betreuungs- und Unterrichtsformen betreffen. Möglicherweise kann hierfür zunächst auf Modelle zurückgegriffen werden, die in den Schulen bereits seit langer Zeit erprobt werden, z. B. das Modell des Klassensprechers. Denkbar sind darüber hinaus Strukturen, die konferenzähnlich sind: Kinder und Erzieherinnen und Erzieher diskutieren gemeinsam über bestimmte Planungen und Entscheidungen.

2. Im Schulbereich hat sich zwar seit den 50er Jahren eine vom Grundsatz her gut durchdachte Mitbestimmung etabliert, sie wurde aber seitdem nicht weiterentwickelt. Noch immer ist es den Schülerinnen und Schülern nicht möglich, sich am Lehrplan oder an der Pausengestaltung, an der Gestaltung der Unterrichtsformen oder an der Planung des Unterrichtsgebäudes oder des Schulhofes zu beteiligen. Grosse Defizite bestehen darüber hinaus hinsichtlich der Möglichkeiten für Schülerinnen und Schüler, sich in der Schule politisch zu engagieren.
Im Zuge einer politisch und pädagogisch zu befürwortenden Verselbständigung einzelner Schulen könnten auch hier verstärkte Partizipationsmöglichkeiten installiert werden: Den Schulkonferenzen und den Schulbeiräten könnte hierbei eine Schlüsselstellung zukommen: Vorstellbar ist es, dass an diesen Gremien Schülerinnen und Schüler mit mehr Sitzen als bisher teilnehmen. Denkbar wäre es darüber hinaus, der Schülervertretung ein breites bildungspolitisches Mandat zuzugestehen, um auf diese Weise eine gezielte Einflussnahme auf gemeindepolitische und landespolitische Entscheidungen zu ermöglichen.

3. Ähnlich der schulischen Mitbestimmung gestalten sich heute die Partizipationsmöglichkeiten von Kindern und Jugendlichen in den Medien. Ansätze der Beteiligung existieren zwar, sie sehen Kinder und Jugendliche aber vor allem als Schutzbedürftige und beschränken sich auf das Aussprechen sogenannter «freiwilliger Selbstkontrollen». Die Möglichkeit für Kinder und Jugendliche, sich in den Rundfunkräten der Medienanstalten selbst zu vertreten oder Sendungen zu produzieren, besteht heute ebensowenig wie die Chance, in Zeitungen oder Illustrierten Meinungen zu publizieren.

Für den Bereich der Medien wäre eine Stärkung der Partizipationsmöglichkeiten sowohl auf der inhaltlichen wie auch auf der administrativen Ebene vorstellbar: So sollten Kinder und Jugendliche heute mehr Möglichkeiten haben, eigene Sendungen zu produzieren und ihre Meinungen zu publizieren. Weiterhin sollten Kinder und Jugendliche Mitglieder in den Rundfunkanstalten der grossen Medienanstalten sein und an allen Beiräten dieser Institutionen beteiligt sein. Sinnvoll wäre es darüber hinaus, wenn für verschiedene Altersgruppen landes- oder bundesweit Kindermedienräte und Jugendmedienräte bestünden. Diese Räte hätten dann die Aufgabe, eine öffentliche Bewertung von Inhalten und Darstellungsformen in Zeitungen, Illustrierten sowie Radio- und Fernsehsendern vorzunehmen.

Ziel einer demokratischen Gesellschaft muss es sein, Kinder und Jugendliche an allen wesentlichen Entscheidungen in ihrer Lebenswelt direkt zu beteiligen. Erleben sie in Familie, Kindergarten und Schule, aber auch in Nachbarschaft und Gemeinde, dass ihre Stimme zählt und ihre Meinung gehört wird, dann entwickelt sich hierüber eine Beteiligungskultur, die für eine demokratisch verfasste Gesellschaft als Grundvoraussetzung bezeichnet werden kann.

6. Neue Formen der politischen Beteiligung

Sind es einerseits die Partizipationsmöglichkeiten in allen Lebensbereichen, in denen sich Kinder und Jugendliche heute aufhalten, die überdacht und neu bestimmt werden müssen, so betrifft dies andererseits auch die Formen und Kriterien der politischen Beteiligung.

Wie die vorliegenden Analysen gezeigt haben, ist die Frage der Glaubwürdigkeit von Staat und Politik und insbesondere der handelnden Politikerinnen und Politiker für Jugendliche heute von grosser Bedeutung. Sie sind für Jugendliche vor allem eine Frage des Stils und der Methoden von Politik. Da Jugendliche oft ein moralisch-idealistisches Politikverständnis besitzen und äusserst emotional mit politischen Fragen umgehen, treffen sie auf dieser Ebene auf grosse Defizite. Unehrlichkeit und Opportunismus werden bei Politikern heftig kritisiert.

Geht es um neue Formen der politischen Beteiligung von Jugendlichen, dann muss diese Situation als Ausgangslage berücksichtigt werden! Gefragt werden muss, wie man der veränderten Lebenssituation von Jugendlichen mit einer grösseren Selbständigkeit auch in der Politik gerecht werden kann und es gleichzeitig erreicht, die Emotionalität jugendlichen Politikverständnisses zu berücksichtigen.

Die Modelle, die hierzu heute diskutiert werden, sind vielfältig. Sie können zusammengefasst werden in:

1. Modelle direkter Einflussnahme, zu denen das Wahlrecht ohne Altersgrenze, das Wahlrecht für Jugendliche und das stellvertretende Wahlrecht für Eltern gezählt wird.

Neben einer Veränderung der Lebenssituation Jugendlicher dienen einer Absenkung des Wahlalters auf das 16. Lebensjahr vor allem entwicklungspsychologische Studien als Begründung. Sie zeigen, dass Jugendliche ab einem Alter von 12 bis 14 Jahren sozial und moralisch urteilsfähig sind. Als Belege können hier die ohnehin schon bestehenden grossen Freiheiten und Freiräume in allen Lebensbereichen genannt werden, die alle selbständige Entscheidungen fordern: die freie Mediennutzung, das Freizeit- und Konsumverhalten, die Bildungswahl und die Berufswahl etc.

Grundsätzlich steht hinter einer Absenkung des Wahlalters der Wunsch, den Jugendlichen ein Instrument in die Hand zu geben, damit diese ihren politischen Interessen Ausdruck verleihen können. Es handelt sich hierbei um ein grosses Wählerpotential, auf das keine Partei einfach verzichten könnte. Darüber hinaus soll mit einer Absenkung des Wahlalters ein Signal an Kinder und Jugendliche ausgehen, dass diese in der Gesellschaft Einfluss haben.

2. Modelle konsultativer Einflussnahme, zu denen Kinder- und Jugendbeiräte und -foren sowie Kinder- und Jugendparlamente gezählt werden können.

Ähnlich dem Gedanken, der hinter der Absenkung des Wahlalters steht, ist derjenige bei Kinder- und Jugendbeiräten, -parlamenten und -foren. Auch hier geht es darum, Kinder und Jugendliche in der Politik ernst zu nehmen und ihnen Gewicht zu geben. Da diese Beiräte und Parlamente vor allem auf der kommunalen Ebene, in den Städten und Gemeinden, angesiedelt sind, geschieht dies in einem überschaubaren Rahmen. Es handelt sich um Themen und Inhalte, die einen Bezug zu der Lebenswelt der Kinder und Jugendlichen haben sollen.

3. Modelle advokativer Einflussnahme, zu denen Kinder- und Jugendbeauftragte und der Anwalt des Kindes gezählt werden können.

Der Gedanke, der hinter diesen Modellen steht, ist nicht die direkte Beteiligung, sondern vor allem die Interessenwahrnehmung für Kinder und Jugendliche: In bestimmten Gremien sitzen Advokaten, die darauf achten, dass die Interessen von Kindern und Jugendlichen gewahrt werden. Im Gegensatz zu der Diskussion des Wahlrechts und der Einführung von Kinder- und Jugendparlamenten und -beiräten handelt es sich bei Kinder- und Jugendbeauftragten um Forderungen, die auf vielen Ebenen bereits eingelöst sind, so z.B. durch die Kinderkommission des Bundestages, das Jugendministerium, Kinderbeauftragte in den Städten und in den Landtagen etc.

7. Formulierte Einwände gegen eine stärkere politische Beteiligung

Betrachtet man die aktuelle politische Partizipationskultur in der Bundesrepublik Deutschland, so kann festgestellt werden, dass heute – neben den 7 Millionen «Ausländern» und einigen tausend «Entmündigten» – über 15 Millionen 0- bis 17jährige Menschen deutscher Staatsangehörigkeit von der politischen Teilhabe ausgeschlossen werden. Begründet wird dieser Ausschluss vielfach mit den Argumenten, dass Kinder und Jugendliche für die Übernahme von Verantwortung politisch noch nicht «reif» seien, dass sie zu Extrempositionen neigen oder von ihren Eltern beeinflusst werden könnten.

7.1 Das Argument der politischen «Reife»

Im Mittelpunkt des Argumentes, Kinder und Jugendliche seien noch nicht «reif», um politisch partizipieren zu können, steht die Annahme, dass Kinder und Jugendliche im Alter von 12, 14 oder auch 16 Jahren noch nicht so gefestigt sind wie Erwachsene. Verbunden wird hiermit zum Beispiel die Forderung, das bestehende Wahlrecht unverändert zu lassen oder die Leitung von Kinder- und Jugendparlamenten Erwachsenen zu überlassen.

Diesem Einwand kann entgegengehalten werden, dass auch bei anderen Altersgruppen in der Bevölkerung keine Reifekrierien für die Teilnahme an politischen Entscheidungsprozessen angelegt werden. So müsste, würde man eine solche Diskussion führen wollen, beispielsweise auch für die Gruppe der 70- und 80jährigen überlegt werden, sie vom Wählen oder von anderen politischen Partizipationsmöglichkeiten auszuschliessen.

7.2 Das Argument der Neigung zu Extrempositionen

Eng verbunden mit dem Argument der politischen Unreife ist die Befürchtung, Jugendliche könnten insbesondere bei politischen Wahlen und Abstimmungen zu Extrempositionen neigen und hiermit rechtsextremen gesellschaftlichen Tendenzen Vorschub leisten.

Diesem Argument entgegen stehen Studien zur politischen Sozialisation im Jugendalter (Heitmeyer 1987). Sie zeigen, dass Jugendliche vor allem in Situationen der Verunsicherung geneigt sein können, vereinfachte und fundamentalistische Wertsetzungen sowie Orientierungen zu übernehmen. Extremistische politische und religiöse Einstellungen haben ihren Ausgangspunkt vielfach in dem Gefühl, dass die Kontrolle über die eigenen Werte verlorengegangen ist, Vereinzelung droht, Unsicherheit im Blick auf die angestrebten schulischen und beruflichen Ziele herrscht und Hilflosigkeit im Hinblick auf die Gestaltung der eigenen Zukunft gefühlt wird: Demoralisierung, Depression und Deprivation sind die Konsequenzen, wenn ein Mensch das Gefühl hat, die eigenen Bedingungen und die Lebensgestaltung nicht beeinflussen zu können, also gerade, wenn ihm die Partizipation in wichtigen Lebensfragen vorenthalten wird oder sie ihm vorenthalten zu sein scheint.

7.3 Das Argument der Unvereinbarkeit von Jugend und Verantwortung

Sind es einerseits befürchtete extreme politische Tendenzen, so ist es andererseits generell die heutige Gestaltung der Lebensphase Jugend, die mit der Übernahme von Verantwortung als unvereinbar bezeichnet wird: Im Gegensatz zu anderen Jugendgenerationen sei es heute nur noch bedingt ein politischer Protest und bedingt ein Aufstehen gegen das Establishment, die sich in den vielen Jugendszenen ausdrücken. Vielmehr sei die Jugendphase durch die Suche nach Sinn sowie ein Ausprobieren und Experimentieren gekennzeichnet.

Jugendliche sind zwar, dies haben die dargestellten Studien gezeigt, heute Politikern gegenüber äusserst skeptisch. Dies heisst aber nicht, dass Jugendliche unpolitisch sind. Verändert haben sich ausschliesslich die Formen politischer Partizipation. Sowohl bei den Golfkriegsdemonstrationen wie auch beim Shell-Protest waren es vor allem die 14- bis 20jährigen Jugendlichen, die auf die Strasse gingen und sich politisch engagierten. Noch vor einigen Jahren ist dieser politische Protest von den 20- bis 30jährigen, den jungen Berufstätigen und Studierenden, ausgegangen. Sie sind heute aber wesentlich stärker als noch vor einigen Jahren mit dem Aufbau ihrer eigenen Berufslaufbahn sowie der Sicherung ihres Lebensunterhalts und dem Studium beschäftigt, als dass sie ein aus früheren Zeiten noch bekanntes politisches Engagement entfalten könnten.

7.4 Das Argument der Verknüpfung der Übernahme politischer Verantwortung mit der Volljährigkeit

Vielfach wird gegen eine Übernahme politischer Verantwortung, z.B. die Herabsenkung des Wahlalters oder die aktive Teilnahme in Kommunalparlamenten, eingewendet, dass hiermit auch eine Herabsetzung des Volljährigkeitsalters einhergehen müsste. Nur hiermit sei es möglich, Jugendliche auch mit den Konsequenzen ihres Handelns zu konfrontieren.

Hiergegen kann auf die Tatsache verwiesen werden, dass Jugendliche heute bereits über eine Vielzahl an Freiheiten und Freizügigkeiten verfügen. Als Beispiele hierfür können die freie Mediennutzung, das Freizeitverhalten sowie die Bildungs- und Berufswahl gelten. Zusätzlich verfügen Jugendliche im Konsumbereich, in der Geldwirtschaft sowie der Religions- und Wertorientierung schon heute über wesentliche Teilrechte auf die Selbstentfaltung ihrer Persönlichkeit. Darüber hinaus haften auch heute Politikerinnen und Politiker nicht als Person für die Folgen politischer Entscheidungen.

7.5 Das Argument der Beeinflussung Jugendlicher durch ihre Eltern

Trotz aller Selbstentfaltung sind Jugendliche heute länger als noch vor einigen Jahren von ihren Eltern abhängig: Vor allem die «Verschulung» der Lebensphase Jugend hat dazu geführt, dass sich der Auszug aus dem Elternhaus immer stärker in spätere Lebensabschnitte verlagert hat. Eng zusammen mit dieser räumlichen hängt eine finanzielle Unselbständigkeit. Diese Unselbständigkeit könnte sich, so ein Einwand gegen die Herabsetzung, in einer Abhängigkeit der Jugendlichen von den politischen Meinungen ihrer Eltern auswirken und zu einer Einflussnahme der Eltern auf die Kinder führen. Diesem Einwand kann entgegengehalten werden, dass sich nicht nur der Auszug Jugendlicher heute bis in die zweite Hälfte des dritten Lebensjahrzehnts verlagert hat, sondern dass sich hiermit zusammenhängend auch das geltende Familienideal gewandelt hat. Eltern und Kinder gehen heute partnerschaftlich miteinander um, sie arrangieren und akzeptieren sich. Würde man darüber hinaus die Verknüpfung der räumlichen und der politischen Selbständigkeit konsequent meinen, so müsste man auch einen Grossteil der heute 18jährigen Bevölkerung von der politischen Teilhabe ausschliessen.

8. Schlussbetrachtung

Insgesamt wird deutlich, dass sich die Lebensbedingungen der Menschen aller Bevölkerungsgruppen in den letzten Jahrzehnten deutlich in Richtung einer «Individualisierung» verschoben haben (Beck 1986). Traditionelle Bindungen an Herkunft und Rollenvorgaben bauen sich ab. Schon für Kinder und Jugendliche sind dadurch die Freiheitsgrade für die Gestaltung der eigenen individuellen Lebensweise und der subjektiven Lebenswelt mit einem eigenständigen Lebensstil sehr hoch. So geschieht die Wahl der Freunde und der Bekannten, der Kleidung und des Stils der Lebensführung, aber auch die des Bildungs- und Ausbildungsganges, des Berufes, der religiösen Zugehörigkeit etc. heute nach sehr hohen Freiheitsgraden, die gerade bei Jugendlichen zu gewachsenen Ansprüchen an die individuelle Lebensführung sowie einem hohen Mass an «Arbeit an ihrer eigenen Identität» führen.

Jugendliche sind in dieser Zeit viel mit sich selbst beschäftigt, und das müssen sie auch sein, wenn sie in einer Gesellschaft, in der die Ausbildungs- und Arbeitsplätze immer knapper werden, in der ihre Rente nicht mehr sicher ist, in der das Krankwerden teuer wird etc., noch etwas erreichen wollen. In einer solchen Situation bleibt nur noch wenig Zeit, sich politisch einzusetzen, insbesondere dann, wenn für Jugendliche am Ende ohnehin nur das Gefühl bleibt, dass eigentlich nichts dabei herumkommt.

Die im vorhinein dargestellte Aufzählung hat gezeigt, dass in vielen Lebensbereichen heute die Möglichkeit besteht, Kinder und Jugendliche partizipieren zu lassen, dass aber auch in ähnlich vielen Lebensbereichen noch grosse Defizite bestehen. Die scheinbare Politikverdrossenheit, die eigentlich eine Verdrossenheit gegen Politikerinnen, Politiker und das Politiksystem ist, ist hierauf nur die Reaktion. Sie kann auch als eine nach innen gerichtete Reaktion der Problemverarbeitung beschrieben werden: So zeigen neuere Studien der Jugendgesundheitsforschung ganz eindeutig, dass soziale, wirtschaftliche und ökologische Probleme nicht nur Einfluss auf die politische Meinungsbildung und das politische Handeln haben können, sie können auch zu Überforderungen und Stresserleben führen. Die Gefahr, dass sich hieraus eine Ohnmacht und eine Unfähigkeit zum Handeln entwickeln, besteht vor allem dann, wenn die Probleme die subjektiven Bewältigungskapazitäten des einzelnen überfordern und sie begleitet werden von einem Gefühl der Perspektiv- und Hoffnungslosigkeit. Dies bahnt sich insbesondere in dem Bereich der wirtschaftlichen und der ökologischen Situation immer stärker an.

Soll diese Verdrossenheit und soll das Gefühl der Hoffnungs- und der Perspektivlosigkeit nicht noch grösser werden, dann kommt es in Zukunft darauf an, Jugendlichen auch Rechte einzuräumen. Ein solches Recht ist das der Mitsprache bei allen Entscheidungen, dessen Folgen Jugendliche mitzutragen haben, z.B. im ökologischen Bereich.

Literatur

Beck U. 1986: Risikogesellschaft. Auf dem Weg in eine andere Moderne. Frankfurt a. M.: Suhrkamp.

Gille M., Krüger W., de Rijke J., Willems H. 1996: Das Verhältnis Jugendlicher zur Politik: Normalisierung oder Krisenentwicklung. In: Aus Politik und Zeitgeschichte. Bd. 16. S. 3-17.

Heitmeyer W. 1987: Rechtsextremistische Orientierungen bei Jugendlichen. Empirische Ergebnisse und Erklärungsmuster einer Untersuchung zur politischen Sozialisation. Weinheim: Juventa.

Hurrelmann K., Palentien C. 1994: Politik, politische Kommunikation und Medien: Jugend im deutsch-deutschen Vergleich. In: Jarren O. (Hrsg.): Politische Kommunikation in Hörfunk und Fernsehen. Elektronische Medien in der Bundesrepublik Deutschland. Sonderheft Nr. 8. Gegenwartskunde. Opladen: Leske und Budrich.

Institut für empirische Psychologie (Hrsg.) 1995: «Wir sind o.k.!» Stimmungen, Einstellungen, Orientierungen der Jugend in den 90er Jahren. Die IBM Jugendstudie. Köln: Bund-Verlag.

Jugendwerk der Deutschen Shell (Hrsg.) 1992: Jugendliche und Erwachsene im Generationenvergleich. Opladen: Leske und Budrich.

Kreppner K. 1991: Sozialisation in der Familie. In: Hurrelmann K., Ulich D. (Hrsg.): Handbuch der Sozialisationsforschung. Weinheim, Basel: Beltz. S. 321-333.

Melzer W. 1992: Jugend und Politik in Deutschland. Gesellschaftliche Einstellungen, Zukunftsorientierungen und Rechtsextremismus-Potential Jugendlicher in Ost- und Westdeutschland. Opladen: Leske und Budrich.

Oerter R. 1997: Psychologische Aspekte: Können Jugendliche politisch mitentscheiden? In: Palentien C., Hurrelmann K. (Hrsg.): Jugend und Politik. Ein Handbuch für Forschung, Lehre und Praxis. Berlin, Kriftel, Neuwied: Luchterhand. S. 32-46.

Palentien C. 1997: Pro- und Contra-Diskussion zu einer Veränderung des Wahlrechts. In: Palentien C., Hurrelmann K. (Hrsg.): Jugend und Politik. Ein Handbuch für Forschung, Lehre und Praxis. Berlin, Kriftel, Neuwied: Luchterhand. S. 290-299.

Palentien C., Hurrelmann K. 1997: Veränderte Jugend – veränderte Formen der Beteiligung Jugendlicher? In: Palentien C., Hurrelmann K. (Hrsg.): Jugend und Politik. Ein Handbuch für Forschung, Lehre und Praxis. Berlin, Neuwied, Kriftel: Luchterhand. S. 11-29.

Schäfers B. 1985: Soziologie des Jugendalters. Opladen: Leske und Budrich.

«Durch Identifikation zu Verantwortungsbewusstsein»: Die Partizipation von Kindern und Jugendlichen als Chance für eine nachhaltige Entwicklung

Thomas Jaun

1. Einleitung

Eine Kindheit ist heute geprägt durch eine Flut von Reizen und Einflüssen. Eine der grössten Herausforderungen für Kinder und Jugendliche ist das Zurechtkommen mit den unterschiedlichen und zum Teil widersprüchlichen Realitäten oder, etwas trendiger ausgedrückt, das möglichst nahtlose Surfen zwischen Elternhaus, Schule, Konsumansprüchen, Sport oder anderen Freizeitangeboten. Dabei werden Kinder und Jugendliche mit sehr verschiedenen Ansprüchen und Werthaltungen konfrontiert: Beispielsweise die Schule, in der sich viele Kinder und Jugendliche fremdbestimmt fühlen, auf der einen Seite und die Werbung, die Kindern und Jugendlichen das Gefühl vermittelt, vollwertige Konsumentinnen und Konsumenten zu sein, auf der anderen Seite sind zwei anschauliche verschiedenartige Realitäten.

Während Erwachsene oft eine Überforderung durch die Fülle von Einflüssen beklagen, lernen Kinder und Jugendliche von klein auf damit zu leben. Die Auseinandersetzung oder zumindest die Konfrontation mit verschiedensten Einflüssen ist für sie deshalb viel selbstverständlicher als für Erwachsene.

Es stellt sich also die Frage, warum Kinder und Jugendliche in vielen Belangen zwar Wissen und Erfahrungen haben, aber von deren aktiven Beeinflussung und Gestaltung ausgeschlossen sind.

Praxiserfahrungen in Deutschland und Österreich – in der Schweiz steckt die Praxis noch in den Kinderschuhen – zeigen, dass der Einbezug von Kindern und Jugendlichen in Planungs- und Entscheidungsprozesse eine Orientierungshilfe beim Surfen durch die verschiedenen Realitäten und nicht zuletzt eine Chance für eine nachhaltige Zukunftsentwicklung sein kann.

Die Partizipation von Kindern und Jugendlichen ist ein dehnbarer Begriff; deshalb ist es notwendig, im folgenden auf Merkmale wie Formen, Methoden, Einsatzbereiche und Grundbedingungen einzugehen und damit zu klären, was unter Kinder- und Jugendpartizipation überhaupt zu verstehen ist.

Zuerst sollen aber Spannungsfelder aufgezeigt werden, in denen sich die Kinder- und Jugendbeteiligung bewegt. Sie wirft nämlich grundsätzliche Fragen auf, zumal sie an Werthaltungen oder an Menschen- und Kinderbildern rüttelt und sie hinterfragt.

In diesem Beitrag möchte ich mich vor allem auf die Beteiligung von Menschen konzentrieren, welche die obligatorische Schulzeit noch nicht abgeschlossen haben. Bei älteren Jugendlichen stellt sich das Problem insofern etwas anders, als sie sich viel eher selbst artikulieren können, das gesellschaftliche Bewusstsein für ihre Beteiligung grösser ist und sie deshalb auch auf weniger Widerstand stösst. Trotzdem bleiben sich aber sowohl bei der Kinder- wie bei der Jugendpartizipation die Grundproblematik und die Schlussfolgerungen gleich.

2. Spannungsfelder der Partizipation

Die Frage, ob und wie Kinder und Jugendliche beteiligt werden sollen, löst immer wieder Diskussionen aus, die mitunter sehr emotional geführt werden. Die Kinder- und Jugendpartizipation konfrontiert Erwachsene mit Weltbildern und Werthaltungen und spiegelt die unterschiedlichen Kinderbilder unserer Gesellschaft wider.

Vier wichtige Spannungsfelder, in denen sich die Partizipation von Kindern und Jugendlichen abspielt, sollen im folgenden plakativ und im Bewusstsein, dass sie sich zum Teil überschneiden und bedingen, dargestellt werden.

Abbildung 1:
Spannungs-
felder der
Partizipation.

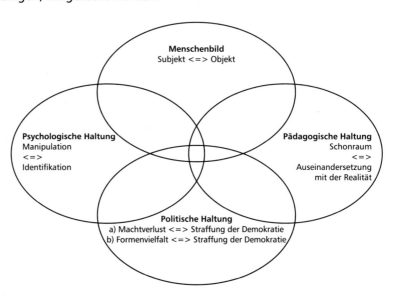

2.1 Die «philosophische» Haltung

Die Beteiligung von Kindern und Jugendlichen bedarf eines Menschenbildes, das Kinder als Subjekte mit eigener Persönlichkeit, eigener Wahrnehmung und eigenen Rechten anerkennt. Das bedeutet auch, dass Kinder vollwertige Mitglieder unserer Gesellschaft sind, die aber, bedingt durch ihren Entwicklungsstand und ihre Schutzbedürftigkeit, besondere Ansprüche an ihre Stellung in der Gesellschaft geltend machen dürfen.

Diese Haltung spricht im übrigen den Erziehungsberechtigten nicht – wie oftmals missverstanden – das Recht ab, für ihre Kinder Entscheidungen zu treffen, sondern verlangt bei solchen Entscheidungen den nötigen Respekt vor deren Persönlichkeit.

Die Änderung der Wahrnehmung der Kinder, vom durch Erwachsenenhand zu formenden Objekt hin zum eigenständigen und mitformenden Subjekt, die wir zur Zeit erleben, entspricht einem gesellschaftlichen Paradigmawechsel. Gegen diesen Wechsel regen sich – dies hat die Diskussion rund um die Ratifizierung der UNO-Kinderrechtskonvention in der Schweiz gezeigt – immer noch heftige Widerstände.

2.2 Die «pädagogische» Haltung

Wer Kinder und Jugendliche beteiligt, öffnet den Schonraum, den die Kindheit in einer idealtypischen pädagogischen Vorstellung gewesen ist und lässt den «rauhen» Wind der Realität herein. Gerade weil die Lebenswelt komplex ist, gerade weil Erwachsene selbst durch die unterschiedlichsten Entwicklungen gefordert und teils überfordert sind und Kinder sich in einigen Bereichen mit der Realität besser zurechtfinden als Erwachsene, hat sich die Vorstellung des Schonraums überlebt. Auch dies bedeutet nicht, dass Kinder schädlichen Einflüssen ungeschützt ausgesetzt werden sollen, sondern dass sie mit dem gebotenen Schutz durch die Auseinandersetzung mit den unterschiedlichen Realitäten lernen und Erfahrungen machen können.

2.3 Die «entwicklungspsychologische» Haltung

Die Beteiligung von Kindern und Jugendlichen macht nur Sinn, wenn den Kindern die Fähigkeit zugetraut wird, entsprechend ihrer Reife eigene Haltungen zu entwickeln und zu vertreten. Dies muss sich nicht, wie bei Erwachsenen, fast ausschliesslich in verbalen Äusserungen manifestieren, sondern kann auch mit anderen Ausdrucksformen wie zum Beispiel Zeichnungen, Modellen oder Foto- und Videoaufnahmen geschehen.

Eine wichtige Voraussetzung der Beteiligung von Kindern und Jugendlichen ist die möglichst unmittelbare Betroffenheit der Kinder durch ein Problem. Sie trägt wesentlich dazu bei, dass Kinder eine Problematik verstehen, über eigene Bedürfnisse und Wünsche Bescheid wissen und zu Veränderungen beitragen können. Das Erlebnis, dass die eigenen Lebensbedingungen veränderbar sind, stärkt die Identifikation der Kinder mit ihrer Lebenswelt und damit langfristig auch das Verantwortungsbewusstsein. In diesem Sinne ist Betroffenheit auch ein wirksamer Schutz vor Manipulation. Diese wird der Partizipation von Kindern immer wieder vorgeworfen. Manipulation ist zwar als Gefahr ernst zu nehmen, drückt aber nicht zuletzt auch das mangelnde Zutrauen von Erwachsenen gegenüber den Fähigkeiten der Kinder aus. Offene Projektanlagen und verständliche Problemstellungen tragen auf der methodischen Ebene zur Vermeidung von Manipulation bei und ermöglichen zudem die Beteiligung von Kindern mit unterschiedlichen Reifegraden.

2.4 Die «politische» Haltung

Brisant sind in einer Zeit, in der in der Schweiz nach Vereinfachungen der demokratischen Abläufe und einer strafferen Führung durch politische Gremien gerufen wird, zwei Fragen, welche die Partizipation von Kindern und Jugendlichen aufwerfen.

Zum einen betrifft es die Frage der Machtverteilung. Mit der Beteiligung von Kindern und Jugendlichen greift eine Altersschicht in Planungs- und Entscheidungsprozesse ein, die bisher nur am Rand berücksichtigt wurde. Damit wächst nicht nur die Zahl der politischen Interessengruppen, die zu berücksichtigen sind, sondern auch die Angst davor, dass sich Entscheidungsprozesse zusätzlich komplizieren könnten.

Zum zweiten ist es die Frage der politischen Formen. Es ist einsichtig, dass Kinder mit den demokratischen Instrumenten der Erwachsenen überfordert sind oder zumindest kein Interesse daran haben – dies gilt, nebenbei gesagt, oft auch für Erwachsene. Nimmt man beispielsweise die Betroffenheit als Voraussetzung der Beteiligung von Kindern ernst, muss man die Eignung von repräsentativen demokratischen Formen in Frage stellen. Gewählte Vertreterinnen und Vertreter sind oft nicht selbst die Betroffenen und umgekehrt. Im weiteren ist die fast ausschliesslich verbale Form der politischen Auseinandersetzung für die allermeisten Kinder unattraktiv und entspricht nicht ihren Ausdrucksformen und Fähigkeiten. Und nicht zuletzt mahlen unsere Politmühlen für Kinder zu langsam. Lange Entscheidungswege sprengen ihren Zeithorizont.

Die Beteiligung von Kindern erfordert also andere Formen der Meinungsäusserung und der Einflussnahme, als sie uns durch die geltenden Entscheidungsabläufe bekannt sind. Zentral ist aber dennoch, dass die Ergebnisse anderer Formen wie zum Beispiel Streifzügen, Zukunftswerkstätten oder Modellbau verbindlich und festgeschrieben in die geltenden Entscheidungsabläufe eingebaut werden.

Der Konflikt zwischen der Handlungsfähigkeit der politischen Gebilde auf allen Ebenen einerseits und basisdemokratischen Ansprüchen andererseits wird sich, so denke ich, in Zukunft noch verschärfen. Er kann aber im besten Fall zu neuen politischen Formen und Instrumenten auch für Erwachsene führen.

3. Definition von Partizipation

Die Diskussion der Spannungsfelder weist sowohl auf die unterschiedlichen Kindheitsbilder in unserer Gesellschaft wie auch auf den angesprochenen Paradigmawechsel hin. Eine Umfrage, welche die Schweizerische Kindernachrichtenagentur in Zusammenarbeit mit pro juventute im Frühjahr 1997 zum Thema Partizipation bei Schulen und Gemeinden durchführte, hat denn auch sehr unterschiedliche Vorstellungen von Partizipation von Kindern zutage gebracht. Vom sehr unverbindlichen Angebot, «ein offenes Ohr» für Anliegen von Kindern zu haben, bis zu institutionalisierten Formen wie Klassen- und Schülerräten wurde eine breite Palette von Formen unter den Begriff «Partizipation» subsumiert.

Von Partizipation kann meines Erachtens aber nur dann gesprochen werden, wenn der Einbezug über das Konsultative hinausgeht, wenn ihr also eine angemessene Verbindlichkeit zukommt und damit garantiert ist, dass sie auch eine Wirkung hat. Die Verbindlichkeit unterscheidet in der politischen Praxis beispielsweise eine Volksabstimmung als echte Mitwirkungsmöglichkeit von einer repräsentativen Meinungsumfrage, die zwar durchaus ein Instrument der Meinungsäusserung ist, aber keine festgeschriebene Wirkung hat.

Im Bewusstsein, dass Partizipation einen verbindlichen Charakter haben muss, möchte ich den Begriff der Partizipation von Kindern und Jugendlichen folgendermassen umschreiben:

Partizipation von Kindern und Jugendlichen ist die verbindliche Einflussnahme von Kindern und Jugendlichen auf Planungs- und Entscheidungsprozesse, von denen sie betroffen sind, mittels ihnen angepasster Formen und Methoden.

Grundsätzlich sind also alle Fragen, die Kinder und Jugendliche betreffen, geeignet für Kinder- und Jugendpartizipation. Die Einflussnahme kann in allen Bereichen stattfinden, die zur Lebenswelt von Kindern und Jugendlichen gehören, und sie kann unterschiedlichste Formen haben. Dabei müssen Kinder und Jugendliche nicht in jedem Fall auf direkte Art ihre Anliegen und Wünsche einbringen können.

4. Formen der Partizipation

4.1 Indirekte Partizipation

Wenn in der Schweiz von Partizipation gesprochen werden kann, so handelt es sich vor allem um indirekte Partizipation, das heisst um die Vertretung von Kinder- und Jugendanliegen durch Erwachsene. Beispielsweise Beauftragte für Kinder- und Jugendfragen, Jugendsekretariate oder Kinder- und Jugendkommissionen nehmen diese Interessenvertretung wahr. Idealerweise verfügen sie mittels Anlaufstellen oder anderer Instrumente über einen direkten und niederschwelligen Draht zu Kindern und Jugendlichen. Alle diese Instrumente sind im Überschneidungsbereich von direkter und indirekter Partizipation (vgl. Abbildung 2) anzusiedeln. Für Kinder gibt es in der Schweiz zur Zeit nur eine kommunale Verwaltungsstelle, die explizit für Kinderanliegen zuständig ist: der Kinderbeauftragte der Stadt Luzern. In Zürich wurde die Schaffung einer solchen Stelle im Sommer 1997 vom Stadtparlament abgelehnt.

Die Interessenvertretung für Kinderanliegen wird in Gemeinden und Regionen oft an Jugendeinrichtungen übertragen. Erfahrungsgemäss sind diese aber mit jugendspezifischen Fragen ausgelastet, und Kinderanliegen laufen Gefahr, unter den Tisch zu fallen.

Abbildung 2: Formen und Bereiche der Partizipation von Kindern und Jugendli- chen.

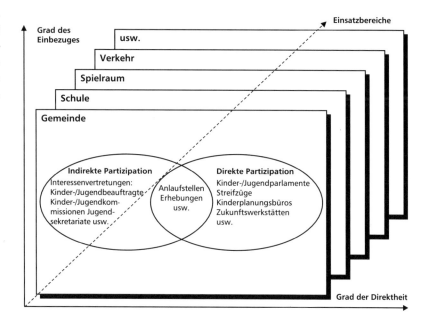

4.2 Direkte Partizipation

Direkte Beteiligungsformen, um die es in meinen weiteren Ausfüh- rungen gehen soll – gemeint sind traditionell demokratische For- men wie Parlamente, offenere Versammlungsformen wie Foren oder runde Tische, Streifzüge, Zukunftswerkstätten oder Spielraum- planungen mit Kindern –, findet man hauptsächlich auf kommuna- ler Ebene oder an Schulen. Einige wenige kantonale Jugendparla- mente und die jährlich stattfindende Jugendsession machen eine Ausnahme. Auch hier richten sich die Angebote in der Schweiz vor allem an Jugendliche ab 14 oder 16 Jahren; für Kinder gibt es nur sehr wenige Mitsprachemöglichkeiten.

Der Grad der Einflussnahme dieser Jugendparlamente ist sehr unter- schiedlich. Die Formenvielfalt reicht vom Debattierclub für aufstre- bende Jungpolitiker und Jungpolitikerinnen über Jugendgremien, de- nen ein kleines Budget zur freien Verwendung zusteht, bis zu Jugendparlamenten mit einem Motionsrecht im Gemeinderat, wie es zum Beispiel im bernischen Worb der Fall ist. Die gleiche Vielfalt gilt auch für die Ausgestaltung von Schülervertretungen an Schulen.

Für die direkte Partizipation von Kindern steht heute eine grosse Zahl von Formen zur Verfügung, die bereits in der Praxis erprobt wurden und auf die im nächsten Abschnitt noch genauer eingegan- gen werden soll.

Heute hängt es in der Schweiz von glücklichen Konstellationen, von sensibilisierten Gemeindebehörden oder von initiativen Organisationen ab, ob Kinder eine Möglichkeit zur Einflussnahme erhalten. Eine Ausnahme bildet in diesem Fall wiederum Luzern, wo die Mitsprache von Kindern institutionalisiert ist. Deshalb muss in der Schweiz wohl eher von Partizipationsversuchen gesprochen werden, deren Zahl gering, aber doch stetig am Wachsen ist. Dies könnte immerhin darauf hindeuten, dass eine Bewegung eingeleitet worden ist, an deren Ende der selbstverständliche Einbezug von Kindern und Jugendlichen steht.

5. Methoden der Partizipation

Bei der Beteiligung von Kindern bedient man sich vieler Formen und Methoden, die man aus der Erwachsenenbildung, der Prozess- und Organisationsentwicklung, der Präsentations- und Moderationstechnik, von Erhebungsmethoden und aus der Projektarbeit kennt.[1]

Abbildung 3:
Methoden der
Partizipation im
Überblick.

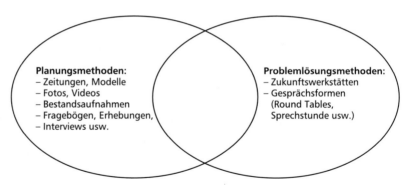

Planungsmethoden:
– Zeitungen, Modelle
– Fotos, Videos
– Bestandsaufnahmen
– Fragebögen, Erhebungen,
– Interviews usw.

Problemlösungsmethoden:
– Zukunftswerkstätten
– Gesprächsformen
  (Round Tables,
  Sprechstunde usw.)

Grob lassen sich die Methoden in Planungsmethoden, bei denen mit Plänen, Zeichnungen, Modellen, Fotografien oder Videokameras gearbeitet wird, und in Problemlösungsmethoden, für die Zukunftswerkstätten ein gutes Beispiel sind, unterscheiden. Bei sehr vielen Beteiligungsprojekten werden Methoden aus beiden Kategorien miteinander verbunden.

---

[1] Informationen über die praktische Umsetzung von Kinder- und Jugendpartizipation finden sich z.B. in Stange 1996; 1997; Schröder 1995; Kommunale Beratungsstelle für Kinder- und Jugendinitiativen 1996.

Weil es einerseits eine Fülle von entsprechender Literatur gibt und ich als Praktiker andererseits der Ansicht bin, dass vor allem erlebte Beispiele zu überzeugen vermögen, möchte ich an einem Beispiel, dem «mobilen Kinderplanungsbüro», das unter anderem von der initiativen kommunalen Beratungsstelle für Kinder- und Jugendinitiativen in Graz entwickelt wurde und in dieser oder in anderer Form weit über die Steiermark hinaus bei Spielraumplanungen Verwendung findet, die Verknüpfung verschiedener Methoden darstellen.

Soll in einer Ortschaft ein Spielgelände mit Kindern eingerichtet oder umgestaltet werden, so fährt das mobile Kinderplanungsbüro auf und steht mit kompetenter Betreuung und mit allem nötigen Bastel-, Planungs-, Zeichnungs- oder Präsentationsmaterial während rund einer Woche vor Ort zur Verfügung. In dieser Woche haben Kinder die Möglichkeit, mit verschiedenen Mitteln (Zeichenmaterial, Baumaterial, Foto- und Videogeräte etc.) und Methoden (Streifzüge, Modellbau, Spielfilme etc.) ihre Bedürfnisse, Wünsche und Ideen zu modellieren, zu zeichnen, zu formulieren oder anders festzuhalten. Unterstützt wird diese Arbeit durch Fragebogen und durch Interviews der MitarbeiterInnen der Beratungsstelle. Es kommt auch vor, dass in dieser Woche ein Ausflug mit interessierten Kindern stattfindet, der sie zu verschiedenartigen Spielplätzen in der Umgebung führt, damit sie sich ein Bild über die unterschiedlichen Gestaltungsformen von Spielgeländen machen können.

Die Ergebnisse dieser Phase werden gesammelt, ausgewertet und danach Eltern, Anwohnern, Behördenmitgliedern, Pressevertretern und anderen Interessierten präsentiert.

Damit ist die Arbeit aber nicht abgeschlossen. In weiterführenden Workshops geht es nun darum, die Sicht von erwachsenen Betroffenen (z.B. Anwohnern) einzubringen und die vielen – vielleicht auch utopischen – Ideen in realisierbare Ideen umzuwandeln. In den meisten Fällen folgt danach – ähnlich wie bei der Realisierungsphase einer Zukunftswerkstatt – die Auswahl der Ideen, die verwirklicht werden sollen, und in Zusammenarbeit mit Fachleuten das Ausarbeiten eines ausführungsreifen Planes. Je nach Möglichkeit werden die Betroffenen dann auch bei den Gestaltungsarbeiten miteinbezogen.

Mittlerweile gibt es in der Steiermark einige Spielgelände, die mit der Unterstützung der kommunalen Beratungsstelle in Graz von Kindern geplant wurden. Mit riesigen Hügeln, grossen Wasserbereichen, Nischen zum Verstecken, Geländen für Abenteuerspiele und sehr wenig fixen Geräten gleichen sie eher Baugruben als den üblichen, von Spielgeräteherstellern konzipierten Spielplätzen.

6. Qualitätsmerkmale der Partizipation

Eine ausgefeilte Methodik macht noch lange keine Partizipation aus. Dies zeigt die Erfahrung mit Partizipationsprojekten in der Praxis. Wenn neben der Methodik nicht auch Bedingungen im Umfeld stimmen, so bleiben Projekte in der Beliebigkeit stecken. Die folgenden Merkmale sind die eigentlichen Erfolgsfaktoren, die aus tollen Projekten mit Kindern erst echte Partizipationsprojekte machen.

Betroffenheit: Je unmittelbarer Kinder von einem Problem betroffen sind, desto höher ist ihre Identifikation damit und desto einfacher wird es für sie, sich eine eigene Meinung zu bilden und sich an der Lösungsfindung zu beteiligen. Betroffenheit ist – nicht nur für Kinder – einer der zentralsten Beweggründe zur demokratischen Beteiligung. Aus diesem Grund eignen sich demokratische Vertretungsformen wie z.B. gewählte Parlamente oder Räte wenig für die Kinderpartizipation.

Verbindlichkeit: Ergebnisse von Beteiligungen müssen sicht- oder erlebbare Wirkungen haben. Partizipationsprojekte, deren Wirkung im voraus nicht abgesichert sind, sind unter Umständen gute Modelle, aber keine wirklichen Beteiligungen (vgl. Ziffer 3 «Definition von Partizipation»).

Offenheit: Partizipationsmodelle sollten im besten Falle freiwillig sein. Sie sollten so gestaltet sein, dass ein Abschweifen vom vorgenommenen Thema und von der vorgegebenen Methode möglich ist. Wichtig ist, dass Erwachsene, die Projekte begleiten, der Versuchung widerstehen können, die Richtung von laufenden Prozessen zu steuern. Offenheit ist aber auch im Sinne von Ehrlichkeit wichtig. Werden Kindern Möglichkeiten vorgegaukelt und Versprechen abgegeben, die nicht realistisch sind, wird die Enttäuschung gross sein und damit das Vertrauen in die Beteiligung geschmälert.

Transparenz: Kinder müssen verstehen, worum es geht, und sie müssen erkennen können, wo sie im Beteiligungsprozess stecken. Zur Transparenz gehört aber auch der heikle Punkt der Übersetzungsarbeit. Erwachsene Begleiterinnen und Begleiter kommen nicht darum herum, gewisse Ergebnisse zusammenzufassen oder zu interpretieren. Hier besteht die Gefahr von Missverständnissen oder von unbewusster Prozesssteuerung durch Erwachsene.

Unmittelbarkeit: Kinder können nicht jahrelang warten. Zeiträume von einem Jahr und mehr sind für das Zeitempfinden von Kindern eine zu lange Zeit. Anliegen von Kindern und Jugendlichen sind deshalb, wenn möglich, zeitlich prioritär zu behandeln.

Kontinuität: Einzelne Beteiligungsprojekte, die sogar zu sichtbaren Resultaten geführt haben, sind zwar begrüssenswert. Von einer Partizipation kann aber eigentlich erst dann gesprochen werden, wenn sie zur Selbstverständlichkeit wird. Das heisst im Klartext, dass sie institutionalisiert werden muss, nicht als vorgegebene Form, sondern als Möglichkeit, bei Bedarf mit der passenden Beteiligungsform Einfluss nehmen zu können.

Je besser diese Merkmale erfüllt sind, desto eher kann man zwei Gefahren begegnen, die ich zu den grössten zähle, wenn Kinder beteiligt werden sollen. Die eine Gefahr ist die der Instrumentalisierung von Kindern durch Erwachsene, die Kinder zu Aussagen und Meinungen führen möchten, die ihnen entsprechen oder sie bereits als Fahnenträger einer politischen Ausrichtung sehen, der sie sich selbst zugehörig fühlen. Kinder können zwar durchaus radikaler denken und fordernder sein als die Erwachsenen, sie sind deswegen aber nicht «grüner», «röter» oder «schwärzer» als sie. Die andere Gefahr ist die der Alibiveranstaltungen, bei denen Partizipation zelebriert wird, die am Schluss keine Wirkung hat. Solche Veranstaltungen, in denen oft die Profilierung Erwachsener im eigentlichen Zentrum steht, bergen die Gefahr der Enttäuschung der beteiligten Kinder. Damit wird der Partizipationsidee ein Bärendienst erwiesen.

Eine Frage, die sich im Zusammenhang mit den Grundbedingungen aufdrängt und die kontrovers beantwortet wird, bezieht sich auf die Betroffenheit. Was heisst unmittelbare Betroffenheit für Kinder und Jugendliche? Die heutigen Praxisbeispiele drehen sich nämlich fast ausschliesslich um kinderspezifische Fragen. Bei Themen wie Spielraumplanung, Gestaltung des Schullebens, Ideensuche für Kinderfreizeitangebote, selbst bei den Kinder-Umweltgipfeln, die in Deutschland und Österreich stattgefunden haben, wurde die Meinungsäusserung von Kindern akzeptiert und hielten sich Bedenken Erwachsener in Grenzen.

Wie steht es aber bei umstrittenen Themen wie zum Beispiel der Verkehrsberuhigung, bei Fragen der Energie, des Wohnungs- oder Schulhausbaus? Wie direkt betroffen sind Kinder von der Gestaltung des Lehrplanes, der Beschaffung von Rüstungsgütern oder der Gewährung der Exportrisikogarantie für ökologisch umstrittene Projekte?

An diesem Punkt scheiden sich auch die Geister der Erwachsenen, die sich für die Partizipation stark machen. Die Frage, ob unmittelbare Betroffenheit das «hier und jetzt» meint oder aber auch die Steuerung von Prozessen, die erst in der Zukunft wirksam werden, scheint mir im Zusammenhang mit der Umweltproblematik zentral. Dabei weiss ich aus meiner eigenen Praxis, dass sich Kinder durchaus Gedanken über Rüstungsfragen, Verkehrsentwicklung oder die Zukunft des Ökosystems machen. Damit wird das sensibilisierte ökologische Bewusstsein, das Kindern und Jugendlichen attestiert wird (vgl. auch die Beiträge von Unterbruner und Richter in diesem Band) untermauert. Dies alles spricht dafür, die Grenzen der Betroffenheit nicht allzu eng zu ziehen.

7. Bedeutung der Partizipation

Nur noch andeutungsweise kann ich auf die Bedeutung der Partizipation für die gesellschaftliche Entwicklung eingehen, die ich auf einige wenige Punkte zusammenfassen möchte:

Die Beteiligung von Kindern schafft einen Bezug zwischen Kindern und ihrer Lebenswelt und stärkt ihre Identifikation sicher dann, wenn sie auch eine Auswirkung auf ihre Lebenswelt hat, wenn sie also mit sicht- oder erlebbaren Veränderungen einhergeht. Diese Identifikation ist der Ursprung des Verantwortungsgefühls, das unverzichtbar ist, wenn es zum Beispiel im Umweltbereich darum geht, dem ökologischen Bewusstsein auch Taten folgen zu lassen. Partizipationsprojekte fördern also das Verantwortungsbewusstsein, den Wunsch, zur Lebenswelt Sorge zu tragen und sich dafür zu engagieren. Partizipation ist, gerade weil erwachsene Betroffene mitberücksichtigt werden, ein Instrument zur Förderung des Dialogs zwischen den Generationen. Damit wird auch die Chance erhöht, dass von Kindern und Jugendlichen mitgestaltete Problemlösungen nachhaltig Bestand haben und viel weniger Widerstand erzeugen.

Kommt mit der Zeit auch der Mut dazu, Kinder und Jugendliche nicht nur bei «hier und jetzt»-Fragen einzubeziehen, sondern auch bei Entwicklungen, deren Wirkung erst in der Zukunft ersichtlich ist, dann ist der Einbezug von Kindern und Jugendlichen ein wichtiges Mittel, um eine nachhaltige Zukunftsentwicklung in unserer Gesellschaft zu garantieren; dies gilt natürlich auch für die Umweltproblematik.

Die Beteiligung von Kindern bringt die spezielle Perspektive von Kindern in Planungs- und Entscheidungsprozesse mit ein. Sie weist auf Probleme, denen sich Erwachsene nicht bewusst sind, und kann so auch eine seismographische Funktion in bezug auf die Befindlichkeit von Kindern und Jugendlichen in einer Gemeinde haben. Sicher trägt sie aber zu einer Sensibilisierung Erwachsener für konkrete Anliegen und Wünsche von Kindern und Jugendlichen bei.

Auch Erwachsene profitieren von den Fähigkeiten der Kinder. Kinder können ungebundener und damit direkter agieren. Sie reagieren spontaner, nutzen ihr Phantasiepotential anders und können überraschende Zusammenhänge herstellen.[2]

Die Beteiligung bietet nicht nur ein in der Realität verankertes, demokratisches Lernfeld, sondern auch Erfahrungen, die zur Stärkung von Persönlichkeitsmerkmalen (Konflikt- und Kritikfähigkeit), zum Einüben von Fertigkeiten (Pläne entwerfen, Modelle bauen, mit Medien umgehen) oder zur Vermittlung von Wissen, sei es über die eigene Lebenswelt oder über Abläufe von Planungs- und Entscheidungsprozessen, beiträgt. Damit eröffnen sich Kindern neue Horizonte im Umgang mit sich selbst, mit anderen und mit der Umwelt. Auf diese Weise verhilft die Partizipation Kindern und Jugendlichen durch zusätzliches Wissen und zusätzliche Erfahrungen zu Merkpunkten und Orientierungshilfen beim Surfen durch die scheinbar unbegrenzten Möglichkeiten unserer Gesellschaft.

Die Partizipation von Kindern und Jugendlichen ist kein Allerweltsheilmittel und entbindet Erwachsene nicht von ihrer eigenen Verantwortung und ihrer eigenen Vorbildfunktion. Im weiteren wird es durch die immer dichter werdenden Beziehungen auf dem europäischen und dem globalen Markt weiterhin viele Faktoren geben, die

---

[2] Ich verweise auf die «rezeptive Aktivität» und die «Kreativität» im Beitrag von Hüttenmoser in diesem Band.

die Entwicklung der Lebensgrundlagen hochgradig beeinflussen werden, ohne dass unsere demokratische Meinung dazu gefragt ist. In dem kleinen, von uns gestaltbaren Rahmen aber ist der Einbezug von Kindern und Jugendlichen ein Handlungsansatz mit wachsender Bedeutung. Schliesslich – und das spricht für sich – verhilft die Beteiligung von Kindern und Jugendlichen zu mehr Kinder- und Jugendfreundlichkeit, was – das behaupte ich ganz vermessen – zu mehr Lebensqualität für alle führt.

Literatur

Kommunale Beratungsstelle für Kinder- und Jugendinitiativen (Hrsg.) 1996: Kinder- und Jugendbeteiligungsmodelle. Graz.

Schröder R. 1995: Kinder reden mit! Beteiligung an Politik, Stadtplanung und -gestaltung. Weinheim, Basel: Beltz.

Stange W. 1996: Planen mit Phantasie. Zukunftswerkstatt und Planungszirkel für Kinder und Jugendliche. Berlin: Deutsches Kinderhilfswerk e.V.

Stange W. 1997: Mitreden – mitplanen – mitmachen. Kinder und Jugendliche in der Kommune. Berlin: Deutsches Kinderhilfswerk e.V.

Kinderpartizipation und Kindermitsprache in Umweltfragen: Die neue internationale Gesetzgebung

MARIE-FRANÇOISE LÜCKER-BABEL

1. Einleitung

Die Konvention der Vereinten Nationen über die Rechte des Kindes (Kinderrechtskonvention; KRK) vom 20. November 1989 zählt eine Reihe von Rechten auf, die die internationale Gemeinschaft in den achtziger Jahren den Kindern, das heisst den Personen unter 18 Jahren,[1] zuzustehen bereit war. Nach dem Ende des Zweiten Weltkrieges haben sich die Menschenrechte stufenweise entwickelt; die Kinderrechte bilden in dieser Hinsicht das letzte grosse internationale Werk, das auf vielen älteren Garantien basiert. Manche dieser Rechte sind in der Tat schon lange bekannt, wie die klassischen Grundfreiheiten (oder zivile Rechte, wie z.B. die Meinungsäusserungs- oder Religionsfreiheit); andere zählen zu den Errungenschaften der sechziger Jahre (soziale, wirtschaftliche und kulturelle Rechte). Alle diese Garantien gelten auch für Kinder, da das Alter bis auf einige Ausnahmen nicht als Diskriminierungsgrund gilt.[2]

Seit dem Internationalen Jahr des Kindes (1979) sind kinderspezifische Menschenrechte zusätzlich zu den Menschenrechten entwickelt worden: Schutz gegen Misshandlungen und Ausbeutung wirtschaftlicher oder sexueller Art, Regulierung der Adoption und des Strafverfahrens, Rehabilitation, Förderung der behinderten Kinder etc. Allerdings wurden viele dieser «neuen» Rechte zuerst mittels internationaler Erklärungen definiert.[3] Als eine totale Neuigkeit hat sich aber das Recht des Kindes auf Partizipation einen eigenständigen Weg gebahnt: Hier hat das internationale Recht der Menschen-

---

[1] Dies unter der Bedingung, dass die Kinder nicht früher volljährig werden (Art. 1 KRK). In diesem Beitrag sind mit dem Wort «Kind/Kinder» auch Jugendliche unter 18 Jahren gemeint.

[2] Hier seien z.B. das Recht auf Ehe und Familiengründung oder gewerkschaftliche Rechte erwähnt, die erst ausgeübt werden können, wenn das Kind arbeiten darf. Die wirtschaftlichen Bedingungen und die Ausbeutung der jungen Arbeitskräfte in Drittweltländern kann zur Organisierung der arbeitenden Kinder in einem schon recht frühen Alter führen.

[3] D.h. in juristisch gesehen unverbindlichen Texten. Siehe z.B. die United Nations Declaration on the Rights of Disabled Persons (1975), United Nations Standards Minimum Rules for the Administration of Juvenile Justice (1985), United Nations Declaration on Foster Placement and Adoption (1986) etc.

rechte, das so oft aus einer Synthese der nationalen Gesetzes- und Verfassungstexte entsteht, den nationalen Gesetzgeber überholt.

Die Kinderrechtskonvention ist am 2. September 1990 in Kraft getreten, nachdem 20 Staaten sie ratifiziert hatten. Die Schweiz ist ihr als 191. Staat beigetreten, und seit dem 26. März 1997 gilt dieses Abkommen «als Landesrecht» (Müller 1982, S. 173). Sie ist genauso verbindlich wie z.B. das Krankenversicherungs- oder das Strassenverkehrsgesetz. Jedoch variieren die Auswirkungen der Konvention für den einzelnen: Sie hängen von der Präzision jeder Bestimmung ab. Gewisse Artikel sind so klar formuliert, dass sie direkt vor der Behörde, insbesondere vor einem Gericht, durchsetzbar sind; dies ist seit kurzer Zeit der Fall für das Mitspracherecht der Kinder, das auf Artikel 12 KRK beruht.[4] Andere Bestimmungen sind eher programmatischer Natur und schreiben Massnahmen vor, die die Gesetzgebungs- oder Verwaltungsorgane verwirklichen müssen: Letztere sind an diese Rechte gebunden, jedoch dürfen sie die Mittel ihrer Durchsetzung selber gestalten (wie z.B. das Recht auf das erreichbare Höchstmass an Gesundheit oder das Recht auf soziale Sicherheit) (Müller 1982; Botschaft des Bundesrates 1994).

Die Frage, auf die wir jetzt näher eingehen werden, ist, ob, auf welche Weise und inwieweit die Kinderpartizipation auf der einen Seite und Umweltfragen auf der anderen Seite in einer Beziehung stehen und ob Kinderpartizipation auf Umweltfragen Einfluss nehmen kann.

2. Kinderpartizipation und Kindermitsprache als Kinderrechte

Die Kinderpartizipation ist auf ein ungeheures Interesse gestossen und hat in einem erheblichen Mass zum Erfolg der Kinderrechtskonvention beigetragen. Regierungen wie private Kreise haben zu diesem Punkt Stellung genommen, letztere meist mit lautem Beifall

---

4 In einem am 22.12.1997 gefällten Urteil (es ging um das Besuchsrecht zugunsten des Vaters eines ausserehelich geborenen Mädchens) haben die Bundesrichter zum Artikel 12 KRK Stellung genommen: «Diese Bestimmung zeichnet sich sowohl in ihrer inhaltlichen Zielsetzung als auch in der notwendigen Umsetzung durch einen hohen Grad an Konkretheit aus und erweist sich als inhaltlich hinreichend bestimmt und klar. [...] Aus diesen Gründen handelt es sich bei Artikel 12 UN-Kinderkonvention (sic) um einen direkt anwendbaren Rechtssatz, so dass deren Verletzung beim Bundesgericht angefochten werden kann» (Bundesgerichtsentscheid 5P.421/1997). Über den Geltungsbereich des Artikels 12 KRK siehe Abschnitt 3.

oder totaler Ablehnung.[5] Die Frage ist gestellt worden, ob den Kindern durch die Konvention politische Rechte zuteil würden (Franklin 1989; Verhellen 1993; Van Bueren 1993). Es stimmt, dass in gewissen Ländern 16jährige schon das Wahlrecht auf Landes-, Regionaloder Gemeindeebene geniessen. Allerdings tritt die Volljährigkeit meistens mit 18 Jahren ein und ist mit der Erlangung des Status eines stimm- und wahlberechtigten Bürgers verbunden. Wenn mittels einer juristischen Auslegung keine Obligation zur Einführung eines Stimmrechts für Kinder aus der Konvention abgeleitet werden kann, heisst dies jedoch nicht, dass die Kinder vom politischen Entscheidungsprozess ausgeschlossen werden.[6] Wie die Erwachsenen können sie auf anderem Wege eine gesellschaftlich-politische Rolle spielen: Die Ausübung ihrer Grundfreiheiten und das Recht auf Partizipation beinhalten sicherlich viele Komponenten einer politischen Beteiligung am gesellschaftlichen Leben. Die Kinderpartizipation kann als die aktive Teilnahme der Kinder an diesem Leben und dessen Ereignissen beschrieben werden, wobei die Kindermitsprache als ein etwas engerer Begriff verstanden werden kann. *Stricto sensu* bedeutet sie, dass die Stimme der Kinder eine Rolle im Entscheidungsverfahren spielt. Beide Konzepte lassen sich nicht immer eindeutig voneinander abgrenzen und werden hier zunächst gemeinsam vorgestellt (s. auch Abschnitt 4.).

In einem modernen, von den Kinderrechten geprägten System sind Minderjährige nicht mehr nur als Empfänger von Leistungen und Schutzmassnahmen, sondern auch als aktive Mitglieder in der Familie und in der Gesellschaft anzusehen.[7] In diesem Kontext ist die Kinderpartizipation und -mitsprache *das* Zeichen eines sich ändernden Status des Kindes in der Gesellschaft. Sie wird durch ein Geflecht von Rechten gewährleistet und unterscheidet sich zum Teil

---

[5] Die Regierungen haben während der Verfassungsarbeiten vor allem das Recht auf religiöse Freiheit und das Recht auf Vereins- und Versammlungsfreiheit bestritten (Van Bueren 1993). Das Recht auf Mitsprache (Art. 12) wurde dagegen allgemein akzeptiert (s. Detrick 1992).

[6] «To conclude from this that children do not possess political rights is to fail to distinguish between political rights stricto sensu and rights which are capable of being exercised by children politically» (Van Bueren 1993, S. 46).

[7] Dies ist im Schweizer Zivilrecht nicht vollkommen neu, da das Kind ein Aussprachecherecht in der Familie besitzt (Art. 301 Abs. 2 des Zivilgesetzbuches [ZGB]). Wenn es urteilsfähig ist, muss es seiner Adoption zustimmen (Art. 265 Abs. 2 ZGB) und höchstpersönliche Rechte selber ausüben (Art. 19 Abs. 2 ZGB).

von den Garantien, die den Erwachsenen zukommen, durch verschiedene Merkmale, die die besondere Lage des Kindes berücksichtigen.

2.1 Rahmen und Voraussetzungen der Kinderpartizipation

Der Rahmen und die Voraussetzungen der Kinderpartizipation und -mitsprache und die Folgen, die aus der Ausübung dieses Rechts entstehen, sind hauptsächlich in den Artikeln 12–15 und 17 der Konvention festgelegt.[8]

Die Bestandteile der Kinderpartizipation

Es sind dies die Meinungsäusserungsfreiheit (Art. 12 und 13), die Informationsfreiheit (Art. 13), die Meinungs-, Gewissens- und Religionsfreiheit (Art. 14), die Vereins- und Versammlungsfreiheit (Art. 15). Diese Rechte sind eng miteinander verwandt. Das Kind kann nur wirksam das Recht auf freie Meinungsäusserung ausüben, wenn es einen freien Zugang zur nötigen und gewünschten Information bekommt. Diese Garantie wird allgemein durch Artikel 13 geschützt, der zusammen mit Artikel 17 gelesen werden muss; es wird Wert darauf gelegt, dass die Kinder eine vielfältige Information bekommen, die bestimmte Qualitätsstandards erfüllt.[9] Eine andere Voraussetzung der Kinderpartizipation liegt in der Vereins- und Versammlungsfreiheit, die es den Jugendlichen erlaubt, sich wenn nötig frei mit anderen zusammenzuschliessen, Ideen auszutauschen und damit ihre Stellung besser zu vertreten.

Die Voraussetzung der Urteilsfähigkeit

Die Kinderrechtskonvention setzt kein Mindestalter für die Ausübung der zivilen Rechte des Kindes fest. Solche Rechte können aber nur wahrgenommen werden, wenn ihre Träger als urteilsfähig angesehen werden können. Die Urteilsfähigkeit gilt als implizite An-

---

[8] Andere Bestimmungen der KRK enthalten deutliche Hinweise zum Bedürfnis, die Kinder aktiv in die Gesellschaft einzubeziehen: Artikel 23.1 («aktive Teilnahme» der behinderten Kinder); Artikel 30 (Rechte der Minderheitenkinder); Artikel 40.1 (Sozialisierung der straffälligen Kinder und Jugendlichen).

[9] Im Gegensatz zu den Einwendungen der Konventionsgegner geht es nicht darum, dass Kinder einen freien Zugang zu jeglicher Information beanspruchen, sondern dass zugleich Informationsfreiheit und Informationsqualität zum Wohl des Kindes verwirklicht werden.

forderung für alle Menschenrechte, die der Mensch aktiv ausübt; ob sie in einem spezifischen Fall besteht oder nicht, wird in der Regel immer noch von den Erwachsenen bestimmt. Die «Kompetenz» (Verhellen 1993), Kinderrechte auszuüben, ist eine wichtige, wenn nicht die zentrale Frage des Kinderrechtswerks und -daseins; wenn sie nicht vorhanden ist, dann haben diese Rechte nur Schutzcharakter und kaum eine das Kind als aktive Person miteinbeziehende Funktion. Ab welchem Alter die Kompetenz des Kindes vorhanden ist, kann nur schwer allgemein und von vornherein festgelegt werden: Die konkrete Problemstellung, die Kenntnisse, die Wahrnehmungsfähigkeit des Kindes oder der Kindergruppe und die gestellte(n) Frage(n) spielen eine ausschlaggebende Rolle. Die Versuchung ist in der Regel gross, davon auszugehen, dass Kinder noch nicht kompetent genug sind, d.h., dass sie die nötige Erfahrung noch nicht gesammelt haben, um an der Entstehung von gesellschaftlichen oder politischen Entscheidungen teilzunehmen. In dieser Beziehung schlägt Verhellen eine Wende der traditionellen Perspektive vor: Kinder sollen nicht erst autonom werden, wenn sie kompetent sind, sondern sie müssen die Möglichkeit haben, autonom zu werden, um ihre Kompetenz zu entfalten (1992; 1993).

Die Voraussetzung der Urteilsfähigkeit tritt als Schranke zwischen dem «Können» und dem «Nicht-Können» des Kindes auf und gewinnt vor allem an Bedeutung im Zusammenhang mit der speziellen Form der Kindermitsprache, die Artikel 12 KRK schützt (s. Abschnitt 4.). Im Rahmen der Gedanken-, Gewissens- und Religionsfreiheit setzt die Konvention ausdrücklich voraus, dass die Eltern das Recht und die Pflicht haben, «das Kind bei der Ausübung dieses Rechts in einer seiner Entwicklung entsprechenden Weise zu leiten» (Art. 14 Abs. 2).[10] Die autonome Ausübung des Rechts auf Gewissens- und Religionsfreiheit durch einen oder eine Minderjährige(n) könnte also rein formell später als die Meinungsäusserungs- und Informationsfreiheit auftreten, da letztere nur der allgemeinen Regel des Artikels 5 KRK untersteht (s. Abschnitt 3.3).

---

[10] Dieser Satz wurde auf den Druck der islamischen Staaten eingeführt, da ihrer Ansicht nach Kinder der Religion ihres Vaters folgen müssen; eine Bekehrung ist ausgeschlossen. Einige nichtislamische Staaten haben aber auch in ihren Erklärungen oder Vorbehalten zu der KRK ausdrücklich formuliert, dass die Elternrechte in diesem empfindlichen Bereich voll zur Geltung kommen sollen. In der Schweiz geniesst ein Kind die Religionsfreiheit ab dem 16. Lebensjahr (s. Art. 49 Abs. 3 Bundesverfassung; Art. 303 Abs. 3 ZGB).

Die Einschränkungen

Wie die meisten Menschenrechte gelten die Kinderrechte nicht absolut.[11] Die Ausübung der zivilen Rechte kann unter bestimmten Bedingungen eingeschränkt oder gar verboten werden. Diese Bedingungen beziehen sich auf die Rechte und den Ruf anderer, die nationale Sicherheit, die öffentliche Ordnung, die Volksgesundheit und die öffentliche Sittlichkeit. Dazu werden allerdings noch eine gesetzliche Grundlage sowie die Achtung des Verhältnismässigkeitsprinzips gefordert, und der Kern des in Frage gestellten Menschenrechts darf nicht angetastet werden (Müller 1982). Für Erwachsene wie für Kinder können also die Meinungsäusserungs- und die Versammlungsfreiheit nicht immer vollumfänglich garantiert werden.

Im Gegensatz zu den Erwachsenen müssen die Minderjährigen jedoch noch zwei kinderspezifische Bedingungen erfüllen: Die Ausübung selber darf nicht in Formen stattfinden, die gegen das Kindeswohl verstossen können (s. Abschnitt 3.1), und diese Rechte sollten nicht ohne das stillschweigende Einverständnis der Eltern wahrgenommen werden.

Die Auswirkungen der Kinderpartizipation

Die Konvention äussert sich nicht spezifisch zu den Folgen der Kinderpartizipation. Dies bedeutet nicht, dass den Ansichten und Vorschlägen der Kinder keine Aufmerksamkeit geschenkt werden muss; abgesehen von den Fällen, in denen die Kinder abstimmen dürfen,[12] ist die Antwort aber nicht rechtlicher, sondern eher politischer Natur. Auswirkungen werden voraussichtlich erst zu vermerken sein, wenn der politische oder moralische Druck auf die erwachsenen PolitikerInnen gross genug wird. Als Beispiele können die Entscheide erwähnt werden, die während der jährlichen «Jugendsessionen» im

---

[11] Eine Ausnahme bilden das Verbot der Folter, der Sklaverei, der Leibeigenschaft und Schuldhaft und das Recht der Rechtsfähigkeit (s. Art. 7, 8.1 und 8.2, 11 und 16 des internationalen Paktes über bürgerliche und politische Rechte, den die Schweiz 1992 ratifiziert hat). Was Kinder betrifft, muss der Schutz des Rechts auf Leben ausnahmslos gesichert sein (s. Art. 6.1 KRK und 6.1 des Paktes): Kinder dürfen nicht zu einer Todesstrafe verurteilt werden (s. Art. 37.a KRK und 6.5 des Paktes).

[12] Dies ist z. B. der Fall, wenn ein Schulrat oder Gemeindeparlament gewählt wird: Es müssen für die jungen Stimmberechtigten ähnliche Garantien und die Rechtsgleichheit gesichert werden wie für die erwachsenen Urnengänger.

Bundeshaus getroffen und beiden Bundeskammern unterbreitet werden; die Bundesparlamentarier bleiben frei, sich eine eigene Meinung zu bilden (Ablehnung, Handlung, Weitergabe an den Bundesrat). Berner Gymnasiasten haben ein Beispiel gezeigt und beschlossen, in der Sache der herrenlosen Vermögen tätig zu werden, und haben einen eigenen Holocaust-Fonds gegründet (Der Bund 1997). Wenn Kinder und Jugendliche in Wort und Tat aktiv werden/ das Wort ergreifen und aktiv werden, kann dies als Ansporn für die politischen Entscheidungen der Erwachsenen wirken.

2.2 Die Förderung der Kinderpartizipation

Die Artikel 12–15 und 17 der Kinderrechtskonvention legen zwar den Umfang der zivilen Rechte und zugleich der Kinderpartizipation am gesellschaftlichen Leben fest. Aus Erfahrung wissen wir, dass die Formen der Kinderpartizipation vielfältig sind; sie gehen von der Kinderkundgebung (z. B. die Strassenkinder in Brasilien) bis zur Bemalung der Mauern offizieller Gebäude (sogenannte *tags)*. Allzu oft wird jedoch die Meinung vertreten, dass die zivilen Rechte nur eine behördliche Unterlassungspflicht mit sich bringen, d. h., dass sich der Staat nur nicht auf übertriebene, willkürliche oder illegale Weise in ihre Ausübung einmischen darf. Aber Kinderpartizipation kommt nicht immer bzw. selten von allein. Kinder und Jugendliche bilden nämlich von ihrem Alter, ihren mangelnden Kenntnissen, ihren knappen materiellen Mitteln und ihren geringeren Erfahrungen her eine besondere Gruppe. Ohne Unterstützung der öffentlichen Hand, auch nur in der Form direkter oder indirekter Zuschüsse, wird die Kinderpartizipation nur schwer vollumfänglich zustande kommen können. Die nötigen Voraussetzungen zur Ausübung dieser Rechte müssen geschaffen werden: Information, (ausser)schulische Ausbildung, Angebot von Räumen etc. Nur so können die zivilen Rechte der Minderjährigen ihren Sinn und ihre Funktion entfalten. Denn sie stehen nicht nur der kindlichen Bevölkerung zur Verfügung, sondern dienen auch der ganzen Gesellschaft: Die Wahrung der Kinderrechte bildet «die Grundlage von Freiheit, Gerechtigkeit und Frieden in der Welt» (Präambel KRK 2. Abs.).[13]

---

[13] Ein drittes Element besteht darin, dass das Kind lernt, mit Menschenrechten (seinen und denjenigen der anderen) umzugehen, indem es sie ausübt. Dies kann als die «pädagogische» Seite der Menschen- und Kinderrechte angesehen werden.

Daher sind die Vertragsstaaten (d.h. die Staaten, die die Kinderrechtskonvention ratifiziert haben) dazu verpflichtet, «alle geeigneten Gesetzgebungs-, Verwaltungs- und sonstigen Massnahmen zur Verwirklichung der in [dieser Konvention] anerkannten Rechte» zu treffen (Art. 4 KRK). Sie müssen aktiv und positiv zur Ausübung der Kinderpartizipation beitragen. Zum ersten Mal in einem internationalen Menschenrechtsvertrag wurde auch noch die spezifische Verpflichtung des Staates verankert, «die Grundsätze und Bestimmungen dieses Übereinkommens durch geeignete und wirksame Massnahmen bei Erwachsenen und bei Kindern allgemein bekannt zu machen» (Art. 42 KRK). Der UNO-Kinderrechtsausschuss, dessen zehn Experten die staatlichen Berichte zur Anwendung und Erfüllung der Konvention studieren und kommentieren, befasst sich systematisch mit dieser Frage.[14] Aus seiner fünfjährigen Erfahrung geht hervor, dass alle Staaten, auch diejenigen mit einem hohen Industrialisierungsgrad und einer guten und bewährten Tradition im Menschenrechtsbereich, ungenügende Ergebnisse erreicht haben. Sie werden aufgefordert, der Kinderpartizipation genügend Aufmerksamkeit zu schenken, beispielsweise im Zusammenhang mit dem Familienleben oder familienrechtlichen Verfahren, Ein- und Auswanderung etc. (David 1997a/b).

Weitere internationale Gremien haben die Kinderpartizipation als Thema übernommen, wie z.B. der Europarat, dessen Parlamentarische Versammlung 1996 empfahl, die Mitgliedstaaten zu folgendem aufzurufen:

> «à permettre aux enfants de faire entendre leur point de vue dans toutes les décisions les concernant, et leur permettre une participation effective, responsable et appropriée à leur capacité, à tous les niveaux de la vie sociale – au sein de la famille, des commu-

---

[14] Der Kinderrechtsausschuss (Art. 42-45 KRK) ist nicht ermächtigt, individuelle Klagen zu bearbeiten. Am Ende der Diskussion eines Staatenberichts verfassen seine Mitglieder Bemerkungen und Empfehlungen zuhanden des betroffenen Staates. Diese haben für den Staat lediglich eine moralische Verpflichtung. Nichtsdestotrotz bilden die «Observations finales»/«Concluding Observations» eine Art Rechtsprechung und geben Hinweise über die Auslegung der verschiedenen Bestimmungen der Kinderrechtskonvention; sie erlauben auch eine Art nachträglicher Kontrolle, wenn später die Leistungen des Staates mit dem Inhalt der Bemerkungen konfrontiert werden.

nautés locales, à l'école et dans les autres institutions, dans les procédures judiciaires et au niveau du gouvernement central» (Recommandation 1286).[15]

Bezüglich der Umweltfragen und der nachhaltigen Entwicklung hat die Rio Conference on Environment and Development in ihrer Erklärung vom Juni 1992 proklamiert, dass

«the creativity, ideals and courage of the youth of the world should be mobilised to forge a global partnership in order to achieve sustainable development and ensure a better future for all» (Grundsatz 21).

Diese Mobilisierung und Partnerschaft zugunsten einer nachhaltigen Entwicklung werden nur zustande kommen, wenn Kinder und Jugendliche ihre Anliegen formulieren können und ernst genommen werden. Dies ist um so wichtiger, als die Kinderrechtskonvention selber etliche Anhaltspunkte zum Verständnis der Beziehung zwischen Kindern und ihrer Umwelt gibt.

3. Das «kinderrechtsgerechte» Umfeld der Kinderpartizipation und -mitsprache

Alle in der Konvention aufgezählten Kinderrechte haben zum Zweck, auf eine globale Art und Weise die Würde und die Rechtsstellung der Kinder zu verbessern. Diese Ansicht wird vom UNO-Kinderrechtsausschuss als «holistic»[16] bezeichnet und von ihm mit ausgesprochener Überzeugungskraft verbreitet. «Such a holistic approach ensures an integrated consideration and interpretation of the Convention on the Rights of the Child, which leads to an implementation system that stresses the coexistence of, and mutual respect for, all the different rights recognized therein» (Santos Pais

---

[15] Im Rahmen des Europarats ist 1996 ein spezifischer reichhaltiger Vorschlag zur Partizipation der Kinder im Familien- und Sozialleben redigiert worden, der Gegenstand einer Empfehlung des Ministerkomitees des Rats werden könnte (Conseil de l'Europe 1996a).

[16] «It was also stressed that the Convention had introduced a holistic approach to the rights of the child, wich [are] all related. The fact that each right was fundamental to the dignity of the child and had an impact on the enjoyment of other rights was to be taken into consideration [...]» (Report of the Committee on the Rights of the Child, A/47/41, par. 528).

1997, S. 43). Dies bedeutet auch, dass die Kinderpartizipation und -mitsprache zu einem «Kinderrechtssystem» gehört und nicht ohne Rücksicht auf die anderen gleichwertigen Prinzipien und Rechte der Konvention ausgelegt werden darf.

3.1 Die Kinderpartizipation und -mitsprache als *ein* leitendes Prinzip

Es wird generell betont, dass die Kinderrechtskonvention auf einigen leitenden Grundsätzen beruht, die *zusammen* und in einer ständigen *gegenseitigen* Wirkung ihre Basis bilden. Obwohl Artikel 12 KRK nicht zu den ersten Artikeln der Konvention zählt, ist die Kinderpartizipation und -mitsprache von Anfang an vom UNO-Kinderrechtsausschuss als einer dieser Grundsätze betrachtet worden. In seinen Bemerkungen schenkt er ihm genausoviel Achtung wie dem Diskriminierungsverbot, dem Kindeswohl und der vorrangigen Rolle der Familie. Zwar wird in dieser Hinsicht nur das spezielle Mitspracherecht des Kindes bei Entscheidungen erwähnt (s. Abschnitt 4.). Da dieses aber den neuen aktiven Platz des Kindes in der Familie und in der Gesellschaft einführt und voraussetzt, dass das Kind die nötigen Mittel zur Meinungsbildung und -bekanntgabe (Zugang zu Informationen, Treff- und Aussprachemöglichkeiten) bekommt, ist es für das Verständnis des gesamten Werkes wichtig, wenn bereits an dieser Stelle die leitenden Prinzipien des Vertrages erläutert werden.

Das Diskriminierungsverbot

Laut diesem Prinzip dürfen ausländische Kinder, behinderte Kinder oder andere Kinder, die aus einem benachteiligten Umfeld kommen, nicht schlechtergestellt werden; alle haben den selben Anspruch auf Leistungen, die ihrer besonderen Lage angepasst sind und ihre Partizipation und Mitsprache fördern können.[17]

---

[17] Dies wird von der Konvention in bezug auf die behinderten Kinder sehr klar ausgedrückt: Das behinderte Kind soll ein Leben unter Bedingungen führen, «welche die Würde des Kindes wahren, seine Selbständigkeit fördern und seine aktive Teilnahme am Leben der Gemeinschaft erleichtern» (Art. 23.1 KRK). Siehe auch im Rahmen des Europarats: «Le groupe de travail sur la participation des enfants à la vie sociale souligne qu'un programme visant à améliorer la participation des enfants doit partir du principe qu'il faut éviter tout décalage entre les possibilités de participation des groupes défavorisés et celles des groupes favorisés» (Conseil de l'Europe 1996b, Absatz 37(iii)).

Das Kindeswohl[18]

Laut Artikel 3 KRK muss das Kindeswohl bei allen Massnahmen, die das Kind betreffen, vorrangig[19] berücksichtigt werden, gleichviel, ob sie von öffentlichen oder privaten Einrichtungen, Gerichten, Verwaltungsbehörden oder Gesetzgebungsorganen[20] getroffen werden. Artikel 3 KRK ist eine Schlüsselbestimmung, die sowohl als Anreger wie auch als Bremse in der Förderung der Kinderrechte anzusehen ist: Auf der einen Seite muss die Kinderpartizipation und -mitsprache als Mittel zur Förderung des Kindeswohls betrachtet werden. Mit anderen Worten kann das Kindeswohl in vielen Instanzen nur mit Hilfe der Kindermitsprache identifiziert werden. Frau M. Flekkøy, die erste Kinderombudsperson Norwegens, schrieb Anfang der neunziger Jahre, dass Kinder in bestimmten Bereichen sogar über ein «besseres Wissen» als Erwachsene verfügen (Flekkøy 1991): in der Schule, was ihre Behandlung in der Familie oder vom Arzt anbelangt etc.

Auf der anderen Seite darf die Kinderpartizipation weder in ihrer Ausübung noch in ihren Folgen das Kindeswohl beeinträchtigen. Das Kindeswohl kann von den Behörden als (un)glaubwürdiges Ar-

---

[18] Der Ausdruck «intérêt supérieur de l'enfant»/«best interests of the child» (so die französische und englische Urschrift der Konvention) ist ins Deutsche mit «Kindeswohl» übersetzt worden. Die Wahl dieses Wortes (das «bien-être»/«well-being» entspricht) verkennt meines Erachtens die Dynamik, die dem Wort «intérêt» inne ist. Dies aus zwei Gründen: Wenn wir vom «intérêt» reden, stehen alle Interesseninhaber idealerweise und jedenfalls am Anfang des Entscheidungsprozesses auf der gleichen Stufe (Erwachsene, Kinder, Jugendliche, Behörden); es käme keinem in den Sinn, eine Entscheidung nur auf das Vaterwohl oder das Direktorinnenwohl zu stützen, man würde für den Erwachsenen sofort auf den Begriff «Recht/ Rechte» zurückgreifen. Zweitens können die Interessen aller Beteiligten vertreten (bei der Verwaltung, vor dem Gericht) und eingestuft werden (wo liegt das Interesse, das den Vorrang haben wird: beim Kind, bei der Mutter, bei der Firma, die luftverschmutzenden Qualm erzeugt, aber Arbeitsplätze schafft, bei der Verwaltung, die Steuern einkassiert oder einen Ausländer ausweisen will, etc.?). In vielen Fällen sind die eigenen Interessen des Kindes von denjenigen der anderen Beteiligten unabhängig und entweder vorrangig oder unter bestimmten Voraussetzungen exklusiv zu berücksichtigen (s. Fussnote 19).

[19] «Vorrangig» ist die deutsche Übersetzung des französischen Begriffs «une considération primordiale» und des englischen «a primary consideration». Nur im Bereich der Adoption (Art. 21 KRK), der Trennung von den Eltern (Art. 9.1 KRK), der elterlichen Erziehung (Art. 18.1 KRK) und der Inhaftierung mit Erwachsenen (Art. 37.c KRK) wird das Interesse des Kindes als die einzige Grundlage des Entscheides anerkannt.

[20] Dies bedeutet, dass all diese Stellen und Behörden die nötigen Mittel und Kenntnisse zur Verfügung haben, um eine kinderrechtsorientierte Auslegung des Kindeswohls in jeder spezifischen Situation durchzuführen.

gument verwendet werden, um die Schutzfunktion des Staates zu verstärken, indem z. B. eine Demonstration von Kindern oder das Beitreten zu einem bestimmten Verein verhindert werden. Wie die Urteilsfähigkeit wirkt das Kindeswohl wie ein «Schalter», der die Kinder zur Partizipation befähigt oder sie in ihrem schutzbedürftigen Status einengt. Es ist daher wichtig, dass die Komponenten der Kinderrechte, insbesondere des Kinderrechts auf Partizipation, und die Komponenten des Kindeswohls als aktivierende Faktoren und/oder als Schutzfaktoren mit Sorgfalt ausgewogen werden.

Das «Kindeswohl» wird in der Kinderrechtskonvention wie übrigens auch in den nationalen Gesetzgebungen nicht näher definiert, eine Tatsache, die oft zur Beanstandung des subjektiven Inhalts dieses Begriffs geführt hat. Die Kinderrechtskonvention enthält jedoch einen Schlüssel. Indem sie die Rechte aufzählt, die das minimale Niveau (Präambel 4. Abs. und Art. 41 KRK) an Kindesschutz und Kindesförderung bilden, deutet sie implizit darauf hin, worin der objektive Inhalt des Kindeswohls besteht:[21] Kindeswohlgerecht sind alle Massnahmen und Entscheidungen, die zur Verwirklichung und zum Schutz der in der Konvention aufgezählten Rechte beitragen.[22]

Die vorrangige Rolle der Eltern

Die Kinderrechtskonvention räumt den Eltern eine vorrangige Rolle ein und anerkennt, dass die Erziehung der Kinder für sie zugleich Aufgaben, Rechte und Pflichten beinhaltet. Als gesetzliche Vertreter sind die Eltern befugt, ihr Kind «bei der Ausübung der [...] anerkannten Rechte in einer seiner Entwicklung entsprechenden Weise angemessen zu leiten und zu führen» (Art. 5 KRK).[23] Dieser Satz

---

[21] «Such rights [within the Convention] can be viewed as objective determinations by the international community of what children's interests are» (Eekelaar 1994, S. 57). So eine Ansicht ist besonders nützlich, um den Einfluss der verschiedenen Kulturen auf diesen Begriff zu lenken; diesen Einfluss darf es geben, aber der Rückgriff zu den Kinderrechten erlaubt es, dem Kind innerhalb seiner Kultur einen eigenen Platz einzuräumen (Eekelaar 1994).

[22] Diese gegenseitige Abhängigkeit ist im Bereich der Adoption ganz besonders unterstrichen worden: Eine Adoption darf nur ausgesprochen werden, wenn sie zugleich und ausschliesslich den Rechten und dem Wohl des zu adoptierenden Kindes dient. Sie kann auf andere Bereiche übertragen werden.

[23] Dies ist nicht nur die Kompetenz der Eltern, sondern «gegebenenfalls, soweit nach Ortsgebrauch vorgesehen, der Mitglieder der weiteren Familie oder der Gemeinschaft, des Vormundes oder anderer für das Kind gesetzlich verantwortlicher Personen» (Art. 5 KRK).

muss so ausgelegt werden, dass das Kind sich auf dem Weg zum Erwachsenwerden befindet und immer fähiger ist, eigene verantwortungsvolle Entscheidungen zu treffen. Dementsprechend wird es mit 18 Jahren nicht unvorbereitet vor der Volljährigkeit und den dazu gehörenden Pflichten stehen.[24] Die meisten Eltern gehen dieser Anforderung auf eine ganz natürliche und altbewährte Art und Weise nach. Ihre erzieherische Tätigkeit darf sich nur vom Wohl ihrer Kinder leiten lassen (Art. 18.1 KRK). Diese Rolle ist sogar als Menschen- und Kinderrecht geschützt: Solange die Erziehung den «normalen» Standards genügt, darf sich der Staat in das Familien- und Privatleben nicht einmischen (Art. 16 KRK).[25]

Die Stellung, die laut Kinderrechtskonvention den Eltern zukommt,[26] hat für die Ausübung der Partizipations- und Mitspracherechte zweierlei Folgen: Zum einen wird das Kind, das sich ohne gültigen Grund z.B. gegen einen Verbleib bei den Eltern oder gegen eine Familienvereinigung wehrt, wenig Erfolgsaussichten haben. Zum anderen müssen Eltern, die ihre Aufgabe wahrnehmen und konventionskonform handeln wollen, ihren Kindern die Grundregeln der Partizipation am gesellschaftlichen Leben beibringen und die Kindermitsprache im engen Familienkreis aktiv fördern.[27]

So wird die Ausübung der Kinderpartizipation und -mitsprache von anderen Grundsätzen aktiv beeinflusst; sie ist ausserdem in ein Werk integriert, das nicht nur für sich existiert, sondern auch ein oberes Ziel anstrebt.

---

[24] Für Flekkøy (1996, S. 59) geht es darum, «to gain experience through the 'immature' decisions before they can be expected to take on full responsibility for decisions with far-reaching consequences».

[25] Das Recht auf Achtung des Privat- und Familienlebens wird auch von der Europäischen Menschenrechtskonvention (Art. 8) und vom Internationalen Pakt über bürgerliche und politische Rechte (Art. 17) geschützt; die Schweiz hat beide Verträge auch ratifiziert.

[26] Die Elternrechte und ihr Vorrang vor allem den staatlichen Behörden gegenüber werden an manchen Stellen der Kinderrechtskonvention und unter verschiedenen Gesichtspunkten speziell erwähnt: Artikel 5 (Rechte und Verantwortung der Eltern), 7 (Recht, von den eigenen Eltern erzogen zu werden), 9 (Schutz im Falle einer Eltern-Kind-Trennung), 10 (Familiennachzug), 16 (Schutz des Privat- und Familienlebens), 18.1 (erzieherische Aufgabe der Eltern), 27.2 (Sicherung des Lebensstandards).

[27] Oft wird vergessen, dass das schweizerische Kindesrecht schon seit 1978 dieses moderne Prinzip fördert (s. Art. 301 Abs. 2 ZGB und Fussnote 7). Dieser Bestimmung ist bis jetzt recht wenig Beachtung geschenkt worden.

3.2 Das obere Gebot bzw. das Umfeld der Kinderrechte

In der Kinderrechtskonvention sind eine saubere oder eine der Gesundheit und der Entfaltung des Kindes gerechte Umwelt nicht als eigenständige Rechte erwähnt. Die Umweltfragen werden ausdrücklich nur im Zusammenhang mit der Garantie des erreichbaren Höchstmasses an Gesundheit (Art. 24.2.c und e KRK) und den Zielen des Unterrichts (Art. 29.1.e KRK) erwähnt. Dem Umweltschutz wird also kein selbständiger Platz zugeteilt: Vom juristischen Standpunkt her (hier sei daran erinnert, dass dieser Standpunkt vom politisch Machbaren und Wünschenswerten zu unterscheiden ist!) muss heute noch festgestellt werden, dass das internationale Recht in diesem Bereich in einer Entstehungsphase ist und dass nur Ansätze eines Menschenrechts auf eine gesunde und ausgewogene Umwelt hervorgehoben werden können (Déjeant-Pons 1993; 1994; Pevato 1994). Die umweltbezogenen Elemente sind wie Puzzlestücke verstreut und aus verschiedenen Kinderrechten zu entnehmen:[28] Recht auf Leben, das bezüglich der Kinder mit einem «Recht

---

[28] «A child's right to a decent environment may be found by implication through other human rights recognized in various convention. Besides the proposition that environmental protection is a prerequisite to achieve respect for fundamental human rights, the latter may also be seen as inextricably linked to the right to a decent environment and to the realization of the full enjoyment of all human rights» (Pevato 1994, S. 177). Obwohl die juristische Literatur viel von einem «droit de l'homme à l'environnement» oder «right to environment» spricht (Déjeant-Pons 1993; 1994; Kiss, Doumbe-Bille 1992), existiert ein derartiges «Menschenrecht auf Umwelt» unseres Erachtens genauso wenig wie das «Menschenrecht auf Gesundheit»; der Gegenstand solcher Garantien muss unbedingt genau umschrieben werden (wie z.B. das «Recht auf das erreichbare Höchstmass an Gesundheit»; Art. 24 KRK). Eines der Hauptprobleme der Anerkennung eines umweltbezogenen Menschenrechts ist also die Definition seines Inhalts: Ist es ein Recht auf eine gesunde Umwelt, auf eine saubere oder intakte oder schöne Umwelt, auf eine menschliche Umwelt, auf die Erhaltung der Umwelt? Oder soll es sich auf die Natur beziehen? Pevato ist präziser und benutzt die Ausdrücke «right to a decent environment» und «environmental rights» (1994, S. 170, 177 ff.). Sicher ist, dass eine intakte Umwelt die Bedingung für die wirksame Ausübung vieler ziviler, sozialer und wirtschaftlicher Menschenrechte darstellt, vor allem des Rechts auf Leben und der gesundheitsbezogenen Rechte. In diesem Sinne wird ein Menschenrecht, das sich auf Umwelt bezieht, nur mittelbar anerkannt: Déjeant-Pons spricht zu Recht, was die Lage im Rahmen des Europarats betrifft, von einer «situation de reconnaissance indirecte et limitée des droits de l'homme à l'environnement, bien qu'évolutive» (1994, S. 414). Das Zusatzprotokoll der amerikanischen Menschenrechtskonvention (Protocol of San Salvador, das 1988 verabschiedet wurde) anerkennt folgende Garantie: «1. Everyone shall have a right to live in a healthy environment and to have access to basic public services. 2. The State Parties shall promote the protection, preservation and improvement of the environment» (Art. 11 des Protokolls).

auf Überleben und Entwicklung» (Art. 6.2 KRK) ergänzt worden ist; Recht auf das erreichbare Höchstmass an Gesundheit (Art. 24 KRK); Recht auf einen angemessenen Lebensstandard inklusive Recht auf Ernährung und Wohnung (Art. 27 KRK); Recht, vor wirtschaftlicher Ausbeutung geschützt zu werden, und Recht auf anständige Arbeitsbedingungen (Art. 32 KRK).

Als weitere Indizien gelten die feierlich verabschiedeten Erklärungen der internationalen Gemeinschaft und der Regierungen, wie etwa die Erklärung der Rio Conference von 1992:

> «Human beings [...] are entitled to a healthy and productive life in harmony with nature» (Grundsatz 1).[29]

Das bedeutet, dass das Menschen- oder Kinderrecht, das sich auf die Umwelt beziehen könnte, ein jetzt noch schwaches und ungenau umfasstes Recht bleibt. Als Folge davon werden in diesem Bereich die Rechtsstellung und die dazu gehörenden Ansprüche der Kinder nur da zur Geltung kommen können, wo ältere Menschenrechte schon bestehen. Es wäre aber falsch, aus dieser Rechtslage zu entnehmen, dass die Umgebung, in der Kinder aufwachsen, den Konventionsmüttern und -vätern gleichgültig war. Es wurde im Gegenteil grosser Wert darauf gelegt, und die Kinderrechtskonvention setzt entsprechend hohe Anforderungen, die auf den zweiten Blick sichtbar werden.

Es gibt nämlich zwei Möglichkeiten, Kinderrechte zu betrachten: Entweder sieht man sie als eine Aufzählung verschiedener Rechte, oder man wählt einen etwas höheren Blickwinkel aus und fragt sich zuerst, wozu Kinderrechte eigentlich dienen. Die Kinderrechtskonvention hat selbstverständlich zum Zweck, Menschenrechte bezüglich der Kinderbevölkerung zu entwickeln, sie näher zu beschreiben und kinderspezifische Rechte anzuerkennen. Diese müssen je als Instrumente betrachtet werden, die zum Schutz und zur Förderung

---

[29] Dies wurde ins Französische mit «Les êtres humains [...] ont *droit* à une vie saine et productive en harmonie avec la nature» (Hervorhebungen durch die Verfasserin) übersetzt. Die Stockholm Declaration hat 1972 festgelegt, dass «Man has a fundamental right to freedom, equality and adequate conditions of life, in a environment of quality that permits a life of dignity and well-being [...]» (Grundsatz 1). Somit ist eine Umwelt guter Qualität zur Bedingung der Menschenrechte geworden; es ist aber fraglich, ob dadurch ein «droit à l'environnement» festgeschrieben worden ist (contra: Kiss, Doumbe-Bille 1992, S. 840).

der menschlichen Würde der Kinder dienen (s. Präambel KRK 2. Abs.) und sie «auf ein verantwortungsbewusstes Leben in einer freien Gesellschaft» (Art. 29.1.d KRK)[30] vorbereiten sollen. Im Zusammenhang mit dem Lebensraum der Kinder und ihrer Rolle können drei Konsequenzen gezogen werden.

Erstens wird die Würde des Kindes nur erreicht und seine Erziehung nur zielgerecht vollzogen, wenn die Umgebung, in der das Kind aufwächst, bestimmte Voraussetzungen erfüllt. Hier seien nur die Elemente erwähnt, die mit dem Begriff «Ökologie» in irgendeiner Weise verwandt sind: Es müssen Lebensbedingungen geschaffen werden, die nicht nur die Gesundheit des Kindes, sondern auch seine Entwicklung fördern. Die ideale Entwicklung ist von der «Förderung seines sozialen, seelischen und sittlichen Wohlergehens sowie seiner körperlichen und geistigen Gesundheit» (Art. 17 KRK)[31] abhängig. Die erste Schlussfolgerung wird sein, dass nur eine gesunde, ausgewogene, angstfreie Umwelt dem Ziel der Kinderrechte genügt; umgekehrt können und müssen Kinderrechte zur Erstellung einer derartigen Umwelt beitragen. Es wäre unerträglich und rechtswidrig, sie zu einem anderen Zweck auszulegen oder gar anzuwenden.[32]

Zweitens beeinflusst die Haltung, die die Gemeinschaft zu den Umweltfragen aufzeigt, die Lebensbedingungen und sogar manchmal das Überleben, die Gesundheit, die Entfaltung etc., mit anderen Worten das Wohl der Kinder. Sie ist also ein Belang oder eine Frage, die die Kinder betrifft, sie angeht, sie anspricht. Aus diesem Grund können Umweltfragen und Ökologie durchaus Gegenstände der Kinderpartizipation werden, sobald sie Auswirkungen auf die Kinder und das obere Ziel der Konvention haben.

Drittens haben Kinder auf der Kinderrechtsebene eine Rolle bezüglich ihrer Umwelt zu spielen, weil die Entscheidungen und Massnahmen, die jetzt getroffen bzw. nicht getroffen werden, ihre heu-

---

[30] In der Präambel der KRK (Abs. 8) ist von der umfassenden Vorbereitung auf ein individuelles Leben in der Gesellschaft die Rede.

[31] Siehe auch Art. 27.1 KRK, der von einem «seiner körperlichen, geistigen, seelischen, sittlichen und sozialen Entwicklung angemessenen Lebensstandard» spricht.

[32] Zum Beispiel, indem man Kinder zu früh verantwortlich machen würde, sie wie Erwachsene u.a. im sexuellen (so das Argument mancher Pädophilen) oder strafrechtlichen Bereich betrachtet oder das Recht auf Bildung abbauen würde.

tigen oder zukünftigen Rechte und ihr Wohl berühren. Diese etwas kinderzentrische Auffassung ist weiterentwickelt worden unter dem Einfluss von Kindern selber, die ihr frischgebackenes Recht auf Partizipation ausgeübt haben.[33] Wie schon erwähnt, hat die Rio Declaration dazu aufgerufen, die Weltjugend zu mobilisieren (s. Abschnitt 2.2). Der Agenda 21. Earth's Action Plan, welcher im Rahmen der Rio Conference verabschiedet wurde, ist viel spezifischer:

> «It is imperative that youth from all parts of the world participate actively in all relevant levels of decision-making processes because it affects their lives today and has implications for their futures. In addition to their intellectual contribution and their ability to mobilize support, they bring unique perspectives that need to be taken into account» (Empfehlung Nr. 25.2).[34]

Und in bezug auf nachhaltige Entwicklung:

> «Children [...] are also highly aware supporters of environmental thinking. The specific interests of children need to be taken fully into account in the participatory process on environment and development in order to safeguard the future sustainability of any actions taken to improve the environment» (Empfehlung Nr. 25.12).

Die dritte Schlussfolgerung ist, dass die partizipatorische, mitbestimmende Rolle der Kinder sich nicht nur auf ihre Anliegen (kinderzentrisch) beschränkt, sondern auch als ein wesentlicher zukunftssichernder Beitrag zum Wohl der ganzen Gemeinschaft (altruistisch orientiert) anzusehen ist. Sie ist ein Bestandteil des demokratischen Entscheidungsprozesses (u.a. Flekkøy 1996). Der Staat hat also die ganz besondere Aufgabe, die Kinderpartizipation und den Dialog

---

[33] Kinder kamen per Boot von Dänemark nach Rio, um die Delegierten an der Rio-Umweltkonferenz von ihrem Interesse und ihrer Rolle in bezug auf Umweltfragen zu überzeugen (Pevato 1994).

[34] Frühere internationale Instrumente haben den Weg gezeigt. Die Stockholm Declaration on the Human Environment, die 1972 von der UNO-Umweltkonferenz verabschiedet wurde, anerkennt, dass «Education in environmental matters, for the younger generations well as adults, giving due consideration to the underprivileged, is essential in order to broaden the basis for an enlightened opinion and responsible conduct by individuals, enterprises and communities in protecting and improving the environment in its full dimension [...]» (Grundsatz 19) (s. Doc. United Nations A/CONF.48/14/Rev.1 1973). Das World Charter for Nature, das 1982 von der Generalversammlung der UNO verfasst worden ist, anerkennt das Recht jeder Person, sich am Entscheidungsprozess in Sachen, die ihre Umwelt betreffen, zu beteiligen (Resolution 37/7 in Doc. United Nations A/37/51, 1982).

im Bereich der Ökologie in die Wege zu leiten und zu unterstützen.[35] Es ist aber auch klar, dass Kinder keineswegs gezwungen werden sollen, sich in dieser Beziehung auszusprechen. Wie die Erwachsenen besitzen sie ein «Recht zur Stimmenthaltung».

3.3 Die Pflichten der Kinder

Gegner der Kinderrechtskonvention haben des öfteren betont, dass diese den Kindern nur Rechte zuteilen und überhaupt keine Verpflichtungen auferlegen würde. Dies mag auf den ersten Blick als wahr erscheinen, da die Konvention das Wort «Pflichten» nur in bezug auf die Eltern und nicht auf die Kinder verwendet. Aber der ganze Vertrag deutet auf ein bestimmtes Benehmen der Kinder hin, das überhaupt nicht frei von jedem Zwang ist. Es wird von den Kindern erwartet, und Erwachsene sollen sich dafür einsetzen, dass sie nützliche und verantwortungsvolle Mitglieder der Gesellschaft werden (Präambel und Art. 29.1.d KRK). Dem Kind soll Achtung vor seinen Eltern, seinem eigenen Land und vor anderen Kulturen vermittelt werden (Art. 29.1.b KRK). Die Verantwortung und die Rechte der Eltern den Kindern gegenüber werden mancherorts erwähnt, was nur so ausgelegt werden kann, dass die Kinder ihren Eltern im Geiste der Konvention, im Rahmen derer kinderrechtsspezifischen Schranken und unter Berücksichtigung ihrer wachsenden Fähigkeit, ihre Rechte selber auszuüben (Art. 5 KRK), zuhören und gehorchen. Im übrigen können Menschenrechte nur dadurch wirksam durchgesetzt werden, dass die Rechte des anderen auch zur Geltung kommen. Kinder müssen zwar zu Wort kommen, weil sie Rechte haben; indirekt kann aber von ihnen erwartet werden, dass sie mit ihren eigenen Worten und Mitteln für die Zukunft der Erde, insbesondere im Sinne einer nachhaltigen Entwicklung, beitragen, wie dies von der Rio Conference hervorgehoben wurde. Anders gesagt können

---

[35] Er muss aktiv in die folgende Richtung arbeiten: «Establish procedures to incorporate children's concern into all relevant policies and strategies for environment and development at the local, regional and national levels [...]» (Agenda 21, Kapitel 25, Nr. 25.4; s. auch Nr. 25.7, 25.9.a-c, 25.14.c). Grosser Wert wird auch auf die Schul- und Berufsbildung, die Mädchenausbildung, den Rechtsschutz, die Jugendarbeit und -arbeitslosigkeit und die Grundbedürfnisse der Kinder gelegt. Die Notwendigkeit, das Kindeswohl im Zusammenhang mit der nachhaltigen Entwicklung zu fördern, wird auch unterstrichen: «Ensure that the interests of children are taken fully into account in the participatory process for sustainable development and environmental improvement» (Kapitel 25, Nr. 25.13.b).

Kinder eine gewisse angepasste Verantwortung tragen, die nicht so sehr im rechtlichen Sinne des Wortes,[36] sondern vielmehr im Sinne des gesellschaftlichen Mittragens oder der gesellschaftlichen Mitgestaltung ihrer Zukunft[37] auszulegen ist.

4. Das Mitspracherecht der Kinder oder das Recht der Kinder, angehört zu werden

Die Kinderrechtskonvention bietet noch einen speziellen Fall der Kinderpartizipation am gesellschaftlichen Leben an, wo die Meinung des Kindes nicht nur auf blosses Interesse von seiten der entscheidungsbefugten Personen stossen darf, wie es sonst im Normalfall mit den zivilen Menschenrechten geschieht:

> *«Die Vertragsstaaten sichern dem Kind, das fähig ist, sich eine eigene Meinung zu bilden, das Recht zu, diese Meinung in allen das Kind berührenden Angelegenheiten frei zu äussern, und berücksichtigen die Meinung des Kindes angemessen und entsprechend seinem Alter und seiner Reife» (Art. 12.1 KRK).* [38]

Hier werden Erwachsene zu einer aktiven Handlung aufgerufen; das Kind darf mitsprechen und den Umständen entsprechend mitbestimmen (Lücker-Babel 1995a; 1995b).[39]

---

[36] Dies ist der Fall im strafrechtlichen Bereich, wo in der Schweiz Kinder schon ab sieben Jahren als verantwortlich betrachtet werden können (s. Art. 82 des Schweizerischen Strafgesetzbuches). Diese Altersgrenze ist ziemlich niedrig und wird zur Zeit in Frage gestellt; anlässlich der kommenden Revision des Strafgesetzbuches wird sie voraussichtlich auf zehn oder zwölf Jahre erhöht werden. Ansonsten sind Kinder nicht volljährig und können nicht abstimmen; sie sind daher bis auf ein paar Ausnahmen als rechtlich unverantwortlich zu betrachten.

[37] Mit Flekkøy (1996, S. 61) muss man der Ansicht sein, dass «the right to participate, to give views and opinions, does not mean having to take responsibility for choices with consequences the young person cannot understand or cannot handle». Eine Verantwortung im Sinne der Anpassung des Benehmens an die Anforderungen des Umwelt- und Naturschutzes ist durchaus denkbar und nötig; als Voraussetzung muss aber garantiert werden, dass Kindern die nötige Information und eine Mitbestimmungsmöglichkeit angeboten worden sind, soweit die Entscheidung auf kindernaher Ebene getroffen wird. Die Erwachsenen selber geniessen in bezug auf die wirtschaftliche oder ökologische Entwicklung nicht immer eine Mitsprachemöglichkeit.

[38] In Art. 12.2 KRK wird die mittelbare oder unmittelbare Anhörung des Kindes in Gerichts- oder Verwaltungsverfahren erörtert.

[39] Art. 40.2.b KRK sieht auch das Mitspracherecht des straffälligen Jugendlichen im Strafverfahren vor.

4.1 Die Bestandteile des Artikels 12 KRK

Laut Artikel 12 KRK kann diese spezielle Meinungsäusserungsfreiheit unter drei Bedingungen beansprucht werden: Dies sind die Urteilsfähigkeit des Kindes, ein direktes Interesse oder ein Berührungspunkt mit dem Kind (s. den Ausdruck «die es betreffen») und die Möglichkeit, dass das Kind sich frei äussern kann. Diese drei Elemente sind von ausschlaggebender Bedeutung. Fehlt eines, so kann Artikel 12 nicht angewendet werden; hier sei darauf aufmerksam gemacht, dass die Erwachsenen über das Vorhandensein dieser Bedingungen bestimmen, und nicht das Kind![40] Im Bereich der Ökologie und des Umweltschutzes wird immer genau zu prüfen sein, wo der direkte Berührungspunkt zu den Kindern besteht (Lücker-Babel 1995b). Oft werden die aufgeworfenen Fragen zwar ein politisches Interesse für die Kinder haben, aber nicht unbedingt eine derart direkte Beziehung, dass der Mechanismus des Artikels 12 in Gang gesetzt werden kann; in so einem Fall muss auf die Artikel 13–15 KRK zurückgegriffen werden.

4.2 Die Berücksichtigung der Meinung des Kindes

Als Folge dieser strengen Anforderungen wird der Meinung des Kindes eine besondere Bedeutung im Entscheidungsprozess beigemessen. Letztere hängt vom Alter und von der Reife des Kindes ab. Hier muss betont werden, dass der Sinn des Artikels 12 KRK nicht darin besteht, dass die Verantwortung des Erwachsenen dem Kind übertragen wird, sondern dass vor allem bezweckt wird, dass das Kind sich zu einer seine (rechtliche, soziale, schulische etc.) Lage betreffenden Frage äussern kann (Lücker-Babel 1995b). Artikel 12 ermächtigt das Kind nicht systematisch, selber zu entscheiden oder auszuwählen (wie z.B. im Scheidungsprozess der Eltern; Eekelaar 1994). Eigentlich schweigt die Konvention sinnvollerweise über die genauen Folgen, die die Aussage des Kindes haben könnte. Diese reichen von einer Entscheidungsbefugnis (wie z.B. in der Schweiz

---

[40] Das Kind kann selbstverständlich eine Meinung zu seiner eigenen Fähigkeit haben und versuchen, die entscheidungsbefugte Person von deren Existenz zu überzeugen. Aber letztendlich wird der/die Richter/in bestimmen, ob er/sie ein Kind anhört oder nicht; er/sie verfügt übrigens in dieser Hinsicht über einen breiten Ermessensspielraum.

im Bereich der Ausbildungs- oder Berufswahl oder in bezug auf seine eigene Adoption[41]) zur blossen Kenntnisnahme seiner Meinung.

Leidet ein Kind in einer Scheidungssituation zu sehr unter Stress, dann muss auf seine Anhörung verzichtet werden: Das Kind kann sich nicht richtig «frei» aussprechen und nicht als urteilsfähig betrachtet werden. Sollten die vom Kind geäusserten Wünsche oder Ideen sich auf seine Person negativ auswirken, dann ist ihnen keine Folge zu leisten: Dem Kind, das sich beispielsweise weigert, in die Grundschule zu gehen oder sich einer nötigen medizinischen Behandlung zu unterziehen, kann nicht recht gegeben werden. Diesem Kind muss aber die Möglichkeit des Dialogs oder der Suche nach einer annehmbaren und kindergerechten Alternativlösung angeboten werden, was schon eine Form der Berücksichtigung der Kindermeinung und -gefühle bildet.

4.3 Die Förderung der Kindermitsprache

Natürlich müssen auch Bedingungen geschaffen werden, die eine «gute» Ausübung des Rechts erlauben (s. den oben erwähnten Art. 4 KRK). Eine ganz besondere Bedeutung kommt der Förderung der Urteilsfähigkeit zu. Diese mag am Anfang eines Scheidungsverfahrens oder einer medizinischen Behandlung nicht feststellbar sein; die Frage ist dann, ob die Erwachsenen und das Kind sich damit abfinden sollen. Es scheint im Sinne des oberen Gebots der Kinderrechte (Förderung der Kindeswürde und Vorbereitung auf ein selbstbewusstes, nützliches Leben) wünschenswert, zum Zustandekommen der Urteilsfähigkeit aktiv beizutragen, indem man dem Kind Zeit, Raum und professionelle Unterstützung gönnt (s. den Begriff «espace de participation» oder, noch genauer gefasst, «espace de détermination»; Lücker-Babel 1995a, S. 26, 135; 1995b, S. 398). So kann es langsam und mit seinen eigenen Mitteln zu einem besseren Verständnis der Gegebenheiten kommen und eine relative Meinungsäusserungsfreiheit erlangen. Damit wird auch erreicht, dass der Entscheid, der bedeutsame Auswirkungen auf das zukünf-

---

[41] In dieser Beziehung besitzt das urteilsfähige Kind ein echtes Vetorecht, d.h., dass die Adoption nicht gegen seinen Willen ausgesprochen werden darf.

tige Leben des Kindes selber hat (z.B. Zuteilung an den Vater oder die Mutter, Besuchsrecht, Versetzung in eine andere Schule etc.), besser akzeptiert wird.

5. Schlussfolgerung

Wie wir sehen, sind Kinderpartizipation und Kindermitsprache auf der einen Seite und Ökologie und Umweltfragen auf der anderen Seite zwei komplementäre Begriffe. Ihre Beziehung wird von der Kinderrechtskonvention und nachfolgenden internationalen Instrumenten wie der Rio Declaration bekräftigt; es werden neue Annäherungs- und Arbeitsperspektiven angeboten, die alle, gross und klein, motivieren und zur Aktion aufrufen. Kinder haben Rechte und dürfen mitmachen, mitreden und mitbestimmen. In der Schweiz hat die Ratifikation der Kinderrechtskonvention daraus eine innerpolitische und -rechtliche Aufgabe gemacht. Wenn die Kinder sich aber selbst überlassen bleiben, wird diese neue Rechtslage nur beschränkte Auswirkungen haben. Die Erwachsenen, die die Kinderpartizipation und -mitsprache fördern sollen, haben in dieser Hinsicht eine doppelte Verantwortung; eine moralisch-politische: Es dürfen nur glaubwürdige und vor allem kinderachtende Partizipationsvorschläge unterstützt werden; damit ist gemeint, dass die Partizipation keine Rassel, kein neues Marktprodukt für Kinder und Jugendliche ist. Unsere Verantwortung ist auch rechtlich-politischer Natur: Sie liegt darin, die den Kinderrechten inhärenten Möglichkeiten, Anforderungen und Einschränkungen zu kennen, zu analysieren und zu verarbeiten, um den Umfang unseres Könnens besser zu gestalten. Dadurch werden unsere Taten, unsere Ansprüche an die Politiker und Politikerinnen sowie unsere Versprechen an die Kinder von heute und morgen um so glaubwürdiger.

Literatur

Action 21: Conférence des Nations Unies sur l'environnement et le développement (CNUED) 1993: Déclaration de Rio sur l'environnement et le développement. Déclaration de principes relatifs aux forêts. New York: Nations Unies.

Agenda 21: Robinson S. N. A. (Hrsg.) 1993: Earth's Action Plan. Annotated. In: IUCN Environmental Policy & Law Paper No. 27. New York: Oceana Publications.

Botschaft des Bundesrates betreffend den Beitritt der Schweiz zum Übereinkommen von 1989 über die Rechte des Kindes vom 29. Juni 1994: In: Bundesblatt 1994 V. S. 1-100.

Conseil de l'Europe 1996a: Comité directeur sur la politique sociale – Projet politiques de l'enfance – La participation des enfants à la vie familiale et sociale. Conclusions préparées par le groupe de travail I du projet politiques de l'enfance. Document CDPS CP (96) 10.

Conseil de l'Europe 1996b: Conférence de clôture du projet «politiques de l'enfance». «Les droits des enfants et les politiques de l'enfance en Europe: de nouvelles approches?». Conclusions. Leipzig, 30 mai – 1er juin 1996. Document CDPS CP (96) Conclusions révisées.

David P. 1997a: Reflections on the work of the UN Committee on the Rights of the Child. In: Comisión Europea: Actas del Seminario europeo. El futuro de la infancia en Europa. S. 263-286.

David P. 1997b: Mise en oeuvre des droits de l'enfant: quelques défis communs aux pays ouest-européens. In: Schweizer Bulletin der Kinderrechte. Bd. 3, Nr. 2. Genf.

Declaration of the United Nations Conference on the Human Environment («Stockholm Declaration») 1972. United Nations Document A/CONF.48/14/Rev.1.

Défense des Enfants-International/Die Rechte des Kindes-International, Section Suisse/Schweizer Sektion. Bulletin suisse des droits de l'enfant/Schweizer Bulletin der Kinderrechte. Genève/Genf. Ab 1995.

Déjeant-Pons M. 1993: The right to environment in regional human rights systems. In: Mahoney K. E., Mahoney P. (Hrsg.): Human rights in the twenty-first century. Dordrecht: M. Nijhoff Publishers. S. 595-614.

Déjeant-Pons M. 1994: Le droit de l'homme à l'environnement, droit fondamental au niveau européen dans le cadre du Conseil de l'Europe, et la Convention européenne de sauvegarde des droits de l'homme et des libertés fondamentales. In: Revue Juridique de l'Environnement. Nr. 4. S. 373-419.

Der Bund 1997: 3. Mai und 26. August. Bern.

Detrick S. (Hrsg.) 1992: The United Nations Convention on the Rights of the Child. A guide to the *travaux préparatoires*. Dordrecht: M. Nijhoff Publishers.

Eekelaar J. 1994: The interests of the child and the child's wishes: The role of dynamic self-determinism. In: Alston P. (Hrsg.): The best interests of the child. Reconciling culture and human rights. Oxford: Clarendon Paperbacks. S. 42-61.

Flekkøy M. 1991: A voice for children. Speaking out as their ombudsman. London: J. Kingsley Publishers.

Flekkøy M. 1996: Children's participation and monitoring children's rights. In: Verhellen E. (Hrsg): Monitoring children's rights. Dordrecht: M. Nijhoff Publishers. S. 57-65.

Franklin B. 1989: Children's rights: Developments and prospects. In: Children and Society. Bd. 3, Nr. 1. S. 50-66.

Kiss A. C., Doumbe-Bille S. 1992: La Conférence des Nations Unies sur l'environnement et le développement (Rio de Janeiro, 3-14 Juin 1992). In: Annuaire français de droit international. Bd. XXXVIII. S. 821-843.

Lücker-Babel M. F. 1995a: Ecoute et participation de l'enfant. Etude des procédures et pratiques genevoises. Genève: Bureau Central d'Aide Sociale.

Lücker-Babel M. F. 1995b: The right of the child to express views and to be heard: An attempt to interpret Article 12 of the UN Convention on the Rights of the Child. In: International Journal of Children's Rights. Bd. 3, Nr. 3. S. 391-404.

Müller J. P. 1982: Elemente einer schweizerischen Grundrechtstheorie. Bern: Stämpfli.

Pevato P. M. 1994: Do children have a role to play in environmental protection? In: International Journal of Children's Rights. Bd. 2, Nr. 2. S. 169-190.

Recommandation 1286 (1996) relative à une stratégie européenne pour les enfants: Assemblée parlementaire du Conseil de l'Europe.

Report of the Committee on the Rights of the Child. A/47/41, par. 528. United Nations 1993.

Rio Declaration on Environment and Development 1992. United Nations document A/CONF.151/26.

Santos Pais M. 1997: The best interests of the child: The point of view of a member of the Committee on the Rights of the Child. In: Institut International des Droits de l'Enfant (Hrsg.): Une Convention, plusieurs regards. Les droits de l'enfant entre théorie et pratique. Sion. S. 40-50.

Van Bueren G. 1993: The struggle for empowerment: The emerging civil and political rights of children. In: Defence for Children International (Hrsg.): Selected essays on international children's rights. Bd. 1. Genf. S. 45-68.

Verhellen E. 1992: Changes in the images of the child. In: Freeman M., Veerman P. (Hrsg.): The ideologies of children's rights. Dordrecht: M. Nijhoff Publishers. S. 79-94.

Verhellen E. 1993: Children and participation rights. In: Eurosocial. Report 45. Wien. S. 49-65.

Schlusswort der Politikerin

«Und dies schon morgen!»

JOY MATTER

Ein Politiker hatte das Anfangswort, und eine Politikerin hat das Schlusswort. Dazwischen liegen viele interessante Referate, Diskussionen und «nachdenkende Prozesse» – dies ein Zitat von Herrn Prof. H.-E. Richter.

Herr Regierungsrat P. Schmid sagte gestern in seiner Eröffnungsrede, er sei gespannt auf die Ergebnisse dieses Symposiums. Ich möchte nun – an seine Adresse – einige mir politisch wichtige und umsetzbar erscheinende Ergebnisse zusammenfassen:

1. Herr Dr. M. Hüttenmoser hat uns sein Modell «ich, du, es» vorgelegt, das beinhaltet, dass, weil Mensch, Mitmensch und Mitwelt immer zusammengehören und gegenseitig voneinander abhängig sind, dies von klein auf Kindern vorgelebt und bewusstgemacht werden muss und dass die Schule diesen im Elternhaus zu beginnenden Prozess fortsetzen sollte, damit der Respekt vor Mitmensch und Mitwelt eine Selbstverständlichkeit werde. Ich denke, dass diese Ausweitung der traditionellen Sozialerziehung zur «Mitwelterziehung» ein wichtiger und den Lehrkräften vermittelbarer Ansatz ist.

2. Wir haben an dieser Tagung viele, auch konkrete und für die Schulen nützliche und anwendbare Informationen zum Thema Jugend und Umwelt erhalten. Einmal mehr stellt sich die Frage, wie diese weitergegeben werden können, damit Interessierte von ihnen Kenntnis erhalten, insbesondere die Jugendlichen. Könnte die Erziehungsdirektion dazu vielleicht eine Arbeitsgruppe mit Kindern und Jugendlichen einsetzen, die sich anhand konkreter Beispiele Überlegungen macht, wie sie dieses Problem anpacken würde? Die Forderung nach besserer Information kam von den hier anwesenden Jugendlichen selber.

3. Frau Dr. M.-F. Lücker-Babel stellte uns heute morgen die Konvention der Vereinten Nationen über die Rechte des Kindes vor. Eines dieser Rechte ist das Recht auf Partizipation. Die Jugendlichen beanspruchen dieses Recht, und die Amtsträgerinnen und Amtsträger werden sich bei allen schon eingesetzten und noch einzusetzenden Gremien Überlegungen dazu machen müssen, in welcher Form dem Partizipationsrecht der Kinder und Jugend-

lichen Rechnung getragen werden kann. Wie uns Herr T. Jaun in seinem Referat aufgezeigt hat, gibt es mannigfaltige Möglichkeiten und entsprechende Erfahrungen, die es nun zu nutzen gilt. Die anwesenden Jugendlichen haben mir bei einem Gespräch nach dem Mittagessen gesagt, dass sie bereit sind, mitzumachen und sich zu engagieren. Sie sind bestimmt nicht die einzigen. Das hat mir Mut gemacht und mich sehr gefreut.

4. Die Jugendlichen haben uns ihr Fazit aus dem Symposium schriftlich abgegeben. Sie schreiben unter anderem, dass sie davon ausgehen, «dass alle Anwesenden die Anregungen mitnehmen und in ihr Gebiet einfliessen lassen. Und dies schon morgen.» Auch diesen Wunsch würde ich Herrn Schmid eindringlich vortragen.

Wir haben schon längst zur Kenntnis nehmen müssen, dass die grosse Wende, die der Club of Rome 1972 verlangte, nicht eingetreten ist. Wir wissen aber auch, dass die Bedrohung unserer natürlichen Lebensgrundlagen täglich grösser wird. Wir müssen uns deshalb alle unbeirrt und unentwegt für viele kleine Wenden einsetzen, und wir Erwachsene – und das ist eine wichtige Forderung der Jugendlichen – müssen endlich bessere und konsequentere Vorbilder werden. Eine dieser kleinen Wenden könnte auch dieses Symposium sein, wenn wir dem Gehörten Taten folgen lassen.

Ich danke der Akademischen Kommission dafür, dass sie dieses Projekt initiiert hat, Frau Prof. R. Kaufmann-Hayoz und der Interfakultären Koordinationsstelle für Allgemeine Ökologie für die Leitung und Durchführung des Symposiums und Frau Ch. Künzli für die freundliche und aufmerksame Betreuung.

Ich freute mich sehr, an diesem Symposium teilzunehmen.

Berichte der Arbeitsgruppen des Symposiums

Arbeitsgruppe «Kleinkind- und Vorschulalter»

MARTIN LEHMANN, RICHARD KRAEMER, MARCO HÜTTENMOSER

1. Vorbemerkungen

Wer über die Umweltbeziehung, das Konsumverhalten und die Mitsprachemöglichkeiten von Kindern im Vorschulalter diskutieren will, muss sich erst über die Fähigkeiten und Kompetenzen im klaren sein, welche ein (gesundes, normalbegabtes) Kind im Lauf der ersten sechs Lebensjahre entwickelt*:

1. Die Fähigkeit zur sozial relevanten Kommunikation
2. Die Fähigkeit, Gefühle, Motive und das Verhalten anderer Menschen zu verstehen (Empathie)
3. Die Fähigkeit zum Teilen, zum Helfen, zum Warten, bis man an die Reihe kommt
4. Die Fähigkeit, Konflikte zu verhindern oder zu lösen
5. Fairness: Sinn für Recht und Unrecht
6. Unrecht gegenüber anderen Menschen zu verhindern versuchen
7. Frustrationen überwinden zu können
8. Zu realisieren, dass Handlungen oder Nichthandlungen Konsequenzen haben
9. Sich nicht von Vorurteilen führen zu lassen
10. Die Fähigkeit zum Verknüpfen von Gegenwart, Vergangenheit und Zukunft
11. Die Fähigkeit, das Gesichtsfeld vom eigenen Ich über die Familie bis hin zur Gesellschaft zu erweitern
*   zusammengestellt von Prof. Dr. med. Norbert Herschkowitz

2. Zur Umweltbeziehung von Vorschulkindern

Obige Zusammenstellung zeigt: Die Basis für eine verantwortungsvolle Beziehung zur Um- und Mitwelt wird bereits in den ersten Lebensjahren gelegt. Entsprechend ist es wichtig, dass die Eltern bzw. die Bezugspersonen kleiner Kinder das vorhandene Potential altersgerecht und individuell zu fördern versuchen: Der Schlüssel für die Umweltbeziehung von Kleinkindern liegt bei den sie betreuenden Erwachsenen, sie ahmen ihr Verhältnis zur Um- und Mitwelt den Kindern vor! Umwelterziehung – auch wenn dieser Begriff in der Literatur erstaunlicherweise nur im Zusammenhang mit Schule und Politik, nicht aber mit dem Elternhaus erscheint – beginnt in der Familie. Hier sollen Kinder schon früh ein (Ur-)Vertrauen in die natürliche Umgebung aufbauen können: Schon das Baby erlebt Umwelt, wenn es im Freien herumgetragen wird; Kleinkinder sollen im näheren und weiteren Wohnumfeld entdecken und explorieren dürfen, sie sollen ihre Neugier stillen und sich mit den sie umgebenden Objekten zweckfrei beschäftigen können.

Diesem Entdeckungs- und Explorationsbedürfnis stellt sich allerdings das vielerorts stark autodominierte, wenig kinderfreundliche Wohnumfeld entgegen: Jedes dritte Vorschulkind, unabhängig davon, ob es in der Stadt oder in eher ländlicher Umgebung lebt, darf die Wohnung nicht ohne Begleitung Erwachsener verlassen, die Erforschung der Umgebung erfolgt – wenn überhaupt – unter Aufsicht: Dies erschwert oder verunmöglicht die Selbsterfahrung von Natur und Umwelt massiv und stellt einen wesentlichen Grund für die von Prof. Elmar Lange festgestellte Überbehütung dar, die unter anderem zu einem exzessiven Konsumverhalten führen kann und der kindlichen Entwicklung insgesamt abträglich ist. In diesem Zusammenhang stellt sich weiter die Frage, ob KindsbetreuerInnen im Durchschnitt über die – oben aufgeführten – Fähigkeiten und Kompetenzen, die ein Kind in seinen ersten Lebensjahren natürlicherweise entwickelt, ausreichend im Bild sind und adäquat damit umgehen, oder ob sie ihre Kinder aus Unkenntnis nicht allzu oft unter- oder überfordern.

Grundsätzlich als sehr wichtig – und zwar sowohl in bezug auf das Umweltverständnis als auch auf das Konsumverhalten und die Mitsprachekompetenzen von Kindern – erachtet die Arbeitsgruppe, dass ein Kind schon in seiner ersten Lebenszeit altersgerechte Herausforderungen erleben kann: Dadurch, dass es eine intensive Beziehung zu möglichst vielen Dingen – zu Menschen, zu Objekten – aufbauen, sich mit ihnen auseinandersetzen und autonom allerlei ausprobieren kann, entwickelt es ein starkes Selbstwertgefühl, Vertrauen in die eigenen Möglichkeiten und in die eigene Wirksamkeit – und damit eine eigenständige Beziehung zu Natur und Umwelt. Ein starkes Selbstwertgefühl ist auch Voraussetzung für ein kritisches Konsumverhalten.

3. Zum Konsumverhalten von Vorschulkindern

Das Konsumverhalten eines Menschen wird in dessen Säuglingsalter geprägt: Nirgendwo sonst sind Lust und Frust so nahe beieinander wie in den ersten Lebensmonaten. Vor allem aus pädiatrischen Kreisen wird moniert, dass viele der – derzeit sehr verunsicherten und vermutlich aus diesem Grund übermässig fürsorglichen – Eltern ihren (Klein-)Kindern heutzutage alles subito lieferten: Viele Kinder hätten kaum mehr Gelegenheit, traurig, enttäuscht, aggressiv zu sein; allzuoft würden aufkeimende Gefühle dieser Art mit der Nukkelflasche oder den Schokoladebonbons unterdrückt. Wer Frustrationen verdauen und Enttäuschungen verarbeiten lerne, komme auch mit der Umweltbedrohung besser zurecht, könne zu einem Konsumgut auch einmal nein sagen.

Erhellend im Blick auf das Konsumverhalten der Kleinkinder ist folgendes Experiment, das von Prof. Dr. med. Norbert Herschkowitz referiert wird: Einer Gruppe von drei- und sechsjährigen Kindern werden Logos bekannter Markenartikel – z.B. das Kamel der gleichnamigen Zigarettenmarke oder das geschwungene «M» der weltumspannenden Hamburgerkette – vorgehalten. Die Kinder haben die Aufgabe, die Logos den entsprechenden Produkten zuzuordnen. Das Resultat: 30 Prozent der Dreijährigen und 91 Prozent der Sechsjährigen wissen, dass das Kamel für eine Zigarette steht. Das ist erstaunlich – und auch nicht, wenn man sich vergegenwärtigt, mit wieviel Aufwand und Kreativität eine Legion von Werbern um die kindliche Kundschaft buhlt.

Die Frage lautet: Wie lernt ein Kind, dass es auch die Möglichkeit hat, etwas *nicht* zu wollen? Dadurch, dass es schon in frühen Jahren eine intensive Beziehung zu möglichst vielen Dingen entwickeln, sich eigenständig beschäftigen, selber viele Dinge ausprobieren kann. Den Eltern und Betreuungspersonen obliegt es, die Kinder dabei intensiv zu beobachten und zu begleiten, ohne allerdings stets helfend einzuspringen – ein Kind hat das Recht auf erwachsenenfreie Zonen. Hat ein Kind vielfältige Möglichkeiten, sich phantasievoll und kreativ auseinanderzusetzen, erfährt es unter anderem, dass es eine Alternative zum Fernseher gibt (der einen wesentlichen Teil dazu beiträgt, dass Konsumwünsche entstehen, Kinder etwas unbedingt haben wollen).

4. Zur Partizipation von Vorschulkindern

Erwachsenenfreie Räume und Zeiten sind auch im Blick auf die Mitsprache- und Partizipationsmöglichkeiten von kleinen Kindern wichtig. Denn Mitreden, Mitentscheiden, das Einbringen der eigenen Meinung lernen Kinder nicht nur in der Familie (wo in den letzten Jahren eine starke Tendenz zur Demokratisierung festzustellen ist, wie eine Umfrage der «Kinderlobby Schweiz» an den Tag gebracht hat), sondern auch und vor allem in der Gruppe mit Gleichaltrigen: Hier wird diskutiert, erörtert, vernehmlasst, gestritten, entschieden. Wenn Kinder mit anderen Kindern zusammen sein und spielen können, ohne dass dieses Zusammensein stets von erwachsenen Menschen überwacht und gecoacht wird, lernen sie Mitbestimmung. Das Problem auch hier: Viele Vorschulkinder sind nur in elterlicher Begleitung mit anderen Kindern zusammen (siehe oben) – wer in den ersten fünf, sechs Jahren seines Lebens andauernd begleitet werden muss, entwickelt kaum Mitbestimmungsbedürfnisse.

Wie aber können die Perspektiven kleinerer Kinder auch in andere, öffentliche Bereiche einfliessen? Wie können ihre Ansichten zu Fragen des Verkehrs, des Wohnumfelds oder der Gestaltung von Freizeit- und Spielanlagen eingebracht werden? Während Kinder im Schulalter allmählich auch in der Schweiz vermehrt eingeladen werden, bei der Planung eines Pausenplatzes, der Gestaltung einer Aussenanlage oder gar bei der Revision einer Gemeindeordnung mitzureden und in Luzern rund 150 SchülerInnen in einem ziemlich einflussreichen Kinderparlament mitwirken, sind hierzulande keine Methoden erprobt, wie Vorschulkinder ihre Ansichten in eine Entscheidfindung einbringen könnten – dies etwa im Gegensatz zu Dänemark, wo offenbar Quartierbegehungen mit Kindergartenkindern stattfinden: Die «Kindergärteler» werden bei ihrer kritischen Betrachtung der Wohnumgebung von älteren Schulkindern betreut.

Wer die Anliegen von kleinen Kindern in Entscheidfindungen einbeziehen will, kann nicht umhin, deren Eltern einzubeziehen: Sie sind angewiesen, die Wünsche ihrer Kinder aufgrund genauer und unvoreingenommener Beobachtungen abzuleiten. Dies bedarf einer anspruchsvollen Übersetzungsleistung; die Gefahr, dass Erwachsene ihre Bedürfnisse auf die Kinder projizieren, ist gross.

Arbeitsgruppe «Schulalter»

Katja Rauch, Kurt Egger, Jürgen Oelkers

1. Aufgaben der Schule

- «Die Angst ist da, wenn auch nicht permanent.»
- «Man verliert mit der Zeit die Ideale. Früher habe ich gedacht, gegen das Waldsterben könne man sofort etwas tun. Dann habe ich gesehen, dass alles eine Geldfrage ist.»

So die Stimmen von zwei jugendlichen Teilnehmerinnen der Arbeitsgruppe. Die Frustration über die eigene Machtlosigkeit angesichts der drohenden und schon vorhandenen Umweltzerstörung ist ihnen anzuhören. Auf der anderen Seite gab es auch Voten wie dieses:

- «Wir haben auch eine Selbstverantwortung. Die Erwachsenen und Politiker sollten uns mehr Vertrauen schenken, dass wir es schaffen, diese wahrzunehmen. Die Schule kann uns dabei helfen.»

Kann dies die Schule wirklich? Kann die Schule zu einem umweltverantwortlichen Handeln erziehen? Oder sind die Wirkungsmöglichkeiten der Kinder und Jugendlichen so gering, dass ihnen dies zum vornherein jede Motivation zum Handeln raubt? Oder anders gefragt: Was nützt eine schulische Wissensvermittlung, wenn die Kinder anschliessend nach Hause kommen und bei den Eltern mit ihren Vorschlägen zum Umweltschutz auf taube Ohren stossen, wie dies eine jugendliche Teilnehmerin schilderte?

Einig war sich die Arbeitsgruppe darüber, dass die schulische Aufklärung sehr eng mit der Ermöglichung von sozialer Verantwortung verbunden sein muss. Einige der Jugendlichen haben es zum Beispiel als sehr wertvoll erlebt, dass sie mit ihrer Schule einen Froschzaun bauen und anschliessend die Frösche jeden Morgen über die Strasse tragen konnten. Um den Kindern solch konkrete Wirkungsmöglichkeiten zu eröffnen, sollte sich die Schule vermehrt gegen aussen öffnen, und umgekehrt sollten die Gemeinden mehr mit den Schulen zusammenarbeiten. So könnten etwa Fahrradwege gemeinsam gestaltet werden.

Mehrere Mitglieder der Arbeitsgruppe berichteten von guten Ansätzen zur Umweltbildung an den heutigen Schulen. Grundsätzlich wurde aber auch eingewandt, dass es für die Jungen eigentlich eine unmögliche Aufgabe sei, ein umweltgerechtes Leben zu führen. Denn die dafür nötige Haltung stehe im Gegensatz zu allen gesellschaftlichen Werten unserer Marktwirtschaft: Wer den höheren Werten nachleben wolle, werde bestraft. Die Schule könne dieses Problem nicht lösen.

2. Partizipation

Die 12- oder 13jährigen vertreten die radikalsten Ansichten in bezug auf den Umweltschutz, später jedoch verflachen diese mehr und mehr. Ausgehend von dieser Feststellung fragte sich die Arbeitsgruppe, wie sich die hohe Umweltsensibilität und Handlungsmotivation ins Jugend- und schliesslich ins Erwachsenenalter hinüberretten liesse. Zwei Faktoren kristallisierten sich dabei als wesentlich heraus:

- Das Handeln im sozialen Rahmen. Es motiviert, wenn man etwas gemeinsam mit anderen erleben kann. In der Schule ist dies noch möglich, bei den vereinzelten Erwachsenen kaum mehr. Es ist daher wichtig zu überlegen, in welchen sozialen Gruppen und Zusammenhängen man das umweltgerechte Handeln thematisieren könnte.
- Die Partizipation der Kinder und Jugendlichen an Entscheidungsprozessen. Man kann nicht Kinder und Jugendliche zu Umweltprojekten anhalten, ihren Einfluss aber überall dort für nichtig erklären, wo er für Erwachsene unbequem wird. Wo Kinder nicht ernst genommen werden, schwindet mit der Zeit auch ihre Motivation, sich für etwas einzusetzen.

Die Partizipation darf sich nicht nur in einzelnen, losgelösten Modellen wie Projektwochen oder Kinderparlamenten abspielen, sondern muss ein selbstverständlicher Bestandteil des Alltags werden. In der Schule sollten die Kinder zum Beispiel bei der Lehrplangestaltung oder bei der zeitlichen Einteilung des Stundenplans beteiligt werden. Dies wird noch fast nirgends praktiziert.

In Zukunft, so wurde befürchtet, könnte es die gelebte Partizipation an den Schulen gar noch schwerer haben – nämlich dann, wenn sich die Tendenz zur straffen, ökonomischen Schule durchsetzt. In solchen Marktmodellen müssen die Schulen klare, messbare Leistungen ausweisen. Partizipation ist jedoch nicht berechenbar und kostet Zeit.

2.1 Bereitschaft der Jugendlichen zur Partizipation?

Sind aber die Jugendlichen selber wirklich bereit, für eine Beteiligung Zeit und Energie zu investieren? An einer Berner Schule etwa ist vor einiger Zeit ein «Just Community»-Modell gescheitert; die Schülerinnen und Schüler haben es freiwillig wieder abgeschafft. Zufällig ist in der Arbeitsgruppe ein Jugendlicher anwesend, der diesen Vorgang persönlich miterlebt hat. Er erklärt, dass dieses Mitbestimmungsmodell keineswegs am mangelnden Willen der Jugendlichen gescheitert sei, sondern an seiner eigenen ungenügenden Form. Die Erwachsenen hätten den Jugendlichen Strukturen übergestülpt, die sie auf diese Art nicht wollten. Gleichzeitig seien jene Bereiche abgeblockt worden, die den Jugendlichen wichtig waren, zum Beispiel eine neue Absenzenregelung. Dieses Beispiel zeigt klar, dass die Inhalte der Partizipation von den Jugendlichen selber kommen müssen. Wenn Erwachsene damit Ziele erreichen wollen, ist das Vorhaben zum Scheitern verurteilt.

2.2 Ein reines Mittelschichtsmodell?

Die Frage wurde gestellt, ob bei Partizipationsmodellen nicht die Gefahr einer sozialen Schere bestehe; ob nicht bloss jene Kinder, die von ihrem Milieu her gute Voraussetzungen haben, an Partizipationsmöglichkeiten teilnehmen würden. Mit anderen Worten: ob die Partizipation nicht ein reines Mittelschichtsmodell sei. Ein Gruppenmitglied mit Partizipationserfahrung räumte ein, dass tatsächlich die bereits geförderten Kinder eher teilnehmen würden. Es sei auch in Ordnung, vorerst so zu beginnen. Allerdings sei es dann die Aufgabe der leitenden Fachleute, den Prozess zu öffnen, sonst werde die Sache unglaubwürdig. Sehr wichtig sei auch die Übersetzungsarbeit dieser Fachleute: Sie dürfen nicht nur auf die «aufgeweckten» Kinder hören, die sich gut ausdrücken können, sondern auch auf die stillen.

3. Fernsehen

Damit Kinder am gesellschaftlichen und politischen Leben partizipieren und ihre Rechte wahrnehmen können, brauchen sie eine gute Information. Kinder haben das Recht auf Information. Doch wie weit soll diese Informationsfreiheit gehen? Gilt sie auch für 35 Fernsehkanäle? Und damit zusammenhängend: Soll ein Kind auch an der Werbung partizipieren können?

Im Prinzip ja, lautete die Antwort der Arbeitsgruppe. Wenn man die Kinder in allen Bereichen partizipieren lassen will, die sie betreffen, gilt das als logische Konsequenz auch für das Fernsehen. Dennoch hielt die Gruppe Einschränkungen für nötig:

- Man muss dem Kind Alternativen anbieten, damit es überhaupt die Möglichkeit hat, etwas anderes als Fernsehen zu wählen.
- Innerhalb der Familie gibt es Regeln. Ebenso wie bei der Frage, ob Kinder am gemeinsamen Essen teilnehmen müssen oder nicht, ist auch beim Fernsehen etwas auszuhandeln. Die Erwachsenen dürfen und sollen hier deutliche eigene Beiträge einbringen.

Erziehungsansprüche von Erwachsenen und Partizipationsansprüche von Kindern sollten nicht als Konkurrenz angesehen werden, vielmehr ergänzen sie einander. «Es gibt keinen Umgang mit Kindern – wie auch mit Erwachsenen –, ohne dass ich mich selber einbringe», sagte ein Teilnehmer.

Letztlich wurde aber auch eingewandt, dass dies eine elitäre Diskussion sei. Viele Familien könnten diese Zusammenhänge gar nicht reflektieren, weil es ihnen an ganz anderem mangle, meinte eine Teilnehmerin aus Deutschland. Es gebe zunehmend mehr Familien, denen es materiell so schlecht geht, dass die Kinder gar nicht mehr richtig ernährt werden, dass sie zum Beispiel nie ein warmes Essen bekommen, weil in der Familie kein geregelter Mahlzeitenrhythmus besteht. In solchen Situationen wird der Fernseher zwangsläufig zum Fixpunkt.

4. Gesellschaftspolitische Verantwortung

Das oben genannte Votum machte deutlich, dass es nicht nur eine familieninterne, sondern auch eine öffentliche Verantwortung gibt, und diese erstreckt sich von der Fernsehpolitik über die Schulpolitik bis zur Einrichtung von Mittagstischen und Nachbarschaftshilfen. Die Familie ist keine Privatsache mehr. Eine grosse Gefahr sieht die Arbeitsgruppe in der zunehmenden Individualisierung der Gesellschaft, die sich letztlich gegen den Sozialstaat wendet, weil niemand mehr bereit ist, des anderen Last mitzutragen.

- Ein Lösungsvorschlag der Gruppe forderte, politisch bei den Gesundheitskosten anzusetzen und dadurch Betroffenheit übers Portemonnaie zu schaffen. Es sollte deutlich werden, dass die pädagogische Verwahrlosung auch medizinische Kosten nach sich zieht.
- Weil vor allem auch die Bezüge im kleinen in der Nachbarschaft, in den Sportvereinen verlorengegangen sind, müssten mehr Orte geschaffen werden, wo sich Leute begegnen und am öffentlichen Leben teilnehmen können.

Fazit: Die Individualisierung der Gesellschaft hat hohe Verluste verursacht, und die Wiederherstellung der verlorenen Bereiche ist nicht kostenlos.

Arbeitsgruppe «Jugendalter»

HEDI WYSS, FRANÇOISE D. ALSAKER, WILLI STADELMANN

Die Arbeitsgruppe Jugendalter beginnt die Diskussion mit einer Verständnisfrage: «Was sind eigentlich ‹Jugendliche›»?
Der Begriff wird im Alltag eher undifferenziert gehandhabt. Als «Jugendliche» werden umgangssprachlich sowohl 12jährige wie auch noch 20jährige bezeichnet.
Es werden ausserdem sehr verschiedene, eher schwer abgrenzbare Merkmale mit der Bezeichnung «jugendlich» assoziiert:

* Rein biologisch kann die Geschlechtsreife, die heute eher früh, etwa mit 11-12 Jahren eintritt, als Beginn des Jugendalters angenommen werden.
* Die Jugendlichen, die an der Diskussion teilnehmen, finden, das Kindesalter sei dann klar beendet, «wenn man sich andere Gedanken als die der eigenen Eltern macht». Jugendliche sind keine Kinder mehr, aber auch noch keine Erwachsenen.
* Jugendliche befinden sich in einer Phase der Identitätssuche, der Berufswahl. In dieser Zeit werden Antworten auf folgende Fragen gesucht: Auf welche Weise will ich mich in der Gesellschaft einfügen, welche Rolle will ich darin spielen? Will ich mich überhaupt einfügen? Was sind meine Lebensziele?
* Sehr oft allerdings haben Jugendliche schon die Position eines Erwachsenen inne, denn viele stehen schon im Erwerbsleben.

Unter dem Begriff «Jugend» werden also sehr verschiedene Entwicklungsstufen zusammengefasst.
In der Wissenschaft orientiert man sich für die einzelnen Forschungsprojekte nach verschiedenen Merkmalen und wählt deshalb pragmatische Abgrenzungen nach dem Alter: Man untersucht etwa 12- bis 15jährige, oder dann 18- bis 20jährige etc. Die OESZD-Studie z.B. hat sowohl 13- wie auch 18- und 20jährige im Fokus.
Die weitere Diskussion dreht sich um die bei Jugendlichen oft sehr grosse Diskrepanz zwischen theoretischem Wissen um Umweltprobleme und ihrem persönlichen Verhalten.

Dabei diskutiert man sowohl die Thesen von Prof. Elmar Lange zur Kaufsucht im Zusammenhang mit der «Überbehütung im Kindesalter» als auch das Referat von Prof. August Flammer zu «Wirksamkeit und Hilflosigkeit».

Die Bilanz der teilweise auch kritischen Diskussion: Fehlende positive Erfahrung mit der eigenen Entscheidungs- und Handlungsfähigkeit führt zu einem Gefühl der Hilflosigkeit angesichts der vielfältigen Information über Umweltprobleme, die Kinder und Jugendliche erreicht. Diese Ohnmachtsgefühle werden auf vielfältige Weise verdrängt oder führen zur Depression.

Wenn schon früh Erfahrungen gemacht werden können, dass man nicht einfach ausgeliefert ist («man kann ja doch nichts gegen die Umweltzerstörung tun»), sondern seine Umgebung beeinflussen, etwas bewirken kann, begünstigt das auch umweltverantwortliches Handeln im persönlichen Bereich.

In der Arbeitsgruppe ist man sich darüber einig,

- dass Umwelterziehung nicht bei Informationsvermittlung stehenbleiben kann, sondern dass Handeln gerade in bezug auf Umweltprobleme Priorität haben sollte;
- dass Kontrollerfahrungen und Partizipation Wege sind zu einer erfolgreichen Umwelterziehung und zugleich Mittel gegen das Gefühl der Hilflosigkeit;
- dass jedes Kind ein Recht auf Autonomie und Partizipation hat (Konvention der Vereinten Nationen über die Rechte des Kindes KRK). Staat und Gesellschaft sind aufgerufen, die nötigen Massnahmen zu treffen, dass es auch die Möglichkeit hat, diese Rechte auszuüben.

Die Diskussion fokussiert in diesem Zusammenhang nun zwangsläufig auch auf die mögliche Beeinflussung und Information der Eltern kleinerer Kinder. Denn die Weichen zu einer gesunden Entwicklung des Selbstvertrauens werden vor dem Alter von zwölf Jahren gestellt. Eltern sollten imstande sein, schon früh genügend Vertrauen in die Handlungsfähigkeit der Kinder zu haben, um ihnen ausser Geborgenheit auch genügend Handlungsraum zu geben.

Aber Kinder machen Erfahrungen auch ausserhalb der Familie. Bietet, so wird gefragt, die Schule, so wie sie jetzt ist, genügend Raum dafür?

Einerseits ist die Schule heute für einen grossen Teil der Lernenden noch weitgehend ein Raum für Misserfolgserlebnisse. Eine Demokratisierung wird zwar in der Theorie befürwortet, in der Praxis (auch von einem Teil der Lehrpersonen) dennoch weitgehend verhindert.

Andererseits laufen gewisse Entwicklungen – ein gutes Beispiel dafür ist der neue Lehrplan des Kantons Bern – in Richtung mehr aktiven, handelnden Lernens.

Doch aktuelle Sachzwänge begünstigen einen eher rückläufigen Trend: Geld, Zeit und Räume fehlen, und weitere Sparübungen sind absehbar.

Auch die für umweltverantwortliches Handeln als Motivation so wichtige Naturerfahrung wird in der Schule nicht überall ermöglicht. Sehr oft werden im Unterricht abstrakte Kenntnisse vermittelt, und sinnliche, emotionale Erfahrungen kommen zu kurz.

Dabei müsste gerade auf diesem Gebiet die Schule vermehrt Erfahrungsräume stellen, die draussen immer weniger vorhanden sind.

In bezug auf die Natur sind Kinder und Jugendliche widersprüchlichen Signalen ausgesetzt. Einerseits lernen sie schon früh, Natur theoretisch als etwas Kostbares zu schätzen, gleichzeitig werden sie durch Werbung und Beispiel der Erwachsenen dazu erzogen, natürliche Ressourcen zu verschwenden.

Die Arbeitsgruppe konzentriert sich nun darauf, konkrete Massnahmen herauszuarbeiten, die für Schule und Familie empfohlen werden könnten.

- Für Elternbildung schon während des frühen Kindesalters werden die verschiedensten Kampagnenvorschläge gemacht.
  Plakat- und Medienaktionen (im grossen Stil wie «Stop Aids»), Elternbildungskurse, Naturerlebniskurse für Familien, Elternbriefe gleich nach der Geburt etc. werden erwähnt.
  Viele dieser Institutionen und Initiativen gibt es schon. So könnten einerseits bestehende Strukturen (Elternkurse, Pro-Juventute-Briefe, Mütter- und Väterberatung im Säuglingsalter, Elternabende in der Schule, CH-Waldwochen, Kurse von Pro Natura etc.) ausgebaut werden.

Andererseits sollte man sie über den kleinen informierten Kreis hinaus, den sie erreichen, besser bekannt machen. Dass gerade jene Familien immer schwierig zu erreichen sind, die Information und Hilfestellung am nötigsten hätten, ist eine ernüchternde Bilanz.

- Handeln, positive Kontrolle ausüben, dies lernen junge Menschen auch durch das Vorbild der Eltern. Kinder sollten ihre Eltern auch im Umweltbereich als Handelnde erleben. Aktive Mitsprache und Mitwirkung der Betroffenen bei Planungen, bei der Umweltgestaltung im engeren und weiteren Sinne, müssten ermöglicht und gefördert werden.

- In besonderem Masse müssen die Jugendlichen Handlungs- und Partizipationsmöglichkeiten erhalten. Sie können sich durch Eigeninitiative Verantwortung und Handlungsspielräume erschliessen, müssten dabei aber vermehrt unterstützt werden. Not tut eine bessere Information über Anlaufstellen und schon bestehende Strukturen. Wie viele Jugendliche wissen etwa von Jugendparlamenten und anderen Möglichkeiten, aktiv zu werden? Jugendliche brauchen Beratung und Infrastrukturen, wenn sie eigene Projekte starten. Anlaufstellen für Jugendprojekte, wie es sie im Kanton Solothurn schon gibt, sind nachahmenswert. Projekte, Aktionen, Erfahrungen von Jugendlichen müssen als Beispiele öffentlich bekanntgemacht werden. Auch hier können bestehende Strukturen genutzt werden. Jugendarbeiter in Freizeitzentren könnten, ergänzend zur Organisation von Discoabenden und zum Coca-Cola-Ausschank, vermehrt konkrete Projekte von Jugendlichen anregen und sie professionell begleiten.

- In höheren Schulen und anderen Ausbildungsstätten müssen mehr Mitbestimmungs- und Mitsprachemöglichkeiten institutionalisiert werden. Wie dringend das ist, zeigen Forschungsresultate: Die Schule ist in der Wahrnehmung der Jugendlichen der unzugänglichste Bereich, wenn es um Mitgestaltung geht.

Es fehlen vielerorts in der Lehrerbildung Projekte zum Thema «Hilflosigkeit in der Schule und Mitbestimmung». Löbliche Ausnahmen, wie etwa die starke Schülerpartizipation in einzelnen Gymnasien, sollten Schule machen. Denn: Jede Form von Mitbestimmung führt zu Kompetenzerlebnissen und ist ein Mittel gegen Hilflosigkeit und Verdrängung.

Persönliche Bilanz als Rapporteurin der Arbeitsgruppe: Die Arbeitsgruppe diskutierte sehr intensiv und oft kontrovers Thesen aus den verschiedenen Referaten. Sie bemühte sich vor allem am zweiten Symposiumstag, zu konkreten Empfehlungen für Verwaltung und Politik zu kommen. Die heterogene Zusammensetzung der Gruppe führte manchmal zu Missverständnissen (WissenschafterInnen, PolitikerInnen, Menschen aus NGOs und Jugendliche sprechen nicht immer dieselbe Sprache). Die Schlussfolgerungen aber scheinen doch recht klar und bewegen sich sehr stark im pädagogischen Bereich. Mehr Mitbestimmung, mehr Handlungs- und Erlebnismöglichkeiten für Kinder und Jugendliche, das ist sicher sehr wünschenswert. Der Spannungsbereich «Jugend und Umwelt» in seiner ganzen Dimension – dass unsere Kinder in einer geschichtlich noch nie dagewesenen Situation aufwachsen (nämlich mit der möglichen Vernichtung der Lebenskreisläufe auf dieser Erde als Zukunftsperspektive) – wurde kaum berührt. Die Diskussion mutete an wie eine resignative Beschränkung auf Erziehung zum Umweltschutz und Massnahmen zur therapeutischen Überwindung von psychischen Reaktionen auf alarmierende Berichte über Umweltzerstörung. Mir schien auch in diesem Symposium die an den Jugendlichen diagnostizierte allgemeine «Hilflosigkeit» unterschwellig auch bei den Fachpersonen wirksam zu werden.

Arbeitsgruppe der Jugendlichen: «Das jugendliche Fazit»

HANSMARTIN AMREIN, KARIN FINK, CHRISTOPH BRÖNIMANN, DENISE DAUWALDER, RAMSY HAYEK, RIMA LEMQUADEM, GILLES LEUENBERGER, ESTHER MARSCHALL, SIMONE STEFFEN, MARC WEIDMANN

1. Anfangsschwierigkeiten

«Es wäre doch noch gut, an dem Symposium auch Jugendliche teilhaben zu lassen!» Aus der vagen Idee wird bald Gewissheit.

Gesucht ist eine Gruppe von Jugendlichen zwischen 14 und 18 Jahren, repräsentativ für die Jugend von heute.

Gilles, Schüler am Gymnasium Neufeld, unterwegs mit altem Damenfahrrad, reist fürs Leben gerne in Europa herum. Rima, Mitarbeiterin beim Werbebüro Dactis, zeichnet gerne und gut. Marc, Elektronikstift an der Lehrwerkstätte Bern, dort bekannt als Ökoschreck. Simone, auch Elektronikstiftin, fühlt sich gut zwischen all den Männern. Denise, Gymnasiastin, will später Bio studieren. Christoph, Landwirt, tut weit mehr als Kühe melken. Ramsy, ebenfalls Dactis-Mitarbeiter, hat schon Erfahrung im kritischen Mitreden. Sie alle sollen versuchen, die Jugend in ihrer Vielfalt zu repräsentieren.

Wir treffen uns kurz vor der Eröffnungsrede zum Symposium von Peter Schmid, Erziehungsdirektor des Kantons Bern. Was genau ein Symposium ist, müssen wir erst erfahren.

Wie wir uns in den Reihen umsehen, wird klar, dass wir hier die Jugendlichen sind und uns demnach zu verhalten haben: Was wird von uns erwartet, was erwarten wir?

Im Arbeitsraum unter dem Dach sind wir unter uns. Wir lernen uns kennen, finden uns sympathisch. Alle wollen wir den Erwachsenen während der nächsten drei Tage auf die Finger schauen. Keiner soll ungestraft Unwahrheiten über die Jugendlichen unter dem Mantel der Wissenschaftlichkeit verbreiten. Dafür sind wir da und dafür wollen wir uns einsetzen. Es geht uns nicht darum, den Erwachsenen den Kampf anzusagen, vielmehr wollen wir uns kritisch mit ihren Beobachtungen auseinandersetzen. Sind wir wirklich so, wie sie es von uns behaupten?

Werden wir Ungereimtheiten finden, oder haben sie einfach recht? Darf man einer Frau oder einem Herrn, der oder die sich mit «Dr. Prof.» vorstellt, auch einfach so ins Wort fallen? Werden wir aus der Masse der Fremdwörter überhaupt die richtigen Schlüsse ziehen? Unsicherheit und Ungewissheit begleiten uns von Anfang an.

Auf unsere T-Shirt-Aktion (wir haben unsere eigenen Labels kreiert) wollen sich keine Reaktionen einstellen. Niemand findet den Weg zum Raum unter dem Dach.

Wollen wir mitreden, müssen *wir* das tun. Gefragt oder ungefragt. Gegenseitig sprechen wir uns Mut zu.

2. Zuhören – Verstehen – Mitreden

Wir sind eingeladen, uns die Vorträge anzuhören und in den anschliessenden Diskussionsrunden mitzureden.

Die meisten Vorträge sind, welche Überraschung, gut verständlich, auch ohne Fachwissen. (Ohne Fachwissen? Sind nicht wir es, die vom Fach sind?)

Den klammen Händen, dem schnellen Puls zum Trotz haben einige Mut gefasst und kommentieren oder fragen nach.

Da spricht Ramsy den Referenten aus Deutschland auf einen Widerspruch in seinem Vortrag an. Dieser versichert mediengewandt, dass er am Schluss auf die Frage zurückkommen werde, tut es aber nicht.

3. Unterschiedliche Erfahrungen in den Diskussionsgruppen: Zwischen «ernst genommen» und «überredet»

Aufgeteilt auf zwei Diskussionsgruppen, machen wir unterschiedliche Erfahrungen.

Die eine Gruppe protokolliert nach der Diskussion voller Tatendrang, nahezu euphorisch. Die andere ist verzweifelt. Diese «Erwachsenen», ehrlich...!

Die positiven Erfahrungen zuerst:

In der einen Gruppe haben die Jugendlichen die Möglichkeit, den Anfang zu machen und ihre Gedanken zum bereits Gehörten zu äussern. Die Gesprächsleitung greift die wichtigen Punkte immer wieder auf, fasst lange und komplizierte Statements allgemein verständlich zusammen. Zudem haben wir manchmal fast das Gefühl, eine Art Sonderstatus zu geniessen; wenn sich einer von uns meldet, bekommen wir oft sofort das Wort. Auch scheinen diese Erwachsenen unsere Überlegungen sehr ernst zu nehmen, prüfen und diskutieren sie. Die Stimmung ist sehr gelöst, und es wird auch mal über etwas gelacht.

Gilles verblüfft schliesslich mit seinem Vorschlag, statt des weitge-reisten Mineralwassers ab sofort Hahnenwasser zu trinken. Viele Nachahmer findet er leider nicht, doch seine Idee verkörpert, was wir wollen: den Anfang machen, irgend etwas tun, am liebsten ge-rade jetzt, seinen eigenen Weg gehen, darin eine Befriedigung fin-den, die über die Freude am neuen, coolen Pulli hinausgeht.

Dennoch: Wir haben das Gefühl, dass unsere Vorschläge grundsätz-lich angehört werden.

Anders die zweite Gruppe: In ihrer ersten Diskussionsrunde versu-chen die Teilnehmer über geschlagene drei viertel Stunden den Be-griff «Jugendlicher» zu definieren. Da wollen wir die Welt verbes-sern, und die Erwachsenen ereifern sich bereits ob der Frage, was ein Jugendlicher eigentlich sei. Die verbalen Boxkämpfe und eitlen wissenschaftlichen Abhandlungen erscheinen uns ziemlich lächer-lich. Die Teilnehmer würden sich besser einfach mal uns anschauen! Vielleicht lässt sich die «Jugend» gar nicht so einfach in einem Satz beschreiben, und es bringt uns auch ziemlich wenig.

«Was sagt denn ihr dazu», ist die Aufforderung an uns, uns zu be-teiligen. Eine wirkliche Diskussion kommt nicht in Gang. Von unse-ren Ideen werden fast keine aufgenommen. Ganz so haben wir uns dies nicht vorgestellt.

Also kehren wir ins Zimmer unter dem Dach zurück und beraten. Wir beschliessen, den Gruppen treu zu bleiben und die Erwachse-nen herauszufordern.

In der zweiten Runde gelingt uns dies denn auch viel besser. Wir stellen uns auf diese Gruppe ein. Vielleicht äussern wir auch unsere Ideen und Gedanken besser.

So beginnt es Spass zu machen.

4. Reden – Reden – Machen?

Gegen Ende des Symposiums erreicht die Lust am Diskutieren noch einmal einen glühenden Höhepunkt.

Die Müdigkeit ist weggeblasen, und Joy Matter bekommt ganz heisse Ohren von unseren vielen Ideen, Wünschen und Forderun-gen. Von uns hat noch nie jemand wirklich mit einem/einer Politi-ker/in diskutiert, und alle nehmen die Chance wahr und bringen ihre Ideen an die Frau.

Dieses Gespräch gibt uns ein gutes Gefühl. Aber trotzdem fehlt uns allen irgendwie noch der wirkliche Kick.

In den Vorträgen wird immer wieder darauf hingewiesen, dass die Jugendlichen und die Kinder ausgesprochene «Macher» seien und mit schönen Versprechen herzlich wenig anfangen können. Damit haben die Referierenden den Nagel auf den Kopf getroffen.

Aber eben, wie das in der Natur eines Symposiums liegt, wurde bis jetzt nur geredet. Und da bleibt die grosse, dicke Frage: Ja, und wie jetzt weiter? Was wird aus all diesen schönen Worten? Wie bringen wir die Leute dazu, Ernst zu machen?

Wir zerbrechen uns den Kopf, wie wir uns bei den Symposiumsteilnehmern in Erinnerung behalten können, ein Zeichen setzen können, das die geäusserten Gedanken über das Symposium hinaustragen kann ...

«Hinaustragen» ist das Stichwort! In Zukunft können einige Symposiumsteilnehmer nun ihre Küchenabfälle in einem schicken, grünen Kompost-«Chesseli» hinaustragen ...

Nützlich, grün, und dazu noch ein Symbol: Immer wieder ist in den Diskussionen von Verzicht die Rede gewesen. Wir verzichten auf unseren geplanten Kinobesuch am Abend und investieren dieses Geld in einen Appell an die Symposiumsteilnehmer.

Wir freuen uns über die verblüfften Gesichter und das Versprechen, das grüne «Chesseli» in den Stadtrat zu tragen ...

Etwas liegt uns aber doch noch am Herzen: Obwohl wir alle so anständig ausgesehen haben, und auch fast gar nie anderen ins Wort gefallen sind, sind wir überhaupt keine Vorzeigejugendlichen. Keine/r von uns hat eine speziell aktive Vergangenheit oder ist besonders «grün». Obwohl wir nur ein Teil der Jugend sind, können wir allgemein behaupten, dass junge Leute das Bedürfnis haben, mitzugestalten und mitzureden.

Die Passivität, die uns (also natürlich nicht uns persönlich, sondern der Jugend allgemein, was auch immer das bedeuten mag) oft vorgeworfen wird, ist vielleicht auch ein Stück weit damit zu erklären, dass viele das Erlebnis von Gehörtwerden, Wahrgenommenwerden gar noch nie gehabt haben. Schliesslich ist dies auch der erste solche Anlass für uns. Wie soll man sich für etwas motivieren, das man sich nicht vorstellen kann? Und vielleicht auch die Befürchtung hat, es könnte ziemlich langweilig sein?

Als Antwort auf die Frage nach dem «wie weiter?» antworten wir mit folgendem Fazit:

- Wir hoffen, dass jugendliche Teilnehmer eine Selbstverständlichkeit werden.
- Wir gehen davon aus, dass alle Symposiumsteilnehmer die Anregungen bereits morgen in ihr Gebiet einfliessen lassen.
- Es war spannend zuzuhören, und noch spannender, angehört zu werden.
- Wir haben einige unserer Ansichten revidiert. Dasselbe, so hoffen wir, haben die erwachsenen Teilnehmer auch getan.

Mit vielen neuen Ideen im Kopf und einem Bauch voller Motivation starten wir in unsere Zukunft. Und eigentlich denken wir, dass der jugendliche Übermut und das «Machertum» sie zu der unseren machen werden.

Berichte der Arbeitsgruppen des Seminars

Umweltbewusstsein und Konsum in Kleinkindermedien: Eine Stichprobenuntersuchung

ROMAN CALZAFERRI, FRANZISKA MEYER, CARMEN PIROVANO

1. Einleitung

Die zentralen Fragen des Seminars «Jugend und Umwelt» waren eigentlich, ob Jugendliche und Kinder einen Widerspruch zwischen ihrem Umweltbewusstsein einerseits und ihrer Konsumorientierung andererseits erleben, und wieweit sie in diesen Bereichen unsere Gesellschaft beeinflussen können bzw. wollen. Für Kleinkinder erschien uns diese Fragestellung jedoch kaum beantwortbar, da z.B. sehr fraglich ist, ob ein Begriff wie «Bewusstsein» überhaupt auf Kleinkinder anwendbar ist.

Wir haben uns deshalb die Frage gestellt, wie denn wir Erwachsenen die Kinder zu beeinflussen versuchen, ob wir ihnen überhaupt bewusst etwas zu vermitteln versuchen, und haben folgende Fragen formuliert:

1. Versuchen wir Erwachsenen, den Kindern Umweltbewusstsein zu vermitteln? Wenn ja: Wie versuchen wir dies?
2. Auf welche Weise werden Kinder mit Konsumgütern konfrontiert? Welches Konsumverhalten wird ihnen vorgespielt?
3. Versuchen wir, Kindern Zusammenhänge zwischen Konsum bzw. Folgen von Konsum und Umweltproblemen zu vermitteln?

Es war uns in diesem beschränkten Rahmen nicht möglich, diese Fragen mehr als ansatzweise und punktuell zu beantworten. Wir haben uns darauf beschränkt, exemplarisch zwei explizit für Kinder deklarierte Medienprodukte zu untersuchen.

2. Zur Wahl des Untersuchungsgegenstandes

Für unsere Untersuchung haben wir uns für zwei Medienarten entschieden, die auch im Bereich des Konsums wichtig sind, indem sie die Kinder mit Werbebotschaften konfrontieren: das Fernsehen und die (z.B. an Kiosken erhältlichen) Kinderzeitschriften. Daraus haben wir jeweils exemplarisch ein bestimmtes Produkt untersucht:

- Fernsehen: «Gute-Nacht-Geschichte» des SF DRS
  Die «Gute-Nacht-Geschichte» ist die einzige speziell für Kleinkinder konzipierte Sendung des Schweizer Fernsehens. Sie wird täglich im Vorabendprogramm gesendet.

- Kinderzeitschrift: «Bussi Bär» der Verlagsunion Pabel Moewig
  Unseres Wissens gibt es keine in der Schweiz produzierte Zeitschrift für Kinder im Vorschulalter. Wir haben deshalb eine der in
  der Schweiz meistverkauften Zeitschriften ausgewählt: den
  monatlich erscheinenden «Bussi Bär» (hergestellt in Österreich).

3. Zur Methodik

Die oben erwähnten Fragen haben wir für unsere Untersuchung in
jeweils drei Teilfragen gegliedert und diese dann mit qualitativen
Methoden zu beantworten versucht. Eine Ausnahme bildete dabei
die Frage nach den Anteilen der Werbung, die quantitativ festgestellt wurden. Zudem haben wir noch eine kurze theoretische Betrachtung über die Wirkung der Werbung angefügt.

4. «Gute-Nacht-Geschichten» des SF DRS

4.1 Zu den «Gute-Nacht-Geschichten» allgemein

Insgesamt haben wir sechs zufällig ausgewählte Sendungen untersucht. Jede Sendung dauert rund fünf Minuten und beinhaltet eine
(Zeichentrickfilm-)Geschichte. Der Hauptakteur ist jeweils der Eisbä-
renjunge Lars, der mit einigen (Tier-)Freunden in der polaren Eisre-
gion und im benachbarten «Braunbärenwald» Abenteuer erlebt.
Diese Tiere haben insofern eine Art Doppelrolle inne, als sie sprechen und menschliche Handlungen ausführen können, also in einem gewissen Sinne die Menschen ersetzen, andererseits aber auch
tierische Eigenschaften wie Bewegungsart beibehalten und von Zeit
zu Zeit auch den Menschen entgegengesetzt werden, indem ein
Mensch oder eine menschliche Siedlung in der Handlung vorkommt.

4.2 Auswertung

**a) Versuchen die «Gute-Nacht-Geschichten» den Kindern Um-
weltbewusstsein zu vermitteln? Wenn ja: Wie versuchen sie
dies?**
In den untersuchten Sendungen kommt Natur zwar stets vor und
spielt manchmal auch eine wichtige Rolle, doch scheint die Natur-
Thematik nicht besonders forciert zu sein. Es ist eher so, dass die
Natur so vorkommt wie im Alltag eines Kindes, das in ländlicher
Umgebung wohnt: Die Natur ist stets vorhanden, häufig einfach im
Hintergrund, trotzdem als Erfahrungsraum wichtig.

Auch Umweltproblematiken sind immer wieder ein, wenn auch eher verstecktes, Thema. Subtil wird in den Geschichten auf Probleme, die menschliche Handlungen (bzw. deren Folgen) in der Natur auslösen können, aufmerksam gemacht: Menschliche Abfälle gefährden die Tiere, unvorsichtige Kinder lösen beinahe einen Waldbrand aus, ein Wissenschaftler stresst aus seinem Forschungsdrang heraus die Tiere. Als Zuschauer wird man jedoch nicht durch Kommentare direkt auf das Problem hingewiesen, sondern man muss sich selber Gedanken machen, warum es zu diesem Problem kommt. Der Erfahrungshorizont der Zuschauer wird insofern erweitert, als sie Umweltthemen begegnen, die sie im Alltag nicht beobachten können. Die Begegnung selbst gestaltet sich aber nicht viel anders als im Alltag; man erhält keine zusätzlichen Informationen zu den Geschehnissen.[1]

Insgesamt scheint zwar eine Absicht vorhanden zu sein, die Kinder auf gewisse Probleme aufmerksam zu machen. Aber es wird kein echter Versuch unternommen, den Kindern Umweltbewusstsein zu vermitteln. Die Natur wird recht unbeschwert, manchmal sogar romantisch-verklärt dargestellt, und Umweltprobleme werden ohne ihre Zusammenhänge zum menschlichen Handeln dargestellt.

b) Auf welche Weise werden Kinder mit Konsumgütern konfrontiert? Welches Konsumverhalten wird ihnen vorgespielt?

In den sechs untersuchten Geschichten kommt nur gerade ein Konsumgut vor, ein Teddybär. Die Akteure spielen fast immer ohne gekauftes bzw. kaufbares Spielzeug, erfinden ihre Spiele selber. Auffallenderweise ist gerade das Auftauchen dieses Teddybärs der Auslöser von Eifersuchtsgefühlen zwischen den Tieren. Dies kann aber auch Zufall sein.

Eine Konfrontation mit Konsumgütern findet also innerhalb der Geschichten kaum statt. Den Kindern wird in keiner Art und Weise ein Konsumverhalten vorgespielt. Hingegen könnte eine indirekte Aussage sein: Auch ohne viel Spielzeug und Gerätschaften sind Spiel und Spass möglich. Es ist durchaus möglich, dass eine gewisse Intention besteht, genau dies den Kindern zu vermitteln. Ob dies an-

---

[1] Zu beachten ist allerdings, dass wir spezielle Mittel des Films nicht untersucht haben: Geräuschkulisse und die Wahl von Farben, die gerade in Trickfilmen wichtig sind, können ein Erlebnis natürlich intensivieren.

gesichts der Werbeblöcke rund um die Sendung und der indirekten Vermittlung grosse Wirkung hat, kann hier nicht festgestellt werden, ist unseres Erachtens aber fraglich.

c) Versuchen die «Gute-Nacht-Geschichten», Kindern Zusammenhänge zwischen Konsum bzw. Folgen von Konsum und Umweltproblemen zu vermitteln?
Die Antwort hierauf ist ganz klar nein.

5. «Bussi Bär»-Ausgabe vom Juli 1997

In unserer Arbeit haben wir den Inhalt der «Bussi Bär»-Ausgabe vom Juli 1997 untersucht. Das Kinder- und Jugendheft «Bussi Bär» wird in der Schweiz durchschnittlich 15450mal im Monat verkauft, es ist somit das meistverkaufte Heft für Kinder und Jugendliche in der Schweiz. Die Ausgabe vom Juli 1997 haben wir rein zufällig ausgewählt, d.h., wir entschieden uns mit Absicht nicht für die Dezember-Ausgabe, da diese Ausgabe voller Werbung ist und somit keinen Durchschnitt dargestellt hätte.
Die Hauptakteure sind Tiere, die rational handeln und Gefühle haben wie Menschen. Unter diesen Hauptakteuren nehmen «Bello» und «Bussi Bär», ein Hund und ein Teddybär, eine herausragende Stellung ein. Menschenkinder werden selten abgebildet, und es kommt ihnen dann die Funktion eines guten oder schlechten Vorbildes zu, d.h., sie zeigen den Lesern, wie man etwas richtig oder falsch macht.

5.1 Zusammengefasste Resultate unserer Bild- und Textanalyse

Die eingangs gestellten Fragen können wir für die erwähnte «Bussi Bär»-Ausgabe wie folgt beantworten.

a) Wird in der «Bussi Bär»-Ausgabe vom Juli 1997 versucht, den Kindern Umweltbewusstsein zu vermitteln?
In 12 von 25 Beiträgen stellt die Natur den Hintergrund dar und ist somit für die Hauptakteure unwesentlich. In acht Beiträgen steht die Natur jedoch im Vordergrund, d.h., die Leser sollen konkret etwas über die Natur und deren Elemente lernen.
In den erwähnten acht Beiträgen, in denen die Natur eine wesentliche Rolle spielte, versuchten wir den Umgang der Hauptakteure mit der Natur zu analysieren. Zusammenfassend können wir sagen,

dass die Hauptakteure nur im «Umwelttip» überlegt richtig mit der Natur umgehen, indem sie den Lebensraum von Wasservögeln vor Abfällen schützen wollen. In drei Beiträgen versuchen sich die Hauptakteure vor den Einwirkungen der Natur zu schützen. Ein Zusammenhang zwischen ihrem Umgang mit der Natur und den Auswirkungen der Natur auf den Menschen wird jedoch nicht hergestellt (z.B. Ozon – verstärkte UV-Strahlung – Sonnenbrand).

Die Frage, ob die Begegnung mit der Natur bei den Hauptakteuren Gefühle auslöst, beantworteten wir wiederum nur für diejenigen acht Beiträge, in denen die Natur eine wesentliche Rolle gespielt hat: Die Hauptakteure empfinden im Umgang mit der Natur überwiegend positive Gefühle. Negative Gefühle werden durch richtiges Verhalten und Anpassung, also durch wiedergewonnene Kontrolle, in positive Gefühle verwandelt.

Umweltprobleme werden in den Beiträgen nur zweimal angesprochen: einmal implizit, indem eine Sprengung gezeigt wird; dieser menschliche Eingriff in die Natur wird zwar zum Problem für die Hauptakteure, die Sprengung wird aber nicht als Problem für die Umwelt ausgewiesen. Das andere Mal explizit, indem den Lesern im «Umwelttip» aufgezeigt wird, dass sich Wasservögel an Dosen verletzen können. Unseres Erachtens wird dieser «Umwelttip» aber durch die Titelseite der «Bussi Bär»-Ausgabe abgeschwächt, wo Lust und Freude an einer wilden Boots- und Monowasserskifahrt suggeriert werden; dadurch werden Wasservögel wohl viel mehr gestört als durch leere Getränkedosen.

Umweltprobleme sind nur auf einer von $31\frac{1}{3}$ Seiten ein Thema; Umweltbewusstsein kann dadurch nicht vermittelt werden.

b) Auf welche Weise werden die Leser mit Konsumgütern konfrontiert? Welches Konsumverhalten wird ihnen vorgespielt?
Auf den Bildern der Beiträge werden insgesamt ca. 140 Konsumgüter abgebildet. Im Text selber haben wir nur ca. 40 Konsumgüter gefunden. Einerseits stellen Konsumgüter also einen wesentlichen Hintergrund der Beiträge dar, andererseits wird Konsumverhalten, mit Ausnahme des Titelbildes, nicht vorgemacht.

Im Titelbild stehen die Konsumgüter und das Konsumverhalten im Vordergrund. Die Hauptfiguren scheinen so grosse Freude an der wilden Motorbootsfahrt zu haben, dass der Leser zur Nachahmung angespornt wird. Ein Titel kündigt zwar den «Umwelttip» im Heft an, dieser Hinweis wirkt in Anbetracht des Bildes jedoch höchstens ironisch.

c) Versucht die untersuchte Ausgabe von «Bussi Bär» den Lesern Zusammenhänge zwischen Konsum bzw. Folgen von Konsum und Umweltproblemen zu vermitteln?

Konsum und Umweltproblematiken sind nur im «Umwelttip» gleichzeitig ein Thema, d.h., die Leser werden darauf aufmerksam gemacht, dass sich Meeresvögel an Dosen verletzen können, und dass der Strandbesucher darum seine Abfälle entsorgen sollte. Auffallend ist, dass auf dem Titelbild zwar gezeigt wird, wie durch die wilde Bootsfahrt Meeresvögel verjagt werden, dies scheint ihnen aber nicht zu schaden, und die Freude der Hauptakteure wird dadurch nicht getrübt.

Unseres Erachtens verpassten die Autoren verschiedene Gelegenheiten, in denen sie auf Zusammenhänge zwischen Konsum und Umweltproblematiken hätten hinweisen können. So z.B. beim Rezept für Kirschquark mit Eis, wo die Leser angehalten werden, ungespritzte Früchte zu kaufen. Da es sich bei den Lesern um Kinder handelt, wären eine Erklärung zu dieser Thematik sowie eine Handlungsanweisung, wo ungespritztes Obst erhältlich ist, notwendig.

5.2 Der «Umwelttip»

Da nur im «Umwelttip» Umweltprobleme und Konsum gleichzeitig angesprochen werden, und da sich die Hauptfiguren bezüglich der Umwelt nur hier überlegt richtig verhalten, haben wir uns intensiver mit seinen Bildern und seinem Text auseinandergesetzt.

Um die Interrater-Reliabilität unserer Analyse-Resultate bezüglich dieses «Umwelttips» zu überprüfen, baten wir je eine Ad-hoc-Gruppe, den Fragebogen für die Bilder und für den Text des «Umwelttips» zu beantworten. Die Resultate aus diesem Interrating decken sich weitgehend mit unseren Resultaten.

Das erstaunlichste Resultat aus diesem Interrating war für uns, dass die Bilder allein mehr Inhalt vermitteln konnten, als wir vermutet hätten. So war es die «Bild-Gruppe», die sich daran störte, dass der Kauf von Getränken in Dosen toleriert wird, falls die leeren Dosen nur richtig entsorgt werden. Obwohl genau diese Aussage im Text gemacht wird, hielt sich kein Interrater aus der «Text-Gruppe» daran auf. Es war auch wiederum nur die «Bild-Gruppe», die erkannte, dass Abfälle von naturbelassenen Nahrungsmitteln kein Umweltproblem darstellen, obwohl diese Aussage nur im Text explizit gemacht wird.

5.3 Fazit

Bilder, d.h. Formen und Farben, sind gemäss Preuss (1991) eher dafür geeignet, Gefühle zu vermitteln, was wir mit unserer Analyse bestätigen konnten. Mit ausgewählten Bildern kann man den Leser also gezielter und effektiver ansprechen als mit Texten.

Preuss (1991) weist in ihrem Buch an verschieden Stellen darauf hin, dass Bilder (analoge Information) für die Vermittlung komplexer Inhalte und Zusammenhänge eher geeignet sind als Texte (digitale Information). Durch unsere Interratings konnten wir dies belegen, d.h., es können auch komplexe Zusammenhänge, wie sie bei Umweltproblemen vorliegen, mit Hilfe von Bildern verständlich dargestellt werden.

Aus den genannten Gründen sind wir der Meinung, dass bei Vermittlungsversuchen von umweltgerechtem Verhalten und Umweltbewusstsein nicht nur Texte, sondern vermehrt auch Bildmaterial eingesetzt werden sollte. Dabei müssten diese Bilder vorwiegend positive Gefühle vermitteln, da überwiegend negative Informationen ein Gefühl der Hilflosigkeit erzeugen, was negative Konsequenzen sowohl auf der kognitiven, emotionalen, motivationalen als auch auf der selbstwertbezogenen Ebene nach sich ziehen kann (Flammer 1990).

Das untersuchte Heft kommt dieser Forderung entgegen, d.h., hier werden die Leser durch farbenfrohe und fröhliche Bilder angesprochen. Im Text hingegen werden keine komplexen Zusammenhänge aufgegriffen. Darum vermuten wir, dass die Vermittlung von Umweltbewusstsein nicht in der Absicht der Autoren der «Bussi Bär»-Ausgabe vom Juli 1997 lag.

6. Werbung

Obwohl der Konsum an sich wertfrei ist, hat er einen negativen Beigeschmack erhalten, weil unsere Gesellschaft Ansprüche und Wünsche weckt, die durch immer ausuferndere Konsumerlebnisse befriedigt werden sollen (Müller 1997). Das Konsumverhalten der Kinder wird von den Eltern und der Werbung in den Massenmedien von klein auf geformt und geprägt.

In welchem Masse dies der Fall ist, hat uns interessiert, und darum haben wir Literatur zum Thema bearbeitet (vgl. Ziffer 6.1) und die Werbeanteile der zwei vorgestellten Produkte «Gute-Nacht-Geschichten» und «Bussi Bär» quantitativ erhoben (vgl. Ziffer 6.2).

6.1 Kinder und Werbung

Kinder und Jugendliche sind die bevorzugte Zielgruppe der Werbung. Sie stellen einen primären Markt und einen sogenannten «Beeinflussungsmarkt» dar (vgl. Bonfadelli in diesem Band). Es wird, da sie auch einen «Zukunftsmarkt» darstellen, eine möglichst frühe Markenbindung angestrebt. Die Kindheit heute wird kommerzialisiert und mediatisiert. Die früher pädagogisch ausgerichteten Kinderprogramme haben heute mehr und mehr nur noch die Funktion, ein möglichst optimales Umfeld für die Werbung zu sein. Der Werbeanteil hat sich drastisch erhöht und auch ins Kinderprogramm verlagert.

Bereits Vorschulkinder zeigen grosses Interesse an Werbung. Ab ca. drei Jahren lernen Kinder Slogans und Produktenamen aus der Fernsehwerbung, können Markenzeichen anhand ihrer Form und Farbe identifizieren und Logos zuordnen (Müller 1997). Die Intentionen von Werbung können sie allerdings kaum erfassen. Sie wird nicht als solche erkannt, sondern als Unterhaltungs- oder Freundschaftsangebot aufgefasst (Baacke 1994, S. 5). Erst ab dem Alter von sieben Jahren wird Kindern deutlich, dass durch Werbung etwas verkauft werden soll. Das liegt v.a. daran, dass die Absicht der Werbung nicht leicht zu durchschauen ist: In fast 70% der Werbespots wird bewusst verschwiegen, dass ein Produkt gekauft werden soll. Die Werber locken mit Aufforderungen wie «Hol Dir doch» oder «Probier doch mal» (Müller 1997, S. 74).

Umfragen haben gezeigt, dass der Werbedruck bei Kindern vielfältige Kaufwünsche und eine generell konsumorientierte Einstellung erzeugt. Werbung ist ein Teil der Kinder- und Jugendkulturen geworden. Sie ist «als Kulturphänomen und als Sozialisationsfaktor zu begreifen» (Baacke 1994). Werbung ist überall präsent und daher unausweichlich. Werbung muss demzufolge in ihrer umfassenden Auswirkung begriffen werden; es reicht nicht aus, losgelöst aus dem Kontext, nach ihrer «Wirkung» zu fragen.

Werbung präsentiert sich harmlos, unterhält und gibt keinen Anlass, sich vehement gegen ihre Funktion auszusprechen. Ihr Einfluss auf Kinder und Erwachsene kann, so die Experten, nicht stichhaltig nachgewiesen werden.

Kein Zweifel allerdings besteht in der Absicht, die die Werbung verfolgt: Es sollen Bedürfnisse geweckt und erzeugt und zum Konsumieren angeregt werden. Warum wird, so unsere Frage, diese Einflussnahme heruntergespielt? Warum wird nicht auf die Frage eingegangen, ob es wünschenswert ist, sich der Haben-Seite, dem Konsumieren zu verschreiben, und ob es moralisch vertretbar ist, wenn bereits im Kindesalter versucht wird, Selbstwert und Zufriedenheit an Konsumgüter, an den Besitz zu binden?

Die Vermutung liegt nahe, dass die Kluft zwischen Konsumverhalten und umweltbewusstem Handeln mit Absicht herbeigeführt wird, bzw. die Werbung gezielt dafür eingesetzt wird, kapitalistische Werte zu verankern, um zu verhindern, dass unser Wirtschaftssystem mit seinen zum Teil umweltschädigenden Nebenfolgen hinterfragt wird.

6.2 Stichprobenartige Untersuchung des Werbeanteils an einer TV-Sendung und einer Zeitschrift für Kinder im Vorschulalter:

Unsere Frage (B3) lautet: Wie gross ist der Anteil von Werbung in der kinderspezifischen Sendung «Gute-Nacht-Geschichte» auf SF1 (bzw. in den beiden Werbeblöcken vor und nach der Sendung) und in der Kinderzeitschrift «Bussi Bär»? Wofür wird geworben?

1) Methodik
   Quantitatives Zählen von Seiten/Messen der Sendedauer.
   Ausgewählt wurden drei Ausgaben von «Bussi Bär» und sieben Sendungen der «Gute-Nacht-Geschichte» mit begleitender Werbung.

2) Resultate

Die Untersuchung hat nur Stichprobencharakter, dennoch lassen sich interessante Beobachtungen anstellen, die zu Diskussionen und weiterführenden Untersuchungen Anlass geben könnten:

«Bussi Bär»:

Ausgaben Juli, Oktober und Dezember 1997

Gesamtseitenzahl der Hefte Juli und Oktober: 40 Seiten. Dezember: 56 Seiten. Die zusätzlichen 16 Seiten entsprechen einer in der Mitte des Heftes eingefügten Playmobil-Werbung. Jedes Spielzeug ist mit einem bereits angekreuzten Feld und dem Kommentar «Das wünsch ich mir» versehen.

Werbeanteil: Juli und Oktober: 12,5%

Dezember: 37,5%

- Den höchsten Anteil an der Werbung haben Spielwaren mit 70,9%.
- Der «Bussi Bär» wird als «erste wissenschaftlich empfohlene Spiel- und Vorschule» angepriesen. Dieses Heft ist mit pädagogischen Tips gespickt.

Ob diese Tips als pädagogisch wertvoll einzuschätzen sind, wird von uns stark in Zweifel gezogen. Ein Beispiel aus der Oktoberausgabe soll unsere Bedenken illustrieren:

- Linke Seite: «Bussi Bär» kauft nur offenes Gemüse etc., vermeidet unnötiges Verpackungsmaterial.
- Rechte Seite: Ganzseitige Werbung für LEGO-Spielzeug, bei dem ja bekanntlich mit Verpackungsmaterial verschwenderisch umgegangen wird.

Als beinahe sarkastisch ist die Bemerkung auf der «Sparseite» zu beurteilen, die empfiehlt, leere LEGO-Schachteln als Zimmerdekoration aufzustellen.

Wie soll ein Kind mit solchen Widersprüchen umgehen?

«Gute-Nacht-Geschichten»:
- Werbeblöcke vor und nach der Sendung.
- Die «Gute-Nacht-Geschichten» dauern fünf Minuten. Die Werbezeit ist unterschiedlich lang, es sind keine Regelmässigkeiten festzustellen.
- Der Anteil der Werbung beträgt 28%.
- Vergleicht man diese Zahlen mit einer Untersuchung eines Sendetages des deutschen Privatsenders (RTL), scheint dieser Werbeanteil von 28% sehr hoch zu sein. In der erwähnten Studie werden für die öffentlich-rechtlichen Sender Durchschnittszahlen für den Werbeanteil zwischen 1% und 2% und für private Sender zwischen 12% und 17% am Gesamtprogramm angegeben (Neumann-Braun, Brauner 1994).
- Es gilt allerdings zu bedenken, dass diese Zahlen über den ganzen Tag hin ermittelt worden sind, wir haben nur einen Ausschnitt herausgegriffen.
- Den höchsten Anteil an der Kinderwerbung haben auch hier Spielwaren mit 63%.

7. Synthese

Die eingangs gestellten Fragen können wir nun wie folgt beantworten:

1. *Versuchen wir Erwachsenen, den Kindern Umweltbewusstsein zu vermitteln? Wenn ja: Wie versuchen wir dies?*
   Die Untersuchungen der «Gute-Nacht-Geschichten» und des «Bussi Bär» Heftchens geben ein einheitliches Bild in bezug auf diese Frage: Es besteht kein echter Versuch, den Kindern Umweltbewusstsein zu vermitteln.
2. *In welcher Weise werden Kinder mit Konsumgütern konfrontiert? Was für ein Konsumverhalten wird ihnen vorgespielt?*
   In den Geschichten werden höchstens Konsumgüter, nie aber der Kaufakt selber dargestellt. Der Kauf selber wird nur über die Werbung angeregt.
   Wenn wir die «Gute-Nacht-Geschichten» mit den «Bussi Bär» Geschichten vergleichen, fällt uns folgender Unterschied auf: Im «Bussi Bär» wird der Inhalt mit Werbung durchmischt (oder umgekehrt), was zu der Paradoxie führen kann, dass ein

Umwelttip bzw. ein Verhaltenstip neben einer klassischen Verbraucherwerbung steht; so werden den Kindern widersprüchliche Botschaften vermittelt. In den Gute-Nacht-Geschichten erfolgt hingegen eine klare Trennung von Geschichte und Werbung.

3. *Versuchen wir, Kindern Zusammenhänge zwischen Konsum bzw. Folgen von Konsum und Umweltproblemen zu vermitteln?*
Ein Zusammenhang zwischen Konsum und Umweltproblemen wird nur ansatzweise hergestellt. So wird beispielsweise im «Bussi Bär» gesagt, wie man sich bezüglich einzelner Aspekte eines Umweltproblems verhalten sollte.

Wir leiten aus unserer Arbeit folgende These ab, die in einer weiterführenden Untersuchung analysiert werden müsste:
Das Aufzeigen von Wirkungszusammenhängen, zum Beispiel der Einfluss von Konsum auf Umweltproblematiken, oder auch die Abhängigkeit des Menschen von der Natur, ist in der heutigen Umwelterziehung kaum Thema. Diese beschränkt sich auf das reine Aufzeigen von Problemen und auf das Ziel des Einprägens wenig begründeter Verhaltensmuster im Sinne eines «das ist richtig» oder «das ist falsch».
Wenn wir davon ausgehen, dass für die Bildung von Umweltbewusstsein das Verständnis von Wirkungszusammenhängen zwischen den menschlichen Aktivitäten und der Natur unabdingbar ist, lässt sich weiter folgern, dass durch die von uns untersuchte kinderspezifische Sendung bzw. die Zeitschrift kein Umweltbewusstsein gefördert wird, obwohl im «Bussi Bär» ausdrücklich «pädagogische Tips» enthalten sind.

Literatur

Baacke D. 1994: Kinder und Werbung. Bielefelder Gutachten. In: medien praktisch. Nr. 2. S. 5.

Flammer A. 1990: Erfahrung der eigenen Wirksamkeit: Einführung in die Psychologie der Kontrollmeinung. Bern: Hans Huber.

Müller M. 1997: Die kleinen Könige der Warenwelt. Frankfurt a. M.: Campus.

Neumann-Braun K., Brauner D. J. 1994: Kinder unter Werbedruck. Stichprobenartige Untersuchung des Programm- und Werbeangebots eines privaten Senders (RTL). In: medien praktisch. Nr. 2. S. 10-14.

Preuss S. 1991: Umweltkatastrophe Mensch. Über die Grenzen und Möglichkeiten, ökologisch bewusst zu handeln. Heidelberg: Asanger.

Jugendliche im Spannungsfeld von Konsum und Umwelt

ANDREA AMACHER, SIMON HOCHULI, ERIKA SCHENKER

1. Einleitung und Problemstellung

Zwischen Umweltbewusstsein und Umweltverhalten besteht eine Kluft. Darunter verstehen wir die Umsetzungsprobleme von Umweltbewusstsein in konkretes Umweltverhalten. Diese Kluft entsteht aufgrund spezifischer Einflüsse, die sowohl im Konsumgütermarkt als auch in den Jugendlichen selbst und in dem Umfeld, in dem sie sich bewegen, begründet sind. Wir wollen einige Aspekte erläutern, die auf die erwähnte Kluft wirken oder wirken könnten. Dabei interessiert uns, welchen Einflüssen und Schwierigkeiten Jugendliche im Konsumbereich begegnen.

2. Marktstruktur

Unterbruner (1991) zeigt, dass Jugendliche über ein hohes Umweltbewusstsein verfügen. Damit sie dieses in ihrem Konsumverhalten verwirklichen können, brauchen sie Informationen über die Umweltverträglichkeit der gewünschten Produkte und die Möglichkeit einer Konsumwahl.

Informationen auf Verpackungen über die Umweltverträglichkeit der Produkte setzen Kenntnisse über ökologische Wechselbeziehungen voraus, es sei denn, sie lassen sich anhand von Öko-Labels (z.B. Knospe, Max-Havelaar-Signet) identifizieren, da diese verdichtete Informationen und anerkannte Richtlinien darstellen. Die zunehmende Vielfalt der Labels und deren zum Teil unterschiedlich festgelegte Richtlinien erfordern allerdings eine sorgfältige Betrachtung. Die Informationsbeschaffung innerhalb eines Einkaufsladens kann deshalb aufwendig sein, auch in dem Sinne, dass eine genauere Betrachtung der angebotenen Produkte mehr Zeit beansprucht.

Wollen Jugendliche umweltbewusst handeln, müssen sie im Konsumbereich auf umweltverträgliche Produkte ausweichen können. Grundsätzlich stellt sich der Markt dieser Forderung, doch stehen umweltverträgliche Produkte nicht in genügendem Umfang zur Verfügung. Ferner sind deren Preise im Vergleich oftmals höher. Der Handlungsspielraum wird eingeengt.

Jugendliche treten in ihrer Mehrheit als rationale Konsumenten auf.[1] Der Güterpreis ist demzufolge für die Kaufentscheidung ein wesentlicher Faktor. Preise informieren über Bedürfnisse und Knappheiten, wobei in den Preisen alle direkten und indirekten Kosten enthalten sind. Eine intakte Umwelt bzw. Umweltverschmutzung als öffentliches Gut bzw. externe Effekte werden vom Preismechanismus nicht oder nur unzureichend erfasst. Die hohen Umweltkosten als Folge externer Effekte liegen «ausserhalb des Preissystems» (Stephan, Hässig 1997). Ein möglicher Anteil der entstandenen Umweltkosten wird im Preis nicht oder nur verzerrt wiedergegeben.

Jugendliche als rationale Konsumenten informieren sich in erster Linie anhand von Preisen, die nur unzureichend informieren und somit Ansprüche und Bedürfnisse der Konsumenten unterschiedlich gewichten. Da die Kosten für die Umweltverschmutzung kaum im Preis enthalten sind, wird umweltbewusstes Konsumverhalten zuwenig gewichtet und damit erschwert.

Schwierigkeiten bestehen auch darin, dass Produkte verschiedene Ansprüche und Bedürfnisse vereinen und Jugendliche einem Zielkonflikt ausgesetzt sind. Die beschränkten Handlungsmöglichkeiten würden in bezug auf umweltgerechte Konsumorientierung in ihrer letzten Konsequenz oftmals einen Konsumverzicht bedeuten, der angesichts der überlappenden Bedürfnisse schwierig zu vollziehen ist und deshalb für Jugendliche keine eigentliche Lösung darstellt.

Der Markt ermöglicht Jugendlichen also nur geringe Kontrollmöglichkeiten bezüglich des Umweltverhaltens. Umweltgerechtes Verhalten im Konsumbereich ist zudem mit ungleich höheren Kosten finanzieller wie auch zeitlicher Art belastet.

3. Werbung

Dem Kontrollverlust bezüglich ökologischer Anliegen stehen Kontrollmöglichkeiten auf persönlicher Ebene gegenüber. Der Konsummarkt kann auch als Raum verstanden werden, der vielfältige Entscheidungen zulässt. Ferner werden Jugendliche in ihren Entscheidungen als Konsumenten ernst genommen.

---

[1] Nach Lange lassen sich etwa zwei Drittel bis drei Viertel der Jugendlichen als ökonomisch rational bezeichnen (vgl. Beitrag in diesem Band).

Marketing und Werbung sind Strategien, um Konsumenten dahingehend zu beeinflussen, die angebotenen Konsumgüter zu kaufen. Dazu gehört vor allem, dass ein positives Bild der Produkte vermittelt wird (Kroeber-Riel, Meyer-Hentschel 1982).

Jugendliche stellen dabei eine attraktive Zielgruppe dar. Sie interessieren im primären Markt, d.h. in demjenigen Markt, der speziell auf Jugendliche ausgerichtet ist und «Jugendprodukte» bereithält. Sie interessieren aber auch als Beeinflusser bei Kaufentscheidungen, z.B. innerhalb der Familie oder innerhalb der Peer-Gruppe[2]. Nicht zuletzt stellen Jugendliche auch zukünftige Konsumenten dar, deren Potential es zu sichern gilt. Der Zukunftsmarkt soll gesichert werden, indem eine möglichst frühe Markenbindung angestrebt wird (vgl. Beitrag von Bonfadelli in diesem Band).

Jugendliche an Marken zu binden heisst, eine eigentliche Identifikation herzustellen. Marken werden deshalb mit einem Symbolwert besetzt. Im Vordergrund steht dabei die emotionale Beeinflussung, wobei Markennamen zusammen mit emotionalen, angenehmen Reizen verbunden werden. Nach Bonfadelli (vgl. Beitrag in diesem Band) werden Produkte mit soziokulturellen Lebensstilen besetzt und so zu ihren symbolischen Repräsentanten. Produkte sind Ausdruck bestimmter Lebensstile, die wiederum bestimmte Lebensgefühle widerspiegeln. Lebensgefühl und Konsum werden über das Produkt in Beziehung gesetzt.

Oftmals ist die Bezugsgruppe der Peers Ausdruck für das Lebensgefühl; ein Lebensgefühl, welches die Werbung aufnimmt, ernst nimmt, vermittelt oder erzeugt. Es entstehen vielfältige Kaufwünsche, die auf dem Markt jederzeit befriedigt werden können.

Die Reduzierung der Produkte auf Symbole wie Lebensstil und Lebensgefühl lässt wenig Spielraum für eine kritische Betrachtung des Produkts in bezug auf seine ökologischen Auswirkungen. Das Produkt übernimmt eine vermittelnde Rolle: Durch den Kauf eines entsprechenden Produkts kann eine Verbindung von Lebensstil und Lebensgefühl hergestellt werden. Nicht das Produkt ist entscheidend, sondern die mit dem Produkt verbundenen Vorstellungen.

Die Suche und Orientierung von Jugendlichen findet in der Werbung und somit auch im Konsummarkt Unterstützung. Es wird ihnen die Möglichkeit gegeben, Entscheidungen zu treffen. Sie wer-

---

[2] Gruppe der Altersgleichen, auch Cliquen, lose Freundschaftsbünde.

den als mündige Käufer betrachtet und können Kontrolle ausüben, die mit dem Kaufakt abgeschlossen wird. Es werden ihnen sogar Orientierungsmöglichkeiten eröffnet: ein Raum, der versucht, die aktuellen Strömungen aufzufangen, und sie wohlgeordnet in den Regalen der Warenhäuser präsentiert, oder: Das Bedürfnis Jugendlicher nach Integration, Entdeckungen und Wohlbefinden wird mit entsprechenden Konsumgütern bedient.

Wie stark der Kaufakt einer tatsächlichen Kontrolle und eigenen Entscheidungen entspricht, soll hier offenbleiben.

4. Betroffenheit

Annahme: Je betroffener Jugendliche ob der gegenwärtigen ökologischen Lage reagieren, desto umweltgerechter verhalten sie sich.[3] Betroffenheit geht hier zum einen von einer affektiven Komponente aus, zum anderen beinhaltet sie auch das Erkennen der Diskrepanz zwischen den konkreten Handlungen, beispielsweise im Konsumverhalten, und den aufgrund des subjektiven Umweltbewusstseins angestrebten Handlungsweisen.

Wie betroffen jemand ist oder wie hoch die gefühlsnahe Bedeutung ist, welche dem Umweltzustand beigemessen wird, beeinflusst das Umweltbewusstsein. Jaun fokussiert in diesem Zusammenhang den Begriff der Unmittelbarkeit und der Identifikation: «Je unmittelbarer Kinder [und Jugendliche] von einem Problem betroffen sind, desto höher ist ihre Identifikation damit und desto einfacher wird es für sie, sich eine eigene Meinung zu bilden und sich an der Lösungsfindung zu beteiligen» (vgl. Beitrag von Jaun in diesem Band S. 270). Umgekehrt könnte vermehrte Partizipation der Jugendlichen eine Umweltsensibilisierung durch grössere Informiertheit bewirken, welche eine höhere persönliche Betroffenheit zur Folge hätte. Diese kann sich in der Einsicht äussern, dass sich der persönliche Einsatz für eine lebenswerte Zukunft lohnt – eben beispielsweise in Form von umweltgerechtem Konsumverhalten.

---

[3] Ausgehend von der Untersuchung «Meinung, Verhalten, Umwelt» (Grob 1991): nicht jugendspezifisch formuliert.

5. Peer-Gruppen

Jugendliche befinden sich in einer Altersphase, in der sie stark mit sich selbst beschäftigt sind, in der das Entdecken und Suchen von neuen Lebensgefühlen ausgeprägt sind und in der Jugendliche ein starkes Intensitätsverlangen zeigen. Es ist ein Zeitabschnitt, in dem sich Jugendliche zunehmend innerhalb von Peergruppen orientieren. Interessanterweise erfolgt die Integration in Peer-Gruppen zunehmend über den Besitz und die Demonstration von Konsumgütern (Lange, Muck 1997). Insofern kann Konsumverzicht für Jugendliche Ausschluss aus diesem wichtigen Bezugsrahmen bedeuten. «[...] man kann ja auch nicht einfach aussteigen! Ich weiss schon, dass man sich viel stärker einschränken müsste, damit sich die Situation verbessert» (Interview mit Gilles Leuenberger, «Basler Zeitung» vom 25. September 1997).

Lange und Muck (1997) zeigen, dass abweichendes Kaufverhalten um so ausgeprägter ist, je intensiver in der Peer-Gruppe darüber diskutiert wird, was man kaufen soll und welche Marken im Moment «in» sind. Wer begibt sich da in Zeiten, in denen Jugendgruppen zuweilen gar von bestimmten Marken definiert werden, durch soziale Unerwünschtheit freiwillig in Isolation und plagt sich mit Minderwertigkeitsgefühlen? Einem Markenkult zu frönen und das schnelle, gezielte Konsumieren des richtigen Produkts zur richtigen Zeit sind Bestandteile der jugendlichen Alltagskultur. Wichtig ist dabei, möglichst viel auszuprobieren; was zählt, ist die Intensität des Hier und Jetzt. Allerdings mangelt es in dieser Hinsicht an Vorbildern unter Erwachsenen in keiner Weise: Warum sollen sich Jugendliche anders verhalten, wenn ihnen die Elterngeneration umweltbelastende Konsumgewohnheiten vorlebt?

6. Konsum als Kompensation

Der Umstand, dass konsumiert wird, um persönliche Defizite auszugleichen, wirkt sich negativ auf einen erfolgreichen Umsetzungsprozess aus. Eine wichtige Ursache für ein solches Verhalten ist die Selbstwertschwäche. Diese wird durch einen überbehütenden Erziehungsstil der Eltern sowie durch einen überdurchschnittlich hohen schulischen Leistungsmassstab erheblich gefördert (vgl. Beitrag von Lange in diesem Band). Betroffene sind darin eingeschränkt, sich selbst als Wirkende zu erleben. Sie sehen sich den Anforderungen der Umwelt als hilflos und ohnmächtig gegenüber (vgl. auch den Beitrag von Flammer in diesem Band).

Jemand konsumiert in diesem Fall nicht wegen des Gebrauchswertes, sondern wegen des symbolischen Wertes eines Produkts. Es ist der Versuch, ein Gefühl der inneren Leere, der fehlenden Kontrolle und des nicht vorbehaltlos Akzeptiertseins zu kompensieren. Der Anreiz ist auch nicht die Demonstration eines prestigeträchtigen Statussymbols, sondern der Kaufakt als solcher, bei dem der Jugendliche die Kontrolle über die Situation innehat. Die Beschaffenheit des Produkts ist folglich sekundär, vielleicht wird es niemals im ursprünglichen Sinne genutzt, oder es wird sogar versteckt.[4] Ein rationales Abwägen der subjektiven Notwendigkeit und der Umweltverträglichkeit des Kaufgutes fällt beim kompensatorischen Konsum weitgehend weg.

7. Kontrollattributionen

Das Paradigma der Kontrollattributionen angewendet auf den Umweltbereich würde heissen: Jugendliche, welche die Ursachen des Umweltzustandes eher bei sich und ihrem Verhalten sehen (personale oder internale Orientierung), verhalten sich umweltgerechter als jene, welche die Ursachen des Umweltzustandes external, d.h. auf Umweltfaktoren, attribuieren. Insofern nimmt diese Zuschreibung von Kontrolle Einfluss auf das konkrete Umweltverhalten im Konsum.

Umweltschonendes Verhalten scheint nur dann angezeigt zu sein, wenn die Überzeugung vorherrscht, auch einen positiven Effekt auf die Umwelt zu bewirken. Dies wird durch den Umstand erschwert, dass keine positive Rückmeldung von umweltschonendem Konsum erfolgt und umgekehrt auch kein unmittelbarer Schaden beim Konsum von umweltschädigenden Produkten sichtbar ist. Bei Umweltveränderungen handelt es sich oft um schleichende Entwicklungsprozesse über Jahre und Jahrzehnte hinweg, die eine adäquate Betrachtungsweise erfordern.

In einem Kollektiv scheint auf das einzelne Individuum wenig Verantwortung zu fallen, d.h., eine externale Orientierung führt in diesem Fall zu einer sozialen Verantwortungsdiffusion. Dieser Umstand

---

[4] Seminardiskussion mit Prof. Elmar Lange, 20. Januar 1998.

zerstört die Einsicht in die Notwendigkeit des persönlichen Tatbeitrags, da der einzelne Effort gar nicht erst ins Gewicht zu fallen scheint. Hinzu kommt, dass viele Jugendliche eine pessimistische Sicht ihrer Zukunft haben (Unterbruner 1991) und diesbezüglich keine oder wenig Kontrollmöglichkeiten sehen.

Jedoch auch eine hohe internale Kontrollattribution ist noch kein Garant für umweltgerechtes Verhalten. Beispielsweise werden die eigenen Möglichkeiten und die Wirksamkeit der eigenen Handlungen oft falsch eingeschätzt oder sogar systematisch überschätzt (Gessner, Kaufmann-Hayoz 1995). Im weiteren erhalten vermeintlich umweltbewusste Konsumenten durch Ökobilanzen und Labels vielfach ein unvollständiges und zu wenig differenziertes Bild.

8. Ausblick: Jugendliche und Partizipation

Jugendliche partizipieren am Konsum als vollwertige Akteure. Trotzdem ist ihre Einflussnahme für eine umweltgerechte Konsumwelt gering. Die hier vorherrschende Verantwortungsdiffusion erschwert es, den Zusammenhang zwischen persönlichem Konsum und den daraus resultierenden, negativen Folgen für die Umwelt zu erkennen. Es ist allerdings vorstellbar, dass Partizipation – auf politischer Ebene und in anderen, für die Jugendlichen wichtigen Lebensbereichen – das Verantwortungsbewusstsein für die Umwelt steigert, weil Jugendliche eine grössere Betroffenheit empfinden (vgl. Beitrag von Jaun in diesem Band).

Ausgehend von diesen Überlegungen stellen wir folgende These auf: Damit Jugendliche ihr hohes Umweltbewusstsein in ihr Handeln, insbesondere im Konsumbereich, einfliessen lassen können, müssen sie an der Gestaltung ihrer Umwelt beteiligt werden. Unter «Gestaltung» verstehen wir die Beeinflussung und Veränderung bestehender Strukturen. Damit Jugendliche an der Gestaltung ihrer Umwelt beteiligt werden können, braucht es neue und kreative Formen der Partizipation.

Literatur

Basler Zeitung 1997: Ökogeneration? Konsumkids? Oder beides? Nr. 223, 25. September. S. 53.

Gessner W., Kaufmann-Hayoz R. 1995: Die Kluft zwischen Wollen und Können. In: Fuhrer U. 1995: Ökologisches Handeln als sozialer Prozess. Basel, Boston, Berlin: Birkhäuser. S. 11-25

Grob A. 1991: Meinung, Verhalten, Umwelt. Ein psychologisches Ursachennetz-Modell umweltgerechten Verhaltens. Bern: Lang.

Kroeber-Riel W., Meyer-Hentschel G. 1982: Werbung. Steuerung des Konsumentenverhaltens. Würzburg, Wien: Physica-Verlag.

Lange E., Muck F. 1997: Werkstatt Konsumpädagogik. Sozialwissenschaftliche Grundlagen und pädagogische Skizzen. Hamm: Hoheneck Verlag.

Stephan G., Hässig D. 1997: Begleittext zur Vorlesung Mikroökonomie I, Volkswirtschaftliches Institut der Universität Bern, Abteilung für angewandte Mikroökonomie.

Unterbruner U. 1991: Umweltangst – Umwelterziehung. Vorschläge zur Bewältigung der Ängste Jugendlicher vor Umweltzerstörung. Linz: Veritas.

Jugendliche, Umweltbewusstsein und Konsum

Alexandra Hagen, Balz Marti, Sibylle Müller, Reto Tanner

Das Seminar «Jugend und Umwelt» setzte sich mit dem Paradoxon auseinander, dass Jugendliche einerseits hohes Umweltbewusstsein äussern und andererseits hohes Konsumverhalten zeigen. In verschiedenen Studien fanden wir diesen Widerspruch bestätigt. Für unsere Ausführungen wollen wir diesen Befund als Voraussetzung betrachten, auch weil eine diesbezügliche Auseinandersetzung den vorgegebenen Rahmen sprengen würde. Wir verweisen auf die Untersuchungen von Lange (1997), Szagun, Mesenholl und Jelen (1994) und Jelen (1991).

Wir möchten im folgenden mögliche Ansätze darstellen, die das widersprüchliche Verhalten erklären können.

1. Erklärungen des widersprüchlichen Verhaltens

Mögliche Erklärungen lassen sich auf mehreren Ebenen finden. So behandeln wir zuerst die gesellschaftliche Dimension, der wir am meisten Gewicht beimessen, und zeigen anschliessend Ansätze auf, die auf der individuellen Ebene greifen.

1.1 Erklärungen auf gesellschaftlicher Ebene

a) Umweltmoral/Umweltrolle

Jugendliche sind mit und in Umweltproblemen aufgewachsen. Sie entwickeln schon früh eine Sensibilisierung für Umweltprobleme, welche durch TV, Zeitung, Radio, kurz durch die Medien vermittelt wurden und werden. Hinzu kommen eigene Erfahrungen mit der Umwelt sowie die Schule und die Präsenz der Elterngeneration und Gleichaltriger, welche sie mit der Umweltproblematik konfrontieren. Dabei entstehen sowohl Wirkerfahrungen als auch Emotionen und Wissen über die Umwelt. In Emotionen sind Mitleid und Trauer, in Wissen Fakten enthalten. Emotionen und Wissen konstituieren die Umweltmoral.

b) Konsumentenrolle

Jugendliche sind mit dem Konsum auf- und in den Konsum hineingewachsen, vor allem hinsichtlich des Konsums zur Deckung von Bedürfnissen, die psychischen Ursachen entspringen (Status, Selbstwert, Rolle → kompensatorischer Konsum). Genauso wie die Umweltmoral entwickelt sich auch die Konsumentenrolle über eine Sozialisierung durch Medien, Schule, Gleichaltrige und Eltern. Kinder und Jugendliche lernen überdies, dass durch Konsum unmittelbare (psychische) Befriedigung erfolgt.

1.2 Erklärungen auf individueller Ebene

Auch auf individueller Ebene lassen sich Faktoren finden, die als mögliche Ursachen in Frage kommen. Aus der psychologischen Fachrichtung drängen sich mehrere Ansätze auf. Dies sind die Theorie der kognitiven Dissonanz, die Annahme zweier mentaler Systeme, Ansätze aus der Kontrollpsychologie, der Ansatz der Verdrängung als Zivilisationsprozess, der Ringelmann-Effekt und Thesen über Werthaltungen.

a) Kognitive Dissonanz

Der erste Ansatz, derjenige der kognitiven Dissonanz, stammt von Festinger (1957). Ihm liegt ein Menschenbild zugrunde, das annimmt, dass Menschen nach Konsistenz streben; dass sie also versuchen, ihre Einstellungen, ihre Gedanken und ihr Handeln in Übereinstimmung zu bringen. Inkonsistenz zwischen Kognitionen und Handeln führt zu unangenehmer psychischer Spannung, die durch die Suche nach Konsistenz behoben werden soll. Wenn ich also weiss, dass Autofahren der Umwelt schadet, es aber trotzdem tue, löst dies nach Festinger eine Spannung aus. Die radikalste Art, die Dissonanz zu beseitigen, wäre, auf das Auto zu verzichten. In den meisten Fällen werden jedoch bequemere Möglichkeiten der Spannungsreduktion gewählt. So kann ich mich vorzugsweise an Aussagen orientieren, welche die Umweltschädlichkeit der Motorfahrzeuge in Frage stellen, oder ich kann meine umweltschützerischen Tätigkeiten hervorheben und so das Autofahren relativieren.

b) Zwei mentale Systeme

Einen gänzlich anderen Ansatz vertritt Wilson (1985). Er ist der Meinung, Menschen besässen zwei mentale Systeme, wobei das eine, welches das Verhalten leitet, zum grössten Teil nicht bewusst und kontrolliert sei und das andere, aus dem die Menschen explizite Beurteilungen abgeben, als bewusst und verbal zu bezeichnen sei. In einem Experiment konnte er nachweisen, dass Leute, die eigentlich gerne Puzzle spielten, auffallend weniger Puzzle spielten, nachdem sie für das Spielen bezahlt worden waren. Ihre Beurteilung passten sie jedoch ihrem Handeln nicht an; sie gaben immer noch an, gerne Puzzle zu spielen, obwohl dies offensichtlich der Realität nicht entsprach. Wurden die Versuchspersonen aber auf den Widerspruch aufmerksam gemacht, passten sie ihre Beurteilung den Gegebenheiten an (Wilson u. a. 1981). Auf die Umweltproblematik bezogen, würde dies bedeuten, dass ich mich sehr wohl als umweltbewusst bezeichnen kann, dies aber mein Handeln nicht widerspiegeln muss. Erst wenn ich darauf aufmerksam gemacht werde, kann ich entweder meine Beurteilung oder – was wünschenswerter wäre – mein Handeln anpassen. Dies würde für konsequente Informations- und Aufklärungskampagnen sprechen.

c) Ansätze aus der Kontrollpsychologie

Aus der Kontrollpsychologie lässt sich ein weiterer Ansatz vertreten (vgl. beispielsweise Flammer 1990; Flammer in diesem Band). Damit der Mensch überhaupt Tätigkeiten in Angriff nimmt, muss er sich selbst als ursächlich für die gewünschten Konsequenzen wahrnehmen. Ein solches Verständnis von Selbstwirksamkeit baut sich durch das Leben hindurch vor allem anhand eigener Erfahrungen auf. Als wichtige Voraussetzung gilt das Erleben einer Kontingenz, also einer zeitlich-räumlichen Folge von Ursache und Wirkung. Dies ist aber in der komplexen Umweltproblematik oft nicht gegeben. Folgen unseres Handelns lassen sich nicht so offensichtlich auf eine einzelne Handlung zurückführen. Viele Faktoren spielen zusammen und ergeben ein komplexes Ganzes, das für den einzelnen nicht leicht zu durchschauen ist. Oft ist gerade bei umweltschonendem Verhalten Nicht-Handeln gefragt, also aufs Auto verzichten, Wasser nicht unnötig laufen lassen, Lebensmittel mit weiten Transportwegen vermeiden etc. Nicht-Handeln als Ursache für Wirkungen zu sehen ist aber besonders schwierig und trägt weniger zur persönlichen Kontrollmeinung bei als Handlungen an sich. Auch dieser Ansatz legt also eine umfassende Informationspolitik nahe.

d) Verdrängung als Zivilisationsprozess

Dreitzel (1990) behauptet, dass es keine automatische Umsetzung von Umweltbewusstsein in Umweltverhalten gibt. Verantwortlich sind für ihn hierfür Mechanismen sogenannter psychischer Selbstbetäubung und selektiver Aufmerksamkeit, die aus dem Zusammenspiel zwischen Angst und Zivilisation resultieren und im Prozess der Zivilisation und Modernisierung der Gesellschaft erworben wurden.

Zur Begründung dieser These greift Dreitzel auf die Untersuchungen von Elias (1976) zurück. Dort werden die Menschen im Zivilisationsprozess mit steigenden Anforderungen zur Selbstdisziplinierung und Selbstkontrolle konfrontiert. Dies führt langsam zur Ausbildung eines Selbstzwangs. Die Affektkontrolle wird immer stärker und bewirkt eine Verarmung des emotionalen Sensoriums. Für Dreitzel bildet diese Entwicklung den Hintergrund für die Ausbildung von Verdrängungs- und Vermeidungsstrategien im Bewusstsein und im Verhalten der Menschen.

Nach dieser These ist ein paralleles Existieren von hohem Umweltbewusstsein und nicht umweltbewusstem Verhalten möglich.

e) Der Ringelmann-Effekt

Dieser Effekt besagt, dass mit zunehmender Gruppengrösse die jeweilige Einzelleistung geringer wird. Stroebe und Frey (1982) erklären diesen Produktionsverlust unter anderem mit Motivationsverlusten, die sich auf die Tendenz beziehen, den anderen die Arbeit zu überlassen, während man sich die Tatsache zunutze macht, dass der Beitrag der Eigenleistung nicht identifizierbar ist und dass alle gleichermassen am Gruppenprodukt teilhaben. Diese Form von Motivationsverlust liegt vielen Problemen mit öffentlichen Gütern zugrunde. Es ist also ganz attraktiv, es anderen zu überlassen, sich um die Umwelt zu kümmern, denn wir profitieren auf doppelte Weise davon: Wir halten unseren eigenen Beitrag zum Wohl der Allgemeinheit zurück und profitieren gleichzeitig von diesem öffentlichen Gut. Dieser Motivationsverlust wird auch als «Trittbrettfahrereffekt» bezeichnet.

f) Wissen und Werthaltung

Waldmann (1992) vertritt die These, dass Umweltwissen die vorhandenen Werthaltungen nicht verändert, sondern hauptsächlich festigt. Demzufolge bewirkt Umwelterziehung im Sinne von Wissensvermittlung weniger, als gemeinhin geglaubt wird, denn die Werthaltungen sind nach Waldmann die wichtigste Grundlage, damit die Jugendlichen etwas unternehmen.

In eine ähnliche Richtung zielt die Studie von Grob (1990), deren Ergebnisse zeigen, dass zwischen umweltgerechtem Verhalten und Umweltbewusstsein nur ein geringer Zusammenhang besteht. Ausschlaggebend waren vielmehr das persönliche Weltbild, bestehend aus Werthaltungen und der Bereitschaft, diese zu hinterfragen, und die persönliche Betroffenheit, bestehend aus affektivem Reagieren gegenüber Umweltzuständen und Diskrepanzwahrnehmungen zwischen idealem und tatsächlichem Verhalten. Solche Zusammenhänge würden eher für einen frühen Einbezug von Kindern und Jugendlichen in die Gestaltung ihrer Umgebung sprechen, damit sie sich emotional an ihre Umgebung binden können und sich auch verantwortlich fühlen. In welcher Form und in welchem Ausmass eine solche Partizipation zu realisieren wäre, können wir im Rahmen unseres Aufsatzes nur kurz skizzieren.

2. Ansatz für die Entstehung von Umweltbewusstsein und Partizipation:

Aufgrund der Erkenntnisse, die wir im Rahmen des Seminars und aus der Literatur erworben haben, erachten wir bezüglich Umsetzbarkeit und Effektivität den folgenden Ansatz als geeignet:

Partizipations- und direkte Handlungsmöglichkeiten sollten in naher Umgebung, insbesondere in der Wohnungsumgebung, geschaffen werden.

Dadurch soll die Entstehung von ökologisch geprägten Werthaltungen gefördert werden. Dies erfolgt primär über die Faktoren *verstärkte Identifikation* mit der Umgebung und *verstärktes Verantwortungsbewusstsein*. Wir gehen davon aus, dass weitere positive Effekte eintreten würden:

1. Erfahrungen mit Partizipation machen
2. Entstehung von Partizipationsstrukturen
3. Steigerung der Motivation für Partizipation im Erwachsenenalter
4. Bildung einer Kontrollmeinung
5. Eigenes intuitives Erleben von Natur (wegen der natürlichen, kinderfreundlichen Umgebung), was eine zentrale Basis von Werthaltungen bildet

Da allgemein eine zunehmende Individualisierung feststellbar ist, ist es fraglich, ob partizipative Ansätze genügend erfolgreich sein können.

Der vorgeschlagene Ansatz versucht unter anderem, die Motivation mittels Kontrollmöglichkeiten durch Partizipation zu wecken. Wie können Jugendliche motiviert sein, wenn sie später globale Umweltprobleme lösen sollen, bei denen nahezu jegliche persönliche Kontrollmöglichkeit fehlt?

Literatur

Dreitzel H. P. 1990: Ungewollte Selbstzerstörung: Reflexion über den Umgang mit katastrophalen Entwicklungen. Frankfurt a. M.: Campus.

Elias N. 1976: Über den Prozess der Zivilisation. Frankfurt a. M.: Suhrkamp.

Festinger L. 1957: A theory of cognitive dissonance. Stanford: Stanford University Press.

Flammer A. 1990: Erfahrung der eigenen Wirksamkeit. Einführung in die Psychologie der Kontrollmeinung. Bern: Verlag Hans Huber.

Grob A. 1990: Meinungen im Umweltbereich und umweltgerechtes Verhalten: Ein psychologisches Ursachennetzmodell. Dissertation an der Universität Bern.

Lange E. 1997: Jugendkonsum im Wandel. Opladen: Leske und Budrich.

Huston A. C. 1983: Sex-typing. In: Mussen P. H. (Hrsg.): Handbook of child psychology. Bd. IV. New York: Wiley. S. 387-468.

Jelen M. 1991: Emotionale und handlungsbezogene Aspekte des Umweltbewusstseins: Eine empirische Untersuchung bei Erwachsenen. Diplomarbeit an der Universität Oldenburg, Fb 5, Psychologie.

Stroebe W., Frey B. S. 1982: Self-Interest and collective action: The economics and psychology of public goods. In: British Journal of Social Psychology. Bd. 21. S. 121-137.

Szagun G., Mesenholl E., Jelen M. 1994: Umweltbewusstsein bei Jugendlichen: Emotionale, handlungsbezogene und ethische Aspekte. Frankfurt a. M., Berlin, Bern, New York, Paris, Wien: Lang.

Waldmann K. 1992: Umweltbewusstsein und ökologische Bildung: Eine explorative Studie zum Umweltbewusstsein Jugendlicher und Beiträge zur Konzeption und Praxis ökologischer Bildung. Opladen: Leske und Budrich.

Wilson T. D. 1985: Strangers to ourselves: The origins ans accuracy of beliefs about one's own mental states. In: Harvey J. H., Weary G. (Hrsg.): Attribution. New York: Wiley. S. 9-39.

Wilson T. D., Hull J. G., Johnson J. 1981: Awareness and self-perception: Verbal reports on internal states. In: Journal of Personality and Social Psychology. Bd. 40. S. 53-71.

Personenverzeichnis

1. Autorinnen und Autoren

Alsaker Françoise D., Prof. Dr., Institut für Psychologie, Universität Bern, Muesmattstr. 45, CH-3000 Bern 9

Baacke Dieter, Prof. Dr., Fakultät für Pädagogik, Zentrum für Kindheits- und Jugendforschung, Universität Bielefeld, Postfach 10 01 31, D-33501 Bielefeld

Bonfadelli Heinz, Prof. Dr., Seminar für Publizistikwissenschaften, Universität Zürich, Kurvenstr. 17, CH-8035 Zürich

Egger Kurt, Prof. Dr., Institut für Sport und Sportwissenschaft, Universität Bern, Bremgartenstr. 145, CH-3012 Bern

Flammer August, Prof. Dr., Institut für Psychologie, Universität Bern, Muesmattstr. 45, CH-3000 Bern 9

Geering Alfred H., Prof. Dr., Präsident der Akademischen Kommission der Universität Bern, Schlösslistr. 5, CH-3008 Bern

Hüttenmoser Marco, Dr., Leiter der Dokumentationsstelle «Kind und Umwelt», Kirchbühlstr. 6, CH-5630 Muri

Jaun Thomas, Präsident der Kinderlobby Schweiz, im Müller-Haus, Bleicherain 7, Postfach 416, CH-5600 Lenzburg

Kaufmann-Hayoz Ruth, Prof. Dr., Interfakultäre Koordinationsstelle für Allgemeine Ökologie (IKAÖ), Universität Bern, Falkenplatz 16, CH-3012 Bern

Kraemer Richard, Prof. Dr., Inselspital, Medizinische Universitäts-Kinderklinik, Universität Bern, CH-3010 Bern

Künzli Christine, lic. phil. et dipl. LSEB, Interfakultäre Koordinationsstelle für Allgemeine Ökologie (IKAÖ), Universität Bern, Falkenplatz 16, CH-3012 Bern

Lange Elmar, Prof. Dr., Fakultät für Soziologie, Universität Bielefeld, Postfach 100 131, D-33501 Bielefeld

Lehmann Martin, Redaktor bei der Schweizerischen Kindernachrichtenagentur (kinag), im Müller-Haus, Bleicherain 7, Postfach 416, CH-5600 Lenzburg

Lücker-Babel Marie-Françoise, Dr., Kinderrechtsspezialistin, ch. Fort-de-l'Ecluse 5, CH-1213 Petit-Lancy

Matter Joy, alt Gemeinderätin/Schuldirektorin der Stadt Bern, Weidenaustr. 15, CH-3084 Wabern

Oelkers Jürgen, Prof. Dr., Institut für Pädagogik, Abteilung Allgemeine Pädagogik, Universität Bern, Muesmattstr. 27, CH-3012 Bern

Palentien Christian, Dr., Fakultät für Pädagogik, Zentrum für Kindheits- und Jugendforschung, Universität Bielefeld, Postfach 10 01 31, D-33501 Bielefeld

Rauch Katja, Redaktorin bei der Schweizerischen Kindernachrichtenagentur (kinag), im Müller-Haus, Bleicherain 7, Postfach 416, CH-5600 Lenzburg

Richter Horst-Eberhard, Prof. Dr. Dr., Direktor des Sigmund Freud-Instituts, Myliusstr. 20, 60323 Frankfurt a. M.; Postanschrift: Friedrichstr. 28, D-35392 Giessen

Schmid Peter, Regierungsrat, Präsident der Schweizerischen Konferenz der kantonalen Erziehungsdirektoren (EDK), CH-3053 Münchenbuchsee

Stadelmann Willi, Dr., Leiter des Zentralschweizerischen Beratungsdienstes für Schulfragen, Luzernerstr. 69, CH-6030 Ebikon

Unterbruner Ulrike, Prof. Dr., Institut für Didaktik der Naturwissenschaften, Universität Salzburg, Hellbrunnerstr. 34, A-5020 Salzburg

Wyss Hedi, Schriftstellerin, Journalistin BR, Alte Landstr. 49, CH-8802 Kilchberg

2. Arbeitsgruppe der Jugendlichen am Symposium

Leitung:

Amrein Hansmartin, Büel, CH-3116 Mühledorf
Fink Karin, Noflenstr. 121, CH-3116 Kirchdorf
Marschall Esther, Sonnhalde 43, CH-3065 Bolligen

Mitglieder:

Brönimann Christoph, Unterdorf 8, CH-3116 Noflen
Dauwalder Denise, Lindenmattstr. 96, CH-3065 Bolligen
Hayek Ramsy, Lärchentobelstr. 19, CH-8700 Küsnacht
Lemquadem Rima, Hintergasse 10, CH-3110 Münsigen
Leuenberger Gilles, Kappelenring 56a, CH-3032 Hinterkappelen
Steffen Simone, Löschgatterweg 6, CH-2542 Pieterlen
Weidmann Marc, Gsteigweg 22, CH-3423 Ersigen

3. Mitglieder der Arbeitsgruppen des Seminars

Amacher Andrea, Grund, CH-3818 Grindelwald
Calzaferri Roman, Freudenreichstr. 64, CH-3047 Bremgarten
Hagen Alexandra, Könizstr. 79, CH-3008 Bern
Hochuli Simon, Monbijoustr. 34, CH-3011 Bern
Marti Balz, Spitalackerstr. 27, CH-3013 Bern
Meyer Franziska, Wylerstr. 99, CH-3014 Bern
Müller Sibylle, Könizstr. 79, CH-3008 Bern
Pirovano Carmen, Mattenweg 5, CH-3322 Schönbühl
Schenker Erika, Oberstr. 5, CH-3550 Langnau
Tanner Reto, Schaufelweg 88, CH-3098 Schliern

4. Projektleitung

Leitung:

Kaufmann-Hayoz Ruth, Prof. Dr., Interfakultäre Koordinationsstelle für Allgemeine Ökologie (IKAÖ), Universität Bern, Falkenplatz 16, CH-3012 Bern

Wissenschaftliches Sekretariat:

Künzli Christine, lic. phil. et dipl. LSEB, Interfakultäre Koordinationsstelle für Allgemeine Ökologie (IKAÖ), Universität Bern, Falkenplatz 16, CH-3012 Bern

Mitglieder der Kerngruppe:

Alsaker Françoise D., Prof. Dr., Institut für Psychologie, Universität Bern, Muesmattstr. 45, CH-3000 Bern 9

Egger Kurt, Prof. Dr., Institut für Sport und Sportwissenschaft, Universität Bern, Bremgartenstr. 145, CH-3012 Bern

Hüttenmoser Marco, Dr., Leiter der Dokumentationsstelle «Kind und Umwelt», Kirchbühlstr. 6, CH-5630 Muri

Kraemer Richard, Prof. Dr., Inselspital, Medizinische Universitäts-Kinderklinik, Universität Bern, CH-3010 Bern

Lanzrein Beatrice, Prof. Dr., Zoologisches Institut, Universität Bern, Baltzerstr. 4, CH-3012 Bern

Mauch Ursula, Geschäftsleitung INFRAS, Ruchweid 23, CH-8917 Oberlunkhofen

Oelkers Jürgen, Prof. Dr., Institut für Pädagogik, Abteilung Allgemeine Pädagogik, Universität Bern, Muesmattstr. 27, CH-3012 Bern

Robert Leni, alt Regierungsrätin/Erziehungsdirektorin des Kantons Bern, Seminarstr. 24, CH-3006 Bern

Stadelmann Willi, Dr., Leiter des Zentralschweizerischen Beratungsdienstes für Schulfragen, Luzernerstr. 69, CH-6030 Ebikon